高等教育“十二五”规划教材

体育统计教程

雷福民　权德庆　主　编

郑　凯　赵书祥　副主编
李旭芝　史　进

科学出版社

北　京

内 容 简 介

本书在强调理论的基础上，紧密联系体育中的实际问题，重点介绍应该选用何种统计方法，如何使用统计软件，如何解读统计结果等。本书广泛吸收了体育统计学科优秀的教改成果，由七所体育院校具有丰富教学经验的教师共同编写。

本书体系结构合理，内容安排恰当，脉络清晰，逻辑性强。书中收集了大量体育科研、教学、管理等方面的应用案例，避开繁杂的数学公式，注重学生应用能力的培养。其主要内容包括：统计数据的收集与整理、统计描述、概率及其分布、参数估计与假设检验、相关分析与回归分析、相对数与动态分析、单因素方差分析、因子分析，以及SPSS应用实例、Excel数据分析案例、合理选取样本量和统计方法等。各章后均附有大量练习题，并配有参考答案。

本书可作为普通高等院校体育类各专业本、专科生的教材，也可作为体育工作者的参考书。

图书在版编目（CIP）数据

体育统计教程/雷福民，权德庆主编. —北京：科学出版社，2010
（高等教育“十二五”规划教材）

ISBN 978-7-03-026305-6

Ⅰ.体… Ⅱ.①雷… ②权… Ⅲ.体育统计-高等学校-教材
Ⅳ.G80-32

中国版本图书馆CIP数据核字（2009）第241765号

责任编辑：冯 涛 张 斌 / 责任校对：赵 燕
责任印制：吕春珉 / 封面设计：东方人华平面设计部

科学出版社 出版
北京东黄城根北街16号
邮政编码：100717
http：//www.sciencep.com
铭浩彩色印装有限公司 印刷
科学出版社发行 各地新华书店经销
*
2010年2月第 一 版 开本：787×1092 1/16
2017年2月第十次印刷 印张：20
字数：474 000

定价：35.00元

（如有印装质量问题，我社负责调换〈骏杰〉）
销售部电话 010-62140850 编辑部电话 010-62135517-2038

教材编写人员名单

主　编

雷福民　权德庆

副主编

郑　凯　赵书祥　李旭芝　史　进

撰稿人（按姓氏笔画排列）

王秋苇（西安体育学院）
权德庆（西安体育学院）
何国民（武汉体育学院）
郑　凯（沈阳体育学院）
夏成生（成都体育学院）
雷福民（西安体育学院）
史　进（西安体育学院）
李旭芝（西安体育学院）
陈红梅（广州体育学院）
赵书祥（北京体育大学）
覃朝玲（西南大学）

前　言

随着统计学的发展及其在体育领域中的广泛应用，掌握必要的统计技能已成为体育专业人员的基本要求。体育统计学作为一门应用学科，是体育与统计学之间的相互融合。然而，要将实践性极强的体育学和理论性极强的统计学完美结合并非易事。以往，很多学生反映体育统计教材过于重理论、轻实践，学习起来较为困难，应用与实践也颇为不易。因此，本书希望找到理论与实践的结合点，能使体育类专业的学生和体育工作者少花时间和精力，学到统计学的精髓，真正在体育科学研究中发挥统计学的作用。

本书在强调理论的基础上，紧密联系实际，力求解决体育中的实际问题，重点关心应该选用什么统计方法，如何使用统计软件，怎样解释统计结果。书中收集了体育科研、教学、管理等方面的大量应用实例，避开繁杂的数学公式、注重学生应用能力的培养，使读者不再感到学习内容的枯燥。

本书力求体系结构合理，内容安排恰当，脉络清晰，逻辑性强。主要内容包括：统计数据的收集与整理、统计描述、概率及其分布、参数估计与假设检验、相关分析与回归分析、相对数与动态分析、单因素方差分析、因子分析，以及SPSS应用实例、Excel数据分析案例、合理选取样本量和统计方法等。各章后附有大量练习题，并配有参考答案，可作为体育类各专业本、专科生教材，也可作为体育工作者的参考书。

本书特别增加的SPSS应用实例一章，介绍了常用统计方法的使用条件、SPSS 16.0数据输入结构、操作过程和结果解释。输出内容大多使用科研论文中的三线表格式，相信对读者会有很大帮助。

本书由雷福民、权德庆担任主编。各章编写人员：第1章（权德庆）、第2章（郑凯）、第3章（陈红梅）、第4章（何国民）、第5章（夏成生）、第6、7、9章（赵书祥）、第8章（李旭芝）、第10章（雷福民、史进）、第11章（覃朝玲）、第12章（雷福民、王秋茸）、第13章（雷福民）。全书由雷福民统稿。

另外，为了方便教学，本书配有电子课件，有需求的教师可到科学出版社网站上下载（http://www.abook.cn）。

写作本书时力求概念、方法、操作、解释符合专业规范，但书中仍难免有疏漏和不妥之处，敬请广大读者批评指正。

编　者

2010年2月

目　　录

第1章 绪 论

1.1 体育统计学科概述

体育统计是运用统计的原理与方法，通过对体育教学、训练、科研和管理中随机现象的描述、推断和分析，揭示其数量规律的一门应用学科。它以认识论、概率论、数理统计和体育统计应用领域中的相关学科为理论基础，以常用的数理统计方法为导引，为定量研究提供收集、整理和分析体育数据资料以及体育实验设计、体育调查设计的系列统计方法。统计总是与数据相联系，因而也称之为“数据的科学”。体育统计是一门横向学科，作为体育统计的学科属性，统计学与体育学在学科体系中不是并列的，而是相交的。体育统计为体育领域引进了一整套统计方法和技术，为认识体育数量规律、促进体育科学化发挥了重要作用。体育统计的学科知识体系已经基本成型，包括描述统计、参数估计、假设检验、多元统计分析、非参数统计等系列统计知识和方法。

1.1.1 体育统计学科的特点

1. 研究对象

体育统计以随机现象的统计数量规律性为研究对象。研究对象是指研究时作为目标的人或事物，由研究日标和研究客体两部分组成。体育统计学的研究目标是统计数量规律性，研究客体是体育现象。其中概率分布是研究体育随机现象的分布规律性，频数分布或频率分布是研究概率分布的基础，也是研究分布规律的；而集中趋势、离中趋势、动态变化趋势以及平衡关系等都是说明统计规律的；统计推断与统计检验等均以概率分布为基础，以样本推断总体或检验总体，同样是研究统计规律性的。体育统计研究对象有下面两个共同的特点。

(1) 数量性

数量性特点，是体育统计学研究对象的重要特点。体育统计总是与所研究体育随机现象的数量特征相联系，主要是从数量方面进行定量研究，总结体育内在数量的规律性。应该注意体育统计研究的数据与数学研究的数据存在明显的差异，数学研究的是抽象的数据，而体育统计研究的数据是与体育实质性内容紧密结合的数量，是研究在一定的质的规定下的数量表现。

(2) 总体性

体育统计研究的是同类事物构成的群体现象的数量特征，这种群体也称为总体。体育统计认识和研究体育现象时，一般是从个体单位、个别现象、个别事物研究入手，但是体育统计研究的目的并不仅仅是了解个别体育现象，而在于揭示体育规律，从总体上研究体育现象的内在数量规律性。总体性特点，是体育统计学研究对象的又一主要特点。统计的核心思想也在于从总体中抽出一部分个体组成样本，根据样本所提供的信息来推断总体的统计数量特征。为了保证随机抽样的效果，通常采用分层抽样、整群抽样、系统抽样等抽样方法，这些方法在体育统计实践中也有广泛的应用。

2. 学科特性

体育统计主要研究体育现象总体的数量特征。数量有个体数量与总体数量之别，体育统计学主要研究总体数量，它要对大量体育领域同类现象的数量特征进行综合反映。单个体育数据不是体育统计，也不能从中发现体育内在的数量规律性，只有对体育领域中出现的大量随机现象，或者对体育领域中同一客观现象进行多次重复的观察、测试，收集大量的数据，才有可能从中揭示出体育统计的规律性。总体的大量性特征，可使个体单位受偶然因素的影响导致的差异性相互抵消，从而显示出总体的本质规律性。如在排球、足球、网球等体育比赛中，裁判员通常采用掷硬币的方式来让双方运动员选择发球权。因为随机掷一枚硬币事先不能确定出现正面还是反面，也就是说一次随机实验的结果充满了不确定性或偶然性，但当不断进行大量重复试验时，就会发现掷一枚均匀硬币出现正面和反面的次数大体相当的统计规律，正是由于这样的统计规律，才使得掷硬币被广泛应用于体育比赛中。

体育统计主要研究体育中的随机现象。随机现象是指事前不能确切预测的现象，即在相同条件下重复进行试验，每次结果未必相同。各个随机现象发生的可能性的大小可以通过相应的概率来表示，其取值在0～1之间；概率值越大，事件发生的可能性也就越大。比如，篮球运动员以同样的方式每次投篮可能投进也可能投不进。一般而言，如果其他的实验条件不变，随着运动强度的增加，运动员心率会相应的增加。对于不同的运动员，保持相同的运动强度心率的变化是不尽相同的。即使是同一个运动员，保持同样强度训练每天所带来的心率变化也是不同的。体育统计之所以被体育界接受，其根本原因是体育教学、训练中都存在大量的随机现象。事物本身的数量规律性是必然存在的，但就单个现象而言却是有差异的，其表现形式也是充满偶然性的，从而形成了体育统计数据的差异性，而必然性的体育数量规律特征就被掩盖在体育统计数据的差异之中。体育统计就是从体育数据中找出其中所蕴涵的规律性，从而帮助教练员科学地安排运动训练，以提高运动员的竞技水平。体育统计不是直接研究体育本质的必然规律，而是通过对体育中随机现象的研究来发现体育中的统计规律，并把它应用于对体育本质规律的认识中。

体育统计带有归纳推断的特性。体育统计研究的是数据，最终目的是探索体育内在的总体数量规律性。体育统计通过对所搜集的大量数据资料进行加工整理、综合概括，通过图示、列表和数字等做出统计描述，如编制频数分布表、绘制直方图、计算各种特征数等，从而达到探索体育内在数量规律性的目的。如果所收集的数据仅仅是研究总体的一部分，那么要探索总体的数量规律性，就必须在搜集、整理、观测的样本数据的基础上，借助概率论的理论，并根据样本提供的统计信息对总体作出科学的推断。体育统计方法可用最少的样本含量，满足研究所需要的精确度，对总体的有关统计参数作出判断，同时又给出发生错误的可能性。它保证了科学研究的精确性、可靠性和经济性。体育统计学的认识过程是从个别体育现象的观测数据搜集总体数量规律性的归纳推断，在逻辑上作为一种认识方法体系属于归纳推理的范畴，因此体育统计带有明显的归纳推断的特性。

3. 理论基础

(1) 认识论是体育统计学科体系的哲学基础

认识论是在人类实践过程中发展起来的指导一切科学的理论基础。体育统计学是认识体育现象数量规律性的方法，是使体育科学定量研究得以正确进行的工具。认识论对体育统计学的指导作用直接、具体，体育统计方法应用的不断深入也丰富了认识论的内容。认识论与体育统计学之间的辩证关系主要表现在：认识论是一般的，体育统计是特殊的。认识论提供的是认识客观事物的一般规律，如认识的本质、认识的主体和客体等；体育统计提供认识体育现象的具体方法和科学知识，是建立在实测统计数据上的一种特殊认识。由于特殊经验的相对性，体育统计学必须倚重于认识论做更深入的哲学思考，认识论给体育统计指明了认识方向，为验证体育统计的科学性开辟了道路，对体育统计有重大的指导作用。

(2) 概率论是体育统计学科体系的理论基础

在统计学的发展历程中，直到概率论被引进并作为其理论基础，统计学才逐渐成为较成熟的科学。体育统计学是统计学和体育学交叉融合而发展起来的一门应用学科，是研究体育随机现象的统计数量规律的学科，正好符合概率论的研究范畴，概率论自然成为体育统计学的理论基础。概率论从理论抽象角度研究大量随机现象的数量规律，形成了一系列的理论，如概率分布理论、大数定理、中心极限定理、随机过程理论等，并用精确的证明描述了物理系统不依赖于人对该系统的认知而存在的内在特性，这个内在特性就表现为统计规律的极限。概率论为体育统计学从实测数据的角度研究大量随机现象的统计规律提供了理论依据，是统计认识的基础，如概率论中的大数法则是关于大量随机现象具有稳定性的法则，它论证了抽样平均数趋近于总体平均数的趋势，这就为体育统计方法进行抽样推断提供了重要理论依据。体育统计学通过借鉴概率论的公理体系以完善学科基本理论。概率论在直观基础上发展到公理化体系的建立，使概率论更加精密、丰富，理论上不断拓广。概率论公理化系统的建立和引入，使统计学发展成为建立在严密逻辑基础上的科学。在经验的基础上发展起来的体育统计学，仅仅依靠直观经验不能建立起深刻的学科理论体系。概率论为体育统计学学科理论体系的建立提供了具有借鉴与应用价值的基础理论。

(3) 体育理论是体育统计学科体系应用的专业理论基础

体育统计是一门应用学科。体育统计学科体系的建立，是由于研究对象和方法的特殊性，应用统计基本原理与体育各个纵向学科领域实践相结合，揭示各体育领域中特定现象的数量规律并提供相应的统计方法，构成了适合体育领域运用定量研究需求的应用统计学。体育统计旨在揭示体育领域的数量规律，因而体育各领域中的相关学科便构成了体育统计的重要专业理论基础。体育统计不是统计基本理论与方法在体育领域中的简单使用，而是必须将统计基本理论、方法与体育相关学科有机地结合，才能解决体育统计方法的选择、测度理论的具体化、数据收集的方式等问题，才能使体育统计学在一定质的规定下揭示出数量的规律性。

1.1.2 体育统计学科的现状

纵观体育统计学科现状，历经 30 多年发展，已被体育界广泛接受，学科内容体系基本成型，体育统计方法在体育实践中不断发展、提高和深化，众多应用者由于研究实践的需要，不断寻求和引进新的统计方法，使体育统计方法体系不断得到补充和更新。现代计算机技术的迅猛发展和广泛普及，更为体育统计的普及和应用水平的提高提供了良好的技术条件。

1. 体育统计被体育界广泛接受

随着近年来体育科技的飞速发展和体育科学化程度的迅速提高，作为体育科学研究重要分析工具的体育统计已被广泛应用于体育运动的各个领域。体育统计的原理、方法已被体育界广泛接受。体育统计的应用范围，可以涵盖体育领域中所有涉及数值分析的应用领域。竞技体育、大众体育、学校体育、体育管理等都有大量应用统计方法的研究成果；运动医学、运动心理学、运动生物力学、运动生物化学、体育测量与评价等诸多相关学科领域都普遍采用体育统计分析方法；在评价运动训练水平、体质发育水平、比较分析教学训练效果、体育人文社会现象的定量比较分析与预测等研究中，都有运用体育统计方法分析的实例。体育统计使我们能以最少的样本含量，达到研究所需要的精确度，进而对总体参数作出推断分析，保证科学研究的可靠性、精确性和经济性。

2. 体育统计学科地位已基本确立

“语言学、心理学和统计学是 21 世纪最有发展前途的三大学科”。21 世纪是信息经济时代，统计学不仅在物理、化学等自然科学领域广泛应用，而且在政治、经济、文化、历史等社会科学发展和社会实践中都有深入的应用，人文社会科学的发展与统计学的关系越来越密切。科学的发展为技术的进步提供坚实的理论基础，技术的进步也能为科学研究提供更有效的工具。科学与技术的互动作用极大地推动了科学技术整体的迅猛发展，并为学科前沿交叉带来新的机遇。新的学科出现是科学内在发展规律和社会强烈需求共同作用的结果。学科的理论体系完善都需要经过一定发展历程，随着时间的推移和接受社会验证。体育统计学科的发展也完全符合这一发展规律。

体育统计作为新兴交叉边缘学科，与我国改革开放的历史大背景同步迅速发展壮大。体育统计作为一门体育专业基础课程已过“而立之年”。现在全国绝大多数体育院系早已将体育统计作为本科学生的必修课程，多元统计分析作为研究生教育的主要课程。从 1984 年体育统计被中国体育科学学会接受为体育统计专业委员会至今 20 多年来，在全国广大体育工作者的共同努力下，坚持不懈抓学科建设、课程建设、教材建设和统计队伍建设，大力开展各种学术交流活动，积极参加中国体育科学学会组织的历届全国体育科学大会和重大科学研究，不断扩大学科的学术影响，在体育科学众多分支学科中，体育统计现在已经确立了它的重要地位。

3. 与相关学科联系日益密切

体育科学研究对象是作为人类社会现象的体育活动以及体育活动中的人。体育科学中各门学科之间相互协调、相互借鉴、相互合作，从不同角度和不同的层次上充实体育科学，呈现出各学科互为促进的明显特征。体育统计作为体育科学体系中的一门学科，近年来与相关体育学科的联系日益密切，在全国体育统计论文报告会和各种学术交流活动中，注意吸收相关学科的专家学者代表参与研讨，研究内容涉及到体育社会学、体育经济学、运动医学、体质研究、全民健身、竞技体育、学校体育等各学科领域，尤其对体育教学、体育测量与评价、社会科学统计分析方法等相关学科内容进行了较为广泛深入的研究。这些有价值的研究活动既加强了体育统计与各相关学科的密切联系，拓宽了研究视野，又明确了各学科主要的研究方向和学术特征，有效地纠正了学科内容交叉重复的弊病。例如，基于计算机技术开发的统计软件广泛普及，为体育统计应用水平的提高提供了良好的技术条件，但是计算机统计软件的应用教学不能替代体育统计课程，否则将导致脱离应用实际的统计模型滥用。再如，有段时期部分体育院系将体育统计并入体育测量与评价课程之中，随着时间的推移和实践的检验，证明体育统计是一门具有广泛应用价值的独立学科，不能由体育测量评价或其他任何学科取代。因此，近年来大部分体育院系又陆续把体育统计从体育测量与评价课程中分离出来，单独设置为一门必修课。

4. 体育统计学科领域的拓宽已初见成效

众所周知，体育统计学科领域的主要理论基础是传统经典统计理论。随着现代体育科学的发展和体育信息收集技术的改进，在体育领域中量化分析方法虽然以常用体育统计方法为主，但是并不能完全涵盖。20 世纪 80 年代以来，许多体育统计范畴之外的数据处理方法被引进到体育领域中来，如模糊数学方法、灰色系统理论、运筹学方法、集对分析、层次分析、数据挖掘技术等，并且都有成功应用的范例，涌现出不少研究成果。由于众多体育统计工作者看法不尽一致，这些新呈现的数据处理方法至今虽然未能正式列入体育统计学科领域，但是拓宽了体育统计学科内容，和谐融入其他的数据处理方法，主动适应体育运动中数据处理的实际需求，已成为体育统计学科建设的一个重要特点。

5. 体育人文社会科学统计方法应用逐渐增多

随着体育人文科学研究和体育社会科学研究的兴起，人文科学和社会科学统计分析方法在体育中的应用逐步受到重视，相关的定量统计方法研究逐年增加。由于体育人文社会科学的研究对象主要是体育社会组织和个体的某些特征，这些特征往往过于抽象，不能直接测量，且所涉及的变量几乎都是规模很大的随机变量，因此，体育人文社会学科相对于体育技术学科和体育生物基础学科的量化水平较低，统计方法在体育人文社会科学研究中的应用就显得重要和迫切。近年来，在体育管理与发展战略研究、群众体育研究、竞技体育研究、体育经济研究、奥运会相关研究、体育教育研究、体育文史研究，以及体育法学研究、体育哲学研究、体育伦理学研究和体育美学研究的许多成果中，都有应用统计方法的成功案例。

1.1.3 体育统计学习的要求

1. 养成体育统计思维方式

在体育领域中需要运用体育统计来解释的现象普遍存在。体育统计注重概率的思维方式。体育领域中除了确定性现象之外，也有许许多多不确定的现象存在，比如足球运动员重复练习点球，每次是否能够射进都是不能确定的。而且这些不确定性的现象不是因为统计公式造成的，而是因为体育领域中本身存在这样的随机现象，概率的思维需要多从案例中加强分析，使学生不断加深体会。学习体育统计尤其要记住由样本提供有关总体的信息是不完整的信息，有抽样误差存在，所以，统计推断结论存在出错的可能性，所有的统计结论都是和概率相联系的结论。这就要求我们学会与概率相联系，分析问题、做出结论的思维方法，防止绝对化。

2. 灵活运用体育统计方法

体育领域内哪里有数据，哪里就有体育统计。体育统计数据中隐含着非常丰富的宝贵信息，如果用简单的描述统计方法，就只是对统计数据的粗加工，难以看到数据中隐含的体育本质的规律性，只有综合运用现代体育统计分析方法才能真正总结其统计规律性。灵活运用体育统计方法也要时刻注意避免为了论证自己的观点而滥用体育统计方法，比如选用不切实际的统计模型，随意篡改原始数据等，这样只能使体育统计成为数字制造谎言或者误导社会的工具，也将会导致严重的后果，造成很大的负面影响。

3. 注意各种体育统计方法的识别

各种统计方法都是建立在一定的数学模型基础上，当体育现象符合某种数学模型时，才能应用建立在这种数学基础上的统计方法。如多元线性回归，要求各自变量相互独立，而作因子分析时，模型要求各自变量相关。在实际的应用过程中，作为更重要的技巧，对于方法的识别和正确运用却被忽略。无论是手工计算统计，还是运用统计软件，如果开始选用的统计方法不适用所分析的统计数据，那么也只能是“垃圾进、垃圾出”。运用不恰当的方法所得到的统计分析结果自然既不可信，又不可靠。因此，学习体育统计，一定要注重各种统计方法的识别，这是学生在体育统计实践中运用统计分析时所需要的核心技能。

4. 要结合体育专业知识解释统计结论

为了研究体育领域中的某种现象而开展的科学试验或者统计调查，所收集的数据，无论是总体数据还是样本数据都与所反映的体育现象本身紧密相连。因此，作出统计结论时，不仅需要参照体育统计数据所显示的结果，更应该结合体育专业知识进行分析、讨论，这样才能得出符合体育专业实际的解释。如果统计结论与现有的体育专业知识不一致，可能是因为试验设计、抽样方法以及统计方法的运用方面存在问题，也有可能是发现了体育专业领域的新问题和新规律。如属后者，也不要轻易下结论，仍需采取慎重的态度，继续从多角度予以证实。

1.1.4 体育统计的产生与发展

1. 体育统计的产生

统计学的产生经历了人类古代用于人口、土地、物产、贡赋和治国方略等的描述统计阶段。随着社会发展和科学技术的进步，在 19 世纪中期进而形成了推测性的数理统计，开始进入推测统计阶段。以概率论作为理论基础的现代数理统计学主要包括理论数理统计学和应用数理统计学，应用数理统计学原理研究各种自然现象和社会现象。20 世纪前半叶，众多统计学家搭建起理论统计框架，统计学的理论和应用水平有了很大的提高，各行各业都积极引进统计学方法，并不乏成功应用范例。依赖于概率统计创立的信息论、系统论、控制论学说，推动了信息技术管理科学体系的形成和发展。德国的斯勒兹曾说过：“统计是动态的历史，历史是静态的统计。”可见统计学的产生与发展是和生产的发展、社会的进步紧密相连的。体育统计学科的产生是体育科学内在发展规律和社会需要共同作用的结果，是体育事业发展的强烈需求。体育统计学科正是在这种统计学知识广泛应用的大历史背景下产生和发展起来的，而且有很大的发展空间。

体育统计在我国 80 多年的发展历程中几经波折。在 20 世纪二三十年代，以徐英超为代表的老一辈体育教育工作者受统计学知识与方法的强烈影响，开始尝试将统计学引入体育领域。在北京师范大学和南京中央大学的体育专业开设体育测验专业课程，并在北京、天津、广州和上海组织的学生体质调查中应用统计方法研究学生体能分组。40～60 年代，徐英超教授等人在西北师范学院体育专业、北京体育学院本科班和助教班开设过体育测验与统计课程。但由于各种社会原因，直至 70 年代文革结束之前，体育统计作为体育科学研究的重要工具，在总体上没有得到应有的重视，应用范围很小，开设体育测验与统计课程的学校较少，时间又较短，在国内体育学术界影响不大。随着70年代末全国的思想解放和改革开放，使体育统计有了较大的发展。各体育院校相继开设体育统计课，抽调师资，编写教材。1979年全国16省（市）进行大规模体质测试收集了大量数据，迫切需要应用体育统计方法进行处理。一批体育统计骨干力量开始涌现，并在体育实践中积累了应用统计方法处理体育领域问题的宝贵经验。随后，许多体育统计专著和译著问世，体育统计学科建设的良好氛围初步形成。1982年，由华中师范大学刘厚生老师等学者发起，在武汉举办了第一届全国体育统计论文报告会并成立了全国体育统计研究会。1984年中国体育科学学会接纳体育统计研究会为体育统计专业委员会。这样就将体育统计学科建设纳入到体育科学体系的正式序列，为学科的发展奠定了坚实的基础。

在中国体育科学学会的领导与支持下，第一二届全国体育统计专业委员会挂靠华中师范大学，第三四届体育统计分会挂靠上海体育学院，第五届体育统计分会挂靠西安体育学院。在此期间，刘厚生、王路德、徐迪生、陈及治等老一辈体育统计工作者，依托体育统计专业委员会，团结组织全国会员同仁，积极推进学科建设，扩大体育统计的学术影响，开展了大量卓有成效的工作，推动了体育统计学科的快速发展。

纵观体育统计学科现状，历经30年发展，已被体育界广泛接受，学科内容体系基本成型，体育统计方法在体育实践中不断发展、提高和深化，众多应用者由于研究实践的需要，不断寻求和引进新的统计方法，使体育统计方法体系不断得到补充和更新。现代计算机技术的迅猛发展和广泛普及，更为体育统计应用水平的普及和提高提供了良好的技术条件。

2. 体育统计的发展

统计学是一门通用方法论的科学，是一种从定量角度认识客观事物的工具。作为体育统计方法必须与体育领域的实践活动紧密结合，与体育科学体系的其他学科理论知识结合，才能够发挥其强大的数量分析功效。随着知识经济与体育事业的飞速发展，当代体育领域大规模的信息处理所遇到的信息压缩、数量特征检测、可靠性分析、各种过程数理模型建立、事业未来发展定量预测等问题，都必须依靠统计理论方法与计算机技术解决。这些难题的解决又需要引进新的统计概念与方法，甚至理论体系。体育事业发展的现实需要为体育统计学科提供了难得的发展机遇，必将获得更为广阔的发展空间，学科地位将会得到进一步巩固和加强。今后一段时期，体育统计学科的发展趋势主要有以下几点。

（1）体育统计学科方法论基础将得到重新审视

作为一门学科的体育统计，首先应该是研究分析数据的一种科学方法，不能简单地理解为计算工具。依据现有的传统经典主流统计学体系及方法论基础，主要是处理低维的完全性和独立性数据，而现代体育信息数据形形色色，非常复杂。非线性、非均衡性、不完全性的三维数据不断涌现，迫切需要为其提供新的专用统计处理方法。与此相适应，学科方法论基础也将得到重新审视，例如，竞技体育中的多数一过性体育现象的信息处理，理所当然应成为体育统计研究的主要对象之一，这是体育统计工作者亟待研究解决的重要课题。

(2) 关注相关数据分析方法，适时拓展学科研究领域

在体育科学研究实践中，由于体育的系统特征和信息收集技术的改进，可收集到各种各样的海量计测数据需要进行定量分析研究处理。随着统计学和体育学的发展，体育统计学科领域必将有所拓展。现有的统计学方法难以对许多复杂模型作出透彻的理论分析，要密切关注模糊数学、灰色系统理论、数据挖掘技术、集对分析、层次分析、极值统计学等相关数据分析方法，注意相互借鉴与引进融合，适时拓展学科研究领域，在条件成熟时创建“体育计量学”或“体育数据分析学”大学科。

(3) 深化体育统计教学改革是大势所趋

准确把握体育统计学的发展方向与发展趋势，培养适应新世纪体育事业发展需要的体育专业人才，着力提高体育专业学生的创新能力，驾驭处理体育领域测量数据的能力，是体育统计教育工作者的主要任务。教育要适应社会的发展与需要，这是教育教学必须遵循的基本规律。加强体育统计教学，提高教学质量和人才培养质量，应是学科建设的主要内容。体育统计分会应聚合全国体育统计精英，编写高质量的体育院系本科、研究生通用教材，规范教学内容体系，更新教学理念，改革教学方法，尤其要注意多采用案例教学法，缩小体育统计教学情景与未来体育统计实践应用工作情景之间的距离，提高学生分析问题和解决问题的能力；编写体育统计实用课件、应用范例参考书；加强体育统计师资队伍建设，坚持定期举办中、高级体育统计师资培训班，着力培养体育与统计学融会贯通的复合型师资人才，全面深化体育统计教学改革，努力提高教学质量是大势所趋。

(4) 加大应用研究指导力度，着力规范体育统计方法应用

在推动学科建设发展，加强体育统计理论体系建设的同时，体育统计工作者应理论联系实际，加大应用研究力度，尽快深入体育实践，争取承担大型体育科学研究课题，在实践研究中发现和解决问题，既可为体育事业发展作出直接贡献，又可获得统计实践应用范例，丰富教学内容。在涉及数值分析的体育研究应用领域，体育统计工作者可加强对体育统计应用的指导，规范统计行为和统计应用，减少统计误用，维护学科声誉。要继续加强对内对外的学术交流活动，营造学术氛围；不断壮大体育统计力量，全面促进体育统计学科可持续发展。

1.2 体育统计研究过程

体育统计方法的应用过程，是对体育现象总体的数量方面进行调查研究与综合分析的过程。主要包括体育统计设计、体育统计调查、体育统计整理、体育统计分析以及统计信息的提供与开发。上述统计研究的步骤可用框架图直观展现，如图 1-1 所示。

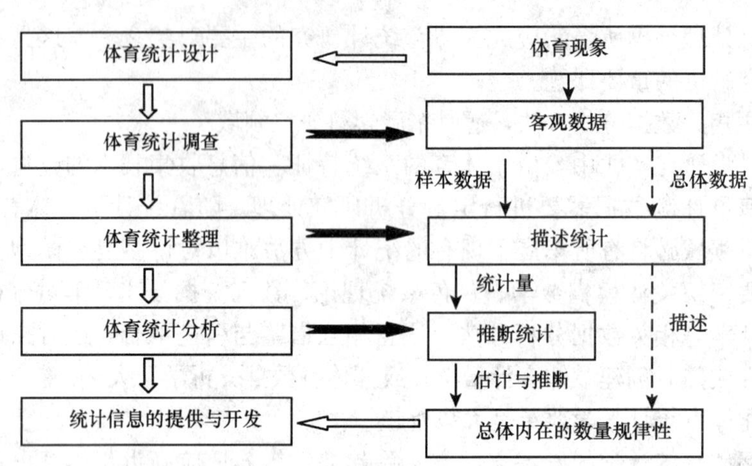

图 1-1 体育统计研究过程框图

1. 体育统计设计

体育统计设计是根据体育统计任务和统计对象的特点，对体育统计工作各个方面和各个环节的通盘计划和安排。如统计指标和指标体系设计、统计分组和分类设计、搜集统计资料的方法和步骤设计、统计力量的组织和安排以及经费的运用。统计设计的结果表现为各种设计方案，如指标体系、分类目录、调查方案、整理方案，以及数据保管和统计工作制度等。

体育统计工作各个方面指的是体育统计研究对象的各个组成部分。例如，体育统计包括竞技体育、群众体育、体育场地设施、体育经费统计等方面。体育统计工作各个环节则是指统计工作的各个阶段。例如，体育统计资料的搜集、体育统计资料的整理、体育统计资料的分析、体育统计信息的提供和开发等。无论是整体设计还是专项设计，是全阶段设计还是单阶段设计，是长期设计还是短期设计，体育统计设计都要从纵横两个方面对统计工作作出通盘考虑和安排，这是体育统计工作协调、有序进行的必要条件，是保证体育统计工作质量的重要前提。

2. 体育统计调查

体育统计调查就是按照统计任务的要求，运用科学的调查方法，有计划地搜集原始统计数据的过程的总称。体育统计工作经过周密的体育统计调查设计，制定出体育统计方案之后，就可以进行统计调查，搜集必要的实际资料。体育统计调查阶段，对数据收集的调查要求准确、完整、及时、系统。按调查单位的范围大小可以分为全面调查和非全面调查；按调查时间是否连续分为连续性调查和非连续性调查；按调查的组织方式不同分为体育统计报表和体育专门调查，体育专门调查又可分为普查、重点调查、典型调查和抽样调查。体育统计调查是统计认识的起点，是统计整理和统计分析的基础环节。统计调查是整个统计认识活动的基础，决定着统计认识过程及其调查结果的成败。

3. 体育统计整理

体育统计整理是将体育统计调查取得的数据进行系统化、条理化的加工处理，为体育统计分析准备系统、综合资料的工作过程的总称。通过体育统计调查搜集的统计资料是分散的、不系统的，只能说明事物的表象、事物的某一侧面或外部联系，需要将其条理化、系统化，即需要进行统计整理。统计整理的主要内容包括数据的审核，即查找不符合研究标准的数据；数据分组，即根据统计研究的目的，按照一定的标准将统计数据划分为若干组；数据描述，即将数据用图表等形式描述出来。体育统计整理是体育统计工作的中间环节，是对调查资料去伪存真、去粗取精、科学分类、浓缩简化的过程。

4. 体育统计分析

体育统计分析是体育统计的核心内容，是综合运用各种分析方法和体育统计指标，对取得的数据资料和具体情况进行定量和定性研究分析过程的总称。包括描述性分析、推断分析和决策分析，要求定性与定量相结合。统计分析是理性认识阶段，是统计发挥作用的决定性阶段，关系到能否充分发挥统计的信息、咨询和监督整体功能的一项重要工作。

5. 统计信息的提供与开发

体育统计信息的提供是实现统计信息社会化的重要步骤。国家统计部门通过建立国家统计自动化系统，为各类用户提供统计信息，进行现代化的统计服务。信息开发是指充分利用统计信息资源，对其进行深层次加工，达到信息资源共享和多层次利用的目的。我国统计信息的提供和开发是统计工作的薄弱环节，大大落后于发达国家，必须进行广泛深入的研究，大力加强。

1.3 体育统计的几个基本概念

1. 总体和样本

同质研究对象的全体称为总体（质即对象的属性），从总体中抽出用以推测总体的部分同质对象称为样本，总体中的每一个观测对象称为个体，样本中包含的个体数量称为样本含量。例如，要研究今年某市初一男生速度素质状况，可以将 50m 跑的成绩作为测试项目，研究对象具有这样一些相同的属性：本市学生，今年读初一，男性。凡具有这些属性的学生的 50m 成绩，即构成研究这一问题的总体。由于该市今年的初一男生可能有好几万人，如对每名学生都进行测定，则工作量太大，还可能因人数过多，不能控制测试的精度。所以，一般只是抽取部分学生进行测试。这里被抽取进行测试的部分学生的 50m 成绩就是样本，测试的每一名学生的 50m 跑成绩就是个体，测试 50m 跑成绩的个数就是样本含量，然后通过样本来推测、估计总体。

体育统计中所说的总体都是指在研究工作中所关心的变量，而不是指研究对象。如研究优秀运动员的身高时，所说的总体是运动员身高这个变量，而不是指这些运动员。

普遍采用抽样研究的原因，除了可以减少工作量外，还有如下常见的几种原因：人们需考虑研究成果与经费的关系，在达到所需精确度的前提下，应以消耗最低的方案为效益最高的方案。能用抽样研究的，则不应用更多的人力、物力和财力去测试所有的对象。能用小样本的也不必盲目追求大样本。还有，有些研究的总体是无限总体，是设想的理论总体，只能采用抽样研究。有些试验对于被测对象不是无损检测，有时甚至会有不良影响，或属于破坏性试验，所以也只能采用抽样研究。例如，对于运动过程的血象变化的研究，要抽血；运动员红白肌纤维比例的研究，要活检，这些都不是无损检测。又如，径赛前要试一下鸣枪用的火药纸是否正常，这属于破坏性试验，只能用抽样研究。

用样本研究总体，样本所提供的信息当然不是总体的完整信息。为了使样本有较好的代表性，必须注意抽样方法，力求使总体中的每个个体都有同样的被抽进样本的机会，同时要保证样本有适当的含量。

2. 统计量和统计参数

由样本所得反映样本特征的统计指标，称为统计量。例如，由样本所得集中趋势统计指标样本平均数，离散程度统计指标样本标准差，都是统计量。统计量常用英文字母表示，如样本平均数用$\bar{x}$表示，样本标准差用s表示，样本中指标之间的相关系数用r表示。代表总体特征的统计指标称为参数。参数常用希腊字母表示，如总体均数为μ、总体标准差为σ、总体中指标之间的相关系数为ρ等。样本是我们直接测定的，所以统计量常是已知的。而总体往往只了解其中的一部分，所以参数常常是未知的，需由统计量来推断估计参数。参数和统计量、总体和样本的关系如图 1-2 所示。

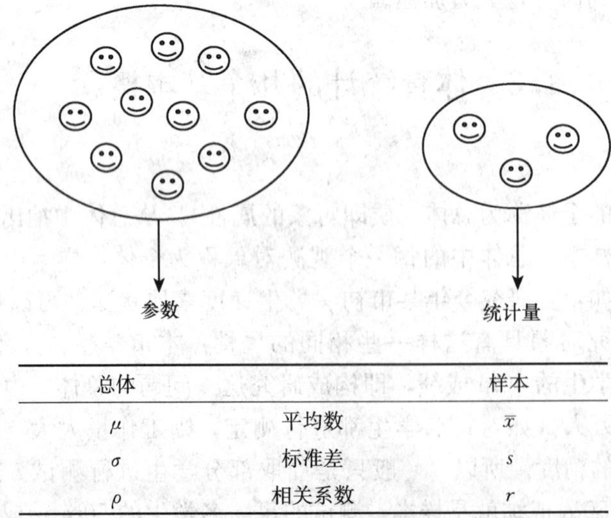

总体		样本
μ	平均数	$\bar{x}$
σ	标准差	s
ρ	相关系数	r

图 1-2　总体和样本、参数和统计量

3. 指标与变量

"指标对于自然科学研究来说，就是在实验观察中用来指示（反映）研究对象中某些特征的可被研究者或仪器感知的一种现象标志"。通过它推测、判定研究对象的特性，如身高、体重可以作为儿童发育状况的标志，因此，它们可以是观察儿童发育状况的指标。

指标可分为定量观察指标和定性观察指标。按不同的划分依据，可以有各种不同的指标分类，如以体育科研中反映机体特征分为形态指标、机能指标、运动素质指标；以学科分为生理指标、生化指标或生物力学指标；以反映方式分为直接指标和间接指标；按来源分为主观指标、客观指标等。

变量是可以取不同值的量。统计观察的指标都是具有变异的指标。如研究学生的腿部爆发力，使用可被仪器度量、感知的立定跳远的距离为标志来指示（反映）研究对象中腿部爆发力特征；观察一名学生立定跳远的距离 n 次，它会有不尽相同的结果，可以取不同的值。因此，当我们用一个量表示这个指标的观察结果时，这个指标就是一个变量。

变量常根据其可能取值的不同分为离散型变量和连续型变量，根据其指标间变化的关联分为因变量和自变量等。

同步练习

一、名词解释

1. 总体
2. 样本
3. 个体
4. 样本量
5. 统计量
6. 统计参数

二、思考题

1. 试述体育统计的研究对象和学科特性。
2. 简述体育统计的主要研究过程。
3. 学习体育统计的基本要求有哪些？
4. 试以体育实例说明总体和样本的概念。
5. 简述统计量与统计参数的区别与联系。

参考文献

贾俊平. 2005. 统计学［M］. 北京：中国人民大学出版社

全国体育院校教材委员会. 2002. 体育院校通用教材体育统计［M］. 北京：人民体育出版社

中华人民共和国人事部，中国科学院组编. 2002. 新世纪科学技术发展展望［M］. 北京：中国人事出版社

第 2 章　统计数据的收集与整理

数据是统计分析的基础。如果没有统计数据，所有统计分析就无从谈起；如果没有完整、准确的统计数据也不可能得到符合客观现实的统计结论。因此，统计资料的收集是统计工作的第一个环节。研究者取得的原始统计资料一般是杂乱无序的，并且可能存在缺失、损毁和错误，必须经过一定的整理、审查、分类、汇总等程序，然后才能真正进入统计分析过程。

本章主要介绍统计数据收集、整理的一般程序和方法。

2.1　统计数据的收集

统计数据的收集就是根据统计研究的目的和要求，有组织、有计划地向调查对象收集原始资料的过程。由于研究目的和研究内容的不同，统计数据可能有不同的来源，可以运用不同的数据收集方法。

2.1.1　数据来源

统计数据的来源一般有以下几方面。

1. 积累类数据

人们在日常工作、学习和生活中，如果能够有目的、有计划地注意观察某一特定的事物或现象，并将观察到的资料记录和收集起来，日积月累就成为非常宝贵的第一手资料，这对于系统研究所关注的事物或现象的动态变化，掌握其发展规律，具有重要的意义。

这类日常积累的资料可能是片断的、零散的，因此在收集过程中应该特别注意资料的可比性和系统性。

2. 文献类数据

文献类数据指各种公开或内部出版物，如报纸、期刊、统计报告、统计年鉴等发表的数据。此外，依据国家统计法，各级政府统计机构应定期公布国民经济和社会发展的各种统计资料，供全社会使用。尤其是互联网的普及，为此类资料的收集和查询提供了极大的方便，研究者可以根据自身研究目的和内容需要，有计划地收集和筛选。

此类资料可能存在多个来源，收集者应该注意资料的真实性，最好能够从多渠道收集，再通过认真的比对分析，从中选择可靠性比较高的数据。

3. 报表类数据

在我国政府几十年的统计工作中，已形成了一套比较完备的统计报表制度，它已成为国家和地方政府部门统计数据的主要来源。

统计报表按其内容和实施范围不同，分为国家统计报表、部门统计报表和地方统计报表；按报送周期长短不同，分为日报、旬报、季报、半年报和年报；按填报单位的不同，分为基层统计报表和综合统计报表。

统计报表主要用于搜集全面的基本情况，它的资料主要来源于基层单位的原始记录。但在统计实践中经常发现部门不同或统计目的不同，可能使用不同的统计口径，造成统计结果的差异。使用者应该根据自己的研究目的进行选择，确保资料的统计口径与本人的研究目的一致。

4. 专题调查类数据

专题调查是指为了研究某些特定的对象而专门进行的调查。专题调查可以是一次性调查，如某研究生为了完成学位论文研究而进行的调查；也可以是具有固定时间间隔的周期性调查，如我国的人口普查和国民体质健康调查。在实际工作中，专题调查常采用 4 种方式：普查、抽样调查、重点调查和典型调查。

专题调查由于是为实现某一特定研究目的而特殊设计的，因此，其最大的优点是具有极强的目的性和针对性。但是，为了专题调查能够顺利地进行，必须专门提供人力、物力和额外的经费支持，此外，调查者还必须得到被调查对象的积极配合。因此，开展专题调查一般都需要得到政府或组织机构的支持。

2.1.2 数据收集方法

由于积累类数据和文献类数据主要是依靠研究者的细心留意，逐步收集积累的，可以不必遵循固定程序和方法。报表类数据是根据统一的规则和程序报送的。因此，这里介绍的数据收集方法是专门针对专题调查类数据的收集方法。

1. 观察

观察是指人们对自然或社会现象和过程在不作任何人为干预的条件下，通过感官或借助仪器，按照一定目的和计划，对研究对象进行考察和计量从而获得经验事实材料的一种方法。

通过观察可以为科学研究搜集大量的第一手资料，为检验科学理论提供依据。历史上，许多科学家都十分注重观察，大量的科研成果也都来自于观察。如我国古代医学家李时珍遍游祖国的名山大川，采集标本，进行观察，最后完成了《本草纲目》。达尔文的划时代巨著《物种起源》离不开他孜孜不倦的观察研究。巴甫洛夫曾把“观察、观察、再观察！”视为座右铭装饰在实验室的墙壁上。

人们对客观事物的观察是在一定思维活动指导下进行的，它要求观察者对观察的内容要具有高度的选择性，尽量排除无关刺激物的影响，不能盲目地、杂乱无章地察看一切现象，才能保证观察集中在所要研究的特定现象与问题上。例如，当我们去观察一节体育课时，首先要明确观察的目的，由于一节体育课可供观察的内容很多：教师在课中各种能力及行为表现、教材教法的组织与运用、运动负荷的安排、教学的效果以及学生的学习兴趣、态度等。因此，科学观察是以一定的科学知识作基础，充分调动理论思维的作用，根据观察的目的，有计划、有意识地去选择观察的对象和内容。在观察过程中，研究者不对被观察的现象施加任何干预，不改变事物存在的状态、过程或内外环境，以确保事物的本来面目和自然发生的状态，保证观察的客观、真实和准确。

观察结果的准确程度，除了受观察条件、指标选择以及观测手段等客观因素影响外，还与观察者的主观因素影响有关。因此，观察应以一定的科学理论和经验作为基础，观察者的理论与经验越正确、越丰富，观察结果也就越客观、越准确。

科学仪器是人的感官的延伸和扩展。通过仪器能扩大人们的视野，能帮助人们看到宏观世界和微观世界中各种物质运动的形态，捕捉到快速运动的各种轨迹，观察到物质内部构造的微小变化，帮助人们进行比较精确的观察。因此，在现代科学观察中高科技仪器设备发挥着越来越重要的作用。

2. 实验

实验是指人们根据科学研究的目的，利用一定的物质手段，人为地控制研究对象，排除干扰，以便在最有利的条件下进行观察，从而获得事实材料的一种方法。近代以后的许多重大科学成果都源自于实验，实验的方法已经成为验证科学假说的重要手段，也是从科学理论到社会实践过渡的桥梁。

由于实验可以人为地控制研究对象及其周围环境，从复杂的条件及影响因素中找出主要的、关键的因素，排除与研究目的无关的偶然因素和次要因素的干扰，使实验过程更加简化，从而帮助我们找出主要的规律，揭示事物的本质。比如，要研究不同温度下的准备活动对体操运动员柔韧素质的影响问题，就要利用改变环境温度的方法进行纯化实验。

实验时，人们可以借助各种仪器设备，制造出自然状态下难以出现或不能出现的环境和特殊条件，以达到研究的目的。例如，程序教学、台阶实验、缺氧与牵引训练等，都具有强化实验对象或环境，控制实验条件的性质和特征。

在体育领域中，有许多现象的发生是十分短暂、瞬间即逝的，不易观察。实验法不但可以严格控制实验条件，重复再现研究过程，而且多采用模拟的方法，便于在小规模的范围内进行研究，如教学与训练手段的研究，往往经过小样本实验，然后进行大面积推广。

3. 问卷调查

问卷调查是为了特定目的，以问卷形式书面提问，由被调查者自愿回答的一种搜集资料的方法，可以说是一种特殊的观察方法。

问卷调查的优点是：①省力、少钱、少时；②有利于对方充分表达自己的想法，特别适用于了解调查对象不愿面对面交谈或顾虑困窘的问题；③实施灵活方便，既可由调查者本人发放，也可委托有关部门发放，还可以邮寄或利用互联网等现代通信方式，其调查样本可大可小，不受人数限制；④可以有效地控制研究变量，能简洁阐明各因素或条件的相互作用关系；⑤其结果易于统计处理和定量分析；⑥具有规范化和标准化的特点。

但问卷调查也具有一定的局限性，主要表现在：①问卷调查只能在一定范围内取得资料，且不易作深入调查；②设计要求高，且易出差错；③不适于文化程度低的对象，问题的回答有时会使调查对象发生误解，一旦发现又难以补救；④影响问卷回收率的因素较多，对调查对象的代表性亦难估计。

4. 访问调查

调查者根据研究目的需要，在预先设定访问提纲的前提下，对被调查对象进行面对面访问，收集事实材料和被调查者态度意见的方法。在具体实施时，研究者通常可以聘请调查员帮助进行调查。采用召开座谈会的方式收集意见和了解情况，也可以看成是特殊的访问调查方式。

通过访问调查，有利于比较深入地了解被调查者对事物或现象的态度和意见，但由于受到方法本身的限制，调查对象数量一般比较小，很难取得大量的资料，同时通过访问调查取得的资料也较难运用定量分析的方法。

2.1.3 统计调查形式

统计调查一般要求调查结果可以进行方便的定量统计分析，是具有统一、规范形式的专项调查。

1. 普查

普查是为某一特定目的而专门组织的全面调查。普查的目的是摸清和掌握有关国情、国力的基本统计数据，为国家制定有关政策或措施提供依据。如人口普查、农业普查、工业普查等。普查的涉及面广、调查单位多，需耗费大量人力、物力和时间，因此普查通常是一次性或长周期的，但它搜集的资料全面，可获得比较准确、规范的信息。

普查的组织形式主要有两种：一种是组织专门的普查机构，配备一定数量的普查人员，对调查单位直接进行采访登记，或指导被调查者按普查表的要求详细填表，然后采用汇总方式取得统计数据。如人口普查、经济普查。另一种是调查单位自填调查表，即利用调查单位的原始记录核算资料，分发一定的调查表格，由调查单位核实、填报。如库存物资普查、生产设备普查等。

2. 抽样调查

抽样调查是从调查对象的总体中随机抽取一部分单位作为样本进行调查，并根据样本调查的结果来推断总体数量特征的一种非全面调查方法。

抽样调查可以节省大量的人力、物力和时间，能够以较少的投入取得必要的统计数据，从而提高调查质量和数据的时效性。因此，抽样调查已成为世界各国普遍采用的一种统计数据收集方法。一些不必要、难于或是不可能进行全面调查的对象，如国民的体质健康状况、膳食结构调查及某些具有破坏性的产品质量检验等均适合用抽样调查的方法。

3. 重点调查

重点调查是指在调查对象中选择一部分重点单位进行调查，借以了解总体基本情况的调查方式，它是一种非全面调查。重点单位是指在总体中只占一小部分但具有举足轻重地位的单位，它们的标志值在总体标志值中占有绝大的比重，通过对这些单位的调查一般能够掌握总体的基本情况。例如，要了解全国民用航空业的经营情况，只要对国航、东航、南航等几个大型航空公司的经营情况进行调查就能达到目的。因为虽然这些企业在全国航空企业中只占少数，但它们却占有绝大部分市场份额。

重点调查可用较少的人力、物力和时间，获得反映总体基本情况的资料。根据调查的目的和内容不同，重点调查可以是一次性调查也可以是经常性调查。当调查任务只要求掌握调查对象的基本情况，而总体中部分单位又能较集中地反映所要研究的问题时，比较适宜进行重点调查。

4. 典型调查

典型调查是一种非全面调查，是根据调查的目的和要求，在对调查对象进行全面分析的基础上，有意识地选择部分有代表性的单位进行的调查。

根据调查单位之间差异的大小，典型单位的选择可采用以下两种方式：若调查单位之间差异小，可适当选择一两个典型单位，作“解剖麻雀”式的调查；若调查单位之间差异大时，可采取“划类选典”的方式，将调查的总体分成若干类型，然后在每一类型中选择典型进行调查。

典型调查有两个突出作用：一是可以研究新生事物或某种倾向性事例的情况，探测事物发展变化的趋势，形成科学意见；二是在一定条件下，可补充和验证全面调查的数字。

2.1.4 统计调查的基本要求

为使各种统计调查实现其任务，对统计调查的基本要求如下。

(1) 准确性

准确性是指统计调查所提供的资料必须符合客观实际，真实可靠。只有这样，才能对事物作出正确的判断，得出科学的结论。

(2) 及时性

及时性是指在统计调查规定的时间内，尽快提供规定的调查资料，完成规定的各项调查任务。统计资料是进行管理、决策、制定政策不可缺少的依据，而客观现象又是不断发展变化的，因而统计数据具有很强的时效性，如果统计资料不及时，就难以发挥它的作用。

(3) 全面性

全面性是指统计调查资料的完整性，即对所要调查的单位把所要调查项目的资料，毫无遗漏地搜集起来，只有具备齐全的统计资料，才能比较正确地反映所研究的客观现象的全貌，获得正确的认识。

(4) 系统性

系统性是指综合资料中的各项统计数据应该配套，要能从不同侧面、不同层次对调查对象从整体上进行研究，能够从事物的内部结构和外部联系上进行对比分析。

2.1.5 调查方案设计

统计调查是一项复杂、细致的工作，具有高度的科学性和广泛的群众性，需要一个统一的、科学的、严密的调查计划。为此，在进行统计调查之前，必须制订一个统计调查方案。完整的统计调查方案应包括以下内容。

1. 确定调查目的和内容

进行任何一次统计调查，首先应确定调查目的和内容。所谓调查目的和内容，就是指通过调查搜集什么样的资料，解决什么样的问题。只有调查目的和内容明确后，才能确定调查对象、调查单位和应采用的调查方式方法。例如，调查目的和内容是了解全国居民家庭收支情况，则全国所有的居民家庭这个总体就是调查对象，组成这个总体的每个家庭就是调查单位，调查内容是家庭的收入和开支情况。又例如，调查目的和内容是为了研究我国各类学校的体育设施拥有情况，这时，调查对象是全国所有的各级、各类学校，其中每一个学校是调查单位，调查内容是每所学校体育设施的拥有情况，包括种类、数量、状态等。

2. 确定调查对象和调查单位

调查对象就是某项调查中被研究的总体，确定调查对象，也就是要明确向谁进行调查。在这里，需要注意调查对象和调查单位一定要根据调查的目的和内容来确定。因为只有明确了调查目的和内容，才能使我们了解所要研究的总体的界限，从而避免由于总体界限不清而导致登记时的误差。在有些情况下，调查对象比较复杂，这时，必须严格规定对象的定义，并明确对象范围的界限。

调查单位就是组成调查对象的每一个单位，也就是在调查中需要登记其特征的单位。以某地区所有的学校这个调查对象来说，每个学校就是调查单位，它是需要登记的学生

情况、教师情况、体育活动情况、体育设施情况、体育经费情况等特征的承担者。确定调查单位，其目的是使我们知道应该向谁做调查，从哪里去取得所需的调查资料。在统计调查中调查单位和报告单位既有联系，又有区别。报告单位，亦称填报单位，即统计调查中填报调查资料的单位。在一般的情况下，报告单位就是调查单位，例如，前面提到的学校的例子，每一个学校既是调查单位，也是报告单位。但是在有些情况下，调查单位与报告单位并不一致。例如，如果调查的目的是了解某地区体育场地拥有和利用的状况，这时调查对象是该地区所有体育场地，调查单位是每一个体育场馆，而报告单位却是每一个体育管理机构或体育场馆的拥有者。在两者不一致时，规定了报告单位，就能明确在什么地方去取得资料，并可避免调查单位的重复和遗漏。

3. 确定调查项目

调查项目就是调查的内容，基本上是反映调查单位特征的，统计上称为标志。调查单位的标志有数量和品质标志两类，数量标志反映对象的数量特征，如对象的身高、体重等。品质标志反映对象的质量特征，如对象的性别、民族等。

确定调查项目要注意以下几点。

1）确定的项目应当是满足调查目的所必需的，可有可无的项目或备而不用的项目不应列入。

2）应本着需要和可能的原则，只列出能够得到确切答案的项目，对列入项目的提法要确切、具体，使人一看就懂，要使所有的人都有同样的理解，必要时要编制测试细则或填表说明。

3）各个调查项目之间应尽可能做到彼此衔接，以便相互核对，检查答案的准确性，并便于了解现象发生变化的原因、条件和后果。此外，还要注意这次调查项目与过去同类调查项目的联系，同样的项目尽可能保持不变，以便于进行动态研究。

4. 拟定调查表

调查表是供调查单位填报或由调查员来负责填报搜集统计资料的基本工具，它是把调查项目按一定逻辑顺序排列在一张表格上，该表叫做调查表，通过调查表可以清晰地看出需要调查的内容以及项目之间的关系。同时采用统一的调查表进行调查，可以保证调查资料的一致，也便于调查、登记、汇总和比较。

5. 确定调查的时间

调查时间包括以下两个概念。

（1）调查资料所属的时期和时点

如果所要调查的是时期现象，就要明确规定资料所反映的是调查对象从何年何月何日起，到何年何月何日止的资料。例如，2008 年体育经费投入值是指从 2008 年 1 月 1 日开始到 2008 年 12 月 31 日止所有体育经费投入额之和。如果所要调查的是时点现象，就要明确规定统一的标准调查时点。如我国第四次全国人口普查的标准调查时点是1990年7月1日零时。

(2) 调查期限

调查期限是指进行调查工作的起止时间，包括搜集和报送资料的整个工作所需要的时间。为保证统计资料的及时性，应尽量缩短调查期限。

6. 制定调查的组织实施计划

为了保证统计调查工作顺利进行，在调查方案中还应有一个组织实施计划。在这个计划中要明确规定：调查工作的组织领导机构以及调查人员的组织工作、调查的方式方法、调查文件的准备、干部培训、场地器材保障措施、调查经费的预算和开支办法、调查资料的报送办法、是否需要试点以及试点的细节等。

2.2 统计数据的整理

通过不同调查方式搜集到的大量原始资料是分散的、不系统的，必须按照科学的原则加以整理，使之系统化和条理化。

2.2.1 统计数据整理的目的与程序

1. 统计数据整理的目的

通过统计调查所搜集到的大量原始资料是反映个体的量，是分散的、零碎的，而且还可能存在重复、遗漏或错误。如果不通过统计整理来解决这些问题，人们就难以从总体上分析和认识客观现象的数量表现。

所谓统计数据整理，作为一个相对独立的统计工作阶段来说，是指根据统计研究的目的和任务。将统计调查所得的原始资料（又称初级资料）进行科学的分类和汇总，为统计分析准备系统化的、条理化的综合资料的工作过程。也就是说，这个工作阶段在统计分析中起着承前启后的作用。

2. 统计数据整理的程序

一般情况下，对统计数据的整理工作可以按以下程序进行。

(1) 人工审核和订正原始数据资料

首先由研究者对所获得的统计数据进行全面的初步检查，以便及时发现问题及时解决。必要时可以组织抽样复测。

(2) 数据编码和录入

由于数据管理和分析基本采用计算机实现，因此，对统计数据应进行编码处理，然后将其录入计算机，这是现代统计数据处理的一个必需环节。

(3) 计算机自动排查数据

利用计算机的快速处理能力对统计数据进行进一步的审核，以确保数据的准确可

靠。由于技术的进步，计算机自动采集数据的应用越来越多，程序（1）、（2）被计算机替代。因此，研究者应该加强在该环节的数据审核工作力度。

（4）数据分类汇总

根据研究目的的需要，对通过检验的数据按各种标志进行分组，并进行汇总计算，编制相应的汇总结果统计图表。

2.2.2 数据预处理

一般把统计数据的人工审核、数据编码和录入、数据排查统称为数据预处理。

1. 人工数据审核

人工数据审核的目的是保证数据的质量，审核的内容主要包括数据的完整性、准确性和及时性等几个方面。完整性审核主要是检查应调查的单位是否有遗漏，所有的调查项目是否齐全等。准确性审核主要是检查数据是否有错误，是否存在异常值等。及时性审核主要是检查资料是否按规定时间报送，如未按规定时间报送，就需检查未按时报送的原因。

人工数据审核主要是针对原始数据记录表进行。在原始数据记录表中，不符合要求的主要有3种情况：缺——指数据不全或缺项未填；疑——指记录的数字书写不清而难以辨认或怀疑数据的真实性；误——指数据或答案明显存在差错。针对这些情况要采取相应的措施加以解决。缺项要设法补填或补测；字迹模糊要经记录人员辨认后方可改正；实在无法补测或无法纠正的数据，则应舍去，以免影响分析结果。

2. 数据编码与录入

如果调查结果是定量数据，如身高174cm，心率78/min，年龄14岁，则可以直接把上述数值输入计算机；如果调查结果是定性数据，如性别男、职业工人，这时就应该对每一个定性标志编写代码词典，用0和1之类的数值把它们转变为数量化表示方式，如用0表示男性，1表示女性；用1表示工人，2表示农民等。也可以用字母代码，如用M代表男性，F代表女性。

完成数据编码后，选择要使用的计算机数据管理软件，如Excel、SPSS等，根据调查项目及其内容属性建立数据文件，做好数据录入的准备。之后就可以进行数据录入了，这是一项繁重而极需要耐心的工作，稍有疏忽就会造成错误，因此需要进行反复认真的检查核对。

3. 计算机自动数据排查

（1）异常值排查

任何变量都应该具有一个比较确切的有效值范围，当某一观察值超出这一范围时，称其为异常值。比如，对于性别变量，按照定义只能取值0或1，如果在某观测结果中出现其他数字，就可以判断这是错误的编码值，必须进行检查、核对和纠正。但有时异常数据并不一定是错误的，比如，正常成年男子的身高在145～200cm之间，但如果某一观测值为220cm时，就不能肯定该值是错误的。因此对于异常数据应该审慎处理，一般先要追查数据的真实性，对于不真实的数据可以删除，然后根据分析的需要决定异常数据是否进入分析数据集。

在进行异常值排查时通常使用3σ等方法进行初步排查。

(2) 逻辑一致性排查

逻辑一致性排查是从调查项目之间所存在的内在逻辑联系角度来查找数据中所存在的问题。例如，正常人的身高和体重是有一定关联性的，如果一个人的身高170cm，体重70kg，很正常；但若一个人的身高150cm，体重120kg，就很不正常了，应该进行进一步的审核。再如，我们经常在调查问卷中看到相互关联的问题，比如，问题1：你平均每周参加体育锻炼几次（选择答案：①3次及以上；②1～2次；③不参加）？问题2：你每次参加锻炼平均多长时间（选择答案：①少于30min；②30～60min；③60min以上）？如果某人在回答问题1时选择不参加（答案3），就不应再回答问题2（答案为空项），但如果该人在问题2中选择任何一个答案，就与问题1的答案相矛盾，可视为无效数据。

2.2.3 变量分类

通常情况下可以将变量划分为离散型变量和连续型变量两大类。离散型变量只能取有限个或可数个数值，一般为整数值，如人体脉搏的次数、投篮命中的次数等；连续型变量则可取某一区间内任何数值，如学生的身高、体重等。如果按变量的测度属性划分，可以细分为定类变量、定序变量、定距变量和定比变量。变量的种类不同，统计处理的方法也不同，所以，收集数据时，应了解变量的类型。

1. 定类变量

定类变量是最低层次的变量，它的取值只有类别属性之分，而无大小、程度之分。根据变量值，只能知道研究对象是相同还是不相同，例如，学生依性别可分男生和女生，依学号可分为1号、2号、3号等。

2. 定序变量

定序变量的测度水平高于定类变量，它的取值除了类别属性之外，还有等级、次序的差别，例如，学生体育成绩可分为优、良、中、差，这是一种由高到低的等级排列。但定序变量无法表示数量间距离属性。

3. 定距变量

定距变量的测度水平又高于定序变量，它的取值除了类别、次序属性之外，取值之间的距离还可以用标准化的距离去度量它，但定距变量没有自然意义下的零点。例如，空气温度数就是定距变量。

4. 定比变量

定比变量是最高测度水平的变量，它除了具有上述 3 种属性之外，还具备一个绝对的零点（有实际意义的零点），例如，“重量”的测量值为零时，表示没有重量，重量就是一个定比变量。是否具有绝对零点的存在，是定比变量与定距变量的唯一区别。

不同测度水平的变量，在进行统计分析时应使用相应的统计方法。有些方法是对各种测度水平都适用的，但有些则只适用于较高层次的变量。一般情况下，高测度水平的变量可以当作低测度水平变量来处理，但反过来，一般是不可以的。定类变量属于定性型（或非数值型）；定距变量和定比变量属于定量型（或数值型）；而定序变量根据具体情况可以看成定性型，也可以近似地看成定量型。

2.2.4 统计分组

统计分组就是根据统计研究的需要，按照某种标志将统计总体划分为若干组成部分的一种统计方法。这些组成部分称为该统计总体的“组”。

例如，对某班级学生这一总体，根据研究需要可以按性别分成男生、女生两组，也可按不同的年龄分成若干组。

通过统计分组把现象内部不同性质或不同数量的单位分开，把性质或数量相同的单位归并在一个组内，就能深入地分析现象内部各组之间的相互关系及其特征。由此可见，统计分组实质上是在统计总体内部进行的一种定性分类，是统计研究的一种基本方法。

1. 统计分组的意义

通过统计分组可以分析下列问题。

（1）表明统计总体的基本性质和特征

从一定意义上说，这个作用是统计分组的根本作用，也是对客观现象进行统计分析的前提。例如，某校学生体育活动情况，可以分为两类：即参与或不参与，从而为该校学校体育工作提供信息。

（2）刻画现象总体的内部结构及其特征

现象总体的内部结构（或构成）就是总体内各组成部分的比重。为此，首先要将总体按照所研究的某一标志分成若干组。例如，要研究某地区大众体育参与者的构成情况，就要将大众体育参与者按各种标志进行分组，如性别、职业等，然后分别计算出各类人群在参与者总数中所占的比重，进而反映大众体育参与者的特征。如表 2-1 所示为我国体育人口受教育程度的统计结果，可以看到，在我国体育人口中接受过初、中等教育的人占绝大多数，文盲或接受高等教育的人比例都很小，这与当时我国教育普及的情况基本吻合。

表 2-1　体育人口受教育程度分组统计

	未上过学	扫盲班	小学	初中	高中（中专）	大专及以上	合计
人数/人	1215	528	3203	2833	1978	1103	10 860
比例/%	11.2	4.9	29.5	26.1	18.2	10.2	100.0

（3）分析各类现象之间的依存关系

利用统计分组法分析各类现象之间的依存关系，是将两个存在着相互联系的现象，区别为影响因素和被影响因素。通过对总体按影响因素进行分组，并按组标出被影响因素的平均指标或相对指标，进而研究现象之间在数量上的相互关系和变动规律。

例如，根据经验，体育参与与年龄有关，因此，可以分年龄统计体育人口分布状态，了解两者之间的关系及其变动规律，如表 2-2 所示。

表 2-2　各年龄组体育人口统计

	16～25 岁	26～35 岁	36～45 岁	46～55 岁	56～65 岁	65 岁以上	合　计
人数/人	19	163	210	359	450	111	1312
比例/%	1.47	12.39	16.02	27.40	34.27	8.45	100

由表 2-2 可以看到，随着年龄的增长，体育人口比例逐渐增加，但 65 岁以上老年人的比例有所下降，46～65 岁年龄阶段的中老年人的比例最大。

（4）不同观察统计总体之间的关系

把若干种在性质上有关的不同统计总体的分组资料联系起来进行统计分析，可以观察不同统计总体之间的关系。

2. 分组标志

分组是按照不同的标志进行的，分组标志是指分组时作为划分资料的标准，体现组内的同质性和组间的差别性。根据分组标志的特征不同，统计分组可按品质标志分组，也可按数量标志分组。

按品质标志分组是选择反映事物属性差异或特征差异的品质标志作为分组标识进行分组。按品质标志分组能反映总体单位之间质的差别，给人以明确、具体的概念。例如，人口总体按性别、民族、地区等分组。

按数量标志分组是指选择反映事物数量差异的数量标志作为分组标识进行分组。按数量标志分组不仅可以反映各组数量上的差别，有时通过数量差异还可以区分各组的不同类型和性质。例如，某班级某次考试成绩可分为 60 分以下（不及格）、60～74 分（及格）、75～84 分（良好）、85～100 分（优秀）。因此，正确选择事物性质差别的数量界限是按数量标志分组的关键问题。

根据每组含有变量值的多少，按数量标志分组的方法可细分为单项分组和组距分组。组距分组根据各组组距是否相等，又可分为等距分组与不等距分组。

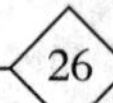

3. 频数表

在统计分组的基础上，把总体的所有单位按组归并排列，形成总体中各单位在各组间的分布，称为频数分布，由此形成的统计结果称为频数表或汇总表。

根据分组标志特征的不同，频数表可分为按品质分组的频数表（一般称为汇总表）和按数量分组的频数表。品质分布数列是按品质标志分组所形成的分布数列，如表 2-3 所示。

表 2-3　2005 年国民体质监测辽宁省上报数据汇总表　（单位：人）

序　号	地区名	幼　儿	成人甲	成人乙	老　年
1	沈阳	1393	2371	2265	700
2	大连	1885	2444	2831	1066
3	鞍山	971	1635	1222	525
4	抚顺	1596	2411	2403	793
5	本溪	802	1647	1602	400
6	丹东	1146	1908	1868	500
7	锦州	4180	6427	6596	2181
8	营口	1600	2404	2399	800
9	阜新	1600	2530	2301	807
10	辽阳	1600	2400	2400	800
11	盘锦	1599	800	1963	800
12	铁岭	1599	1197	2355	800
13	朝阳	1607	2408	2464	817
14	葫芦岛	1600	2400	2400	800

数量分布数列是指按数量标志所形成的分布数列。

（1）单项变量分组

单项分组是每组只含有一个变量值。单项分组适用于离散变量，在变量的取值不多且变动幅度较小的情况下使用，如表 2-4 所示。

表 2-4　某商场某品牌运动服分季度销售量统计

季　度	销售量/件	占总销量比例/%
1	1321	16.0
2	2864	34.7
3	3085	37.4
4	973	11.8
合　计	8243	100.0

（2）等组距分组

组距是每组所包括的变量范围，它等于上限与下限之差。组距分组即每组含有若干变量值。在进行组距分组时如果各组组距相同，称为等组距分组。凡是变量值的变动比较均匀，现象性质相对差异是由数量的变化逐渐积累起来的情况下，就可以采用等组距分组。采用等组距分组有以下优点。

1）便于直接比较各组的次数。

2）便于制图和分析次数分布的实况。

3）便于计算各项综合指标并进行结构分析和对比分析。

下面就以一个实例说明频数表的制作步骤和方法。

［例 2-1］ 有 50 名 18 岁城市男生的身高数据（单位：cm）如下，制作频数分布表。

185.7	183.8	177.0	172.5	180.0	169.7	176.2	172.7	170.3	179.2
180.9	168.5	177.0	175.8	174.0	170.0	182.8	187.0	184.0	174.0
177.3	179.0	176.0	178.5	169.0	166.8	171.6	171.5	180.5	177.5
173.0	180.5	171.5	173.2	172.8	168.7	172.5	178.5	175.2	179.0
167.0	170.0	176.0	175.1	178.0	165.3	176.4	172.0	175.0	175.6

解： 等组距分组制作频数表可按如下步骤进行。

（1）计算全距

找出数据中的最大值（X_{max}）和最小值（X_{min}），在本例中，$X_{max}=187$，$X_{min}=165.3$。计算全距 R（极差）：

$$R = X_{max} - X_{min} = 187 - 165.3 = 21.7$$

（2）确定组距（i）或分组数（k）

分组数指将数量指标值划分成多少个组，组距是分组后组内最大指标值与最小指标值之间的差，也就是组与组之间的距离。分组数和组距的确定对频数表的质量影响很大，过多的分组与组距太小或过少的分组与组距太大，都会掩盖分组指标的数量变化特征。分组数一般根据样本数量和极差大小来确定，以 10～20 组左右为宜，组距则要根据分析的需要确定。相比之下，研究者根据研究目的和分析的需要确定分组组距，比预先确定分组数更为合理。如在本例中可以预先确定组距 $i=2$。

分组数（k）与组距（i）有以下关系：

$$k = \frac{R}{i} = \frac{21.7}{2} = 10.85 \approx 11$$

（3）确定组限

组限是表示各组变动范围的两个端点数值。每个组的起点数值为组下限，即各组的最小值；各组的终点数值为组上限，即各组的最大值。统计分组有一条规定，称为“上组限不在本组内”，即当相邻两组的上下限相叠时，为了避免重复纪录，将上组限值不算在该组内。例如，如果本例第一组下限取 164，由于组距为 2，上限应为 166；则第二组下限为 166，上限为 168，当某指标值恰好为 166 时，应该将其划入第二组，而不是第一组。在具体操作时，第一组组下限一般取小于最小值、与最小值的差小于组距的比较方便使用的数，在本例中取164作为第一组的组下限，最后一组应该包含最大值，如表2-5所示。

（4）频数划记

按指标值的大小逐一将其划入相应的组内，此项操作可在SPSS中完成，具体操作步骤将在2.4节中介绍，本例计算结果如表2-5所示。

表2-5 50名学生身高频数分布表

分组	组限	频数	频率/%
1	164～	1	2.0
2	166～	2	4.0
3	168～	4	8.0
4	170～	6	12.0
5	172～	7	14.0
6	174～	7	14.0
7	176～	8	16.0
8	178～	6	12.0
9	180～	4	8.0
10	182～	2	4.0
11	184～	2	4.0
12	186～	1	2.0
总计		50	100.0

组距分组掩盖了组中各单位的实际变量值。通常用组中值反映各组变量值的一般水平。

$$组中值=\frac{组上限+组下限}{2}$$

（3）不等组距分组

等组距分组虽然有3方面的好处，但它适用的对象有一定局限。有时在进行数量分组时各组组距不完全相同，此时称为不等距分组。

例如，下列情况应采用不等组距分组。

① 当总体单位标志值的分布状态极度偏斜时，即各单位过分集中于某标志值一端，而另一端出现的次数稀疏，且相距甚远时，宜采用不等距分组。

② 对于有的客观现象，根据其特点和研究的目的，只有应用不等距分组，才可使有关的总体单位归入一组。例如，国民体质监测按年龄分组时，根据不同年龄人群的发育特点，规定3～6岁儿童每半岁一组，7～22岁学生每岁一组，20～59岁成人每5岁一组。

制作不等距分组频数表时，要根据需要设定各组组限，然后进行频数划记。各组组距及分组数量均按设定的组限确定。设定组限时，主要依据分组变量的实际变化规律以及数据分析的需要。

如表2-6所示为2005年国民体质健康监测得到的中国城乡汉族男生7～18岁视力不良检出数公布资料经标准化处理后的结果（各组检测样本数相同）。

表 2-6 2005 年中国城乡汉族男生 7～18 岁视力不良检出数统计

年龄/岁	视力不良人数/人	频数密度	标准组距频数
7～12	16 846	2807.7	8423
13～15	15 357	5119	15 357
16～18	21 365	7121.7	21 365
合计	53 568		45 145

统计中按小学、初中、高中学段划分对象，从年龄分组角度属于不等距分组。采用不等距分组时，各组的次数之间不能直接对比。因为在不等距分组情况下，各组的次数不仅受变量值的影响，而且还受各组组距大小的影响。如果需要进行比较就要消除组距的影响，为此需要计算各组每单位组距的次数（频数密度）：

$$\text{频数密度} = \frac{\text{某组频数}}{\text{该组组距}}$$

然后选择一个标准组距，一般取最小组距，计算标准组距频数：

$$\text{标准组距频数} = \text{标准组距} \times \text{某组频数密度}$$

利用标准组距频数比较各组数量变化规律。由表 2-6 的标准组距频数的变化可以看出随着年龄增长，视力不良检出人数逐步增加趋势明显。

此外，在进行等距分组时，可能会遇到极端值离群较远的情况，例如，考试成绩中个别 0 分成绩，使等距分组很难操作，此时，一般可设置“开口组”，既是等距分组的特殊情况，也可算作不等距分组中的特例。例如，表 2-7 给出的分组统计结果中，第一组 1000 元以下和最后一组 3000 元以上，都属于开口组。

表 2-7 人均月收入水平分组统计结果

	1000 元以下	1000～1499 元	1500～1999 元	2000～2499 元	2500～2999 元	3000 元以上	合计
人数/人	532	886	1743	2364	2587	898	9010
比例/%	5.9	9.8	19.4	26.2	28.7	10.0	100.0

对于开口组可以计算假定组限：

$$\text{首组假定下限} = \text{首组上限} - \text{相邻组组距}$$

$$\text{末组假定上限} = \text{首组下限} + \text{相邻组组距}$$

2.3 统计图表

统计表和统计图是统计描述的重要工具，在搜集、整理及分析资料时，尤其在科研论文中，表达统计结果和进行对比分析时，应用极为广泛。

2.3.1 统计表

将统计分析的事物的特征指标值用表格的形式列出，即为统计表。合理的统计表可将统计数据和分析结果简明而正确地表达出来，既可避免冗长的文字叙述，又可使数据条理化、系统化，便于理解、分析和比较。

1. 统计表的基本结构

从外形上看，统计表由标题、标目（包括横标目、纵标目）、线条、数字及必要的文字说明和备注 5 部分构成。其基本格式如表 2-8 所示。

表 2-8 统计表的基本结构

标号 标题

横标目的总标目	纵 标 目	……	合 计
横标目			
⋮			
合计			

（1）标题

它是统计表的总名称，不可缺少。标题文字应该简明扼要、清晰确切地反映出统计表的中心内容。必要时需注明时间和地点。标题应写在表上端中间位置，若一篇文章中引用有多张表格，标题前应加上标号。如果表内数据具有相同的单位或相同的样本数等可以在标题后括号内统一注明。

（2）标目

对标目的要求是文字简明，有单位的标目要注明单位。根据位置与作用，标目又可分成横标目、纵标目和总标目。横标目位于表的左侧，向右说明各横行数字的含义，如表 2-9 所示的各地区；纵标目位于表头上侧，向下说明各纵栏数字的含义，如表 2-9 所示的“男”、“女”；总标目是对横标目和纵标目内容的概括，横标目的总标目位于表的左上角，如表 2-9 的“地区”，纵标目的总标目在需要时才设置。

表 2-9 2000 年国民体质监测部分地区老年人样本数汇总表

地区	男/人	女/人
北京	498	472
天津	388	389
河北	395	397
山西	400	401
辽宁	503	530
吉林	396	399
黑龙江	405	406

（3）线条

线条不宜过多，除上面的顶线、下面的底线以及隔开纵标目与数字的横线外，其余线条均可省去，特别是表的左上角斜线和两侧的边线是绝对禁止使用的。表的顶线和底线可比其他线条略粗些。

（4）数字

表内数字必须准确，用阿拉伯数字表示，字迹清晰，填写完整，位数对齐，小数位数一致，表内不留空格，无数字可用“—”表示，若数字是“0”，则填写“0”。表内相邻的相同数字均应照写，不能用“同上”或符号“〃”。

(5) 备注

表格一般不列备注或其他文字说明，特殊情况需要说明时可用“※”号标出，将说明文字写在表格的下面。

从内容上看，每张表都有主语和谓语。主语指被研究的事物，如表 2-9 中的“地区”，一般置于表的左侧；谓语指说明主语的各项指标，如表 2-9 中的“男”和“女”，一般置于表的右侧，主语和谓语结合起来构成一个完整的句子。如表 2-9 可读成“2000年北京男性和女性老年样本数分别为 498 和 472”。

2. 统计表的种类

根据说明事物的主要标志（主语）的复杂程度，统计表可以分成简单表和复合表。

(1) 简单表

简单表只有一种主要标志，即主语按一个标志排列，如表 2-9 所示。

(2) 复合表

复合表有两种或两种以上的标志，即主语按多个标志排列，如表 2-10 所示。将老人的性别和城乡结合起来分组，可以分析各地不同性别、城乡来源的老年人群样本构成情况。

表 2-10 2000 年国民体质监测部分地区城乡老年人样本数汇总表

地　区	男/人		女/人	
	农村	城市	农村	城市
北京	234	264	217	255
天津	200	188	200	189
河北	196	199	199	198
山西	201	199	202	199
辽宁	164	339	164	366
吉林	197	199	199	200
黑龙江	201	204	191	215

3. 编制统计表的基本要求

(1) 重点突出，简单明了

即一张表只包括一个中心内容，表达一个主题。若内容过多，都要在一张表中表达，就会臃肿庞杂，往往使应该表达的主题被淹没在其中，使人阅后不知所云，这时可分别制成若干张表，以表达要说明的不同主题，使人一目了然。即使是复合表，要说明的问题比简单表多而细，为便于理解，分组标志也不应多于 3 个。

(2) 主谓分明，层次清楚

即主谓语的位置准确，标目的安排及分组要层次清楚，符合逻辑，便于分析比较，这是一个统计表质量优劣的关键所在。简单表只有一个分组标志，一般用作横标目，而纵标目为统计指标名称。复合表有两个或三个分组标志，一般把其中主要的或分项较多的一个作为横标目，而其余的则安排在纵标目与总标目上。通常按照人们的逻辑习惯，考虑事物的重要性、自然顺序、习惯顺序以及数学逻辑性等来安排横、纵标目的前后顺序。

2.3.2 统计图

统计图利用点的位置、线段的升降、直条的长短和面积的大小等各种几何图形来表达统计资料和指标，它将研究对象的特征、内部构成、相互关系、对比情况、频数分布等情况形象而生动地表达出来，更直观地反映出事物间的数量关系，更易于比较和理解，可以给读者留下清晰的印象。科研论文与宣传展示中经常用到它。统计图的缺点是不能精确地显示数字大小，所以经常与统计表一起使用。

1. 统计图的基本结构

统计图通常由标题、图域、标目、图例和刻度 5 部分组成。

(1) 标题

标题的作用是简明扼要地说明资料的内容、时间和地点，统计图的标题一般位于图的下方中央位置。若同一篇论文中有多个统计图时，标题前应加上序号，如图 2-1 所示。

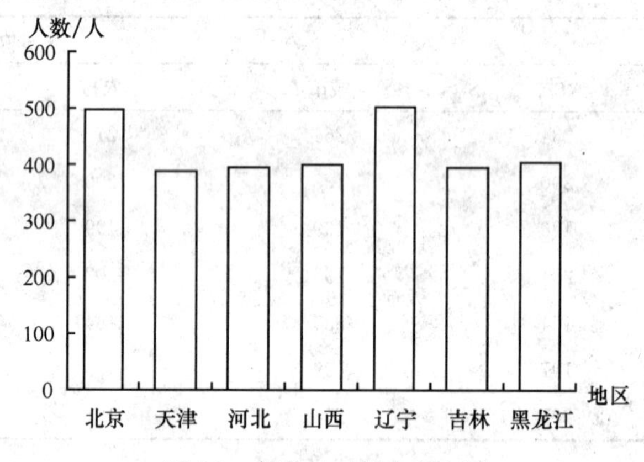

图 2-1 部分地区样本分布图

(2) 图域

图域即制图空间，是整个统计图的视觉中心。除圆图外，一般用直角坐标系第一象限的位置表示图域，或者用长方形的框架表示。绘制图形应注意准确、美观，图线粗细应用适当，定点准确，不同事物用不同线条（实线、虚线、点线）或颜色表示，给人以清晰的印象。图域的长宽比例习惯上为 7∶5。

(3) 标目

标目分为纵标目和横标目，表示纵轴和横轴数字刻度的意义，一般有度量衡单位如图 2-1中的人数、地区。

(4) 图例

在对比关系较为复杂的统计图中，为使读者易于分辨各种图形的意义，可以设置图例。图例通常放在横标目与标题之间，如果图域部分有较大空间，也可以放在图域中。

(5) 刻度

刻度即纵轴与横轴上的坐标。排列方法与直角坐标系的排法一致，刻度数值按从小到大的顺序；纵轴由下向上，横轴由左向右。绘图时按照统计指标数值的大小，应考虑刻度的间隔，使其宽松、美观。有时统计数值集中在某一区间，而这一区间又距离原点 0 刻度较远，为表述的美观和方便，可采取截断再续的手法，集中表现该区间的图形，如图 2-5 所示。

2. 常用统计图的种类

常用的统计图有条形图、圆图（饼图）、线图和散点图等。绘制统计图总的基本要求是根据资料的性质和分析目的选择适当的图形。下面分别介绍各种常用统计图的绘制。

(1) 条形图

条形图是用等宽直条的长短来表示各独立指标数值大小和它们之间的对比关系。主要适用于无连续关系，各自独立的统计指标。指标既可以是绝对数，也可以是相对数。常用的条图有两种。

单式条图：具有一个统计指标，一个分组因素。如根据表 2-9 中男子样本数据绘成图 2-1。

复式条图：具有一个统计指标，两个或两个以上分组因素。如根据表 2-9 中男女数据绘成的图如图 2-2 所示。

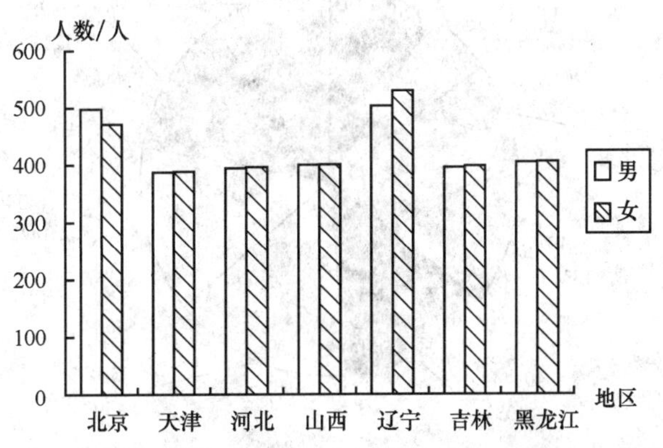

图 2-2　部分地区男女样本分布复式条图

绘制条形图时应注意以下几点。

1）在条图中，一般以横轴为基线，表示各个标志，纵轴表示各标志相应的值。

2）纵轴尺度必须从“0”开始，而且要等距，否则会改变各对比组间的比例关系。

3）各直条应该按照长短顺序进行排列，一般按统计指标由大到小令相应的直条由左到右排列。对有自然顺序的资料也可以按其自然顺序和特征排列。

4）直条的宽度要相等，直条之间的间隔要等距，通常与直条的宽度相等或略小。

（2）圆图

圆图是一种构成图，适用于构成比资料。在圆图中，圆的总面积表示事物的全部，而圆内各扇形面积用来表示全体中各部分所占的比重。如根据表 2-11 绘成如图 2-3 所示的饼图。

表 2-11　2000 年辽宁省成年人各年龄段人口构成

年龄段/岁	男/人	女/人	合计/人	比例/%
20～24	1 552 086	1 470 421	3 022 507	10.5
25～29	1 714 034	1 659 259	3 373 293	11.7
30～34	2 008 569	1 951 057	3 959 626	13.8
35～39	2 196 609	2 129 258	4 325 867	15.1
40～44	1 932 026	1 863 087	3 795 113	13.2
45～49	1 824 436	1 775 678	3 600 114	12.5
50～54	1 187 568	1 169 822	2 357 390	8.2
55～59	860 595	846 042	1 706 637	5.9
60～64	750 641	768 764	1 519 405	5.3
65～69	528 709	551 122	1 079 831	3.8

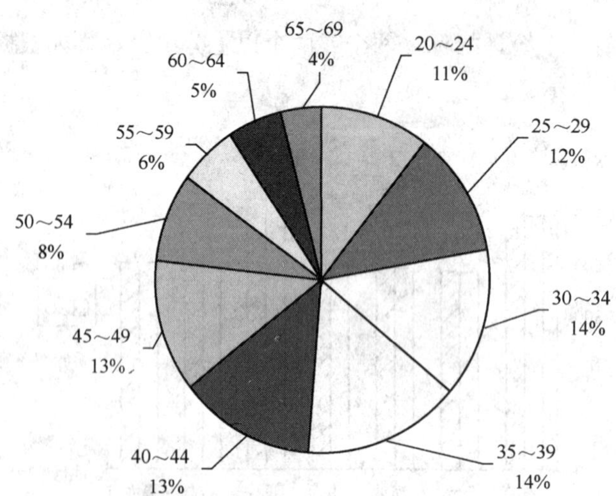

图 2-3　辽宁省各年龄段人口构成

绘制圆图时应注意以下几点。

1）先用圆规绘制一圆形，以圆心角的度数表示数量。将各构成部分的构成比（%）乘以 3.6°，即得各组成部分应占的圆心角度数。

2）以相当于时钟 9 点或 12 点的位置为起点，顺时针按数值大小或者自然顺序排列各个扇形。

3）扇形内要注明简要文字和百分比。

4）两种或多种类似的资料的百分比构成相互比较时，可在同一水平线或同一竖直线上作直径相等的圆图，并注意各圆图的各构成部分排列次序和图例要一致。

（3）线图

线图用线段的升降来表示统计指标的变化趋势，如某事物在时间上的发展变化，或某现象随另一现象变迁的情况，适用于分组标志为连续性变量的资料。如根据表 2-12绘成如图 2-4 所示的折线图。

表 2-12　2000 年学生体质监测 7～19 岁男生平均身高

年龄/岁	身高/cm	年龄/岁	身高/cm
7	122.6	14	162.7
8	128.1	15	166.8
9	132.9	16	169.2
10	138.0	17	170.2
11	143.1	18	170.2
12	149.1	19	170.0
13	157.0		

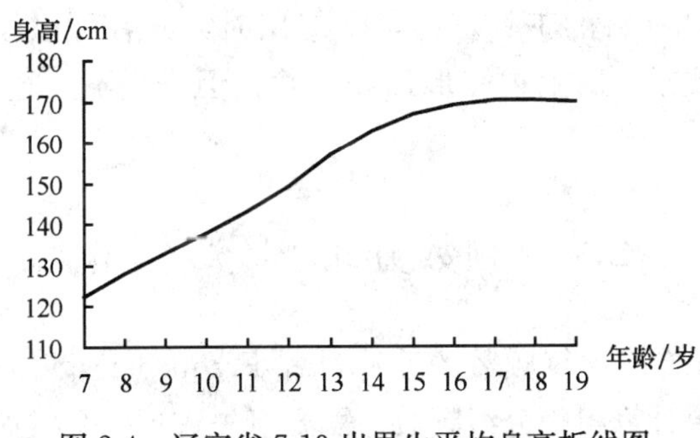

图 2-4　辽宁省 7-19 岁男生平均身高折线图

绘制线图时应注意以下几点。

1）横轴代表分组标志，纵轴代表统计指标。横轴和纵轴的刻度都可以不从“0”开始。

2）坐标点位置要点得适当，如各年不同疾病的病死率等资料，点的位置应在组段中点。用短线依次将相邻各点连接即得线图，不应将折线描成光滑曲线。

3）线图中只有一条线，称为单式线图。若有两条及以上的线条，称为复式线图。复式线图应绘图例，说明不同线条所代表的事物。一张线图内的线条一般不宜超过4～5 条。

4）在绘图时，一定要注意纵横轴比例，由于比例不同，给人的印象也不同。

（4）散点图

散点图用点的密集程度和趋势来表示两种现象间的相关关系。如身高与体重，年龄与血压的关系等。如图 2-5 所示为从 2000 年辽宁省成人体质监测中抽出 50 例身高体重数据绘制的散点图。

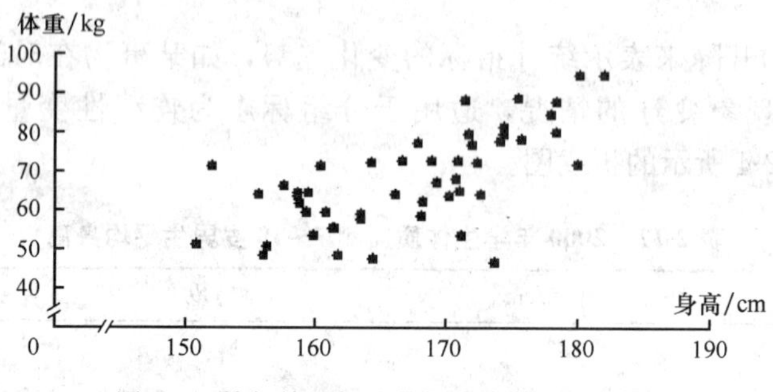

图 2-5 某年某地部分数据身高体重散点图

绘制散点图时应注意以下几点。

1）纵轴和横轴各代表一种事物，一般横轴代表自变量，纵轴代表因变量。

2）纵轴和横轴的起点不一定从“0”开始。

3）每组观察值有两个数值，一个是自变量，一个是因变量，二者在图中由一点表示。

统计图是表达统计资料的工具。在实际应用时，读者可以根据自己的分析目的，参考前面介绍的制图要求，对上述图形加以演化，但是，不宜过于复杂，不失科学性和直观性。

2.4 频数分布 SPSS 例解

SPSS 16.0 提供了专门计算频数的计算过程 Frequencies，但该过程只能计算单项变量分组的频数，如果计算组距分组频数，需要事先进行一个数据变换。

［例 2-2］ 现有 60 名学生的年龄数据如下，计算频数表。

11	7	8	8	11	8	9	10	10	12
12	7	12	8	8	10	8	11	8	9
12	8	10	9	8	10	8	8	11	8
11	7	7	9	9	10	11	11	8	7
12	10	12	10	10	12	9	12	10	8
7	7	9	12	9	7	10	9	11	9

解：该例属于单项变量的分组，可以直接利用 Frequencies 过程进行计算，步骤如下。

1）选择“Analyze→Descriptive Statistics →Frequencies”命令，打开“Frequencies”对话框，如图2-6所示。

2）在对话框左侧的变量列表中选择“年龄”选项，并单击向右箭头按钮，将其加入到“Variable (s)”列表框中。

3）选中对话框下方的“Display frequency tables”复选框，显示频数表。

4）单击“OK”按钮，SPSS自动完成计算，结果如表2-13所示。

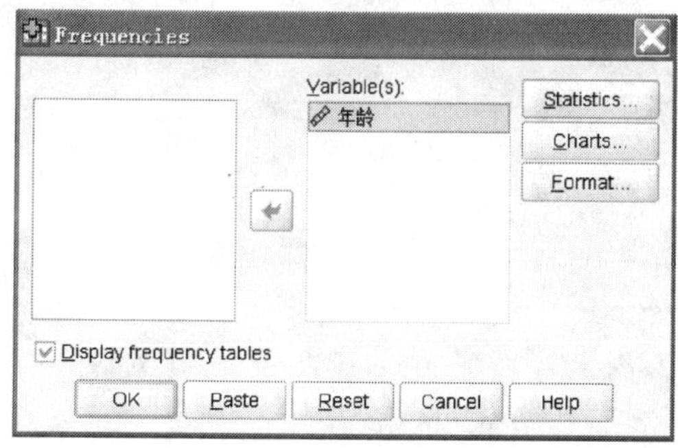

图2-6 “Frequencies”对话框

表2-13 60名学生的年龄分布频数

年龄/岁	频　数	频率/%	累计频率/%
7	8	13.3	13.3
8	14	23.3	36.7
9	10	16.7	53.3
10	11	18.3	71.7
11	8	13.3	85.0
12	9	15.0	100.0
合　计	60	100.0	

［例2-3］ 利用SPSS计算［例2-1］数据的频数分布表。

解：该例计算组距变量分组频数，在SPSS中不能直接进行计算，操作步骤如下。

1）计算最大值、最小值。可以人工计算，也可以在Frequencies过程中计算，方法如下：选择“Analyze→Descriptive Statistics→Frequencies”命令，打开“Frequencies”对话框（见图2-6），将“身高”变量选入“Variable (s)”列表框，取消“Display frequency tables”复选框，单击“Statistics”按钮，打开“Statistics”对话框（见图2-7），选择“Minimum”、“Maximum”选项，单击“Continue”按钮，返回“Frequencies”对话框，单击“OK”按钮，SPSS可计算数据的最大与最小值，分别为165.3、187.0。

2）根据最大值、最小值，结合分析的需要确定组距，本例确定组距为2，第一组下限164。

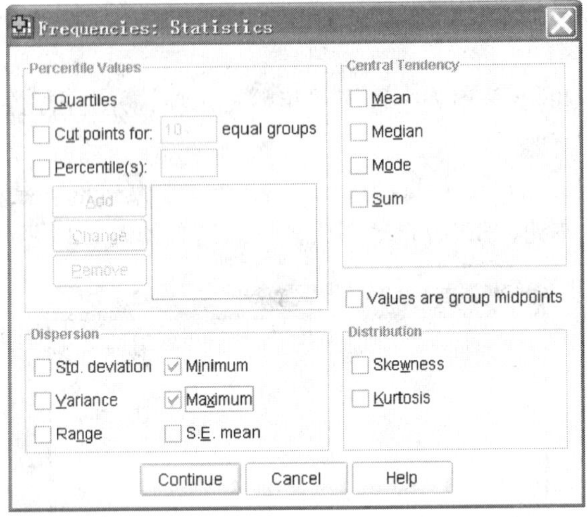

图 2-7 "Frequencies：Statistics"对话框

3）数据变换，生成单项分组变量，具体操作如下：选择"Analyze→Transform → Compute Variable..."命令，打开"Compute Variable"对话框，如图 2-8 所示。在"Target Variable"栏中填入生成变量名称"分组"，将其下方的身高变量选入"Numeric Expression"文本框，在右侧函数类型栏"Function group"中选择"Arithmetic"类函数，在下方的函数栏"Functions and Special Variables："中选择"Trunc"函数（返回变量的整数值），并在"Numeric Expression"栏编辑公式：TRUNC((身高－164)/2)＋1，单击"OK"按钮，SPSS 完成计算，此时在数据文件中增加了一个"分组"变量，其值为 INT((身高－164)/2)＋1，即将原变量值"身高"转换成最小组限 164，组距为 2 的分组序号值。

4）依照［例 2-2］的步骤调用 Frequencies 过程，对"分组"变量计算频数表，结果如表 2-14 所示。表中的各组组限需要手工添加。

表 2-14 50 名学生身高频数分布表

分 组	组 限	频 数	频率/%	累计频率/%
1	164～	1	2.0	2.0
2	166～	2	4.0	6.0
3	168～	4	8.0	14.0
4	170～	6	12.0	26.0
5	172～	7	14.0	40.0
6	174～	7	14.0	54.0
7	176～	8	16.0	70.0
8	178～	6	12.0	82.0
9	180～	4	8.0	90.0
10	182～	2	4.0	94.0
11	184～	2	4.0	98.0
12	186～	1	2.0	100.0
合 计		50	100.0	

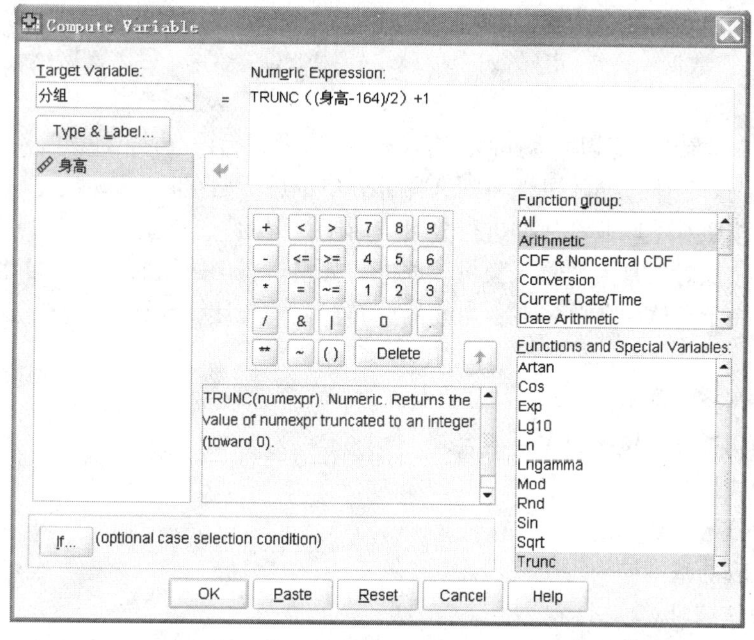

图 2-8 “Compute Variable”对话框

同步练习

一、单项选择题

1. 获得奖学金的学生分为甲、乙、丙 3 组。这里甲、乙、丙是（　　）。

A. 定类数据　　B. 定序数据　　C. 定距数据　　D. 定比数据

2. 电视观众对于收费电视频道是否应该插入广告的态度分为不应该、应该、无所谓 3 种。这里的数据是（　　）。

A. 定类数据　　B. 定序数据　　C. 定距数据　　D. 定比数据

3. 从资料收集方法的角度来说，国民体质监测属于（　　）。

A. 观察法　　B. 实验法　　C. 问卷调查法　　D. 访谈调查法

4. 从资料来源的角度来说，国民体质监测属于（　　）。

A. 普查　　B. 重点调查　　C. 抽样调查　　D. 典型调查

5. 如果想利用图示的方法说明某单位 2008 年经费支出构成情况，应该使用（　　）。

A. 条图　　B. 饼图　　C. 线图　　D. 点图

6. 如果想利用图示的方法说明 7～18 岁学生平均身高的变化趋势，应该使用（　　）。

A. 条图　　B. 饼图　　C. 线图　　D. 点图

7. 如果想利用图示的方法说明全国各省市区国内人均生产总值水平，应该使用（　　）。

A. 条图　　B. 饼图　　C. 线图　　D. 点图

8. 学生获得的奖学金是（ ）。

A. 定类数据 B. 定序数据 C. 定距数据 D. 定比数据

二、填空题

1. 在调查对象中有意识地选择部分有代表性的单位进行调查时，称为______调查。

2. 在调查对象中按照随机性原则选择部分单位进行调查时，称为______调查。

3. 如果按照对象职业将数据进行分组，属于数据的______分组。

4. 如果按照对象月人均收入额将数据进行分组，属于数据的______分组。

5. 用来表示总体中各单位在各组间的分布特征的统计结果称为______。

三、简答题

1. 统计调查的基本要求。

2. 统计调查方案包括的主要内容。

3. 统计数据的整理一般包含哪些程序。

4. 统计分组的意义。

5. 统计表的基本结构。

四、SPSS 操作练习

1. 在国民体质监测中获得 50 名对象的受教育程度调查结果，答案用 1～6 数字表示，分别代表：①未上过学；②扫盲班；③小学；④初中；⑤高中或中专；⑥大专及以上。试对下列数据，利用 SPSS 制作单项变量频数表。

5	5	6	5	5	6	5	2	2	5
5	6	6	5	5	1	5	5	5	5
4	4	5	3	5	3	5	5	5	5
5	3	5	3	4	3	5	3	4	6
4	5	4	5	5	4	5	2	3	4

2. 50 名成年男子的体重数据如下，试利用 SPSS 制作等组距变量频数表。

72.5	80.7	66.0	72.0	66.6	80.0	62.3	79.0	76.0	59.1
63.0	78.8	60.0	62.9	62.8	65.0	62.5	55.4	61.0	62.7
56.0	71.3	56.8	68.8	77.0	58.1	57.0	65.0	70.6	72.5
63.0	62.0	70.0	62.9	62.5	73.0	63.3	72.5	71.0	62.4
64.0	67.5	65.0	75.0	72.5	62.5	61.7	74.0	62.4	62.5

参 考 文 献

陈及治. 2002. 体育统计［M］. 北京：人民体育出版社

胡健颖，冯泰. 1996. 应用统计学［M］. 北京：北京大学出版社

倪加勋，袁卫，易丹辉，等. 1998. 应用统计学［M］. 北京：中国人民大学出版社

宋志刚，谢蕾蕾，何旭洪. 2008. SPSS16 实用教程［M］. 北京：人民邮电出版社

郑凯，张路. 2004. 体育应用统计基础［M］. 沈阳：沈阳出版社

第3章 统计描述

数据经过整理和用频数分布表及频数分布图展示，我们大致了解了数据分布的形状和特征。为了进一步更全面地把握数据分布的形状和特征，可以从3个方面进行描述：一是分布的集中趋势，反映各数据变化趋向中心位置；二是分布的离散程度，反映各数据远离其中心值的趋势；三是分布的偏度和峰度，反映数据分布的形状。这3个方面从不同的角度反映了数据分布的形状和特征。描述样本数据分布特征的统计指标称为样本特征数，主要分为集中量数和差异（离散）量数。描述样本数据分布形状的指标称为分布参数。

3.1 集中量数

集中趋势是指一组数据所趋向的某一中心位值。集中量数则是反映一组数据集中趋势的特征数，主要包括算术平均数、中位数、百分位数、众数等。

3.1.1 算术平均数

1. 直接法

算术平均数是一个变量的所有观察值相加，再除以观察值的个数所得之商，简称为平均数（均数或均值）。

若一个样本包含了 n 个观察值 x_1，x_2，…，x_n，则样本算术平均数 $\bar{x}$（读作 x-bar）的计算公式为

$$\bar{x}=\frac{x_1+x_2+\cdots+x_n}{n}=\frac{\sum_{i=1}^{n}x_1}{n}$$

可简写为

$$\bar{x}=\frac{\sum x}{n} \tag{3-1}$$

［例3-1］ 测得10名男生跳远成绩（单位：m）为4.75，5.05，4.90，4.85，5.30，5.50，4.70，5.40，5.10，5.20，试求其平均数。

解：$\bar{x}=\frac{4.75+5.05+4.90+4.85+5.30+5.50+4.70+5.40+5.10+5.20}{10}$

$=5.075(\mathrm{m})$

2. 加权法

数据分组后，可使用加权法计算平均数。

加权法是根据频数分布表计算均数的方法。这里的权就是各个数据的重要度（即权重），加权算术平均数的计算公式为

$$\bar{x}=\frac{x_1f_1+x_2f_2+\cdots+x_nf_k}{f_1+f_2+\cdots+f_k}=\frac{\sum_{i=1}^{k}x_i\cdot f_i}{\sum_{i=1}^{k}f_i} \tag{3-2}$$

式中：x_i 是分组资料中各组的重复值，或频数分布表中各组的组中值；f_i 是各组的频数，也称为权数；k 表示分组的组数。

加权法计算平均数的方法经常用于计算学生的综合成绩、教学评估中的合成分数，以及多组数据平均数的合成。

［例 3-2］ 有 3 个班进行 100m 测试，1 班有 20 人，平均分为 80 分；2 班有 25 人，平均分为 70 分；3 班有 30 人，平均分为 85 分，求 3 个班 100m 测试的总平均分。

解：
$$\bar{x}=\frac{\sum_{i=1}^{k}x_i\cdot f_i}{\sum_{i=1}^{k}f_i}=\frac{80\times20+70\times25+85\times30}{20+25+30}=78.67\text{（分）}$$

［例 3-3］ 某学生运动心理学课程的期中、期末、平时成绩分别为 90 分、80 分、85 分，课程规定期中、期末、平时成绩所占的比例分别是 30%、50%、20%，试计算该学生运动心理学课程的总评（平均）成绩。

解：
$$\bar{x}=90\times0.3+80\times0.5+85\times0.2=84\text{（分）}$$

［例 3-4］ 某人 50 发射击成绩如表 3-1 所示，求平均数。

表 3-1 射击成绩

环数（x）/环	频数（f）	$f\cdot x$
5	4	20
6	3	18
8	18	144
9	22	198
10	3	30
合计	50	410

解：
$$\bar{x}=\frac{\sum_{i=1}^{k}x_i\cdot f_i}{\sum_{i=1}^{k}f_i}=\frac{5\times4+6\times3+8\times18+9\times22+10\times3}{4+3+18+22+3}=\frac{410}{50}=8.2\text{（环）}$$

［例 3-5］ 根据［例 2-1］中 50 名学生身高频数分布资料，如表 3-2 所示，计算平均数。

表 3-2 身高频数分布

组限	组中值（x_i）/cm	权数（f_i）	$f_i \cdot x_i$
164～	165	1	165
166～	167	2	334
168～	169	4	676
170～	171	6	1026
172～	173	7	1211
174～	175	7	1225
176～	177	8	1416
178～	179	6	1074
180～	181	4	724
182～	183	2	366
184～	185	2	370
186～	187	1	187
总计	—	50	8774

解：

$$\bar{x} = \frac{\sum_{i=1}^{k} x_i \cdot f_i}{\sum_{i=1}^{k} f_i} = \frac{8774}{50} = 175.48\ (\text{cm})$$

算术平均数适用于定量数据。样本均数 $\bar{x}$ 是反映样本集中趋势的特征数，反映一个变量的所有观察值的平均水平，是集中趋势的最主要的测度值。算术平均数具备了一个良好的集中量数所应有的条件，优点是：反应灵敏、简明易解、适合代数运算、较少受抽样影响等，但也有缺点：易受极端数据的影响、不能有模糊不清的数据、不能用不同质的数据等，这在一定程度上使它的应用受到限制。另外，算术平均数适合于对称分布，不适用于严重偏态的分布。

3.1.2 中位数

中位数是将一组数据按大小顺序排列后，处于中间位置的数，用 M_e 表示。对于一组未分组的数据，中位数的计算步骤如下。

① 将 n 个数据从小到大排列后为 $x_{(1)}$，$x_{(2)}\cdots$，$x_{(n)}$。

② 确定中位数的位置，然后确定中位数。设中位数的位置为 i，如果 n 为奇数，那么 $i=\frac{n+1}{2}$ 为整数，则中位数为 $x_{(i)}$。如果 n 为偶数，则取位于中间位置的两个变量值的算术平均数作为中位数，即

$$M_e = \begin{cases} x_{\left(\frac{n+1}{2}\right)} & \text{当 } n \text{ 为奇数时} \\ \frac{1}{2}\left(x_{\frac{n}{2}} + x_{\frac{n}{2}+1}\right) & \text{当 } n \text{ 为偶数时} \end{cases} \tag{3-3}$$

［例 3-6］ 测得 10 名男生仰卧起坐的次数（单位：次）为 39，35，38，38，42，

44，41，43，40，41，求中位数。

解：1）将 10 个数据从小到大排列后为 35，38，38，39，40，41，41，42，43，44。

2）确定中位数的位置。因为 $n=10$ 为偶数，则中位数的位置在第 5 位与第 6 位的中间。

3）确定中位数。取中间相邻的第 5 个和第 6 个观察值的算术平均数作为中位数，即

$$M_e=\frac{1}{2}(x_5+x_6)=\frac{1}{2}(40+41)=40.5(\text{次})$$

中位数适用于定序以上的数据。中位数是一个位置代表值，其特点是不受极端值的影响，因此当数据呈严重的偏态分布，且平均数失去应有的代表性时，用中位数来反映数据的集中趋势更合适。

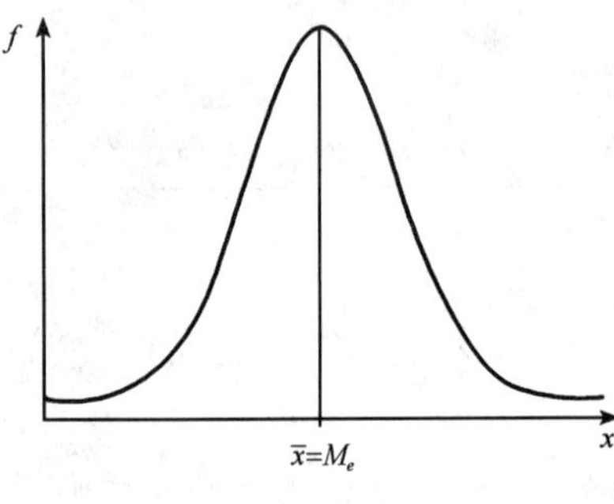

图 3-1 正态分布图

一般情况下，中位数不被普遍应用。它只是在这样几种情况下才用来代替算术平均数作集中量数：一是观测数据中有极端数据；二是两端数据或个别数据不清楚；三是有时可作为数据集中趋势的快速估计值。

平均数、中位数两者的关系如下：正态分布时 $\bar{x}=M_e$，如图 3-1 所示；正偏态时，$\bar{x}>M_e$，如图 3-2所示；负偏态时，$\bar{x}<M_e$，如图 3-3 所示。

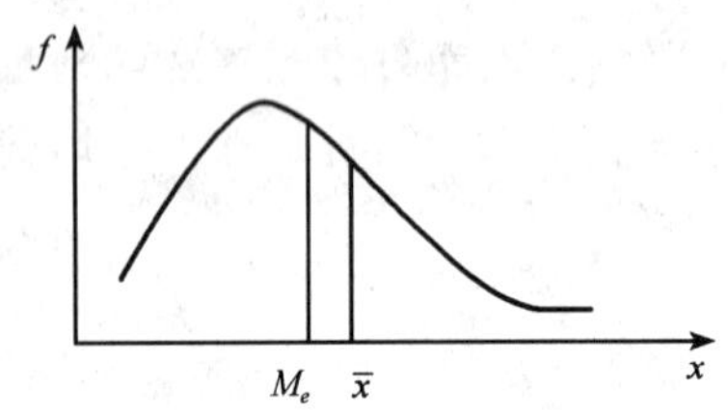

图 3-2 正偏态分布平均数与中位数的位置关系

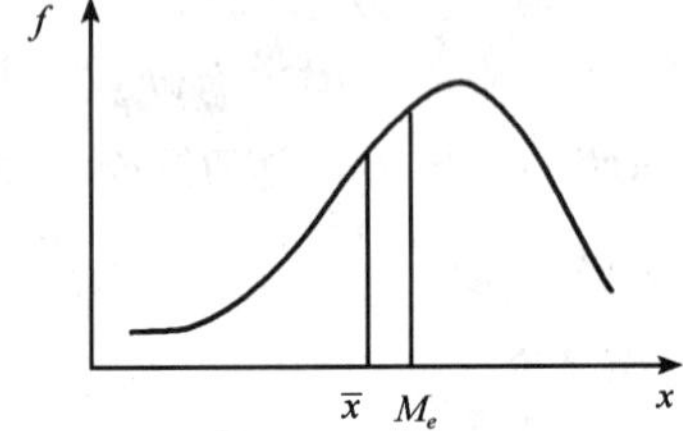

图 3-3 负偏态分布平均数与中位数的位置关系

3.1.3 百分位数

百分位数是将一组数据按大小顺序排列后，用 99 个点将数据 100 等分，处于各分位点位置上的数，用 P_k（或 $x_{(i)}$）表示。其中 $k=1, 2, \cdots, 99$ 为分位点的序号，分位点的位置记为 i。

比如：第 80 百分位数写作 P_{80}。中位数是百分位数的一个分位数，即第 50 百分位数为 P_{50}。中位数用一个点将排列好的数据两等分，每一部分包含 50%的数据，一部分数据比中位数大，另一部分数据则比中位数小。百分位数是用 99 个点将排列好的数据一百等分，其中每一等分的部分包含了 1%的数据。

百分位数的计算方法与中位数的类似，具体步骤如下。

1）将 n 个数据从小到大排列后为 $x_{(1)}$，$x_{(2)}$，…，$x_{(n)}$。

2）确定所求百分位数的位置 i。设求第 k 百分位数，则位置为

$$i=\frac{(n+1)k}{100} \tag{3-4}$$

3）确定百分位数。若计算的 i 为整数，则直接在排列好的数据中找到第 i 个变量 $x_{(i)}$ 即为所求的百分位数。若 i 不为整数，则取位于 i 两侧两个观测值的算术平均数作为百分位数。

［例 3-7］ 测得 49 名男生的体重数据（单位：kg）如下所示。

70.40 77.50 76.20 77.50 81.30 69.40 57.90 57.80 73.40 65.40

68.70 72.00 79.90 67.80 67.80 67.70 61.60 60.30 60.40 65.80

57.90 90.20 54.90 55.30 56.70 53.40 86.70 84.50 56.60 57.90

63.10 65.30 49.90 83.00 77.70 76.90 85.40 81.60 58.10 63.40

74.60 67.90 76.50 59.00 65.60 62.30 78.40 66.80 55.60

求：第 95 百分位数和第 25、50、75 百分位数。

解： 1）将 49 个数据从小到大排列后如下所示。

49.90 53.40 54.90 55.30 55.60 56.60 56.70 57.80 57.90 57.90

57.90 58.10 59.00 60.30 60.40 61.60 62.30 63.10 63.40 65.30

65.40 65.60 65.80 66.80 67.70 67.80 67.80 67.90 68.70 69.40

70.40 72.00 73.40 74.60 76.20 76.50 76.90 77.50 77.50 77.70

78.40 79.90 81.30 81.60 83.00 84.50 85.40 86.70 90.20

2）确定所求百分位数的位置 i。设求第 95 百分位数，即 $k=95$，则位置为 $i=\frac{(n+1)\ k}{100}=\frac{(49+1)\times 95}{100}=47.5$ 不为整数，说明第 95 百分位数的位置在第 47 位与第 48 位观测值的中间。

3）确定百分位数。取第 47 个和第 48 个观察值的算术平均数作为第 95 百分位数，即

$$P_{95}=x_{47.5}=\frac{85.40+86.70}{2}=86.05(kg)$$

86.05 是第 95 百分位数，说明有 95％的体重数据比它小。也可理解为若该群体有 100 个体重数据，则就会有 95 个数据比 86.05 小。

同理可得，第 25 百分位数是 58.55，第 50 百分位数是 67.70，第 75 百分位数是 77.20，这 3 个等分点把原始数据四等分，称为第一四分位数、第二四分位数、第三四分位数，分别记为 Q_1、Q_2、Q_3，它们统称为四分位数，记为 Q。

因为第 50 百分位数分位点的序号为 $k=50$，分位点的位置为

$$i=\frac{(n+1)k}{100}=\frac{(49+1)\times 50}{100}=25$$

所以第 50 百分位数为 $P_{25}=x_{(25)}=67.70$

因为 $n=49$ 为奇数，所以中位数 $M_e=x_{\left(\frac{49+1}{2}\right)}=x_{(25)}=67.70$，可见第 50 百分位数 67.70 其实就是中位数。

百位数适用于定序以上的数据。

3.1.4 众数

众数是一组数据中出现次数最多的数值，用 M_0 表示。

［**例 3-8**］ 一名射击运动员连续射靶 10 次，命中的环数分别是：7，6，9，10，8，7，8，8，10，9，求这名运动员射击环数的众数。

解：因为在这组数据中 8 出现了 3 次，是出现次数最多的数，所以众数 $M_0=8$（环）。

众数适用于定类以上的数据，是一个位置代表值。众数的用途一般是获得的一组数据同质性不好或数据分布出现极端数据时，可作为集中量数的粗略估计，有时使用比较方便。例如，若想了解最受学生欢迎的球类项目，则可用众数来提供信息。

3.2 差异量数

集中趋势只是数据分布的一个特征，而各变量值之间的差异状况如何呢？这就需要考查数据的离散趋势。

离散趋势是数据分布的另一个重要特征，反映各变量值远离其中心值的程度。差异（离散）量数则是反映一组数据离散趋势的特征数，主要包括极差、四分差、方差、标准差、变异系数等。

3.2.1 极差

极差（两极差、全距）是一个变量的所有观察值中最大值与最小值之差，用符号 R 表示。公式为

$$R=x_{\max}-x_{\min} \tag{3-5}$$

R 值越大则一组数据的离散程度越大，反之则越小。使用极差描述变量值的离散程度是很简便的，但是由于极差没有利用到除了最大值与最小值之外其他中间数据的信息，故容易受到极值的影响，因此若存在极端数值，则不宜采用极差来描述离散程度。极差适用于定量数据。

［**例 3-9**］ 沿用［例 3-8］的数据，一名射击运动员连续射靶 10 次，命中的环数分别是：7，6，9，10，8，7，8，8，10，9，求极差。

解：$R=x_{\max}-x_{\min}=10-6=4$（环）

3.2.2 四分差

四分差（四分位差）是一组数据中的第三四分位数与第一四分位数之差值的一半，

记为 Q，公式为

$$Q=\frac{Q_3-Q_1}{2} \tag{3-6}$$

其意义是除去两端各四分之一的部分，根据中间50%部分来测定四分之一的距离大小。四分差除掉了极端数值的影响，在反映数据的离散程度方面比极差准确一些。四分差适用于定量数据。

四分位距（内距、四分间距、四分位间距）是一组数据中的第三四分位数与第一四分位数之差的值。用于反映中间50%部分的距离的大小，含义与四分差相似。

[例3-10] 沿用［例3-7］的数据，测得49名男生的体重数据（单位：kg）如下所示。

70.40	77.50	76.20	77.50	81.30	69.40	57.90	57.80	73.40	65.40
68.70	72.00	79.90	67.80	67.80	67.70	61.60	60.30	60.40	65.80
57.90	90.20	54.90	55.30	56.70	53.40	86.70	84.50	56.60	57.90
63.10	65.30	49.90	83.00	77.70	76.90	85.40	81.60	58.10	63.40
74.60	67.90	76.50	59.00	65.60	62.30	78.40	66.80	55.60	

求四分差。

解：由［例3-7］的结果可知 $Q_3=77.2$，$Q_1=58.55$，因此

$$Q=\frac{Q_3-Q_1}{2}=\frac{77.20-58.55}{2}=9.325(\text{kg})$$

3.2.3 标准差与方差

标准差是所有变量值与其均数的离差平方的算术平均数的平方根。方差是所有变量值与其均数的离差平方的算术平均数。

对于未经整理的原始数据，若一个总体包含了 N 个观察值，即 x_1，x_2，…，x_N，则总体标准差 σ 的计算公式为

$$\sigma=\sqrt{\frac{\sum(x-\mu)^2}{N}} \tag{3-7}$$

总体方差 σ 的计算公式为

$$\sigma^2=\frac{\sum(x-\mu)^2}{N} \tag{3-8}$$

若一个样本包含了 n 个观察值 x_1，x_2，…，x_n，则样本标准差 S 的计算公式为

$$S=\sqrt{\frac{\sum(x-\bar{x})^2}{n}} \tag{3-9}$$

由于统计学中已经证明用公式（3-9）计算的样本标准差 S 在估计总体标准差 σ 时是有偏估计量，而以 $n-1$ 作为分母所得到的样本标准差 S 在估计总体标准差 σ 时更好一些，因为它是无偏估计量，所以，样本标准差的计算公式为

$$S=\sqrt{\frac{\sum(x-\overline{x})^2}{n-1}} \tag{3-10}$$

有样本方差的计算公式为

$$S^2=\frac{\sum(x-\overline{x})^2}{n-1} \tag{3-11}$$

其中，$n-1$ 在统计学中称为自由度，记为 n'。

［例 3-11］ 测得 10 名男孩 50m 蛙泳成绩（单位：s）如下：

48.8　55.1　51.9　48.5　48.2　61.3　54.0　62.2　51.0　57.3

求：标准差和方差。

解：$\overline{x}=\frac{\sum x}{n}=\frac{48.8+55.1+\cdots+57.3}{10}=53.83(\text{s})$

$$S=\sqrt{\frac{\sum(x-\overline{x})^2}{n-1}}$$

$$=\sqrt{\frac{(48.8-53.83)^2+(55.1-53.83)^2+\cdots+(57.3-53.83)^2}{10-1}}$$

$$\approx 5.13(s)$$

$$S^2=\frac{\sum(x-\overline{x})^2}{n-1}=\frac{(48.8-53.83)^2+(55.1-53.83)^2+\cdots(57.3-53.83)^2}{10-1}$$

$$\approx 26.30(\text{s})$$

方差常用在统计推断中，方差的单位是原变量值单位的平方，不太符合习惯。方差与标准差适用于定量数据。

标准差是最重要的、也是在实际中应用最广泛的反映数据离散程度的特征数。对于一组数据，若用平均数描述集中趋势，则可用标准差描述离散程度，标准差越大说明该组数据的离散程度越大，标准差越小说明该组数据的离散程度越小。一组数据的离散程度决定了平均数对该组数据的代表性程度，数据的离散程度越大，平均数对该组数据的代表性就越差，离散程度越小，其代表性就越好。对于两组或两组以上的数据，若各组均数相差很微小，单位相同，则可用标准差来比较不同组数据的离散程度的大小。

例如，两组队员各 10 人，每人俯卧撑次数如下：

第一组	20	22	23	25	25	26	26	26	28	29
第二组	12	14	18	24	28	30	30	30	31	33

经计算得：$\overline{x}_1=25$　　$S_1\approx 2.71$

$\overline{x}_2=25$　　$S_2\approx 7.63$

两组队员俯卧撑次数的平均数都是 25 个，但观察原始数据第一组队员俯卧撑次数相对比较整齐，第二组队员俯卧撑次数差异较大，并且由计算结果得知 $S_1<S_2$，也说明第一组队员俯卧撑次数的离散程度比第二组小，因此第一组队员俯卧撑次数的平均数代表性比第二组好。

若对两组或两组以上的数据分布进行离散程度的比较，当它们的平均数相差较大，或计量单位不同时，则应消除平均数不相同或因计量单位不同不可相比较的影响。

标准差与原变量值的计量单位相同。对于单位不同或平均数不相同的两组或两组以上的数据，是不能用标准差直接比较其离散程度的，而需要采用变异系数来比较。

3.2.4 变异系数

变异系数（又称为离散系数或标准差系数），是标准差与平均数的百分比。变异系数的符号为 CV，计算公式为

$$CV=\frac{S}{\bar{x}}\times 100\% \tag{3-12}$$

由公式（3-12）可见，变异系数是以本身的平均数为百分之百，计算各标准差为平均数的百分之几的相对指标，同时它没有单位，因此即可消除原数据平均数不相等的影响，也可消除原计量单位不同的影响，从而反映变异程度的大小。变异系数的绝对值越大说明数据的离散程度越大，变异系数的绝对值越小说明数据的离散程度越小。

［例 3-12］ 已算得某运动员 100m 跑成绩的 $\bar{x}_1=11.6$s，$S_1=0.7$s；跳远成绩的 $\bar{x}_1=6.1$m，$S_2=0.7$m，请比较两项成绩哪一项的离散程度大。

解：$CV_1=\frac{S_1}{\bar{x}_1}\times 100\%=\frac{0.7}{11.6}\times 100\%\approx 6.03\%$

$CV_2=\frac{S_2}{\bar{x}_2}\times 100\%=\frac{0.7}{6.1}\times 100\%\approx 11.48\%$

因为 $CV_2>CV_1$，所以跳远成绩的离散程度比 100m 跑成绩的离散程度大。

3.3 分布参数

集中趋势和离散趋势虽然反映了数据分布的两个重要特征，但是还没有全面描述数据分布的形状。比如数据分布的形状是否对称、偏斜程度和偏平程度等，所以还可以用偏度和峰度反映数据分布的形状。测定数据分布的偏度和峰度最常用的方法是计算偏度系数和峰度系数。

3.3.1 偏度系数

偏度系数是反映数据分布的偏斜方向和程度的指标，用 SK 表示。由原始数据计算偏度系数的公式为

$$SK=\frac{\frac{\sum(x-\bar{x})^3}{n}}{S^3} \tag{3-13}$$

若 $SK=0$，则分布对称；若 $SK>0$，则分布右侧有长尾，称正偏态，如图 3-4 所示；若 $SK<0$ 则分布左侧有长尾，称负偏态，如图 3-5 所示；高度偏态分布的 SK 大

于 1 或小于−1；中等偏态分布的 SK 在 0.5～1 或−1～−0.5 之间；SK 越接近 0，偏斜程度就越低。一般认为用 SK 判别分布的形状，当 $n>200$ 时比较精确。现用少量数据介绍计算方法。

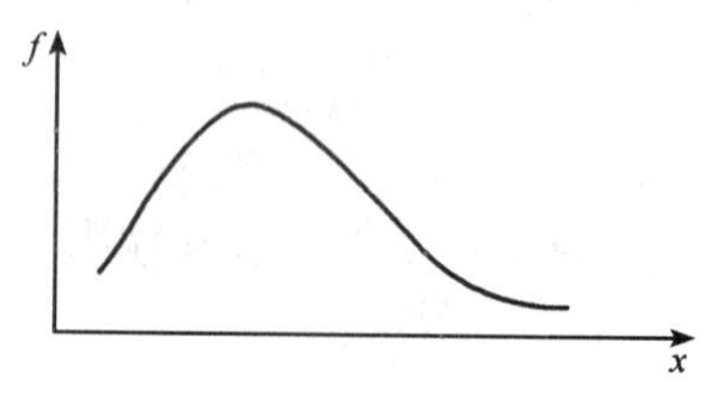

图 3-4 正偏态 $SK>0$

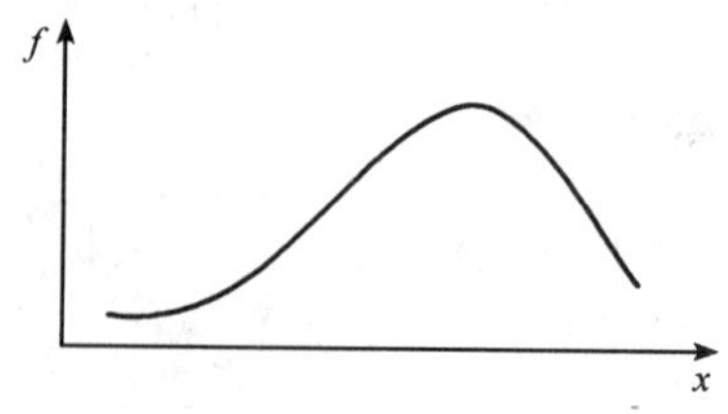

图 3-5 负偏态 $SK<0$

[例 3-13] 测得 10 名男孩 50m 蛙泳成绩（单位：s）如下：

48.8 55.1 51.9 48.5 48.2 61.3 54.0 62.2 51.0 57.3

求偏度系数。

解：由原始数据计算得：$\bar{x}=53.83$，$S=5.13$，则

$$SK=\frac{\frac{\sum(x-\bar{x})^3}{n}}{S^3}$$

$$=\frac{\frac{(48.8-53.83)^3+(55.10-53.83)^3+\cdots+(57.30-53.83)^3}{10}}{5.13^3}$$

$$\approx 0.577$$

3.3.2 峰度系数

峰度系数是反映数据分布尖峰或平峰程度的指标，用 Ku 表示。由原始数据计算峰度系数的公式为

$$Ku=\frac{\frac{\sum(x-\bar{x})^4}{n}}{S^4}-3 \tag{3-14}$$

若 $Ku=0$，则为正态分布；若 $Ku>0$，则为尖峰分布；若 $Ku<0$，则为平峰分布。分布形态如图 3-6 所示。用 Ku 判别分布的形状时，当 $n>1000$ 时比较精确。现用小样本数据介绍计算方法。

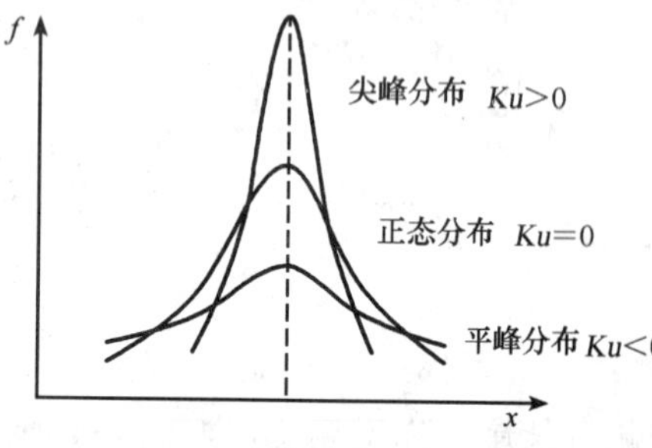

图 3-6 峰度系数与分布形态

[例 3-14] 沿用［例 3-13］的数据，测得 10 名男孩 50m 蛙泳成绩（单位：s）如下：

48.8 55.1 51.9 48.5 48.2 61.3 54.0 62.2 51.0 57.3

求峰度系数。

解：

$$Ku=\frac{\frac{\sum(x-\overline{x})^4}{n}}{S^4}-3$$

$$=\frac{\frac{(48.8-53.83)^4+(55.1-53.83)^4+\cdots+(57.3-53.83)^4}{10}}{5.13^4}-3$$

$$\approx -0.963$$

3.4 描述统计 SPSS 例解

统计描述可通过 SPSS 中的频数统计（frequencies）和描述统计量（descriptives）两个过程实现，下面结合实例介绍。

3.4.1 频数统计

Frequencies 过程不但可产生详细的频数表，也可获得样本的某些集中量数、离散量数和分布参数。

［例 3-15］ 对某体育学院 97 名大学生投掷标枪的成绩（单位：m）进行描述统计，原始数据资料如下所示。要求计算第 10，40，60，90 百分位数、平均数、中位数、众数、标准差、方差、极差、偏度系数和峰度系数。

26.14	33.47	35.23	38.63	41.92
28.48	33.51	35.23	38.63	41.92
30.25	33.51	35.62	38.65	42.66
31.07	33.51	35.62	38.65	43.81
31.46	33.55	35.62	38.65	43.85
31.46	33.55	35.62	38.65	43.85
31.59	33.55	35.62	38.66	45.18
32.09	33.81	36.02	38.66	45.18
32.09	34.36	36.02	38.66	45.90
32.34	34.36	36.03	38.66	45.90
32.34	34.36	36.03	38.94	46.29
32.34	34.68	36.63	38.94	46.29
32.37	34.78	36.63	38.94	47.44
32.37	34.78	36.63	39.11	47.44
32.37	34.78	36.63	39.11	50.34
33.10	34.78	37.81	39.11	52.59

33.10	35.23	37.81	40.59	54.78
33.10	35.23	37.81	40.59	33.47
35.23	37.81	40.59	33.47	35.23
38.63	41.44			

解：在打开数据文件（或建立数据文件）后，操作步骤如下。

1）单击“Analyze→Descriptive Statistics→Frequencies...”命令，进入“Frequencies”主对话框。

2）在主对话框中，选择左侧变量框中的“标枪成绩”，并单击➡按钮使其进入“Variable (s)”框中。此外，在变量表的左下方，有“Display Frequency tables”选择项，系统默认选择此项，以显示频数分析表。本例不需要显示频数分析表，故应去掉该项前面的“√”，如图 3-7 所示。

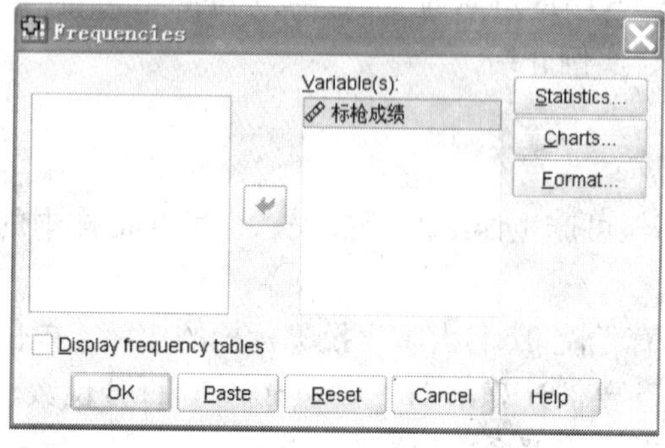

图 3-7 频数分析的主对话框

3）单击“Statistics”按钮，进入“Frequencies: Statistics”对话框。勾选“Percentile (s)”复选框，并键入 10，单击“Adcl”按钮，然后依次键入 40、60、90，如图 3-8 所示，设置其他的复选项目。

本例所要输出的统计量，如图 3-8 所示。

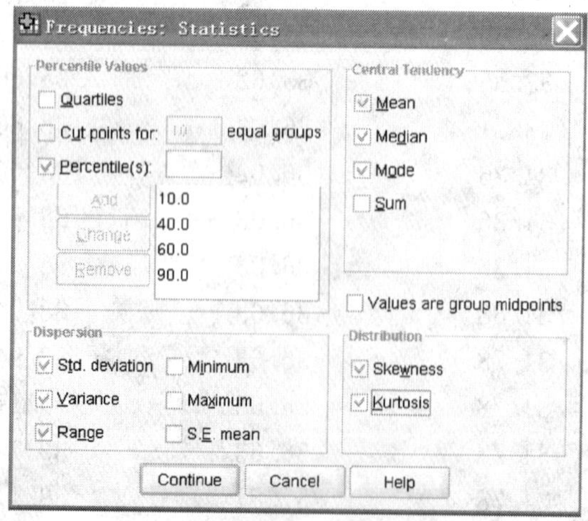

图 3-8 Statistics 的对话框

4）单击“Continue”按钮返回如图 3-7 所示的主对话框。然后单击“OK”按钮，则可输出结果，如表 3-3 所示。

表 3-3 标枪成绩描述统计结果

N	Valid	97
	Missing	0
Mean		37.31
Median		36.02
Mode		35.23
Std. Deviation		5.13
Variance		26.36
Skewness		1.02
Kurtosis		1.29
Range		28.64
Percentiles	10	32.29
	40	35.23
	60	37.81
	90	45.32

表 3-3 结果显示，有效样本数（*N* Valid）为 97 个，缺失样本数（*N* Missing）为 0，平均数（Mean）为 37.31，中位数（Median）为 36.02，众数（Mode）为 35.23，标准差（Std. Deviation）为 5.13，方差（Std. Deviation）为 26.36，偏度系数（Skewness）为 1.02，峰度系数（Kurtosis）为 1.29，极差 Range 为 28.64，第 10、40、60、90 的百分位数分别为 32.29、35.23、37.81、45.32。

本例的主要统计量可制成如表 3-4 所示的表格。

表 3-4 结果统计量

平均值	中位数	众数	标准差	方差	偏度	峰度	全距
37.31	36.02	35.23	5.13	26.36	1.02	1.29	28.64

3.4.2 描述统计

Descriptives 过程不能计算中位数、百分位数、众数，不能显示频数表，其他功能与 Frequencies 过程相同。Descriptives 过程适用于数值型变量，在同一界面上能显示若干个变量的归纳统计，可以计算标准分即 *Z* 分。

［例 3-16］ 对某体育学院 86 名大一学生立定跳远的成绩进行描述统计分析。要求计算其平均数、标准差、方差、最小值、最大值、偏度系数和峰度系数。

解： 在打开数据文件（或建立数据文件）后，操作步骤如下。

1）单击“Analyze→Descriptive Statistics→Descriptives...”命令，进入“Descriptives”主对话框。

2）在主对话框中，选择左侧变量框中“立定跳远成绩”，并单击➡按钮使其进入“Variable（s）”列表框中，如图 3-9 所示。

3）单击“Options...”按钮，进入“Descriptives：Options”对话框。根据题目要求选择平均数（Mean）、标准差（Std. deviation）、方差（Variance）、最小值（Minimum）、最大值（Maximum）、偏度系数（Skewness）和峰度系数（Kurtosis），如图 3-10所示。

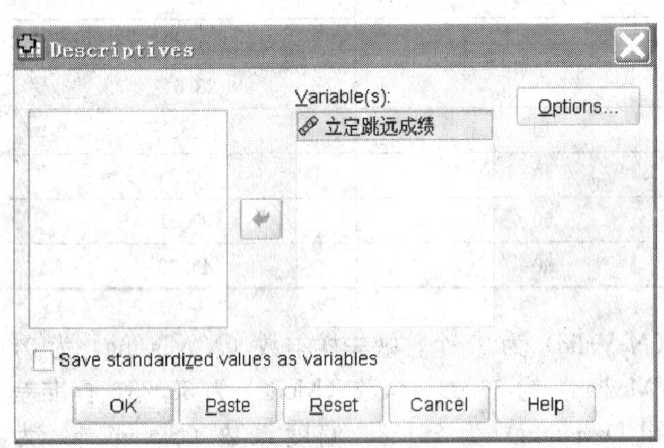

图 3-9 描述性统计量的主对话框

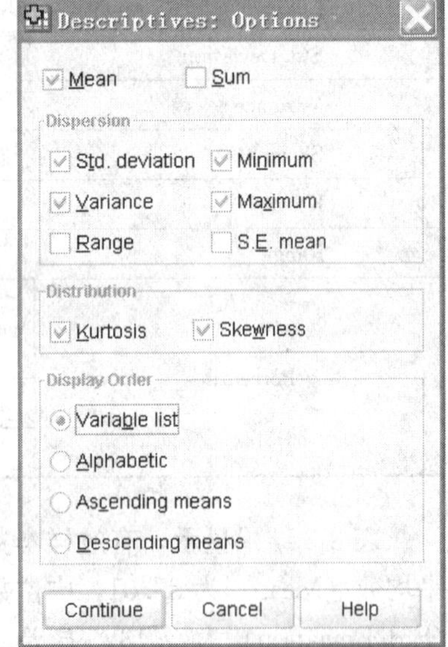

图 3-10 Options 对话框

4）单击“Continue”按钮返回如图 3-9 所示的主对话框。然后单击“OK”按钮，则可输出结果。

输出结果整理成三线表，如表 3-5 所示。

表 3-5 描述性统计输出结果

N 样本量	Minimum 最小值	Maximum 最大值	Mean 平均值	Std. Deviation 标准差	Variance 方差	Skewness 偏度系数	Kurtosis 峰度系数
86	181	260	230.43	15.08	227.33	−0.48	0.23

表 3-5 结果显示，样本数和有效样本数均为 86；最小值为 181；最大值为 260；平均数为 230.43；标准差为 15.08；方差为 227.33；偏度系数为−0.43；峰度系数为 0.23 等统计信息。

同步练习

一、单项选择题

1. 体育统计学中最常用的集中量数与差异量数是（　　）。

A. $\bar{x}$，S　　B. M_d，Q　　C. X，R　　D. M_d，CV

2. （　　）是反映同质对象观察值的平均水平与集中趋势的统计指标。

A. 标准差　　B. 平均数　　C. 中位数　　D. 变异系数

3. 当分布基本对称时用（　　）反映集中趋势与平均水平。

A. 平均差　　B. 四分差　　C. 平均数　　D. 变异系数

4. 严重偏态的分布用（　　）能较好地反映资料的集中趋势。

A. 中位数　　B. 平均数　　C. 变异系数　　D. 标准差

5. 样本特征数是来自样本的统计指标，所以又称（　　）。

A. 样本平均数　　B. 统计量　　C. 变量值　　D. 参数

6. A、B 两组身高数据均值一样，单位都是 cm，可用（　　）比较离散程度。

A. 变异系数　　B. 方差　　C. 平均数　　D. 标准差

7. 若几组数据有不同的单位，此时可用（　　）比较几组数据的离散程度。

A. 标准差　　B. 方差　　C. 变异系数　　D. 平均数

8. 如 1500m 跑成绩与 100m 跑成绩这两组数据单位相同，均数相差较大，此时可用（　　）比较离散程度。

A. 标准差　　B. 方差　　C. 变异系数　　D. 平均数

9. 标准差是最常用的反映数据资料（　　）的统计指标。

A. 集中趋势　　B. 离散趋势　　C. 尖峭趋势　　D. 扁平趋势

10. 若 $SK=0$，$Ku=0$，则数据分布为（　　）。

A. 尖峰分布　　B. 平峰分布　　C. 正偏分布　　D. 正态分布

二、名词解释

1. 样本特征数
2. 集中量数
3. 中位数
4. 差异（离散）量数
5. 偏度系数
6. 峰度系数

三、计算题

1. 某班 24 名学生某门课程考试成绩如下所示。

62	63	57	73	70	57	77	77	76	58	85	81
44	54	48	50	53	59	77	45	68	73	80	60

求：平均数、标准差、方差。

2. 某班50名学生的年龄数据如下所示。

17	17	18	18	18	18	18	18	18	18
18	19	19	19	19	19	19	19	19	19
19	19	19	19	19	19	19	19	19	19
19	19	19	20	20	20	20	20	20	20
20	20	20	21	21	21	21	21	21	21

求：中位数、第25、75百分位数、众数、四分差、极差。

3. 已知某样本中10岁女孩身高 $\bar{x}_1=138\text{cm}$，$S_1=5.6\text{cm}$，14岁女孩身高 $\bar{x}_2=157\text{cm}$，$S_2=5.6\text{cm}$，请比较10岁与14岁女孩身高的离散程度。

4. 某杂志发表了一篇文章，说明某省学生的铅球成绩和跳远成绩如表3-6所示。

表3-6 铅球成绩和跳远成绩

	n	$\bar{x}\pm S$	CV
铅球	150	5.90±0.49	8.31%
跳远	150	5.02±0.20	3.98%

试解释统计数据的意义。

四、SPSS操作题

随机抽测广州市某中学30名15岁男生的体重和肺活量，其数据如表3-7所示。

表3-7 15岁男生的体重和肺活量数据

学生编号	体重/kg	肺活量/L	学生编号	体重/kg	肺活量/L
1	47	3.55	16	48	3.55
2	56	4.02	17	47	3.65
3	42	2.84	18	54	4.02
4	48	3.72	19	46	3.55
5	44	3.31	20	45	3.66
6	49	3.66	21	42	3.72
7	46	3.38	22	48	3.31
8	48	3.82	23	44	3.65
9	45	3.18	24	49	3.85
10	51	3.84	25	47	3.82
11	42	3.72	26	47	3.55
12	48	3.31	27	46	3.65
13	44	3.66	28	48	3.66
14	49	3.95	29	55	4.02
15	46	3.82	30	42	3.34

1. 采用频数统计（frequencies），求体重的平均数、中位数、众数、标准差、方差、极差、四分位数。

2. 采用描述统计（descriptives），求肺活量的平均数、标准差、方差、偏态系数、峰态系数。

参 考 文 献

贾俊平，何晓群，金勇进. 2007. 统计学（第三版）[M]. 北京：中国人民大学出版社

李金林，赵中秋. 2006. 管理统计学 [M]. 北京：清华大学出版社

刘学贞. 2001. 体育用数据处理方法 [M]. 北京：北京体育大学出版社

全国体育院校教材委员会. 2002. 体育院校通用教材体育统计 [M]. 北京：人民体育出版社

戎家增，戎淼锋，林珑. 1998. 现场体育统计方法 [M]. 北京：人民体育出版社

孙允午. 2006. 统计学 [M]. 上海：上海财经大学出版社

第 4 章　概率及其分布

自然界和人类社会中存在着两类现象：必然现象与随机现象。

必然现象就是指在一定条件下必然发生的现象。如在标准大气压下，水加热到100℃必然会沸腾；抛出的物体其初速度只要小于第一宇宙速度，必然会落回地面等，这些现象都是必然现象。

随机现象是指在一定条件下有时发生有时不发生的现象。如往地面掷一枚硬币，“出现正面”这一现象有时发生，有时不发生；篮球投篮中“投中”这一现象有时发生有时不发生，这些都是随机现象。

概率论是研究随机现象的数量规律的数学分支之一，本身具有丰富的内容与广泛的应用，但我们的主要目的是为以后的统计方法学习打下理论基础，本章所涉及的内容就是围绕这一目展开的。

4.1　随机事件及其概率

4.1.1　随机事件

对随机现象进行观察，会得到不同的结果，如观察掷硬币这一随机现象就可能看到“出现正面”或“出现反面”这两种不同的结果，“出现正面”是掷硬币这一随机现象的一种观察结果，称之为随机事件，同样“出现反面”也是随机事件。

随机事件：对随机现象进行观察，其观察结果称为随机事件，简称事件，用大写英文字母 A、B、C 等表示。

作为随机事件的特例，若某事件在每次试验中总是发生，则称该事件为必然事件，一般用 Ω 表示；反之若某事件在每次试验中都不发生，则称该事件为不可能事件，一般用 Φ 表示。

4.1.2　随机事件的概率

对于一个事件（除必然事件和不可能事件以外），它在一次试验中可能发生，也可能不发生。我们常常希望知道某些事件在一次试验中发生的可能性究竟有多大。例如，为了确定水坝的高度，就要知道河流在造水坝地段每年最大洪水达到某一高度这一事件发生的可能性大小，我们希望找到一个合适的数来表示事件在一次试验中发生的可能性大小。为此，首先引入描述事件发生频繁程度的量——频率。

1. 频率

在相同的条件下，进行了 n 次试验，在这 n 次试验中事件 A 出现了 m 次，则称比

值 m/n 为事件 A 的频率，记为 $F(A)=m/n$ 。

显然，任一事件 A 都有

$$0 \leqslant F(A) \leqslant 1$$

随机事件是否发生事先是不能确定的，但经过多次观察，随机事件发生的频率是有一定规律的。如射击 100 次射中 95 次，则其命中率为 95%；抽查某工厂的产品 100 件，结果有 98 件合格品，则该工厂的产品合格率为 98%。

经验表明，随着试验次数的增多，随机事件频率的波动会越来越小，且会在一个固定的常数附近做微小的波动。以掷硬币为例，记正面向上为随机事件 A，抛掷总次数为 n，出现正面向上的次数为 m，比值 $F=m/n$ 为事件 A 的频率，所得结果如表 4-1 所示。

表 4-1 抛掷硬币试验的数据

$n=5$		$n=50$		$n=500$	
m/次	F	m/次	F	m/次	F
2	0.4	22	0.44	251	0.502
3	0.6	27	0.54	249	0.498
1	0.2	21	0.42	256	0.512
4	0.8	26	0.52	245	0.490
1	0.2	24	0.48	251	0.502

我们看到，当 $n=5$ 时，事件 A 发生的频率波动相当剧烈，频率变动无规律可循；当 $n=50$ 时，频率波动明显减少，大致围绕 0.5 上下波动；当 $n=500$ 时，频率波动已相当小，可明显看出其波动中心为 0.5。

不难想像，当抛掷次数再增大时，频率会更加稳定在 0.5 附近，历史上曾有不少数学家做过这类试验，如表 4 2 所示。

表 4-2 历史上数学家们抛掷硬币的试验数据

实验者	掷硬币次数/次	出现正面次数/次	出现正面频率
蒲丰	4040	2048	0.5069
皮尔逊	12 000	6019	0.5016
皮尔逊	24 000	12 012	0.5005

这些试验的结果是很有启发性的，它们表明虽然事件 A 在一次试验中可能发生也可能不发生，但在大量重复试验中，它出现的频率却趋于稳定，而且试验次数越多，频率越接近某一常数（在上述掷硬币的实例中此常数为 0.5），频率的这种随着试验次数增多而趋于稳定的情况称为频率的稳定性。

频率的稳定性说明随机事件发生可能性的大小是随机事件本身固有的一种客观属性，而不是由人的主观意志随意改变的，因此可以对它进行度量，可以用一个数来描述随机事件在一次试验中发生的可能性大小，该数就是概率。

2. 概率

概率是描述随机事件发生可能性大小的度量，根据频率的稳定性，下面给出概率的定义，一般称其为概率的统计定义。

随机事件的概率：在 n 次重复试验中随机事件 A 发生的次数记为 m，当 n 很大时，频率 m/n 会稳定地在某一数值 p 的附近摆动，而且随着试验次数 n 的增加，其摆动的幅度越来越小，称 p 为随机事件 A 的概率，记为

$$P(A)=p$$

例如，在投硬币的试验中，“出现正面”这一随机事件发生的频率在 0.5 附近摆动，且随着试验次数的增多摆动的幅度会越来越小，因此，可以认为“出现正面”这一随机事件的概率为 0.5。

频率与概率之间的关系是非常密切的，也正因为如此，它们具有一些相同的性质。

对于频率，由于事件发生的次数总满足 $0\leqslant m\leqslant n$，因此有

$$0\leqslant m/n\leqslant 1$$

而对不可能事件 Φ 必有 $m=0$，对必然事件 Ω 一定有 $m=n$，可知它们的频率为

$$F(\Omega)=1,F(\Phi)=0$$

对概率类似地有

$$0\leqslant P(A)\leqslant 1$$

以及

$$P(\Omega)=1,\ P(\Phi)=0$$

3. 小概率事件原则

若 $P(A)\leqslant 0.05$，则称事件 A 为小概率事件。小概率事件在一次试验中可看作不可能事件，认为不可能发生，这一原则称之为小概率事件原则。小概率事件原则是统计推断的重要原则，在以后的学习中将会多次用到。

4.2 随机变量及其概率分布

4.2.1 随机变量

随机事件可能是数量的，如某学生的一次跳远成绩、某人的身高等随机事件都可用数表示；随机事件也可能是非数量的，如投篮中的“投中”与“没有投中”，掷硬币中“出现正面”与“出现反面”等随机事件都与数量无直接关系，不能直接用数来表示。为了能更好地对随机现象进行研究，应把随机事件数量化，这就需引入随机变量的概念。

例如，考查掷硬币这一试验，它有两种可能结果："出现正面"或"出现反面"，为了便于研究，我们用一个数来代表试验的一个结果。例如，用数"1"代表"出现正面"，用数"0"代表"出现反面"，这样，当讨论试验结果时，就可以简单地说随机试验的结果是1或是0。这种将随机事件数量化的方法，实际上就相当于引入一个变量X，变量X的取值与试验的结果有关，当试验结果为"出现正面"时$X=1$，当试验结果为"出现反面"时$X=0$，这里变量X随着试验的不同结果而取不同的值，由于试验结果的出现是随机的，因而X的取值也是随机的，因此称X为随机变量。

下面考虑测试学生跳远成绩这一试验，试验的结果（学生跳远成绩）本身就是用数描述的，以Y记学生的跳远成绩（cm），某学生跳了470cm，则$Y=470$，这里变量Y的取值由试验的结果确定，Y随着试验的不同结果而取不同的值，它也是随机变量。

随机变量的数学定义是很严格的，下面只给出其描述性定义。

随机变量：当用一个变量的取值来表示随机试验的结果时，该变量随着试验的不同结果而取不同的值，也就是说变量的取值是随机的，称此变量为随机变量，随机变量一般用大写英文字母X、Y、Z表示，也可以用ξ、η等表示。

引入随机变量后，就可用随机变量的取值来表示随机事件。

比如，在掷硬币试验中，$X=0$表示"掷硬币出现反面"这一随机事件；$X=1$表示"掷硬币出现正面"这一随机事件。

又如，在测试学生跳远成绩试验中，$Y=450$表示"跳远成绩为450cm"这一随机事件；$420<Y<500$表示"跳远成绩在420cm～500cm之间"这一随机事件。

如上所说，随机变量随着试验的不同结果而取不同的值，因而在试验之前只知道它可能取值的范围，而不能确切地知道它取什么值。

此外，随机变量取各个值有一定的概率，这一性质显示了随机变量与普通变量有着本质的区别。

4.2.2 随机变量的概率分布

1. 概率分布的概念

对于一个随机变量，不仅需要知道它可以取哪些值，更重要的是要知道该随机变量取这些值的概率大小。如要了解一名运动员的投篮水平，可以用随机变量$X=1$表示投中，$X=0$表示没有投中，但只知道X的取值还不能描述该运动员的投篮水平，还要知道$X=0$，$X=1$的概率，这样才能清楚、全面地描述该运动员的投篮水平。

概率分布：随机变量的取值及取值的概率称为随机变量的概率分布。

[例4-1] 用$X=n$表示射击中命中n环（$n=0$，6，7，8，9，10），某运动员在一段时间内的射击水平可用X的概率分布表示（见表4-3）。

表 4-3 射击命中的概率分布

X 的取值	0	6	7	8	9	10
X 取值的概率	0.01	0.14	0.3	0.35	0.15	0.05

解：X 的概率分布清楚，完整地表示了该运动员的射击水平，且由 X 的概率分布还可容易地得到 X 取值于某一范围内的概率。例如 $6 \leqslant X \leqslant 8$ 的概率（即该运动员命中 6～8 环的概率）为

$$P(6 \leqslant X \leqslant 8) = 0.14 + 0.3 + 0.35 = 0.79$$

2. 概率分布的表示方法

(1) 分布列法

对于有些随机变量，由于它的所有可能取值为有限个或可列个，这种随机变量称为离散型随机变量。对于离散型随机变量，一般用分布列来描述其概率分布。

分布列：设随机变量 X 可能取到的值为 X_1，X_2，$\cdots X_n$，$\cdots$，X 取到各个值的概率为 p_1，p_2，$\cdots$，p_n，$\cdots$，则称为随机变量 X 的概率分布列，简称分布列，如表 4-4 所示。

表 4-4 分布列

X 的取值	X_1	X_2	$\cdots$	X_n	$\cdots$
X 取对应值的概率	p_1	p_2	$\cdots$	p_n	$\cdots$

[例 4-1] 中就是用概率分布列来描述某运动员在一段时间内的射击水平，对于离散型随机变量，概率分布列是了解它的“窗口”，从中可以一目了然地看出随机变量 X 的取值范围和取这些值的概率，从而全面地掌握这一随机变量。

[例 4-2] 某一不透明的盒中装有 10 个外形一样的球，其中 5 个黑球，5 个白球，现从中任取 3 球，用 Y 表示取到的白球数，求 Y 的概率分布列。

分析：求 Y 的概率分布列，就是求 Y 能取哪些值及取这些值的概率。

解：由于取出的 3 个球中可能有 0 个白球、1 个白球、2 个白球、3 个白球，因此 Y 的取值范围为 0、1、2、3。

从 10 个球中任取 3 球的总取法数 $n = C_{10}^3 = \dfrac{10 \times 9 \times 8}{3 \times 2 \times 1} = 120$，其中所取的 3 个球全是黑球（此时 $Y=0$）的取法数 $m = C_5^3 = \dfrac{5 \times 4 \times 3}{3 \times 2 \times 1} = 10$，所以

$$P(Y = 0) = \frac{10}{120} = 0.08$$

同理求出

$$P(Y = 1) = 0.42, P(Y = 2) = 0.42, P(Y = 3) = 0.08$$

因此，Y 的概率分布列如表 4-5 所示。

表 4-5 Y 的概率分布

Y 的取值	0	1	2	3
Y 取各值的概率	0.08	0.42	0.42	0.08

(2) 分布曲线法

对于有些随机变量，由于其取值是无限不可列的，显然不能用分布列的形式来描述它的概率分布。对于这种随机变量，一般用概率密度函数、概率密度曲线来描述其概率分布。下面用一个例子来说明什么是概率密度函数和概率密度曲线。

[**例 4-3**] 测得某地区 100 名 12 岁男孩的身高数据，经初步整理得各身高段的人数如表 4-6 所示。

表 4-6 某地区 100 名 12 岁男孩的身高分布状况

身高/cm	人数/人	身高/cm	人数/人
130 以下	5	[145，150)	18
[130，135)	10	[150，155)	14
[135，140)	20	[155，160)	10
[140，145)	15	160 及以上	8

以 X 轴表示身高，Y 轴表示人数，用条形图描述上述身高分布状况，如图 4-1 所示。

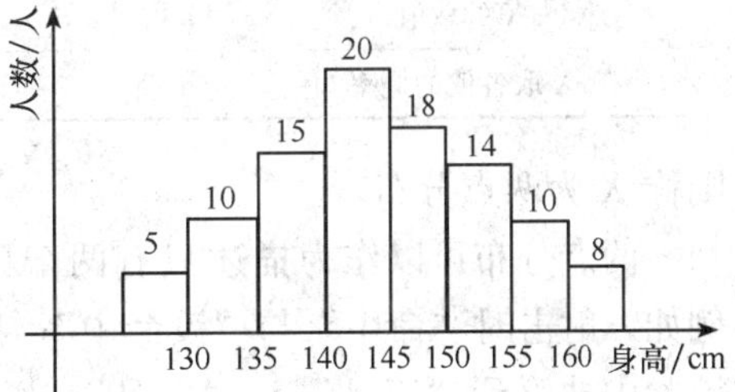

图 4-1 100 名 12 岁男孩的身高分布图

当测量的人数不断增多，统计时各身高段的范围越来越小时，可以想象身高的频数分布图会趋于一条光滑的曲线，如图 4-2 所示。

图 4-2（右）的曲线及其下面的面积就可表示身高在各范围内的概率。比如，图 4-2（右）中的阴影部分的面积就表示身高在 130～135cm 范围内的概率，称该曲线为概率密度曲线，该曲线所对应的方程为概率密度函数。

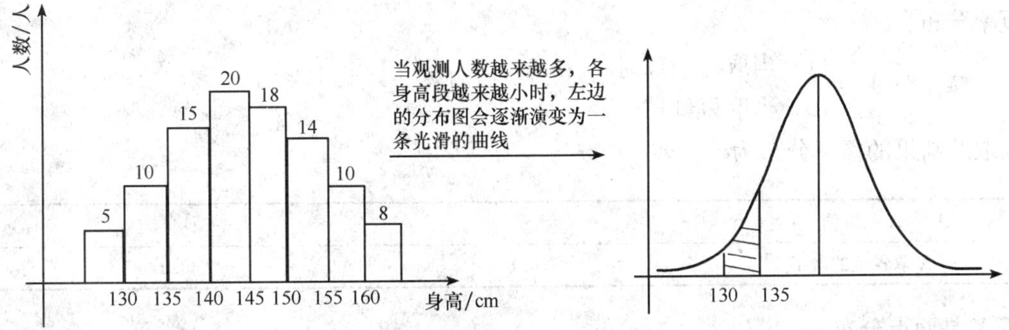

图 4-2 概率密度曲线

概率密度曲线：概率密度曲线与 X 轴、直线 $X=a$、直线 $X=b$ 所组成的曲边梯形的面积等于随机变量 X 的取值落在区间 $[a,b]$ 内的概率。

例如，在图 4-3 中，随机变量 $a<X<b$ 的概率＝曲边梯形 $ABCD$ 的面积。曲边梯形 $ABCD$ 的面积可用定积分计算。

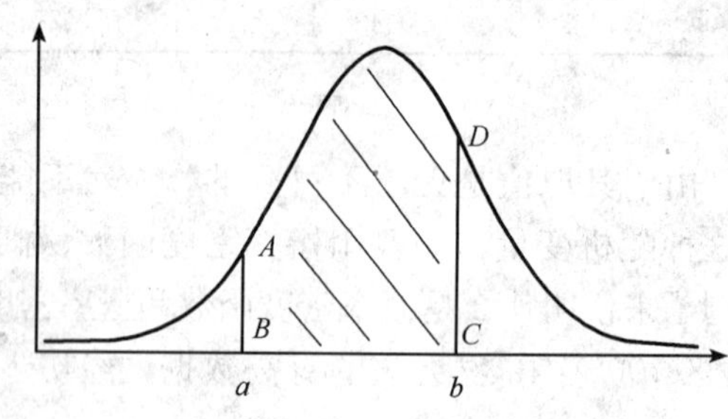

图 4-3 概率密度曲线的含义

4.3 几种常用的概率分布

4.3.1 两点分布

设随机变量 X 的概率分布列为

X 的取值	0	1
X 取各值的概率	p	$1-p$

则称 X 为两点分布。

两点分布可以作为描述只有两个可能结果的随机试验概率分布的一般数学模型。例如，射击时“命中”与“没命中”；抛掷硬币时“正面朝上”与“正面朝下”；产品检验中抽验到“正品”与“次品”，以上这些随机试验的概率分布都可用两点分布来表示。

［例 4-4］ 不透明盒中装有 100 只外形一样的球，其中 90 个白球，10 个红球，从中随机取一个球，显然取到白球的概率为 0.9，取到红球的概率为 0.1，求取球结果的概率分布。

解：令 $X=\begin{cases}1, & \text{当取得白球时}\\ 0, & \text{当取得红球时}\end{cases}$

则取球结果的概率分布为

X 的取值	0	1
X 取各值的概率	0.1	0.9

即 X 是两点分布。

4.3.2 二项分布

［例 4-5］ 8 个元件中有 3 个次品，今有放回地接连抽验 4 次，每次抽取 1 个元件，

求抽取的 4 个元件中恰有 2 个是次品的概率。

分析：如果把抽验 1 个元件看作一次试验，那么抽验 4 个元件就相当于做 4 次试验，这 4 次试验有下述两个特点。

1）每次试验的条件都相同，且只有两个可能的结果。

2）每次试验的结果相互不影响，或者称试验是相互独立的。

我们把具有上述两个特点的 n 次试验称为贝努里试验。

贝努里试验：一般地，如果在相同条件下进行了 n 次相互独立的试验，每次试验只有两个可能的结果：A 或 $\overline{A}$，且 $P(A)=p$，相应地 $P(\overline{A})=q=1-p$，则称这样的 n 次试验为 n 重贝努里试验。

用 X 表示 n 重贝努里试验中事件 A 出现的次数，则 X 的概率分布列为

X 的取值	0	1	…	k	…	n
概率	$C_n^0p^0(1-p)^n$	$C_n^1p^1(1-p)^{n-1}$	…	$C_n^kp^k(1-p)^{n-k}$		$C_n^np^n(1-p)^0$

或用公式表达为

$$P(X=k)=C_n^kp^k(1-p)^{n-k} \qquad (k=0,1,2,\cdots,n)$$

由于 $X=k$ 的概率 $C_n^kp^k(1-p)^{n-k}$ 刚好是二项式 $(p+q)^n$ 的展开式中出现 p^k 的一项，所以称上述概率分布形式为二项分布，记为 $X\sim B(n,p)$，其中 n 为重复试验次数，p 为试验中事件 A 发生的概率。

解：抽取的 4 个元件中恰有 2 个是次品的概率为

$$P(X=2)=C_4^2\times\left(\frac{3}{8}\right)^2\times\left(\frac{5}{8}\right)^2=0.3296$$

［**例 4-6**］ 不透明盒中装有 100 只外形一样的球，其中 10 个白球，90 个红球，采用有放回取球方式，从中任取 5 球，求恰好取到 3 个白球的概率。

解：将取一个球看作一次试验，取 5 个球相当于做了 5 重贝努里试验，用 X 表示取到的白球数，显然 X 是 $n=5$，$p=0.1$ 的二项分布，恰好取到 3 个白球就是 $X=3$，由二项分布可知其概率为

$$P(X=3)=C_5^3\times0.1^3\times(1-0.1)^{5-3}=0.0081$$

4.3.3 正态分布

1. 正态分布的概念

正态分布是实践中最为常见的一种分布，如同年龄、同性别人的身高、体重、运动成绩等都服从正态分布。

对同年龄、同性别人的身高数据进行分组统计，作其频数分布图（见图 4-2（左）），在人数相当多时，左边分布图将逐渐演变成右边的光滑曲线。

1733 年，法国数学家棣模佛给出了这条曲线的方程

$$y=\frac{1}{\sqrt{2\pi}\sigma}e^{-\frac{(x-\mu)^2}{2\sigma^2}}$$

该函数描述了像身高这类随机变量的概率分布，该分布的特点是“中间多，两头少”，即随机变量取中间值的可能性大，取两头值的可能性小，我们称具有这种分布特征的随机变量为正态随机变量，记为 $X \sim N$（μ，σ^2），其对应的曲线叫正态曲线，如图 4-4所示。

正态曲线有以下性质：

1）曲线在X轴上方，以 $X=\mu$ 为其对称轴，当 $X=\mu$ 时，函数 $F(X)$ 有最大值，正态曲线达到最高点。

2）μ，σ 为正态分布的两个参数，μ 确定曲线的中心位置，如图 4-5 所示，σ 确定曲线的形状，σ 愈大，曲线愈扁平，如图 4-6 所示。

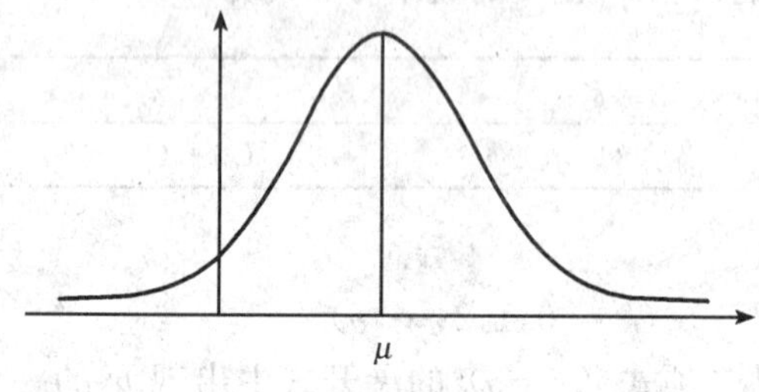

图 4-4 正态分布曲线

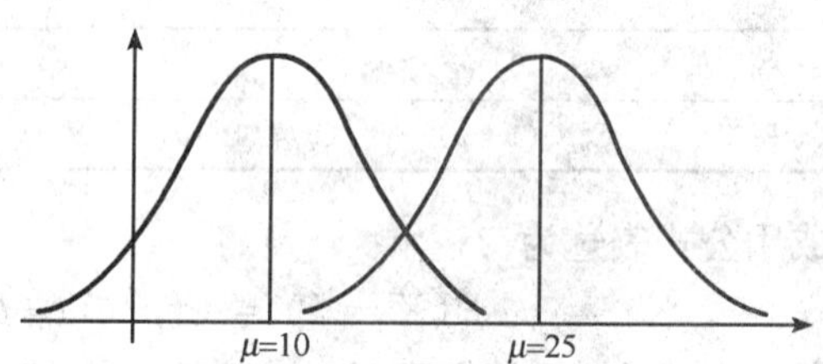

图 4-5 μ 值确定正态分布曲线的中心位置

3）曲线与 X 轴所围面积为 1，如图 4-7 所示。

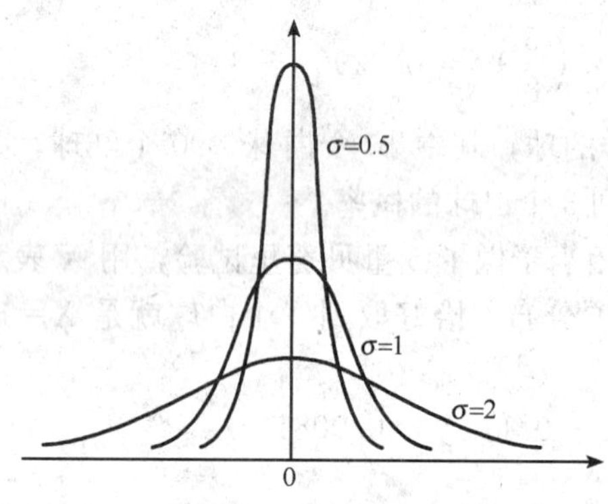

图 4-6 σ 值确定正态分布曲线的形状

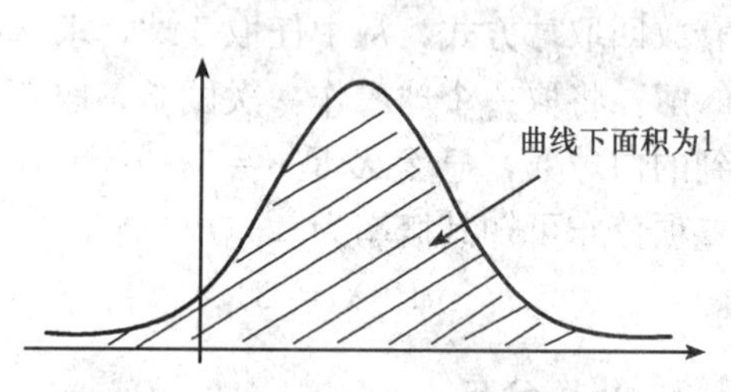

图 4-7 分布曲线与 X 轴所围面积为 1

2. 标准正态分布及其概率计算

(1) 标准正态分布的概念

正态分布中 μ，σ 取一组特殊值：$\mu=0$，$\sigma=1$，这时的正态分布称为标准正态分布，记为 N（0，1），其概率密度函数为

$$y=\frac{1}{\sqrt{2\pi}}\mathrm{e}^{-\frac{x^2}{2}}$$

其分布曲线如图 4-8 所示。

(2) 标准正态分布概率的计算

标准正态分布中，随机变量 X 落在区间（a，b）内的概率就等于分布曲线、X 轴及 $X=a$，$X=b$ 所围图形的面积，如图 4-9 所示。

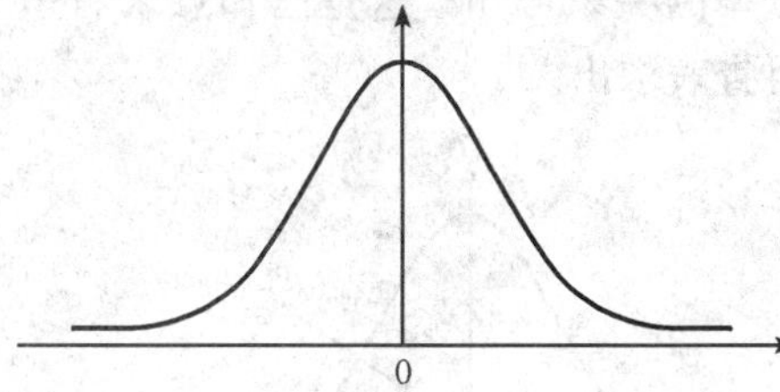

图 4-8 标准正态分布概率密度曲线

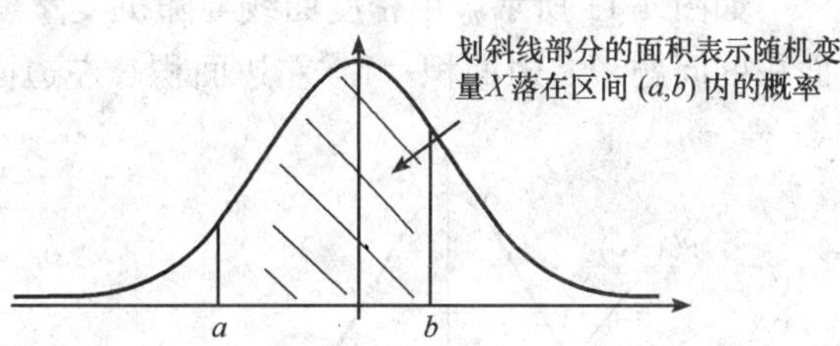

图 4-9 随机变量 X 落在区间（a，b）内的概率

图 4-9 中划线部分面积可用微积分方法求出，计算复杂，但经常使用，因此像三角函数、对数函数等一样，制成表格，使用时只需查表就可求出随机变量 X 落在任意区间内的概率。

表 4-7 所示为标准正态分布表的一部分。

表 4-7 标准正态分布表

x	0	1	2	3	…	8	9
−3.0	0.0013	0.0010	0.0007	0.0005	…	0.0001	0.0000
⋮							
−1.0	0.1587	0.1562	0.1539	0.1515	…	0.1401	0.1379
−0.9							
⋮							
1.2	0.8849	0.8869	0.8888	0.8907	…	0.8997	0.9015
1.3					此值即为$X<1.23$的概率		
⋮							
3.0	0.9987	0.9990	0.9993	0.9995	…	0.9999	1.0000

表中第 1 列为 X 取值的个位与小数点后第一位的值，第 1 行为 X 取值的小数点后第二位的值，表中其余部分为 X 小于对应值的概率。例如，要求 P（$X<1.23$)，则在表中第 1 列找到 1.2，在表中第 1 行找到 3，其交叉处的值 0.8907 就是 P（$X<1.23$）的概率，X 小于其他值的概率可类似求得。

一般地，正态分布表只给出 −3.0～3.0 间的概率值，这是因为标准正态分布中 $X<-3.0$ 的概率及 $X>3.0$ 的概率都接近 0。完整的标准正态分布表见附表 1。

下面介绍利用标准正态分布表，求 X 取值于各区间的概率的方法。

1) 已知 a，求 $P(X<a)$ 的值。

由密度曲线与随机变量取值概率的关系可知，这是已知点，求左边面积的问题，如图 4-10 所示，此类问题可直接查表求解。

[例 4-7] 已知 $X\sim N(0,1)$，求 $P(X<1.17)$ 的值。

解：在表中第 1 列找到 1.1，第 1 行找到 7，它们相交处的数 0.8790 即为所求，所以，$P(X<1.17)=0.8790$ 。

2）已知 a，求 $P(X>a)$ 的值。

如图 4-11 所示，由密度曲线与随机变量取值概率的关系可知，这是已知点求右边面积的问题，右边面积＝1－左边面积，左边面积可查表求出。

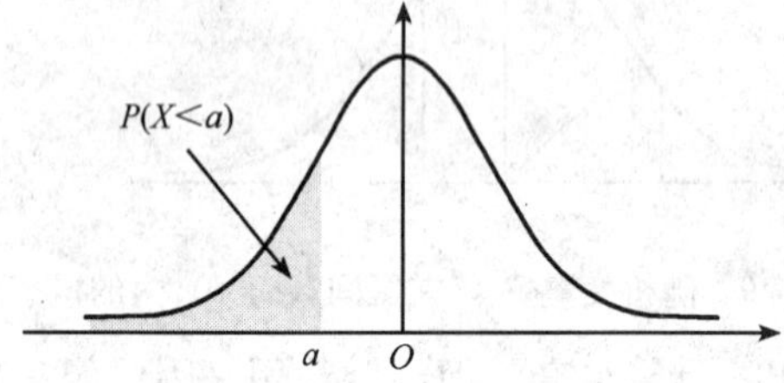

图 4-10 $X<a$ 的概率面积

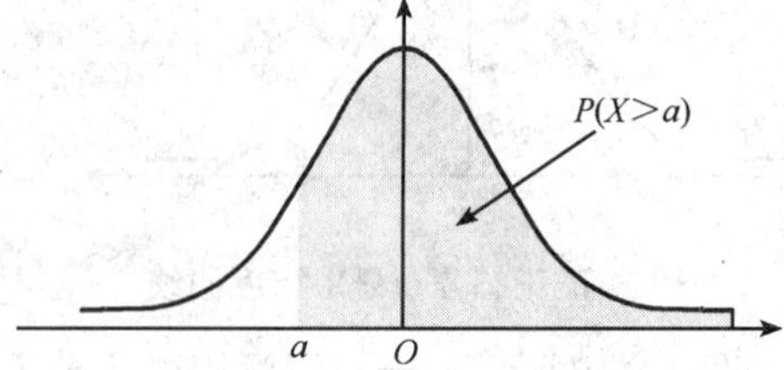

图 4-11 $X>a$ 的概率面积

［例 4-8］ 已知 $X\sim N(0,1)$，求 $P(X>1.17)$ 的值。

解：$P(X>1.17)=1-P(X<1.17)$

查表得 $P(X<1.17)=0.8790$

则 $P(X>1.17)=1-0.8790=0.1210$

思考：$P(X>2.5)$ 的值。

3）已知 a、b，求 $P(a<X<b)$ 的值。

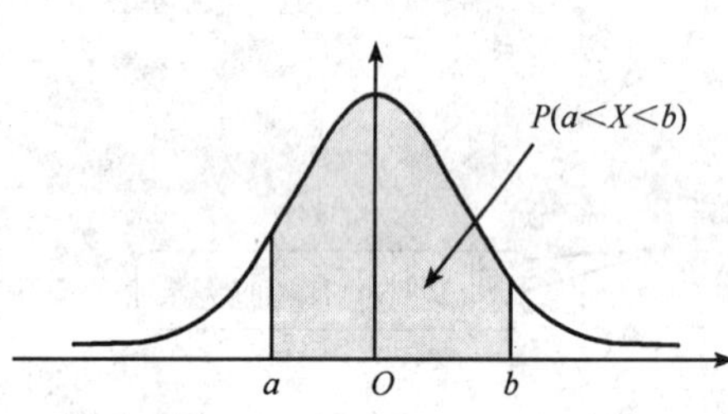

图 4-12 $a<X<b$ 的概率面积

如图 4-12 所示，这是已知两点，求中间面积的问题。由图中可知，中间部分面积＝b 左边的面积－a 左边的面积，b 左边的面积及 a 左边的面积皆可直接查表求出。

［例 4-9］ 已知 $X\sim N(0,1)$，求 $P(-1<X<1)$ 的值。

解：$P(-1<X<1)=P(X<1)-P(X<-1)$

查表知 $P(X<1)=0.8413$

$P(X<-1)=0.1587$

则 $P(-1<X<1)=0.8413-0.1587=0.6826$

上面 3 种情况皆是已知点求面积，下面介绍已知面积怎样求点？

4）已知 $P(X<a)=P_0$，求 a 的值。

如图 4-10 所示，如果已知左边面积求点 a，可直接查正态分布表求出 a，查表方法为在表中找到概率值与 P_0 相等或与 P_0 相近的值，则其所对应的 a 值即为所求。

［例 4-10］ 已知 $P(X<a)=0.8485$，求 a 的值。

解：如表 4-8 所示，在标准正态分布表中找到 0.8485，它所对应值为 1.03，因此，$P(X<1.03)=0.8485$

则　$a=1.03$

表 4-8　标准正态分布表

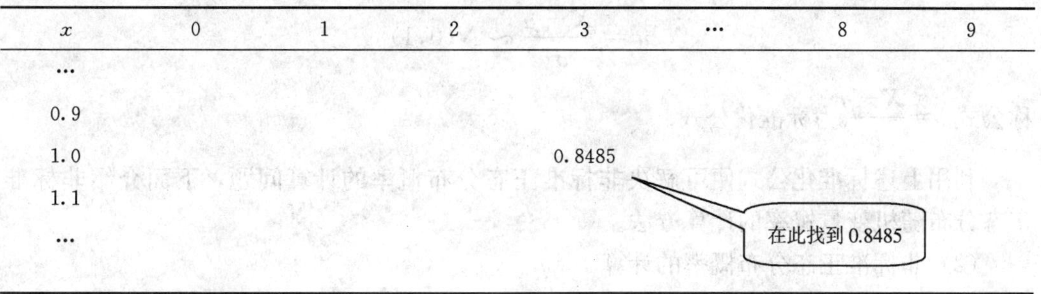

x	0	1	2	3	…	8	9
…							
0.9							
1.0				0.8485			
1.1							
…							

思考：$P(X<b)=0.8$，求 b 的值。

注意：请比较此处的查表方式与［例 4-7］查表方式的区别。

5）已知 $P(X>a)=P_0$，求 a 的值。

如图 4-11 所示，如果已知右边面积求点 a，由图中可看出 a 左边的面积$=1-a$ 右边的面积，即 a 左边的面积$=1-P_0$，按［例 4-8］的方法可直接查正态分布表求出 a。

［例 4-11］　已知 $P(X>A)=0.8251$，求 A 的值。

解：由 $P(X>A)=0.8251$ 知

$$P(X<A)=1-0.8251=0.1749$$

查表知 $P(X<-0.94)=0.1736$

则　$A\approx-0.94$

3. 非标准正态分布及其概率计算

在实际应用中碰到的正态分布不会总是标准正态分布，相反，大部分正态分布中，$\mu\neq0$，$\sigma\neq1$，这类 $\mu\neq0$ 或 $\sigma\neq1$ 的正态分布称为非标准正态分布，其概率密度函数为

$$y=\frac{1}{\sigma\sqrt{2\pi}}\mathrm{e}^{-\frac{(x-\mu)^2}{2\sigma^2}}$$

分布曲线如图 4-18（左）所示，记为 $X\sim N(\mu,\sigma^2)$。

若 $X\sim N(2,2.5^2)$，则 $\mu=2$，$\sigma=2.5$。

若 $X\sim N$（170，9），则 $\mu=170$，$\sigma=3$。

对于非正态分布的随机变量应怎样求其取值在某一区间的概率呢？

上节介绍的正态分布表是对于标准正态分布的随机变量而言的，不能直接用于非标准正态分布随机变量概率的计算中，而为每个非标准正态分布一一制表显然是不可取也是不可能的，因为现实中的正态分布有无穷多种。

因此，需寻求其他的方法来解决非标准正态分布随机变量概率的计算问题，这种方法就是将非标准正态分布的随机变量化为标准正态分布的随机变量，然后用上节介绍的标准正态分布随机变量概率的计算方法来求解。

（1）标准化公式

设 $X \sim N(\mu,\sigma^2)$，则

$$u=\frac{X-\mu}{\sigma}\sim N(0,1)$$

称公式 $u=\dfrac{X-\mu}{\sigma}$ 为标准化公式。

利用上述标准化公式便可解决非标准正态分布概率的计算问题，下面介绍非标准正态分布随机变量概率的计算方法。

（2）非标准正态分布概率的计算

[例 4-12] 已知 $X\sim N(10,9)$，求 $P(X<13)$ 的值。

分析： 如图 4-13 所示，这是已知点求左边面积，但由于 X 不是标准正态分布，因此首先用标准化公式将 X 标准化，经标准化后 X 中的值 13 被标准化为 1，且 $P(X<13)=P(u<1)$，此处 u 为标准正态随机变量，$P(u<1)$ 可按上节［例 4-7］所介绍的方法求出。

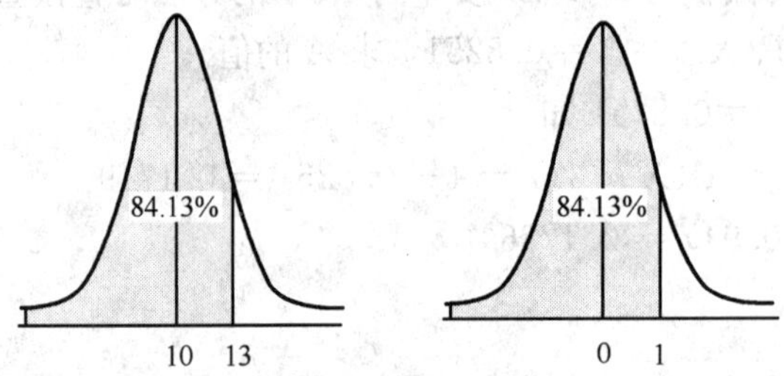

图 4-13 ［例 4-12］的非正态分布与标准正态分布对比图

解： 因为 $X\sim N(10,9)$，所以 $\mu=10$，$\sigma=3$，代入标准化公式，将 13 标准化得

$$(13-10)/3=1$$

则 $P(X<13)=P(u<1)=0.8413$

[例 4-13] 已知 $X\sim N(10,4)$，求 $P(X>7)$ 的值。

分析： 如图 4-14 所示，这是已知点求右边面积，但由于 X 不是标准正态分布，因此首先用标准化公式将 X 标准化，经标准化后 X 中的值 7 被标准化为 -1.5，且 $P(X>7)=P(u>-1.5)$，此处 u 为标准正态随机变量，$P(u>-1.5)$ 可按上节［例 4-8］所介绍的方法求出。

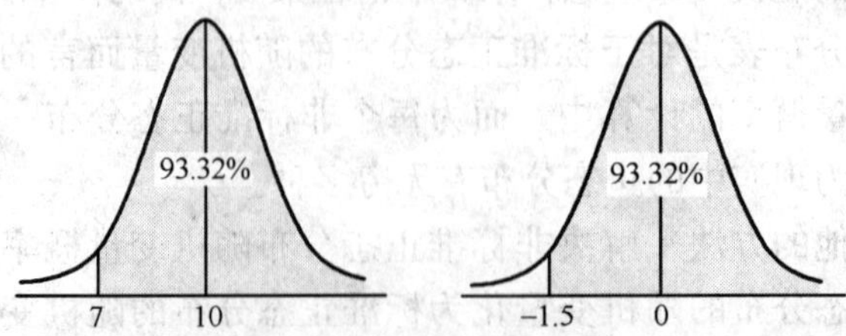

图 4-14 ［例 4-13］的非正态分布与标准正态分布对比图

解：此处 $\mu=10$，$\sigma=2$，代入标准化公式，将 7 标准化得

$$(7-10)/2=-1.5$$

则 $P(X>7)=P(u>-1.5)=1-P(u<-1.5)$

$=1-0.0668=0.9332$

[例 4-14] 已知 $X\sim N(15,4)$，求 $P(10<X<15)$ 的值。

分析：如图 4-15 所示，这是已知点求中间面积，但由于 X 不是标准正态分布，因此首先用标准化公式将 X 标准化，经标准化后 X 中的值 10、15 分别被标准化为 -2.5 和 0，且 $P(10<X<15)=P(-2.5<u<0)$，此处 u 为标准正态随机变量，$P(-2.5<u<0)$ 可按上节［例 4-9］所介绍的方法求出。

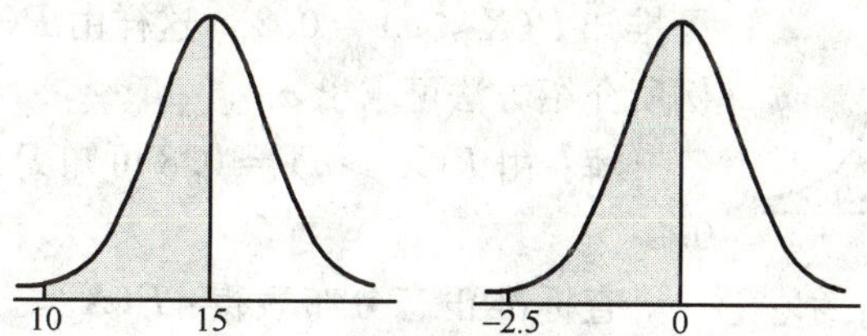

图 4-15 ［例 4-14］的非正态分布与标准正态分布对比图

解：此处 $\mu=15$，$\sigma=2$，代入标准化公式，分别将 10、15 标准化得

$$(10-15)/2=-2.5$$

$$(15-15)/2=0$$

则 $P(10<X<15)=P(-2.5<u<0)$

$=P(u<0)-P(u<-2.5)$

$=0.5-0.0062$

$=0.4938$

以上三个例题都是已知点求面积的问题，其关键是将已知点标准化，将非标准正态分布转化为标准正态分布来求解。

[例 4-15] 已知 $X\sim N(10,4)$，且 $P(X<a)=0.8$，求 a 的值。

分析：如图 4-16 所示，这是已知左边面积求点的问题，但由于 X 不是标准正态分布，因此不能直接查表求解 a，但在标准正态分布中可求出左边面积为 0.8 所对应的点 A，由标准化公式，a 与 A 有如下关系

$$(a-\mu)/\sigma=A$$

上式中 μ、σ、A 皆为已知数，可求得 a。

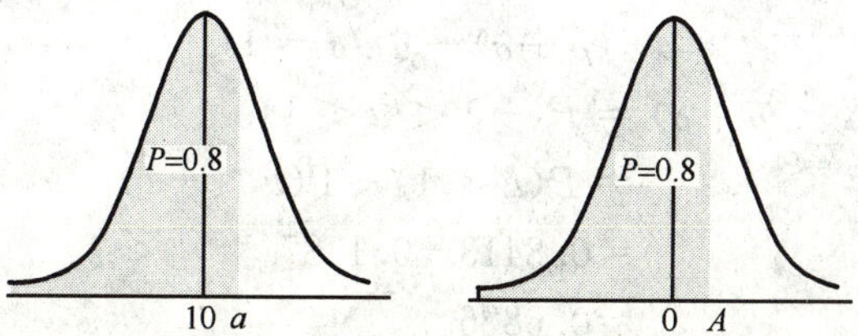

图 4-16 ［例 4-15］的非正态分布与标准正态分布对比图

解：查标准正态分布表得：$P(u<0.84)=0.7995\approx 0.8$

因此 a 标准化后应与 0.84 相对应，即

$$(a-\mu)/\sigma=0.84$$

由于 $X\sim N(10,4)$，所以 $\mu=10$，$\sigma=2$，将它们代入上式有

$$(a-10)/2=0.84$$

则 $a=2\times 0.84+10=11.68$

[例 4-16] 已知 $X\sim N(10,4)$，且 $P(X>a)=0.8$，求 a 的值。

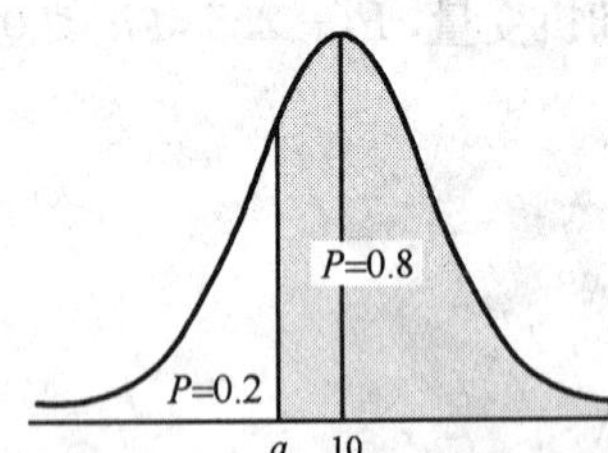

图 4-17 [例 4-16] 示意图

分析：如图 4-17 所示，这是已知右边面积求点的问题，因为正态曲线下面积为 1，因此由 $P(X>a)=0.8$ 可推知 $P(X<a)=0.2$，这样由 $P(X<a)=0.2$ 依照上例所介绍方法可求出 a。

解：由 $P(X>a)=0.8$ 可知 $P(X<a)=1-0.8=0.2$

查标准正态分布表得：$P(X<-0.84)=0.2005\approx 0.2$

因此 a 标准化后应与 -0.84 相对应，即

$$(a-\mu)/\sigma=-0.84$$

由于 $X\sim N(10,4)$，所以 $\mu=10$，$\sigma=2$，将它们代入上式有

$$(a-10)/2=-0.84$$

则 $a=-2\times 0.84+10=8.32$

以上两例是已知面积求点 a 的问题，其关键是找出所求点 a 左边的面积 s，然后查标准正态分布表求出在标准正态分布中左边面积为 s 时所对应的点 A，通过标准化公式，a 与 A 有如下关系式：

$$(a-\mu)/\sigma=A$$

上式中 μ、σ、A 皆为已知数，可解出 a。

[例 4-17] 已知 $X\sim N(\mu,\sigma^2)$，求

1) $P(\mu-\sigma<X<\mu+\sigma)$。

2) $P(\mu-2\sigma<X<\mu+2\sigma)$。

3) $P(\mu-3\sigma<X<\mu+3\sigma)$。

解：① 将 $\mu-\sigma$、$\mu+\sigma$ 标准化得

$$\{(\mu-\sigma)-\mu\}/\sigma=-1$$

$$\{(\mu+\sigma)-\mu\}/\sigma=1$$

则
$$\begin{aligned}P(\mu-\sigma<X<\mu+\sigma)&=P(-1<u<1)\\&=P(u<1)-P(u<-1)\\&=0.8413-0.1587\\&=0.6826\end{aligned}$$

② 将 $\mu-2\sigma$、$\mu+2\sigma$ 标准化得

$$\{(\mu-2\sigma)-\mu\}/\sigma=-2$$

$$\{(\mu+2\sigma)-\mu\}/\sigma=2$$

则
$$\begin{aligned}P(\mu-2\sigma<X<\mu+2\sigma)&=P(-2<u<2)\\&=P(u<2)-P(u<-2)\\&=0.9772-0.0228\\&=0.9544\end{aligned}$$

③ 将 $\mu-3\sigma$、$\mu+3\sigma$ 标准化得

$$\{(\mu-3\sigma)-\mu\}/\sigma=-3$$

$$\{(\mu+3\sigma)-\mu\}/\sigma=3$$

则
$$\begin{aligned}P(\mu-3\sigma<X<\mu+3\sigma)&=P(-3<u<3)\\&=P(u<3)-P(u<-3)\\&=0.9987-0.0013\\&=0.9974\end{aligned}$$

由［例 4-17］可得出结论：一切正态分布随机变量，取值在平均数左右一个标准差区间内即区间 $(\mu-\sigma,\mu+\sigma)$ 内的概率为 0.6826，取值在平均数左右二个标准差区间内即区间 $(\mu-2\sigma,\mu+2\sigma)$ 内的概率为 0.9544，取值在平均数左右三个标准差区间内即区间 $(\mu-3\sigma,\mu+3\sigma)$ 内的概率为 0.9974，如图 4-18 所示。

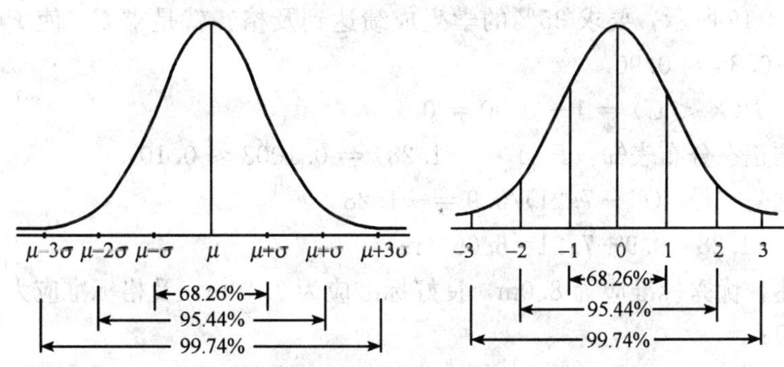

图 4-18 正态分布在特定区域取值的概率（面积）

3σ 原则：正态分布的随机变量取值在区间 $(\mu-3\sigma,\mu+3\sigma)$ 内的概率达 0.9974，这表明，今后对服从正态分布的数据，只需在平均数左右三个标准差内考查即可，该原则称为 3σ 原则。

4.4 正态分布应用

4.4.1 制定考核标准

［例 4-18］ 铅球考核中成绩服从正态分布，且平均成绩 $\bar{x}=7.21\text{m}$，标准差 $S=0.9\text{m}$，若要使 20%的学生成绩达到优秀，35%的学生成绩达到良好，35%的学生成绩

达到及格，试问如何制定各级别的标准？

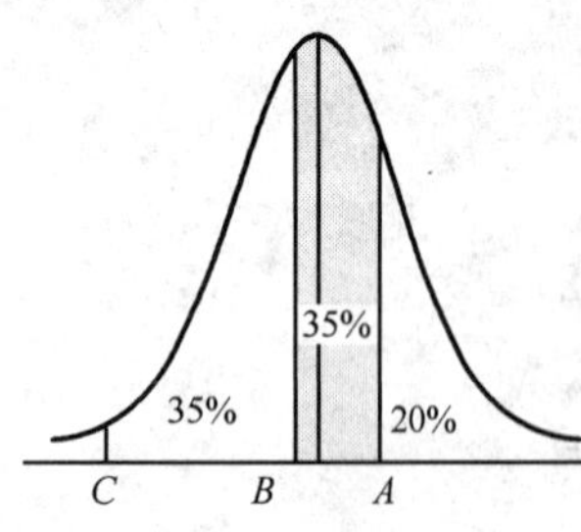

图 4-19 ［例 4-18］示意图

分析： 铅球成绩服从正态分布，其分布曲线如图 4-19 所示，题目要求 20％的学生成绩达到优秀，就是求 A，使 $P(X>A)=0.2$，这实际上就是已知右边面积求点的问题，可仿［例 4-13］的解法求解，良好标准、及格标准皆可类似求出。

解： 1）如图 4-19 所示，要求 20％的学生成绩达到优秀，就是求 A，使 $P(X>A)=0.2$

则 $P(X<A)=1-0.2=0.8$

又查标准正态分布表知：$P(Y<0.84)=0.7995\approx0.80$

由标准化公式得：$(A-7.21)/0.9=0.84$

则 $A=0.84\times0.9+7.21=8.0$ (m)

2）如图 4-19 所示，要求 35％的学生成绩达到良好，就是求 B，使 $P(X>B)=0.2+0.35=0.55$

则 $P(X<B)=1-0.55=0.45$

又查标准正态分布表知：$P(Y<-0.13)=0.4483\approx0.45$

由标准化公式得：$(B-7.21)/0.9=-0.13$

则 $B=-0.13\times0.9+7.21=7.10$ (m)

3）如图 4-19 所示，要求 35％的学生成绩达到及格，就是求 C，使 $P(X>C)=0.2+0.35+0.35=0.90$

则 $P(X<C)=1-0.90=0.1$

又查标准正态分布表知：$P(Y<-1.28)=0.1003\approx0.10$

由标准化公式得：$(C-7.21)/0.9=-1.28$

则 $C=-1.28\times0.9+7.21=6.06$ (m)

综上所述，优秀标准应为 8.0m，良好标准应为 7.10m，及格标准应为 6.06m。

课堂练习：

某年级学生 100m 成绩服从正态分布，且平均成绩 $\bar{x}=14.7^s$，标准差 $S=0.7^s$，若要制定测验标准要求 10％的学生成绩能达到优秀，30％达良好，8％不及格，其余为及格，问优秀、良好、及格标准应各为多少秒？

4.4.2 估计实际分布情况

［例 4-19］ 设高中男生身高 X（单位：cm）是正态变量，均值是 171，标准差是 4，即 $X\sim N(171, 4^2)$。求：

1）身高超过 175cm 的学生所占的比例。

2）身高在 165～175cm 之间学生所占的比例。

3）以均值 171cm 为中点的一个区间，使其学生占 95％。

解：令 $Z=\dfrac{X-171}{4}$，则 $Z\sim N$（0，1）。

1）要求的是 $P(X>175)$。

$$P(X>175)=\left(Z>\frac{175-171}{4}\right)=P(Z>1)$$
$$=1-P(Z\leqslant 1)=1-0.8413=0.1587$$

即身高超过 175cm 的学生所占的比例为 15.87%。如图 4-20 所示的阴影部分。

2）要求的是 P（$165\leqslant X\leqslant 175$）。

$$P(165\leqslant X\leqslant 175)=P\left(\frac{165-171}{4}\leqslant Z\leqslant\frac{175-171}{4}\right)$$
$$=P(-1.5\leqslant Z\leqslant 1)$$
$$=P(Z\leqslant 1)-P(Z<-1.5)$$
$$=0.8413-0.0668=0.7745$$

即身高在 165～175cm 之间的学生所占的比例为 77.45%。如图 4-21 所示的阴影部分。

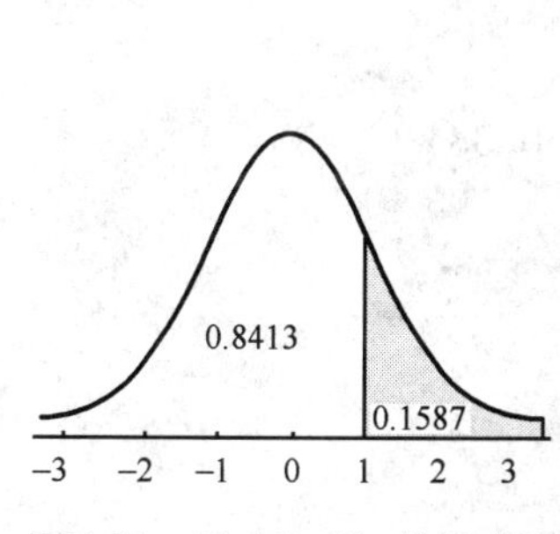

图 4-20　P（$Z>1$）的示意图

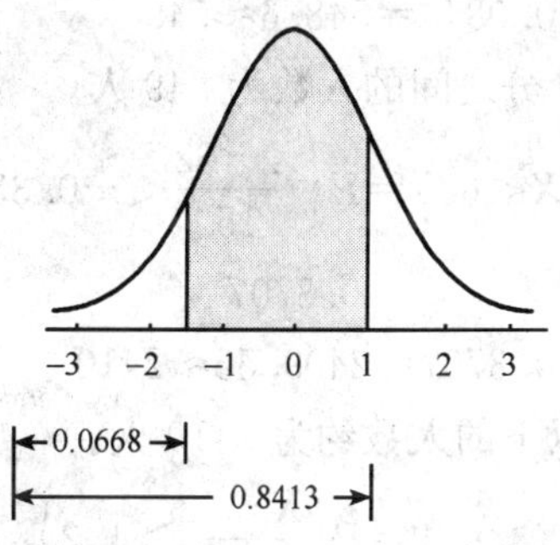

图 4-21　P（$-1.5\leqslant Z\leqslant 1$）的示意图

3）要求以 171cm 为中心，求 95% 的学生的身高区间。如图 4-22 所示，查标准正态分布表，使 P（$Z<Z_0$）$=0.95+0.025=0.975$，得 $Z_0=1.96$。

因为标准正态分布是对称的，所以，以均值 171 为中点，使其学生占 95% 的一个区间为

$$(\mu-1.96\sigma,\mu+1.96\sigma)$$
$$=(171-1.96\times 4,\ 171+1.96\times 4)$$
$$\approx(163.2,\ 178.4)$$

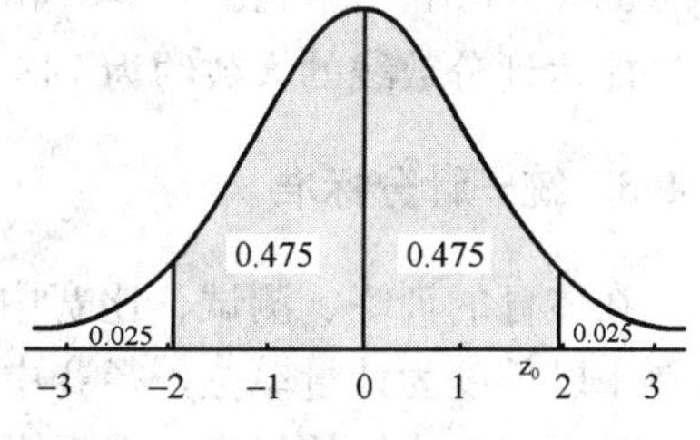

图 4-22　$P(|Z|<1.96)$ 的示意图

［例 4-20］　某地区 2006 年高考体育类考生有 6500 人，假设体育成绩服从正态分布，平均分为 62，标准差为 15。

试问：

1）成绩在 90 分以上多少人？

2）成绩在 80～90 分之间多少人？

3）成绩在 60 分以下多少人？

4）若录取分数线为 80 分，有多少人能达到分数线？

解：用 X 表示体育成绩，则 $X \sim N(62, 15^2)$

令 $Z=\frac{X-62}{15}$，则 $Z \sim N(0, 1)$。

1）$P(X>90)=P\left\{\frac{X-62}{15}>\frac{90-62}{15}\right\}$

$=P\{Z>1.87\}=1-P\{Z \leqslant 1.87\}=1-0.9693=0.0307$

$6500 \times 0.0307=199.55 \approx 200$

90 分以上的人数大约为 200 人。

2）$P\{80<X<90\}=P\left\{1.2<\frac{X-62}{15}<1.87\right\}$

$=P\{1.2<Z<1.87\}$

$=P\{Z<1.87\}-P\{Z<1.2\}$

$=0.9693-0.8849=0.0844$

$6500 \times 0.0844=548.6 \approx 549$

80～90 分之间的人数为 549 人。

3）$P\{X<60\}=P\left\{\frac{X-62}{15}<-0.33\right\}=P\{Z<-0.33\}$

$=0.3707$

$6500 \times 0.3707=2409.55 \approx 2410$

60 分以下的人数约为 2410 人。

4）$P\{X>80\}=P\left\{\frac{X-62}{15}>1.2\right\}=P\{Z>1.2\}$

$=1-P\{Z \leqslant 1.2\}=1-0.8849=0.1151$

$6500 \times 0.1151=748.155 \approx 748$

能达到分数线的人数约为 748 人。

4.4.3 统一计分标准

在体育的训练、测试、比赛中，成绩往往因项目不同而采用不同的计量单位，如田赛中以长度为计量单位，径赛中以时间为计量单位，这时如要比较不同项目的运动员、学生运动成绩的优劣，就不能直接相比。比如，某人 100m 成绩为 13″，另一人跳远成绩为 5m，他们的成绩谁好谁劣呢？此处不能直接相比，我们需要寻找一个统一的评价标准来评价他们的成绩。

利用正态分布，将不同成绩转化为统一的可比的标准分，便可解决此问题。计算公式需要区分高优指标（数值越大成绩越好的指标，如跳远成绩）和低优指标（数值越小成绩越好的指标，如 100m 成绩）。

标准分 $$u=\frac{x-\bar{x}}{S}$$ （高优指标）

标准分 $$u=\frac{\overline{x}-x}{S}\quad（低优指标）$$

由 3σ 原则可知，所有服从正态分布的随机变量，其取值中有 99.7%的数据落在平均数左右三个标准差这个区间内，即区间（$\overline{X}-3S$，$\overline{X}+3S$）内，因此，只需在此范围内考查学生的成绩。

可以规定平均数处为 50 分，对于高优指标，比如田赛项目，成绩达到 $\overline{X}+3S$ 及以上则为 100 分，成绩在 $\overline{X}-3S$ 及以下为 0 分，成绩在区间（$\overline{X}-3S$，$\overline{X}+3S$）之内的，则用标准百分的公式计算其得分为

$$z=50+\frac{x-\overline{x}}{6S}\times100\quad（高优指标）$$

对于低优指标，比如径赛项目，则当成绩达到 $\overline{X}-3S$ 及以下为 100 分，成绩在 $\overline{X}+3S$ 及以上为 0 分，成绩在区间（$\overline{X}-3S$，$\overline{X}+3S$）之内的，则用下述公式计算其得分为

$$z=50-\frac{x-\overline{x}}{6S}\times100\quad（低优指标）$$

［例 4-21］ 某年级学生 100m 成绩服从正态分布，且平均成绩 $\overline{X}=14.1$s，标准差 $S=0.6$s，该年级某学生 100m 成绩为 13.3s，问其标准分、标准百分各为多少？

解： 该学生的标准分为

$$u=\frac{\overline{x}-x}{S}=\frac{14.1-13.3}{0.6}=1.33(分)$$

该学生的标准百分为

$$z=50-\frac{13.3-14.1}{6\times0.6}\times100=72(分)$$

［例 4-22］ 某年级学生测试了 3 项体育成绩，结果如表 4-9 所示：

表 4-9 体育成绩

项 目	平均值	标准差
100m/s	13	0.5
跳远/m	4.5	0.8
铅球/m	9.5	1.0

现张强的 100m、跳远、铅球测试成绩分别为 12.5s、5m、10m，李斌 3 项测试成绩分别为 12.6s、5.5m、9.8m，问张、李两人从总体上来说谁的成绩要好些？

解： 张强的标准得分如下：

100m 的标准百分

$$z_1=50-\frac{12.5-13}{6\times0.5}\times100=67$$

跳远的标准百分

$$z_2=50+\frac{5-4.5}{6\times0.8}\times100=60$$

铅球的标准百分

$$z_3 = 50 + \frac{10 - 9.5}{6 \times 1} \times 100 = 59$$

张强的总标准百分＝67＋60＋59＝186

李斌的标准得分如下：

100m 的标准百分

$$z_1 = 50 - \frac{12.6 - 13}{6 \times 0.5} \times 100 = 63$$

跳远的标准百分

$$z_2 = 50 + \frac{5.5 - 4.5}{6 \times 0.8} \times 100 = 71$$

铅球的标准百分

$$z_3 = 50 + \frac{9.8 - 9.5}{6 \times 1} \times 100 = 55$$

李斌总标准分＝63＋71＋55＝189

比较两人的总标准百分，可知李斌的成绩稍好。

4.4.4 累进计分

体育运动中许多项目成绩的提高与分数的增加不应该是等比例的，比如 100m 跑的成绩，每提高 0.1s，所加的分数不应相等，因为水平愈高每提高 0.1s 的难度也愈大，相应增加的分数也应愈多。

前面介绍的标准分是等进的，即体育项目成绩提高量相同，则其标准分的增加量也相同。如果要将学生的体育成绩转化为百分，标准分这种等进计分方法就不合适了，累进计分法则可比较好地解决此问题。

累进计分的原理是应用幂函数 $y=x^a$ 的曲线，横轴上 x 值作为体育项目的成绩是等量增加的，而纵轴上 y 值作为百分是不等量增加的。a 值的变化影响分数 y 的累进速度，a 值愈大累进速度愈快，可根据需要确定 a 值，一般在 1.5～2.5 之间，其基本步骤如下。

1）设累进计分函数为

$$y = K\left(\frac{x-\mu}{\delta} + 5\right)^a + Z \qquad \text{（田赛用）}$$

或

$$y = K\left(\frac{\mu-x}{\delta} + 5\right)^a + Z \qquad \text{（径赛用）}$$

上面两式中的 μ，σ 分别为运动成绩的平均值及标准差，x 为运动成绩，y 为累进得分，K、Z 为待定系数。

2）确定满分 F 及获得满分的运动成绩 R。满分 F 及获得满分的运动成绩 R 均由设计者确定，由于正态分布中，99.74％的数据皆在区间（$\mu-3\sigma$，$\mu+3\sigma$）内，所以获得

满分的运动成绩 R 一般取 $\mu-3\sigma$（对于径赛）或 $\mu+3\sigma$（对于田赛）；如果是将体育成绩转化为百分，可将满分定为 100，即 $F=100$。

在累进计分函数中，Y、x 分别用确定的满分 F 及获得满分的运动成绩 R 代替得

$$F=K\left(\frac{R-\mu}{\sigma}+5\right)^{a}+Z \tag{4-1}$$

3）确定获得 0 分（或 60 分）的运动成绩 R。一般取 $\mu+3\sigma$（对于径赛）或 $\mu-3\sigma$（对于田赛）为获得 0 分的运动成绩；取 $\mu+1.28\sigma$（对于径赛）或 $\mu-1.28\sigma$（对于田赛）为获得 60 分的运动成绩，这样可保证有 90%的学生分数在 60 分以上。

在累进计分函数中，Y、x 分别用 0（或 60）及确定的获得 0 分（或 60 分）的运动成绩 R 代替得

$$0\text{ 或 }60=K\left(\frac{R-\mu}{\sigma}+5\right)^{a}+Z \tag{4-2}$$

4）解（4-1）、(4-2）两式组成的方程组，求得常数 K、Z。

5）写出累进计分公式，如有必要可做累进计分表。

下面用实例说明累进计分的方法。

［例 4-23］ 某中学同性别同年龄学生 800m 跑成绩为：平均成绩 $\mu=3'03''$，标准差 $\sigma=12''$，试做该校学生 800m 跑成绩的累进计分表。

解： 1）由题中已知条件知 $\mu=3'03''=183''$，$\sigma=12''$，取 $a=2$，则累进计分公式（用径赛公式）为

$$y=K\left(\frac{183-x}{12}+5\right)^{2}+Z$$

2）设满分为 100 分，获得 100 分的成绩$=\mu-3\sigma=3'03''-3\times12''=2'27''=147''$，将满分 100 及获得 100 分的成绩 147″代入累进计分公式得

$$100=K\left(\frac{183-147}{12}+5\right)^{2}+Z$$

即

$$100=64K+Z \tag{4-3}$$

3）设获得 60 分的运动成绩$=\mu+1.28\delta=3'03''+1.28\times12''=198''$，将及格分 60 及获得 60 分的成绩 198″代入累进计分公式得

$$60=K\left(\frac{183-198}{12}+5\right)^{2}+Z$$

即

$$60=14.06K+Z \tag{4-4}$$

4）解（4-3）、(4-4）两式组成的方程组

$$\begin{cases}100=64K+Z\\60=14.06K+Z\end{cases}$$

得 $K=0.80$，$Z=48$

5）累进计分公式为

$$y = 0.8\left(\frac{183 - x}{12} + 5\right)^2 + 48$$

如果某学生的成绩为 2′45″，即 165″，则其累进百分为

$$y = 0.8\left(\frac{183 - 165}{12} + 5\right)^2 + 48 = 81.8$$

为便于应用，可计算从最好成绩 2′27″至最差成绩 3′39″范围内每隔 1″的成绩的累进百分，制成累进百分表，如表 4-10 所示。

表 4-10 800m 跑累进百分表（a=2 时）

	0″	1″	2″	3″	4″	5″	6″	7″	8″	9″
2′20″	100	100	100	100	100	100	100	100	98	97
2′30″	96	95	94	93	92	91	90	89	88	87
2′40″	86	85	84	83	82	81	80	80	79	78
2′50″	77	76	76	75	74	73	72	72	71	70
3′00″	70	69	68	68	67	66	66	65	64	64
3′10″	63	63	62	61	61	60	60	59	59	58
3′20″	58	57	57	56	56	56	55	55	54	54
3′30″	54	53	53	53	52	52	52	51	51	51

从表 4-10 可看出，800m 跑成绩每提高 1″，在低水平时的增分少，而高水平时增分多。累进的速度可以调整，如上例中如选定 a 值为 2.5 则累进速度加快，此时 K、Z 值可解如下方程组

$$\begin{cases} 100 = 181.02K + Z \\ 60 = 27.23K + Z \end{cases}$$

求得 $K=0.26$　　$Z=52.93$

累进计分公式为

$$y = 0.26\left(\frac{183 - x}{12} + 5\right)^{2.5} + 52.93$$

累进百分表如表 4-11 所示。

表 4-11 800m 跑累进百分表（a=2.5 时）

	0″	1″	2″	3″	4″	5″	6″	7″	8″	9″
2′20″	100	100	100	100	100	100	100	100	98	97
2′30″	96	95	94	92	91	90	89	88	87	86
2′40″	85	84	83	82	81	80	80	79	78	77
2′50″	76	75	75	74	73	72	72	71	70	70
3′00″	69	68	68	67	66	66	65	65	64	64
3′10″	63	63	62	62	61	61	60	60	60	59
3′20″	59	58	58	58	57	57	57	56	56	56
3′30″	56	55	55	55	55	55	54	54	54	54

同步练习

1. 某一不透明的盒中装有10个外形一样的球，其中5个黑球，5个白球，现从中任取5球，用X表示取到的白球数，求X的概率分布列。

2. 已知$X \sim N(0, 1)$求：

1）$P(X<1.35)=?$

2）$P(X>-1.78)=?$

3）$P(-1.75<X<1.85)=?$

3. 已知$X \sim N(0, 1)$

1）若$P(X<a)=0.7054$，求$a=?$

2）若$P(X>b)=0.1515$，求$b=?$

4. 已知$X \sim N(175, 5^2)$求：

1）$P(X<170)=?$

2）$P(X>180)=?$

3）$P(175<X<185)=?$

5. 已知$X \sim N(100, 10^2)$

1）若$P(X<a)=0.7054$，求$a=?$

2）若$P(X>b)=0.1515$，求$b=?$

6. 某年级学生280人，跳远平均成绩为5.0m，标准差为0.4m，现规定4.5m及格，试估计有多少学生不及格（设跳远成绩服从正态分布）。

7. 某年级学生100m跑平均成绩为14.7s，标准差为0.7s，如果要求10%的人得优秀，30%得良好，8%不及格，问优秀、良好、及格的标准应为多少秒。

8. 若跳高成绩服从正态分布，其平均数为1.5m，标准差为0.08m。现规定20%的学生可评为优秀。问至少跳多高才能获得优秀。

9. 测得某年级学生跳远成绩服从正态分布，其平均数为5.0m，标准差为0.2m，

1）若要求90%的学生达到及格，问及格的标准应为多少？

2）若成绩在4.8～5.2m之间有50人，问参加跳远的学生有多少人？

10. 某年龄组跳远平均成绩是3.2m，标准差是0.20m，试计算跳远成绩为3.45m和3.12m的标准百分各是多少。

11. 某足球队进行了一次身体素质与技术测验，测试了步法移动（s）、百米跑（s）、垫球（个）3个项目，测试结果如表4-12所示：

表4-12　身体素质与技术测验数据

项目名称	平均数	标准差
步法移动/s	12	0.8
百米成绩/s	11.8	0.5
垫球数/个	80	12

现甲、乙、丙3人的测试成绩分别如下。

甲的3项成绩：11.2，11.3，100。

乙的3项成绩：11.8，11.0，90。

丙的3项成绩：11.0，11.4，88。

试比较这3人成绩的优劣。

12. 某年级学生跳远平均成绩为480cm，标准差为15cm，试求其累进计分公式，要求如下。

1）累进速度$a=2$。

2）满分为100分，满分点为525cm。

3）要求90%的学生能达到60分。

参 考 文 献

李贤平. 1988. 概率论与数理统计简明教程［M］. 北京：高等教育出版社

全国体育统计教材委员会. 2002. 体育统计［M］. 北京：人民体育出版社

盛骤，等. 1979. 概率论与数理统计［M］. 北京：高等教育出版社

朱鋐道. 1983. 高等数学：概率论与数理统计［M］. 北京：高等教育出版社

第 5 章　参数估计和假设检验

统计学是一门通过样本推断总体的学科，统计推断包括两个部分，即参数估计和假设检验。它们是从不同的角度利用样本信息对总体进行某种推断，是统计推断的两个重要领域。通过样本统计量的信息来估计总体参数的信息，称为参数估计，包括点估计和区间估计。假设检验，亦称为显著性检验，可分为参数检验和非参数检验。参数估计是从“量”的大小上对总体参数的估计；假设检验是从“质”的不同对总体参数的估计。本章将重点介绍参数估计和参数检验的常用方法和应用，非参数检验的方法可参见其他教材。

5.1　抽样误差与标准误差

5.1.1　抽样误差与标准误差

在科学研究中，我们往往要了解总体的规律性，要了解总体的最好方法是对总体的每一个体进行研究，但在实际研究中是不可行的。因为大多数的总体是无限的，不可能对所有的个体逐一观察，即使总体是有限的，有时限于人力、物力、财力、时间、对象的属性等多个方面的原因，也不可能对所有的个体逐一观察，于是只能借助抽样研究。在进行抽样研究时，从同一总体中抽取含量相等的若干样本，由于总体中各个体存在差异，而样本只包含总体中的一部分个体，因此每次求得的样本统计量与总体参数之间或样本统计量之间均存在差异，这种由抽样引起的差异，称为抽样误差。在抽样过程中，抽样误差是不可避免的，抽样误差大，则说明用样本统计量代表总体参数的可靠性小。反之，抽样误差小，则说明用样本统计量代表总体参数的可靠性大。但只要我们在抽样中遵循随机抽样的原则，则抽样误差的分布是有一定规律的，抽样误差的大小是可以估计的。现以均数的抽样分布为例对抽样误差的规律作进一步了解。

从一个正态总体 N（μ，σ^2）中抽取样本含量为 n 的所有样本 x_1，x_2，x_3，…，x_k，计算样本均数得 $\bar{x}_1$，$\bar{x}_2$，$\bar{x}_3$，…，$\bar{x}_k$。这些样本均数（$\bar{x}_i$）围绕着总体均数（μ）也有一个分布范围和离散程度，由数理统计证明可知，样本均数（$\bar{x}$）的抽样分布仍为正态分布，$\bar{x}$ 的均数等于总体均值（μ）、方差等于$\dfrac{\sigma^2}{n}$，即当总体服从正态总体分布时，来自该总体的所有样本含量相同的样本均数亦呈正态分布，$\bar{x}\sim N\left(\mu,\ \dfrac{\sigma^2}{n}\right)$。

如果从均数为 μ，方差为 σ^2（有限）的任意一个总体中抽取样本含量为 n 的所有样本，只要样本含量足够大（$n\geqslant 30$），由中心极限定理可知，样本均数的分布近似服从

均数为 μ，方差为$\frac{\sigma^2}{n}$的正态分布。即当总体不服从正态分布时，只要样本含量足够大（$n \geqslant 30$），样本均数的分布近似服从正态分布。

通过上述分析，可以看出从同一总体中抽取样本含量相同的样本均数的抽样分布具有以下特点。

1）各样本均数 $\bar{x}_i$ 未必等于总体均数 μ。

2）各样本均数 $\bar{x}_i$ 间存在差异；

3）样本均数的分布是有一定规律的。样本均数的均值 $\mu_{\bar{x}}$ 等于总体均数 μ，样本均数的方差 $\sigma_{\bar{x}}^2$ 等于总体方差 σ^2 的$\frac{1}{n}$倍，样本均数的抽样分布服从正态分布 N（μ，$\sigma_{\bar{x}}^2$）。

4）样本均数的变异程度较原变量的变异程度更小 $\sigma_{\bar{x}} = \frac{\sigma}{\sqrt{n}}$。

同样，对于样本方差、样本率的抽样研究也是如此，在非正态分布总体中也可以进行类似的抽样研究。

可以用样本统计量（样本均数、样本率、样本方差）的离散指标标准差作为抽样误差大小的指标。通常把样本统计量的标准差称为标准误差，简称标准误。

5.1.2 抽样误差的计算

抽样误差的大小反映了抽样指标与总体指标的平均离散程度。而抽样误差的大小可以用抽样指标的标准差即标准误来描述。下面分别对其在简单随机抽样方式下，讨论样本均数的标准误计算，样本率的标准误请参见第 8 章。

1. 样本均数的抽样误差

统计学中把样本均数的标准差称为样本均数的标准误，简称标准误。

显然，标准误小于原始测量值的标准差，可以用标准误表示抽样误差的大小。样本均数的标准误与总体标准差成正比，与样本含量的算术平方根成反比，用符号 $\sigma_{\bar{x}}$ 或 $S_{\bar{x}}$ 表示，则有标准误的公式

$$\sigma_{\bar{x}} = \frac{\sigma}{\sqrt{n}} \tag{5-1}$$

式中：$\sigma_{\bar{x}}$ 为样本均数的标准误（标准误的理论值）；σ 为总体标准差；n 为样本含量。

公式（5-1），只有在已知总体标准差 σ 时，才可以从理论上求得均数的抽样误差 $\sigma_{\bar{x}}$。而在实际工作中，总体标准差 σ 往往是未知的，所以，通常用样本标准差 S 来近似代替总体标准差 σ，以求得均数抽样误差的估计值 $S_{\bar{x}}$（标准误的估计值）。于是，公式（5-1）可写成

$$S_{\bar{x}} = \frac{S}{\sqrt{n}} \tag{5-2}$$

［**例 5-1**］ 从某市随机抽取 100 名 16 岁男生的身高为：$\bar{x} = 152.03\text{cm}$，$S =$

4.85cm。试估计抽样误差?

解：由于总体标准差 σ 未知，故采用公式（5-2）计算抽样误差

$$S_{\bar{x}}=\frac{S}{\sqrt{n}}=\frac{4.85}{\sqrt{100}}=0.485(\text{cm})$$

即由抽样引起的样本均数与总体均数的误差估计值为 0.485cm。

2. 均数的标准误与标准差的区别和联系

标准误与标准差的区别表现在以下几个方面。

（1）描述的内容不同

标准差描述的是一组观察值（个体）的变异程度。标准误描述的是一组样本均数的变异程度，描述样本统计量与总体参数的误差程度，它反映抽样误差的大小，说明样本统计量推断总体参数的可靠性大小。

（2）计算公式不同

标准差的计算公式 $S=\sqrt{\dfrac{\sum(x-\bar{x})^2}{n-1}}$

标准误的计算公式 $S_{\bar{x}}=\dfrac{S}{\sqrt{n}}$

（3）变化的趋势不同

标准差随样本含量的增加而逐渐趋于稳定，当样本标准差已稳定时，即使是样本含量再增加，标准差也不会有多大变动，标准差一般不会为零。而标准误与样本含量 n 的算术平方根成反比，在标准差稳定的情况下，n 越大，$S_{\bar{x}}$ 越小，当 $n\to N$ 时，$S_{\bar{x}}\to 0$。

标准误与标准差的联系表现在以下两个方面。

1）它们都是表示变异程度大小的指标。

2）标准误与标准差成正比。

5.1.3 影响抽样误差的因素

影响抽样误差的因素取决于以下方面。

（1）原总体中个体的分散性

原总体中个体越分散（S 大），则抽样误差越大，反之，则抽样误差就越小。

（2）样本含量的大小

抽样的样本含量越小，抽样误差越大，反之，抽样的样本含量越大，抽样误差就越小。可以设想，当样本含量等于总体含量时，那么，部分抽样调查就等于全面调查，即普查，此时就没有抽样，抽样误差就不存在了。因此，在抽样研究中要降低抽样误差最直接的办法就是增大抽样的样本含量。

（3）抽样方法和抽样的组织方式

数理统计已经证明，不重复抽样方法比重复抽样方法产生的误差小。系统抽样和

分层抽样的组织方式比简单随机抽样和整群抽样的组织方式抽样误差要小。

5.2 参数估计

统计推断的内容之一是通过样本统计量的信息来估计总体参数的信息，或者说是从“量”的大小上对总体参数的估计。如用样本均数 $\bar{x}$ 来估计总体均数 μ 大小，用样本方差 S^2 来估计总体方差 σ^2 大小，用样本率 P 来估计总体率 π 大小等。参数估计包括两个方面：一是用样本统计量作为参数的估计值，这就是参数的点估计；二是考虑抽样误差的存在，不同样本可能有不同的估计值，所以用一个范围来估计总体参数在此范围内的概率，这就是参数的区间估计。

5.2.1 参数的点估计

设 θ 为总体参数，现从该总体随机抽取样本 X_1，X_2，X_3，…，X_k，得样本统计量 $\hat{\theta}$，用样本统计量 $\hat{\theta}$ 来估计总体参数 θ，这就是参数的点估计。点估计的方法有矩估计法、顺序统计量法、极大似然法、贝叶斯估计法、最小二乘法等。对于同一参数，用不同方法来估计，可能得到不同的估计量。这时就要考虑用哪一个估计量为最佳？这就涉及到用什么标准来评价估计量的问题。对一个好的估计量通常要求满足下面的标准。

1. 点估计量的标准

(1) 无偏性

如果一个估计量 $\hat{\theta}$ 的数学期望等于被估计的参数 θ，$E(\hat{\theta})=\theta$，称此估计量 $\hat{\theta}$ 为参数 θ 的无偏估计量。

因为 $E(\bar{x})=\mu$，所以样本均数 $\bar{x}$ 是总体均数 μ 的无偏估计量；当 $n\to\infty$ 时，有 $E(S^2)=\sigma^2$，即样本方差 S^2 是总体方差 σ^2 的无偏估计量；样本率 P 是总体率 π 的无偏估计量，即有 $E(P)=\pi$。但样本标准差 S 不是总体标准差 σ 的无偏估计量，而是有偏的。

(2) 一致性

设 $\hat{\theta}$ 为未知参数 θ 的估计量，若在样本含量 n 充分大时，当 $n\to\infty$ 时，$\hat{\theta}$ 很靠近 θ 的概率近于 1，即对任意的 $\varepsilon>0$，满足条件

$$\lim_{n\to\infty}P(|\hat{\theta}-\theta|<\varepsilon)=1 \tag{5-3}$$

或

$$\lim_{n\to\infty}E[(\hat{\theta}-\theta)^2]=0 \tag{5-4}$$

则称估计量 $\hat{\theta}$ 为参数 θ 的一致估计值。一致估计的直观意义是随着 n 的不断增大，估计值逐渐地稳定于参数。估计量的一致性是在大样本情况下提出的一种要求，而对于小样本，它不能作为评价估计量好坏的标准。

可以证明，样本均数 $\bar{x}$ 是总体均数 μ 的一致估计量；当 n 充分大时，样本方差 S^2 是总体方差 σ^2 的一致估计量；样本率 P 是总体率 π 的一致估计量。

(3) 有效性

设$\hat{\theta}_1$，$\hat{\theta}_2$为未知参数θ的两个无偏、一致估计量，若其方差不同，$D(\hat{\theta}_1)<D(\hat{\theta}_2)$或$E[(\hat{\theta}_1-\theta)^2]<E[(\hat{\theta}_2-\theta)^2]$，则称$\hat{\theta}_1$比$\hat{\theta}_2$更有效。也就是说，估计量的方差越小，估计越有效。

可以证明，样本均数$\bar{x}$是总体均数μ的有效估计量；当n充分大时，样本方差S^2是总体方差σ^2的有效估计量；样本率P是总体率π的有效估计量。

2. 平均数的点估计

点估计就是用相应样本统计量估计未知总体参数值，综上所述，样本均数$\bar{x}$是总体均数μ的一个最佳估计量，当n充分大时，样本方差S^2是总体方差σ^2的最佳估计量；样本率P是总体率π的最佳估计量。因为，它们都是无偏的、一致的和有效的估计量。下面我们讨论均数的点估计。

例如，某市随机抽取100名16岁男生的身高均数为152.03cm，由于样本均数$\bar{x}$是总体均数μ的最佳估计量，如用此样本均数来估计该市全体16岁男生的平均身高（总体均数），则认为该市全体16岁男生身高总体均数大约为152.03cm。

参数的点估计简单明确，估计总体的精确度最高。但是，它没有考虑抽样误差的存在和推断的可信程度，所以，用点估计法来估计总体，其可靠性较小，估计效果较差，甚至会出现错误。因此，当要求参数估计必须满足一定的精确度和可信程度时，就不能采用点估计，只能用区间估计。

5.2.2 参数的区间估计

区间估计是根据抽样误差的大小，并给予一定的概率，来估计未知参数所在的可能范围，称为总体参数的可信区间或置信区间，用符号CI表示。预先给定的概率称可信度或置信度，用符号$1-\alpha$表示，一般取95%或99%。95%可信区间表示总体参数在此区间内的可信程度为95%。即在同一总体抽取n相等的样本，用样本统计量按一定公式估计总体参数时，有95%次总体参数在此范围内，估计正确；有5%次总体参数不在此范围内，估计错误。

1. 区间估计量的标准

设x_1，x_2，…，x_n是取自总体X的一个样本，θ是总体的一个未知参数，如果对于给定的概率α $(0<\alpha<1)$，存在两个统计量$\hat{\theta}_1=\hat{\theta}_1(x_1, x_2, \cdots, x_n)$和$\hat{\theta}_2=\hat{\theta}_2(x_1, x_2, \cdots, x_n)$，使得概率$P(\hat{\theta}_1<\theta<\hat{\theta}_2)=1-\alpha$，则称区间$(\hat{\theta}_1, \hat{\theta}_2)$是$\theta$的置信度为$1-\alpha$的置信区间，$\hat{\theta}_1$和$\hat{\theta}_2$分别是置信度为$1-\alpha$的置信下限和置信上限，$\alpha$是事先给定的概率，$1-\alpha$就是置信区间$(\hat{\theta}_1, \hat{\theta}_2)$包含总体参数$\theta$的概率，即估计的可信度。

区间估计的基本要求有两个。

1) 置信度。希望随机区间$(\hat{\theta}_1, \hat{\theta}_2)$包含$\theta$的概率$P(\hat{\theta}_1<\theta<\hat{\theta}_2)$越大越好。

2) 精确度。希望随机区间$(\hat{\theta}_1, \hat{\theta}_2)$的平均长度$E(\hat{\theta}_2-\hat{\theta}_1)$越短越好。

但是，在样本容量n一定的条件下，这两个基本要求往往是相互矛盾的。置信度增加，则区间长度必然增大，降低了精确度；若精确度提高，则置信度必然减少。要同时满足这两个要求，就要增加样本含量。英国统计学家奈曼（Neyman）建议采取一种妥协方案，在保证置信度的前提下，尽可能提高精确度。

2. t 分布

由 5.1 节讨论知，若随机变量 X 服从正态分布，即 $x\sim N(\mu,\sigma^2)$，从总体中抽取含量 n 相同的所有样本，分别计算出样本均数 $\bar{x}$，这些样本均数 $\bar{x}$ 会服从正态分布，即 $\bar{x}\sim N(\mu,\frac{\sigma^2}{n})$。即使随机变量 X 不服从正态分布，当样本含量充分大时，这些样本均数 $\bar{x}$ 也会近似服从正态分布。而统计量 $u=\frac{\bar{x}-\mu_0}{\frac{\sigma}{\sqrt{n}}}$ 是呈正态分布，这些均数的标准误为 $\sigma_{\bar{x}}=\frac{\sigma}{\sqrt{n}}$，但在实际工作中总体标准差 σ 往往是未知的，而需要用样本标准差 S 代替总体标准差 σ，标准误 $\sigma_{\bar{x}}$ 用其估计值 $S_{\bar{x}}$ 代替，统计量 $\frac{\bar{x}-\mu_0}{\frac{S}{\sqrt{n}}}$ 的分布将服从以自由度 $df=n-1$ 的 t 分布，即统计量

$$t=\frac{\bar{x}-\mu_0}{S_{\bar{x}}}=\frac{\bar{x}-\mu_0}{\frac{S}{\sqrt{n}}} \tag{5-5}$$

服从自由度 $df=n-1$ 的 t 分布，即 $t\sim t(n-1)$。

t 分布具有正态分布的特点：集中性、均匀性和对称性，t 分布以 0（均数所在处）为中心，两侧左右对称，t 分布曲线中间比正态曲线低，两侧翘得比正态曲线略高（见图 5-1），t 分布曲线下与横轴之间的面积分布是具有一定规律的，t 的临界值和曲线下的概率可用 SPSS 中的函数 IDF. T（?,?）、CDF. T（?,?）计算。如当左侧概率为 α，自由度为 df 时，t 的临界值 $t_\alpha(df)$ =IDF. T（α，df）；当已知 t_0，自由度为 df 时，小于 t_0 的左侧概率 $\alpha=P(t<t_0)$ =CDF. T（t_0，df）（见图 5-2）。

如当 $\alpha=0.05$，$df=10$ 时，则 $t_{0.025}(10)=t_{0.05/2}(10)=$ IDF. T（0.025，10）＝－2.228；如当 $t_0=-2.228$，$df=10$ 时，则 $P(t<-2.228)$＝CDF. T（－2.228，10）＝0.025（见图 5-3）。

t 分布与正态分布不同之处在于，正态分布是由参数 μ，σ 决定的，只要参数 μ，σ 确定，正态分布只有唯一一条单峰曲线。但在参数 μ，σ 确定的情况下，只要抽取的样本含量（严格地说是自由度 df）不同时，就可以得到不同的 t 分布曲线，所以，t 分布曲线有一簇曲线，自由度 df 越小，t 分布与正态分布的差距就越大；自由度 df 越大，t 分布与正态分布的差距就越小；当自由度 $df\to\infty$ 时，t 分布与正态分布重合，此时 $t_\alpha(\infty)=u_\alpha$。因此，正态分布可看作 t 分布的特殊情况（见图 5-4）。

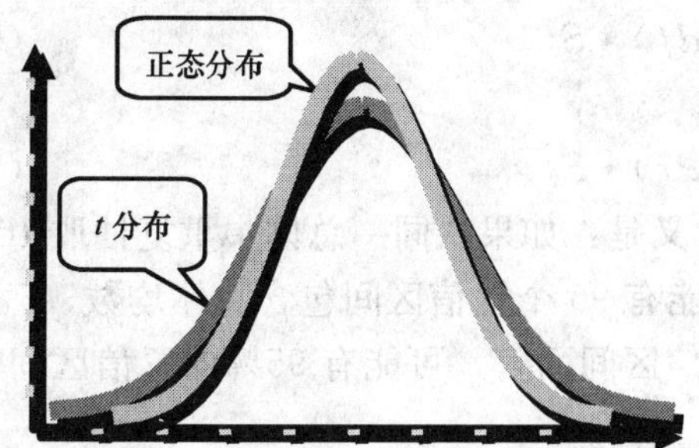

图 5-1 t 分布与正态分布的比较

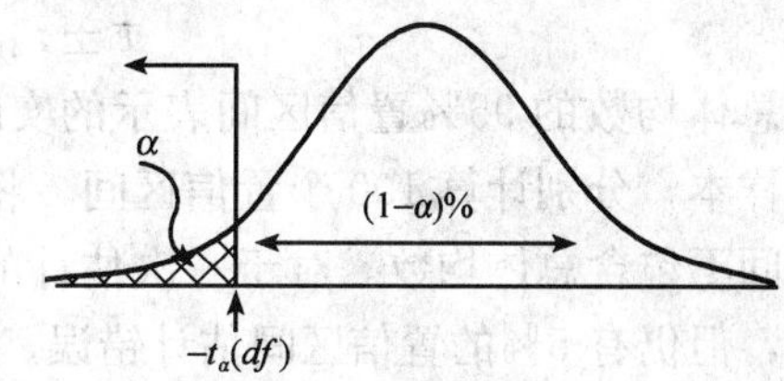

图 5-2 t 分布的概率分布

3. 总体均数的区间估计

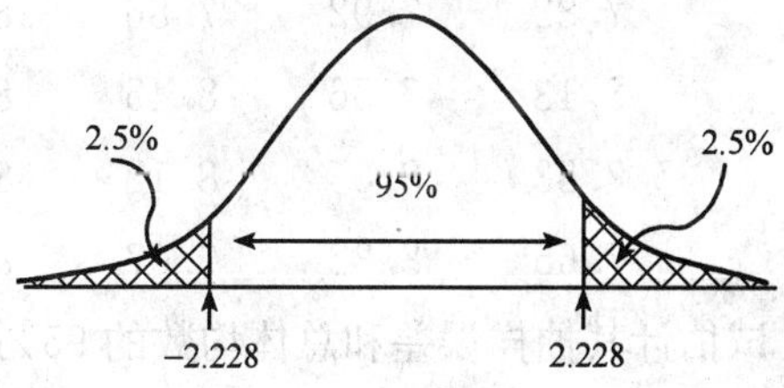

图 5-3 t 分布的 95％区间

均数的抽样分布与总体的分布和总体标准差已知和未知有关，但在实际工作中总体情况往往是未知的。因此，我们只讨论总体参数未知情形下的参数估计。

(1) 当 $n<100$ 时，采用 t 分布理论

由 t 分布的概率可知，当概率为 α 时，有$(1-\alpha)\%$的 t 值分布在$-t_{\alpha/2}(df)<t<t_{\alpha/2}(df)$之间（见图 5-5)，将 $t=\dfrac{\bar{x}-\mu}{S_{\bar{x}}}$代入上式得：$-t_{\alpha/2}(df)<\dfrac{\bar{x}-\mu}{S_{\bar{x}}}<t_{\alpha/2}(df)$，将此式整理，则总体均数的$(1-\alpha)\%$置信区间（或可信区间）为

$$\bar{x}-t_{\alpha/2}(df)\cdot S_{\bar{x}}<\mu<\bar{x}+t_{\alpha/2}(df)\cdot S_{\bar{x}} \quad (5\text{-}6)$$

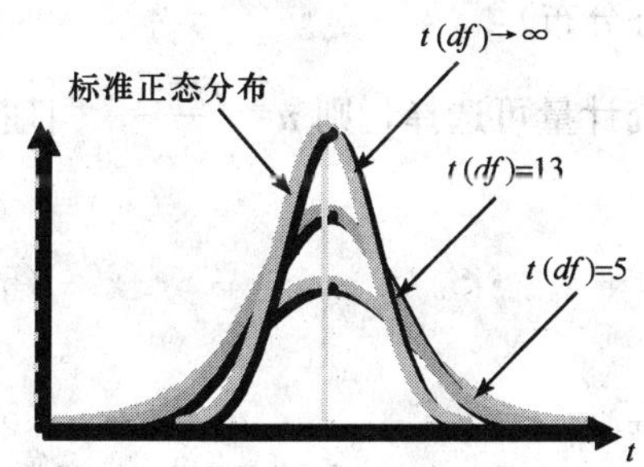

图 5-4 不同自由度的 t 分布

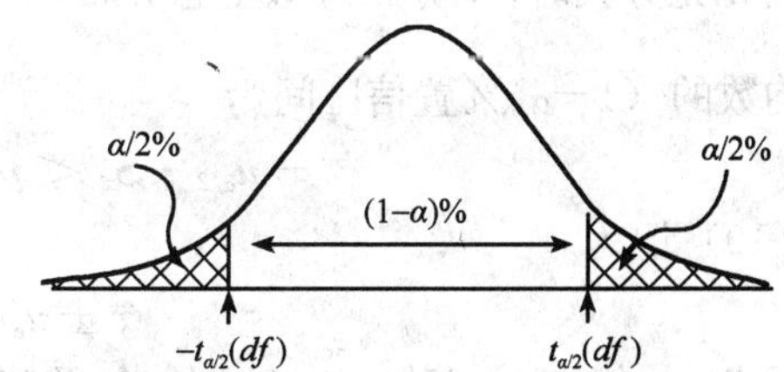

图 5-5 t 分布的 $(1-\alpha)\%$区间

式 (5-6) 表明：区间 $(\bar{x}-t_{\alpha/2}(df)\cdot S_{\bar{x}}, \bar{x}+t_{\alpha/2}(df)\cdot S_{\bar{x}})$ 包含总体均数 μ 的可能性为 $(1-\alpha)\%$。换句话说，按此区间来估计总体均数，则在 100 次抽样估计中，可能有 $100\cdot(1-\alpha)$ 次正确（包含总体均数），有 $100\cdot\alpha$ 次不正确（不包含总体均数）。我们把区间 $(\bar{x}-t_{\alpha/2}(df)\cdot S_{\bar{x}}, \bar{x}+t_{\alpha/2}(df)\cdot S_{\bar{x}})$ 称为总体均数的 $(1-\alpha)\%$置信区间（或可信区间)，记为

$$\bar{x}\pm t_{\alpha/2}(df)\cdot S_{\bar{x}} \quad (5\text{-}7)$$

在实际工作中，我们常常估计总体均数的 95％和 99％的置信区间。

总体均数的 95％置信区间为

$$\bar{x} \pm t_{0.05/2}(df) \cdot S_{\bar{x}} \tag{5-8}$$

总体均数的99%置信区间为

$$\bar{x} \pm t_{0.01/2}(df) \cdot S_{\bar{x}} \tag{5-9}$$

总体均数的95%置信区间表示的实际含义是：如果从同一总体中重复抽取100个独立样本，分别计算100个置信区间，将可能有95个置信区间包含总体均数，5个置信区间不包含总体均数。对于一次估计的置信区间而言，可能有95%的置信区间估计正确，但仍有5%的置信区间估计错误。

[例5-2] 从某市高一年级随机抽取32名男生的铅球成绩（单位：m），数据如下。

7.82	7.92	7.86	8.23	8.2	7.78	9.1	8.12
8.13	7.56	8.45	8.26	7.86	7.43	8.22	8.06
7.83	8.05	8.12	8.14	8.17	7.96	7.96	8.36
7.65	8.32	9.07	8.32	8.23	7.63	7.92	8.05

试估计其抽样误差和总体均数的95%置信区间。

解： 抽样误差大小即标准误，由公式（5-2）计算

$$S_{\bar{x}} = \frac{S}{\sqrt{n}} = \frac{0.357}{\sqrt{32}} = 0.06316(\text{m})$$

因为总体标准差未知，采用公式（5-8）计算总体均数的95%置信区间为

$$\bar{x} \pm t_{0.05/2}(df) \cdot S_{\bar{x}} = 8.0869 \pm t_{0.05/2}(31) \cdot S_{\bar{x}}$$

其中，$t_{0.05/2}$（31）=2.04可查t值表（也可用SPSS的函数“=IDF.T（0.975，31)”），将$S_{\bar{x}}$=0.06316代入上式，则总体均数的95%置信区间为：(7.9581，8.2157)。

（2）当时$n \geqslant 100$时，采用u分布理论（正态分布）

当n充分大时，t分布近似正态分布，于是统计量可选择，则$u=\frac{\bar{x}-\mu}{S_{\bar{x}}}$，同理可得总体均数的$(1-\alpha)$%置信区间为

$$\bar{x} - u_{\alpha/2} \cdot S_{\bar{x}} < \mu < \bar{x} + u_{\alpha/2} \cdot S_{\bar{x}} \tag{5-10}$$

式（5-10）记为

$$\bar{x} \pm u_{\alpha/2} \cdot S_{\bar{x}} \tag{5-11}$$

可知u分布的95%和99%的临界值$u_{0.05/2}=1.96$（也可用SPSS的函数“=IDF.NORMAL（0.975，0，1)”），$u_{0.01/2}=2.58$，于是

总体均数的95%置信区间为

$$\bar{x} \pm 1.96 \cdot S_{\bar{x}} \tag{5-12}$$

总体均数的99%置信区间为

$$\bar{x} \pm 2.58 \cdot S_{\bar{x}} \tag{5-13}$$

[例5-3] 以[例5-1]数据为例，试估计总体均数的99%置信区间。

解： 抽样误差大小即标准误，由公式（5-2）计算

$$S_{\bar{x}} = \frac{S}{\sqrt{n}} = \frac{4.85}{\sqrt{100}} = 0.485(\text{cm})$$

由公式（5-13）计算总体均数的99%置信区间为

$$\bar{x} \pm 2.58 \cdot S_{\bar{x}} = 152.03 \pm 2.58 \times 0.485$$

总体均数的99%置信区间为：(150.78，153.28)。

5.3 假设检验

5.3.1 假设检验的概念

假设检验是统计推断的另一个重要内容。先对推断的总体参数或分布提出某种假设，然后通过样本统计量信息去验证这个假设是否成立，这一过程称为假设检验，亦称显著性检验，在体育研究工作中，经常会遇到对一些统计量进行比较的问题。

1. 引例

[例5-4] 随机抽测某体院田径专业和足球专业男生100m跑（s）成绩，统计结果为：田径专业 $\bar{x}_1=13.845$s，$S_1=0.718$s，$n_1=22$；足球专业 $\bar{x}_2=14.574$s，$S_2=0.745$s，$n_2=23$。根据该资料能否认为不同专业男生的100m跑成绩有差异？

解： 从均数上看 $\bar{x}_1-\bar{x}_2=-0.729$s，田径专业男生的成绩比足球专业男生成绩快0.729s，但不能就此下结论认为田径专业与足球专业的100m跑成绩有差异。因为，在前面我们已经讨论过，在抽样研究中总是存在抽样误差，造成样本统计量的差别有两种可能：第一，完全是由抽样造成的，这种差异是没有本质上的区别，即样本所属的总体参数是相等的或者说样本是来自同一个总体的，我们称为差别无统计学意义（差别不具显著）。第二，由抽样误差引起外的其他原因造成的，如实验因素或环境条件的改变、方法的改变、个体之间的差异所致等造成的，这种差异是有本质上的区别，即样本所属的总体参数是不相等的或者说样本是来自不同的总体，我们称为差别有统计学意义（差别具显著）。如何来确定误差是由何种原因造成的呢？假设检验就是借助小概率的原理，采用逻辑上的反证法，目的就是通过样本统计量的差别来推断总体参数是否相等。

2. 假设检验的基本原理

首先假设样本所属总体参数相等，在此假设条件下，利用数理统计的方法，求出第一种原因（抽样误差）造成误差的可能性大小的概率 P 值。如果第一种可能性很小时（$P \leqslant 0.05$），利用小概率事件原理，我们就可以拒绝第一种原因而接受第二种原因，可认为误差不是由抽样造成的，误差是由其他原因造成的即总体参数不相等。此时，可认为不同专业男生的100m跑成绩有本质上的差异，即差别有统计学意义；如果第一种可能性很大（$P>0.05$），我们就没有理由拒绝第一种原因，可认为误差完全是由抽样造成的，而不是由其他原因造成的即总体参数相等。此时，可认为不同专业男生的100m跑成绩没有本质上的差异，即差别无统计学意义。要完成这一过程，就需要通过假设检验的基本步骤以达到推断总体参数是否相等的目的。

3. 假设检验的基本步骤

(1) 建立假设和确定检验水准

建立假设前，先要明确分析目的要求。不同类型的资料，往往分析的指标也不同，如计量资料常作均数、方差间的比较，计数资料常作率或构成比间的比较。现以[例 5-4]为例说明其意义。

根据前面造成统计量误差的两种可能，建立两个假设：①原假设或无效假设，也称零假设，用 H_0 表示。零是表示没有的意思，通常原假设认为被比较的总体之间是没有差异、没有关系或总体具有相同的分布等，即假设为总体参数相等。②备择假设或对立假设，用 H_1 表示。备择假设总是与原假设对立的假设，所以通常备择假设认为被比较的总体之间是有差异或有关系或总体具有不相同的分布等，即假设为总体参数不相等。H_1 和 H_0 是相互联系且相互对立的一对假设。

本例的原假设 H_0 为田径专业男生 100m 跑总平均成绩（μ_1）与足球专业男生 100m 跑总平均成绩（μ_2）相等，即 $\mu_1=\mu_2$。也就是说，来自两总体的样本均数 $\bar{x}_1$、$\bar{x}_2$ 的误差完全是由抽样造成的而不是专业不同所引起的，因此，差别没有本质上的区别，即差别无统计学意义；备择假设 H_1 为田径专业男生 100m 跑总平均成绩（μ_1）与足球专业男生 100m 跑总平均成绩（μ_2）不等，即 $\mu_1\neq\mu_2$。也就是说，两样本均数 $\bar{x}_1$、$\bar{x}_2$ 的误差不是由抽样造成的而是由除抽样误差以外其他原因造成的，如专业不同所引起的，因此，差别有本质上的区别，即差别有统计学意义。

检验水准是指假设检验作统计推断时可容忍的犯第一类错误的概率，记为 α，在实际工作中通常取 0.05。把 α 称为显著性水平，也是作为小概率事件的临界值，即概率小于等于 α 的事件作为小概率事件。小概率事件在多次实验中发生的可能性很小，那么，在一次试验中几乎不可能发生，因此，我们可以忽略不计，如果小概率一旦发生就不能忽略，这就是数理统计中的小概率事件原理。在我们的抽样研究中，一次抽样可看作一次实验。在这个抽样研究中，如果抽样误差发生的概率是小概率事件，那么就可以忽略不计，认为造成误差的原因是由其他因素造成的；反之，则认为误差是由抽样造成的。我们把 $1-\alpha$ 为称为置信水平，拒绝假设 H_0 的区域称为假设检验的拒绝域，接受假设 H_0 的区域称为假设检验的接受域，拒绝域的边界点为临界值（见图 5-6）。

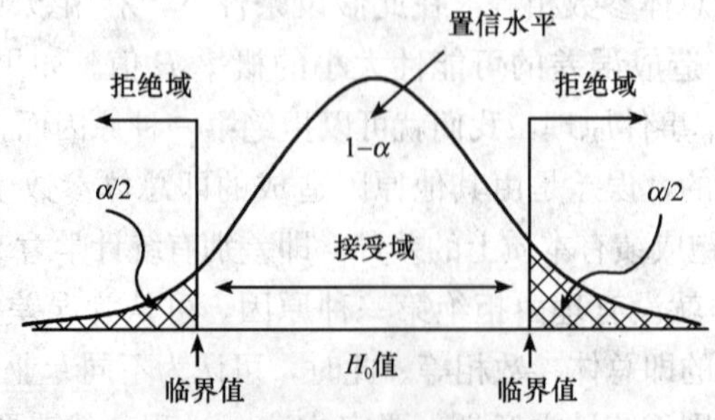

图 5-6 假设检验的接收与拒绝区域

(2) 确定检验方法，计算检验统计量

检验统计量的选择是根据研究目的要求、设计类型、资料类型和样本含量的大小等确定。统计学的检验方法很多，各种方法常用其相应的检验统计量来命名。常用的检验方法有 u 检验、t 检验、F 检验和 χ^2 检验等。本例属于计量资料中，两个独立样本均数的检验，可采用 t 检验，计算可得 $t=-3.336$。

(3) 确定概率 P 值，作出推断结论

P 值是指在 H_0 所假设的总体中做随机抽样，由样本数据计算出相应检验统计量等于或大于现值的概率。根据概率 P 值的大小可以作出推断结论。也可以根据检验统计量的大小，判断概率 P 值的大小，作出统计推断结论。推断结论包括统计结论和专业结论，统计结论只是说明有无统计意义，而不能解释专业上的差异大小；专业结论根据专业知识而作出的具有专业上差异大小的结论。通常是先作出统计结论再去进一步作出专业上的解释。

若 $|t|\geqslant t_{\alpha/2}(df)$，则 $P\leqslant\alpha$，结论为按所取的 α 检验水准，拒绝 H_0，接受 H_1，差别有统计学意义（统计结论），可认为总体参数不同或不等（专业结论）。

若 $|t|<t_{\alpha/2}(df)$，则 $P>\alpha$，则结论为按所取的 α 检验水准，接受 H_0，拒绝 H_1，差别无统计学意义（统计结论），可认为总体参数相同或相等（专业结论）。

假设检验时，经常取 $\alpha=0.05$ 或 $\alpha=0.01$。

在 SPSS 统计软件的计算中，很多计算结果可以直接求出概率（Sig.）P 值或利用函数功能 NORMAL（?,?,?）（累计分布函数）获得分位 x 值左侧的概率 P 值。如标准正态分布的累计分布函数为

$$P\ (u<-1.96)=\text{CDF. NORMAL}(-1.96,\ 0,\ 1)=0.025$$

$$P\ (u<-1.64)=\text{CDF. NORMAL}(-1.64,\ 0,\ 1)=0.0505$$

$$P\ (u<1.96)=\text{CDF. NORMAL}\ (1.96,\ 0,\ 1)=0.975$$

本例直接计算得 Sig.（2 tailed）$P=0.002<0.05$（或通过 t 值大小进行显著性水平检验：因为 $|t|=3.336>t_{0.05/2}(43)=2.017$，所以 $P<0.05$，按所取的 $\alpha=0.05$ 检验水准，拒绝 H_0，接受 H_1，差别有统计学意义，可认为不同专业的男生 100m 成绩有差异。

5.3.2 单双侧检验

在假设检验中，原假设常常是假设总体参数相等，而备择假设是假设总体参数不等。当检验结果为 $P\leqslant\alpha$ 时，则按所取的 α 检验水准，拒绝原假设 H_0，而接受备择假设 H_1。作为备择假设往往是研究者希望达到的目的，而这个目的会有两种情况。

第一种目的为 H_0：$\mu_1=\mu_2$，H_1：$\mu_1\neq\mu_2$，即分析的目的只在于确定两者是否相等。在这种情况下有两种可能，μ_1 可能大于 μ_2，也有可能小于 μ_2，只要二者之中有一个成立，就可以拒绝 H_0，凡属这种情况的资料在检验中我们采用双侧检验。如[例 5-4]，我们的目的是：根据该资料能否认为不同专业男生的 100m 跑成绩有差异？或者说不同专业男生的 100m 跑成绩是否不同？

如图 5-7 所示为双侧检验的示意图，它有两个拒绝区域、两个临界值，每个拒绝区域的

面积各为 $\alpha/2$，双侧检验的临界值用符号 $u_{\alpha/2}$ 或 $t_{\alpha/2}(df)$ 等表示，如 $u_{0.05/2}$ 或 $t_{0.01/2}(13)$。

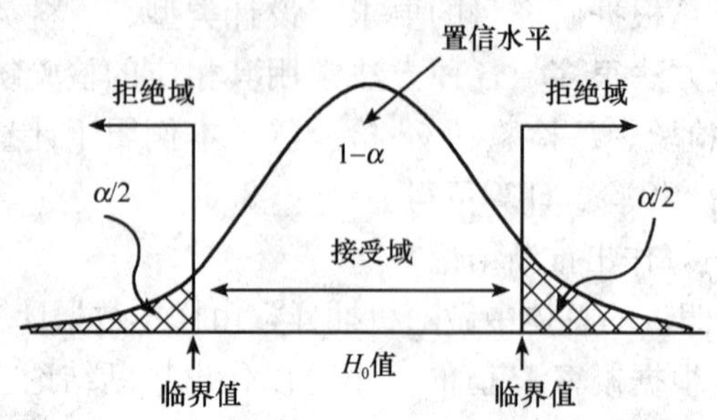

图 5-7 双侧检验的接收与拒绝区域

第二种目的为 H_0：$\mu_1=\mu_2$，H_1：$\mu_1>\mu_2$（或 $\mu_1<\mu_2$），即分析的目的只在于验证 $\mu_1>\mu_2$（或 $\mu_1<\mu_2$）具有方向性的问题，二者之中只能有一个成立，凡属这种情况的资料在检验中应采用单侧检验。如［例 5-4］，检验的目的是：根据该资料能否认为田径专业男生的 100m 跑成绩优于足球专业男生的 100m 跑成绩？或者说足球专业男生的 100m 跑成绩是否低于田径专业男生的 100m 跑成绩？又如，我们的目的是验证某运动员的运动成绩提高了（或降低了）吗？集训后的成绩比集训前的成绩提高了吗？等等。

当 H_1：$\mu_1>\mu_2$ 时，称为右单侧，如图 5-8（a）所示；当 H_1：$\mu_1<\mu_2$ 时，称为左单侧，如图 5-8（b）所示。它们有一个拒绝区域、一个临界值，拒绝区域的面积为 α，单侧检验的临界值用符号 u_α 或 $t_\alpha(df)$ 表示，如 $u_{0.05}$ 或 $t_{0.01}(13)$。

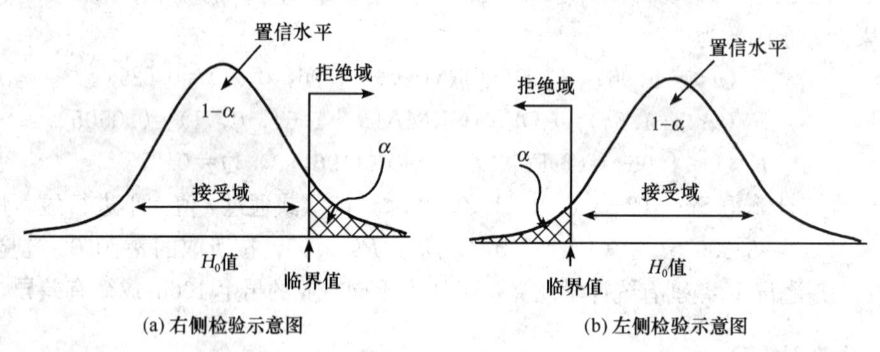

图 5-8 单侧检验

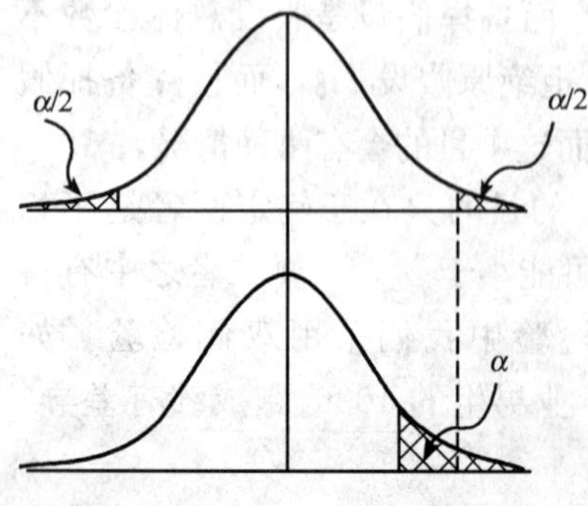

图 5-9 单、双侧检验比较示意图

单侧检验与双侧检验的关系：如图 5-9 所示，在检验水平 α 相同时，单侧检验的 $u_{0.05}$ 值相当于双侧检验的 $u_{0.10}$ 的值，即有 $u_\alpha<u_{\alpha/2}$。如单侧检验的 $u_{0.05}=1.64$，双侧检验的 $u_{0.05/2}=1.96$，如果求得 $u=1.80$，则用单侧检验，u 值落在拒绝区域内，差别有统计学意义，而用双侧检验，u 值落在接收区域内，差别无统计学意义，所以，同样的样本统计量、同样的检验水准，单侧检验比双侧检验更易得出差别有统计学意义的结论。如果在作推断前，根据专业知识事先能排

除一侧的可能性，那么单侧检验效率更高。单侧检验和双侧检验如何选择，完全取决于研究资料本身的性质和实验设计的规定，不能在统计分析时根据统计量的值来主观选定。一般认为，如果没有充分的根据作单侧检验，通常采用双侧检验。因为本应作双侧检验而误用单侧检验，会导致发生第一类错误的可能性增加。

5.4 均数的假设检验

根据假设检验资料的类型不同，检验的方法是不同的，均数的检验有多种，下面分别举例介绍。

传统的教科书中在讲到均值的检验时，会考虑到总体方差是否已知的情况及采取相应的检验，这实际上是没有必要的。因为在实际应用中总体的方差是未知的，所以本章进行均数的差异显著性检验时，假设总体方差 σ 未知。

5.4.1 单样本均数的 t 检验

单样本均数 t 检验简称为单样本 t 检验，是检验样本所代表的总体与已知总体的均数是否有差别。

单样本的假设检验和备择假设的设立如下。

	目的	H_0	H_1
双侧检验	是否 $\mu\neq\mu_0$	$\mu=\mu_0$	$\mu\neq\mu_0$
单侧检验	是否 $\mu>\mu_0$	$\mu=\mu_0$	$\mu>\mu_0$
	是否 $\mu<\mu_0$	$\mu=\mu_0$	$\mu<\mu_0$

假设基本条件：随机变量 X 服从正态分布，即 $x\sim N$（μ，σ^2）。从总体中抽取含量相同的所有样本均数 $\bar{x}$ 服从正态分布，即 $\bar{x}\sim N(\mu，\frac{\sigma^2}{x})$。若假设 $\mu=\mu_0$ 成立，则检验统计量

$$t=\frac{\bar{x}-\mu_0}{S_{\bar{x}}}=\frac{\bar{x}-\mu_0}{\frac{S}{\sqrt{n}}} \tag{5-14}$$

服从自由度 $df=n-1$ 的 t 分布，即 $t\sim t$（$n-1$），称为 t 检验（$t-$Test/Student's t-Test）。

对于检验水平 α，单侧检验拒绝域为 $|t|\geqslant t_\alpha(df)$，接收域为 $|t|<t_\alpha(df)$；双侧检验拒绝域为 $|t|\geqslant t_{\alpha/2}(df)$，接收域为 $|t|<t_{\alpha/2}(df)$，其拒绝与接收区域如图 5-7所示。

［例 5-5］ 已知我国女子篮球运动员的纵跳成绩服从正态分布，我国女子篮球运动员的纵跳平均成绩为 60cm，随机抽测某省队 11 名女篮运动员的纵跳成绩分别为：67，68，51，61，70，65，70，49，61，59，60（cm）。问该省队女篮运动员的纵跳成绩与我国女篮运动员的纵跳成绩有无差异？

解：本例为 $\mu=\mu_0$ 的假设检验，总体服从正态分布，$\mu_0=60$，$\bar{x}=61.91$，$S=7.09$，$n=11$，采用公式（5-14）进行 t 检验。

1）检验假设 H_0：$\mu=\mu_0=60$，即该省队女篮运动员的纵跳成绩与我国女篮运动员的纵跳成绩没有差异。

备择假设 H_1：$\mu\neq\mu_0$，即该省队女篮运动员的纵跳成绩与我国女篮运动员的纵跳成绩有差异，$\alpha=0.05$。

2）计算统计量。

$$t=\frac{\bar{x}-\mu_0}{\frac{S}{\sqrt{n}}}=\frac{61.91-60}{7.09/\sqrt{11}}=0.893$$

3）确定概率 P 值，作出统计结论。通过 t 值大小进行显著性水平检验：因为 $|t|=0.893<t_{0.05/2}$（10）$=2.228$，所以 $P>0.05$（或由 SPSS 软件中的 One-Sample T Test 功能求得 $P=0.393>0.05$），按所取的 $\alpha=0.05$ 检验水准，接受 H_0，拒绝 H_1，差异无统计学意义，可认为该省女篮运动员与我国女篮运动员的纵跳平均成绩没有显著性差异。

5.4.2 两独立样本均数的 t 检验

两独立样本均数的 t 检验简称两独立样本 t 检验，是检验两样本所在总体的均数是否相等。两独立样本均数的假设检验和备择假设的设立如下。

	目的	H_0	H_1
双侧检验	是否 $\mu_1\neq\mu_2$	$\mu_1=\mu_2$	$\mu_1\neq\mu_2$
	（或 $\mu_1-\mu_2\neq0$）	（或 $\mu_1-\mu_2=0$）	（或 $\mu_1-\mu_2\neq0$）
单侧检验	是否 $\mu_1>\mu_2$	$\mu_1=\mu_2$	$\mu_1>\mu_2$
	（或 $\mu_1-\mu_2>0$）	（或 $\mu_1-\mu_2=0$）	（或 $\mu_1-\mu_2>0$）
	是否 $\mu_1<\mu_2$	$\mu_1=\mu_2$	$\mu_1<\mu_2$
	（或 $\mu_1-\mu_2<0$）	（或 $\mu_1-\mu_2=0$）	（或 $\mu_1-\mu_2<0$）

1. 方差齐性（$\sigma_1^2=\sigma_2^2$）时，两独立样本均数的 t 检验

假设条件：两个完全独立的随机变量 X_1、X_2 服从正态分布，即 $x_1\sim N(\mu_1,\sigma_1^2)$，$x_2\sim N(\mu_2,\sigma_2^2)$，且 $\sigma_1^2=\sigma_2^2$（检验见方差齐性检验），则从总体中抽取的所有样本均数的差 $\bar{x}_1-\bar{x}_2$ 服从以自由度为 $df=n_1+n_2-2$ 的 t 分布，即 $\bar{x}_1-\bar{x}_2\sim t(n_1+n_2-2)$。这时，两均数差值的标准误 $\sigma_{(\bar{x}_1-\bar{x}_2)}$ 的估计值为

$$S_{(\bar{x}_1-\bar{x}_2)}=S_p\sqrt{\frac{1}{n_1}+\frac{1}{n_2}} \qquad (5\text{-}15)$$

式中

$$S_p^2=\frac{(n_1-1)S_1^2+(n_2-1)S_2^2}{n_1+n_2-2} \tag{5-16}$$

称为合并方差。若假设 $\mu_1=\mu_2$ 成立，则检验统计量

$$t=\frac{(\bar{x}_1-\bar{x}_2)-(\mu_1-\mu_2)}{S_{(\bar{x}_1-\bar{x}_2)}}=\frac{\bar{x}_1-\bar{x}_2}{\sqrt{\frac{S_p^2}{n_1}+\frac{S_p^2}{n_2}}} \tag{5-17}$$

服从自由度 $df=n_1+n_2-2$ 的 t 分布，即 $t\sim t(n_1+n_2-2)$。

［例 5-6］ 设 100m 跑成绩服从正态分布，随机抽测某体院田径专业和足球专业男生 100m 跑（s）成绩，（数据见图 5-21（b），计算过程见 SPSS 软件操作步骤［例 5-14］），统计结果为：田径专业 $\bar{x}_1=13.845$s，$S_1=0.718$s，$n_1=22$；足球专业 $\bar{x}_2=14.574$s，$S_2=0.745$s，$n_2=23$，且方差齐性。分析不同专业男生的 100m 跑成绩有无差异？

解：本例为 $\mu_1=\mu_2$ 的假设检验，总体服从正态分布，且 $\sigma_1^2=\sigma_2^2$，$\bar{x}_1=13.845$，$\bar{x}_2=14.574$，$S_1=0.718$，$S_2=0.745$，$n_1=22$，$n_2=23$，采用公式（5-17）进行 t 检验。

1）检验假设 H_0：$\mu_1=\mu_2$，即不同专业男生的 100m 跑总体成绩没有差异。

备择假设 H_1：$\mu_1\neq\mu_2$，即不同专业男生的 100m 跑总体成绩有差异，$\alpha=0.05$。

2）计算统计量。

$$t=\frac{\bar{x}_1-\bar{x}_2}{\sqrt{\frac{S_p^2}{n_1}+\frac{S_p^2}{n_2}}}=-3.336$$

3）确定概率 P 值，作出统计结论。通过 t 值大小进行显著性水平检验：因为 $|t|=3.336>t_{0.05/2}(43)=2.021$，所以 $P<0.05$（或由 SPSS 软件中的 Independent-Samplest T Test 功能求得 $P=0.002<0.05$），按所取的 $\alpha=0.05$ 检验水准，拒绝 H_0，接受 H_1，差别有统计学意义，可认为不同专业男生的 100m 跑成绩有差异。即田径专业男生的 100m 跑优于足球专业的男生。

2. 方差不齐（$\sigma_1^2\neq\sigma_2^2$）时，两独立样本均数的 t 检验

假设条件：两个完全独立的随机变量 X_1、X_2 服从正态分布，即 $x_1\sim N(\mu_1,\sigma_1^2)$，$x_2\sim N(\mu_1,\sigma_2^2)$，且 $\sigma_1^2\neq\sigma_2^2$，则从总体中抽取的所有样本均数的差 $\bar{x}_1-\bar{x}_2$ 服从近似自由度为 df' 的 t 分布，即 $\bar{x}_1-\bar{x}_2\sim t(df')$。这时，$\sigma_{(\bar{x}_1-\bar{x}_2)}$ 的估计值为

$$S_{(\bar{x}_1-\bar{x}_2)}=\sqrt{\frac{S_1^2}{n_1}+\frac{S_2^2}{n_2}} \tag{5-18}$$

df' 的计算公式为

$$df'=\frac{\left(\frac{S_1^2}{n_1}+\frac{S_2^2}{n_2}\right)^2}{\frac{\left(\frac{S_1^2}{n_1}\right)^2}{n_1-1}+\frac{\left(\frac{S_2^2}{n_2}\right)^2}{n_2-1}} \tag{5-19}$$

称为校正自由度。若假设 $\mu_1=\mu_2$ 成立，则检验统计量

$$t=\frac{(\bar{x}_1-\bar{x}_2)-(\mu_1-\mu_2)}{S_{(\bar{x}_1-\bar{x}_2)}}=\frac{\bar{x}_1-\bar{x}_2}{\sqrt{\frac{S_1^2}{n_1}+\frac{S_2^2}{n_2}}} \tag{5-20}$$

服从自由度 df' 的 t 分布，即 $t\sim t(df')$。

［**例 5-7**］ “多吃谷物，将有助于减肥。”为了验证这个假设，随机抽取 35 人，询问早餐和午餐的通常食谱，根据他们的食谱，将其分为两类：一类为经常的谷类食用者（总体 1），另一类为非经常谷类食用者（总体 2）。然后测量每人午餐的热量摄取量（假设资料呈正态，方差不等）。经过一段时间的实验，得到如下结果。

样本 1：568，675，712，607，430，458，540，539，480，562，487，550，596，700，584。

样本 2：650，569，622，630，596，637，628，652，617，624，563，580，690，530，688，684，651，702，670，632。（计算过程见 SPSS 软件操作步骤［例 5-15］，检验该假设。）

解：本例要检验的是早餐食用较多的谷物有助于减少午餐中热量的摄取。总体 1 和总体 2 的热量摄取均值分别为 μ_1、μ_2，本例为 $\mu_1=\mu_2$ 的假设检验，总体服从正态分布，且 $\sigma_1^2\neq\sigma_2^2$，由 SPSS 软件中的 Independent-Samples T Test 功能可求得 $\bar{x}_1=565.87$，$\bar{x}_2=630.75$，$S_1=84.319$，$S_2=45.98$，$n_1=15$，$n_2=20$，采用公式（5-20）进行 t 检验。

1）检验假设 H_0：$\mu_1=\mu_2$，即多吃谷物与减肥无关。

备择假设 H_1：$\mu_1<\mu_2$，即多吃谷物，将有助于减肥，$\alpha=0.05$。

2）计算统计量。

$$t=\frac{\bar{x}_1-\bar{x}_2}{\sqrt{\frac{S_1^2}{n_1}+\frac{S_2^2}{n_2}}}=-2.695$$

3）确定概率 P 值，作出统计结论。通过 t 值大小进行显著性水平检验：因为 $|t|=2.695>t_{0.05}(20)=1.725$，所以 $P<0.05$（或由 SPSS 软件中的 Independent-Samples T Test 功能求得双侧概率为 $P=0.014$，本例为单侧检验，故 $P=0.014/2=0.007<0.05$），按所取的 $\alpha=0.05$ 检验水准，拒绝 H_0，接受 H_1，差别有统计学意义，可认为该假设成立，即“多吃谷物，将有助于减肥”。

5.4.3 配对样本均数的 t 检验

配对样本均数的 t 检验简称配对样本 t 检验，是检验两个相关（匹配或配对）样本所代表的总体均数之间是否有差别。在分组设计中，常常会采用配对设计（paired design）。将受试对象按某些重要特征相近的原则配成对子，每对中的两个个体随机地给予两种处理，称为随机配对设计。配对设计主要有 3 种：①两种同质受试对象分别接受两种不同的处理；如把性别和年龄相近的学生配成一对；②同一受试对象分别接受两种不同的处理；如对同一组学生让其进行两种不同方式的跳高；③同一受试对象

处理前后的结果进行比较，也称自身对照。如同一批运动员进行训练前后某指标的比较。应用配对设计可以减少实验的误差和个体差异，排除对处理因素的干扰，提高检验的灵敏度。这种设计的样本数据往往是成对出现的，两组数据间具有一定的关联性。配对样本均数的假设检验和备择假设的设立如下。

	目的	H_0	H_1
双侧检验	是否 $\mu_d \neq 0$	$\mu_d = 0$	$\mu_d \neq 0$
单侧检验	是否 $\mu_d > 0$	$\mu_d = 0$	$\mu_d > 0$
	是否 $\mu_d < 0$	$\mu_d = 0$	$\mu_d < 0$

假设条件：两个相关的随机变量 X_1、X_1 分别服从正态分布，则 $\bar{x}_1 - \bar{x}_2$ 近似服从正态分布。若两种处理的效应相同，即 H_0：$\mu_1 = \mu_2$，则 $\mu_1 - \mu_2 = 0$（即假设已知总体均数 $\mu_d = 0$，处理前后总体均数的差应等于零）。若假设 $\mu_d = 0$ 成立，则检验统计量为

$$t = \frac{|\bar{d}| - \mu_d}{S_{\bar{d}}} = \frac{|\bar{d}|}{\frac{S_d}{\sqrt{n}}} \tag{5-21}$$

服从自由度为 $df = n - 1$ 的 t 分布。式中，$\bar{d}$ 为各对数据差值的平均数；S_d 为各对数据差值的标准差；$S_{\bar{d}}$ 为各对数据差值的标准误；n 是配对的对数。

[例 5-8] 某研究所为研究长时间持续运动对血尿酸浓度（mg%）的影响，让 10 名男青年在自行车功力计上持续运动两小时（负荷为 100W/min），测得运动前后的血尿酸浓度数据为：

运动前 5.4，4.8，3.6，3.4，5.7，5.5，3.6，3.8，5.2，4.5

运动后 6.6，4.8，5.4，6.0，6.3，5.5，4.8，5.0，6.5，5.8

问长时间持续运动对人体血尿酸浓度有无影响。（假设血尿酸浓度服从正态分布）

解：本例为同一批对象实验前后的比较，采用公式（5-21）进行 t 检验。

1）检验假设 H_0：$\mu_d = 0$，即持续运动前后的血尿酸浓度相同。

备择假设 H_1：$\mu_d \neq 0$，即持续运动前后的血尿酸浓度不同，$\alpha = 0.05$。

2）计算统计量。由［例 5-16］知，差值均数 $\bar{d} = -1.12$，差值标准差 $S_d = 0.7829$，$n = 10$

$$t = \frac{|\bar{d}|}{\frac{S_d}{\sqrt{n}}} = \frac{-1.12}{0.2476} = -4.524$$

3）确定概率 P 值。通过 t 值大小进行显著性水平检验：因为 $|t| = 4.524 > t_{0.05/2}(9) = 2.262$，所以 $P < 0.05$（或由 SPSS 软件中的 Paired-Samples T Test 功能可得 $P = 0.001 < 0.05$），按所取的 $\alpha = 0.05$ 检验水准，拒绝 H_0，接受 H_1，差别有统计学意义，可认为长时间持续运动对人体血尿酸浓度有影响。

若本例取检验水准 $\alpha = 0.01$，因为 $P = 0.001 < 0.01$（或通过 t 值大小进行显著性水

平检验：因为 $|t|=4.524>t_{0.01/2}(9)=3.250$，所以 $P<0.01$)，仍然可以得出差别有统计学意义，认为长时间持续运动对人体血尿酸浓度有影响的结论。

5.4.4 t 检验的注意事项

1）注意样本的可比性。除了对比的主要因素（如不同训练方法、不同运动量等）外，其他能够影响观察指标的所有条件（如运动员的水平、身体素质基础和营养条件等）都应尽可能相同或基本相同。

2）注意差异是否有实际意义。如两组体操运动员单杠的平均得分为 9.56 分和 9.55 分，两组均数相差 0.01 分，这个差距对反映运动员的单杠水平没有实际意义，对此种情况就不需要进行检验。

3）正确选择检验的方法。应根据所比较资料的特点和分析目的选择相应的检验方法及计算公式，同时，应特别注意几种 t 检验方法和统计量的计算公式的运用条件。

4）假设检验的两类错误。假设检验是依据小概率原理进行判断的，这就决定了统计结论仍有犯错误的可能。原假设为真时，若统计结论是 $P<0.05$，此时，拒绝原假设，把实际上属于同一总体的判为不属于同一总体的错误，称为第Ⅰ类错误，也叫“弃真”。犯这类错误的可能为 α，也就是显著性水平。在假设检验中也有可能犯另一类错误，即原假设为假时，若统计结论是 $P>0.05$，此时，接受原假设，把实际上不属于同一总体的判为属于同一总体的错误，称为第Ⅱ类错误，也叫“取伪”。犯这类错误的可能为 β。正是因为在假设检验中存在这两类错误，当 α 减小会引起 β 增大；当减小 β 会引起 α 增大。显著性水平 α 越大，犯第Ⅰ类错误的可能性越大；β 越大，就越有可能犯第Ⅱ类错误。所以，决策时要弄清楚两类错误对所要研究的事物的影响哪一个重要，从而选取恰当的显著性水平。通常在作均数（或率）的比较时，希望原假设不成立，所以取 $\alpha=0.05$；但是在作方差齐性检验时，我们希望原假设成立，所以有时也取 $\alpha=0.10$。在样本含量固定的情况下犯两类错误的概率不可能同时减小，但增加样本含量可以减小犯两类错误的概率。所以在研究设计时适当增加样本含量，能够缩小抽样误差，提高检验效果。

5）结论不能绝对化。当 $P<0.05$ 时，其意义是指如果假设检验成立，纯粹由抽样误差造成两均数间差别的可能性（概率）很小（小于 0.05)，而并不是检验假设绝对不能成立。P 值的大小并不表示两均数差异程度的大小。同样，当 $P>0.05$ 时，习惯上结论为无统计意义，“无统计意义”并不表示两均数间完全没有差异。

5.5 方差的假设检验

前面介绍了均数的假设检验，仅对集中趋势指标进行了讨论。研究过程中，有时还要分析离散趋势指标，如研究射击运动员成绩的稳定性、跳远运动员踏板的稳定性等。指标的离散性测度，可以用描述数据离散程度的指标，如方差来反映运动技术或训练状态的稳定性，所以常会对方差进行比较。下面讨论两个正态总体方差的假设检验，即方差齐性的检验。

两个总体方差下的假设检验和备择假设的设立如下。

	目的	H_0	H_1
双侧检验	是否 $\sigma_1^2 \neq \sigma_2^2$	$\sigma_1^2 = \sigma_2^2$	$\sigma_1^2 \neq \sigma_2^2$
单侧检验	是否 $\sigma_1^2 > \sigma_2^2$	$\sigma_1^2 = \sigma_2^2$	$\sigma_1^2 > \sigma_2^2$
	是否 $\sigma_1^2 < \sigma_2^2$	$\sigma_1^2 = \sigma_2^2$	$\sigma_1^2 < \sigma_2^2$

假设的基本条件：随机变量 X_1、X_2 服从正态分布，即 $x_1 \sim N$（μ_1，σ_1^2）、$x_2 \sim N$（μ_2, σ_2^2），分别抽取样本方差 S_1^2、S_2^2。由数理统计知，随机变量 $\dfrac{\chi_1^2/df_1}{\chi_2^2/df_2}$ 服从自由度分别为 $df_1 = n_1 - 1$，$df_2 = n_2 - 1$ 的 F 分布。

而 $\chi^2 = \dfrac{(n-1)\ S^2}{\sigma^2} = \dfrac{df \times S^2}{\sigma^2}$，所以

$$F = \frac{\dfrac{df_1 S_1^2/\sigma_1^2}{df_1}}{\dfrac{df_2 S_2^2/\sigma_2^2}{df_2}} = \frac{S_1^2}{\sigma_1^2} \div \frac{S_2^2}{\sigma_2^2} = \frac{S_1^2}{S_2^2} \cdot \frac{\sigma_2^2}{\sigma_1^2}。$$

若假设 $\sigma_1^2 = \sigma_2^2$ 成立，则检验统计量为

$$F = \frac{S_1^2}{S_2^2} \tag{5-22}$$

服从自由度 $df_1 = n_1 - 1$，$df_2 = n_2 - 1$ 的 F 分布，即 $F \sim F$（$n_1 - 1$，$n_2 - 1$），称为 F 检验（F-Test）。式中，S_1^2、S_2^2 分别为总体方差 σ_1^2、σ_2^2 的估计值，通常取 $S_1^2 > S_2^2$。

F 分布与自由度 df_1、df_2 有关，当自由度较大时，F 分布也会趋于正态分布。F 值的临界值和曲线下的概率可用 SPSS 中的函数 IDF. F（?,?,?）、CDF. F（?,?,?）计算。如当检验水平为 α，自由度为 df_1、df_2 时，F 的临界值 $F_\alpha(df_1，df_2)$ = IDF. F（α，df_1，df_2）；当已知 F_0，自由度为 df_1、df_2 时，小于 F_0 的左侧概率 $\alpha = P(F < F_0)$ = CDF. F(F_0，df_1，df_2)。

如当 $\alpha = 0.975$，$df_1 = 10$，$df_2 = 10$ 时，则

$F_{0.975}$（10，10）$= F_{1-0.05/2}$（10，10）= IDF. F（0.975，10，10）= 3.7168

如当 $\alpha = 0.025$，$df_1 = 10$，$df_2 = 10$ 时，则

$F_{0.025}$（10，10）$= F_{0.05/2}$（10，10）= IDF. F（0.025，10，10）= 0.269

如当 $F_0 = 3.7168$，$df_1 = 10$，$df_2 = 10$ 时，则

P（$F < 3.7168$）= CDF. F（3.7168，10，10）= 0.975

如当 $F_0 = 0.269$，$df_1 = 10$，$df_2 = 10$ 时，则

P（$F < 0.269$）= CDF. F（0.269，10，10）= 0.025

F 分布具有 $F_\alpha(df_1，df_2) = \dfrac{1}{F_{1-\alpha}(df_2，df_1)}$ 特点，如 $F_{0.975}(10，10) = 1/F_{0.025}(10，10)$。

对于检验水平 α，单侧检验拒绝域为 $F<F_{\alpha}(df_1, df_2)$ 或 $F>F_{1-\alpha}(df_1, df_2)$，接收域为 $F>F_{\alpha}(df_1, df_2)$ 或 $F<F_{1-\alpha}(df_1, df_2)$，其拒绝与接收区域如图 5-10 所示；双侧检验拒绝域为 $F<F_{\alpha/2}(df_1, df_2)$ 与 $F>F_{1-\alpha/2}(df_1, df_2)$，接收域为 $F_{\alpha/2}(df_1, df_2)<F<F_{1-\alpha/2}(df_1, df_2)$，其拒绝与接收区域如图 5-11 所示。

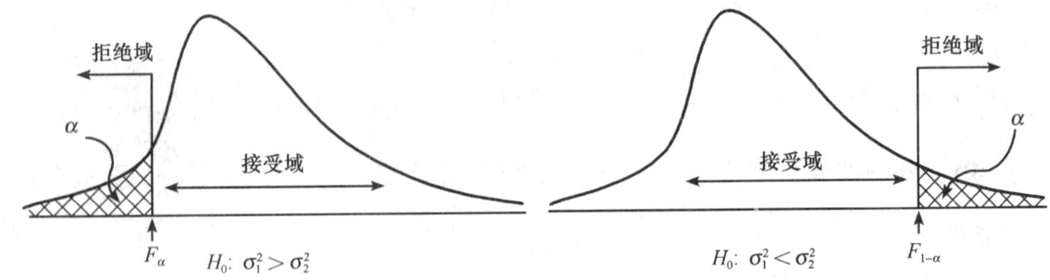

图 5-10 单侧检验的接收与拒绝区域

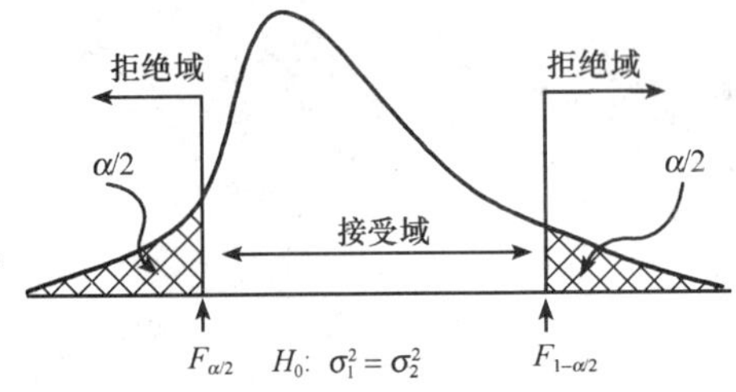

图 5-11 双侧检验的接收与拒绝区域

［例 5-9］ 利用［例 5-4］的数据，分析不同专业男生 100m 跑成绩的方差是否不同?

解：本例作两样本方差的检验，采用公式 5-22 进行 F 检验。

1）检验假设 H_0：$\sigma_1^2=\sigma_2^2$，即不同专业男生 100m 跑成绩的方差相同。

备择假设 H_1：$\sigma_1^2\neq\sigma_2^2$，即不同专业男生 100m 跑成绩的方差不相同，$\alpha=0.05$。

2）计算统计量。由 SPSS 软件中的 Independent-Samples T Test 知，$\bar{x}_1=13.845$，$\bar{x}_2=14.574$，$S_1=0.718$，$S_2=0.745$，$n_1=22$，$n_2=23$，采用公式（5-22）进行 F 检验。

$$F=\frac{S_2^2}{S_1^2}=\frac{0.745^2}{0.718^2}=1.077$$

3）确定概率 P 值。通过 F 值大小进行显著性水平检验：因为 $F_{0.05/2}(df_{S大},df_{S小})=F_{0.025}(22,21)=0.4214<F=1.077<F_{1-0.05/2}(df_{S大},df_{S小})=F_{0.975}(22,21)=2.3938$，所以 P>0.05，按所取的 α=0.05 检验水准，接受 H_0，拒绝 H_1，差别无统计学意义，可认为不同专业男生的 100m 跑成绩方差相同，即方差齐性。（方差齐性检验，可参考第 12 章 Excel 数据分析工具中的“F 检验：双样本方差”的操作过程）。

5.6 χ^2 检验

χ^2 检验是一种用途较广的检验方法，它可用于方差的检验，还可用于两个或两个以上样本率或构成比之间的检验，或者用于资料类型的检验。

本节讨论的 χ^2 检验是利用列联表的形式，以检验实际频数和理论频数的差别是否是由抽样误差所引起的基本思想，实现由样本率（或样本构成比）来推断总体率（或总体构成比）。所谓列联表是指由两个以上的变量进行交叉分类的频数分布表，如表 5-1 所示。

［例 5-10］ 对于某体院的 3 个专业的学生，通过心理训练后再练习时进行观察，其反应情况分为好、无变化和差 3 种，如表 5-1 所示，问该心理训练对不同专业学生的效果是否不同?(计算过程见［例 5-17］的 SPSS 软件操作步骤)

表 5-1 心理训练对不同专业学生的影响

专业	反应情况			合计
	好	无变化	差	
体育系	20	10	5	35
医学系	15	9	8	32
经管系	11	12	10	33
合计	46	31	23	100

表 5-1 中的列是专业类别，有体育系、医学系和经管系 3 类专业，行是反应情况类别，有好、无变化和差 3 个反应情况。因此，表 5-1 是一个 3×3 列联表。我们将横向变量（行）的划分类别视为 R，纵向变量（列）的划分类别视为 C，则可以把每一个具体的列联表称为行×列联表，也可称为 $R\times C$ 列联表。当 $R=2$，$C=2$ 时，则列联表称为 2×2 列联表，又称四格表。因此，本节介绍的 χ^2 检验又称为 $R\times C$ 列联表的 χ^2 检验。则统计量为

$$\chi^2 = \sum \frac{(A-T)^2}{T} \tag{5-23}$$

近似服从自由度为 $df=$(行数-1)(列数-1)$=(r-1)(c-1)$ 的 χ^2 分布。式中，A 是位于 R 行 C 列交叉处的实际频数，T 是位于 R 行 C 列交叉处的理论频数。T 的计算式为

$$T_{RC} = \frac{n_R n_C}{n} \tag{5-24}$$

n_R 是 A 所在行的合计，n_C 是 A 所在列的合计，n 是多个样本数的合计。$(A-T)$ 反映实际频数与理论频数的差距，除以 T 是考虑相对差距。由此可以看出，χ^2 值反映了实际频数与理论频数的吻合程度。χ^2 值越大，其吻合程度高、χ^2 值越小，其吻合程度越低。但这种吻合程度是否可信，则需要通过假设检验进行确定。

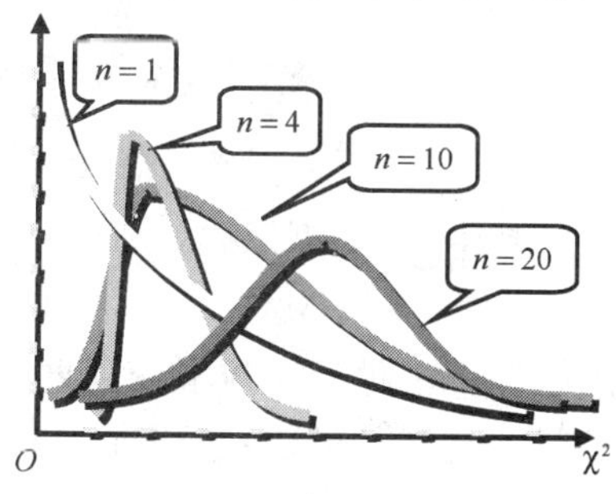

图 5-12 不同容量样本的 χ^2 分布

χ^2 分布与自由度有关，当自由度较大时，χ^2 卡方分布也会趋于正态分布，如图 5-12 所示。χ^2 值的临界值和曲线下的概率可用 SPSS 中的函数 IDF. CHISQ (?,?)、CDF. CHISQ (?,?) 计算。如当检验水平为 α，自由度为 df 时，χ^2 的临界值 $\chi^2_\alpha(df)=$IDF. CHISQ（α，df)；当已知 χ^2_0，自由度为 df 时，小于 χ^2_0 的左侧概率为 $\alpha=P(\chi^2<\chi^2_0)=$CDF. CHISQ（$\chi^2_0$，$df$)。

如当 $\alpha=0.025$，$df=10$ 时，则

$\chi^2_{0.025}(10)=\chi^2_{0.05/2}(10)=$IDF. CHISQ (0.025，10)=3.247

如当 $\alpha=0.975$，$df=10$ 时，则

$\chi^2_{0.975}(10)=\chi^2_{1-0.05/2}(10)=$IDF. CHISQ (0.975，10) =20.483

如当 $\chi^2_0=3.247$，$df=10$ 时，则

$P(\chi^2<3.247)=$CDF. CHISQ (3.247，10) =0.025

如当 $\chi^2=20.483$，$df=10$ 时，则

P（$\chi^2<20.483$）=CDF. CHISQ（20.483，10）=0.975

对于检验水平 α，单侧检验拒绝域为 $\chi^2<\chi^2_\alpha$（$n-1$）或 $\chi^2>\chi^2_{1-\alpha}$（$n-1$），接收域为 $\chi^2>\chi^2_\alpha$（$n-1$）或 $\chi^2<\chi^2_{1-\alpha}$($n-1$)，如图 5-13 所示；双侧检验拒绝域为 $\chi^2<\chi^2_{\alpha/2}$（$n-1$）与 $\chi^2>\chi^2_{1-\alpha/2}$($n-1$)，接收域为 $\chi^2_{\alpha/2}$（$n-1$）$<\chi^2<\chi^2_{1-\alpha/2}$($n-1$)，其拒绝与接收区域如图5-14 所示。

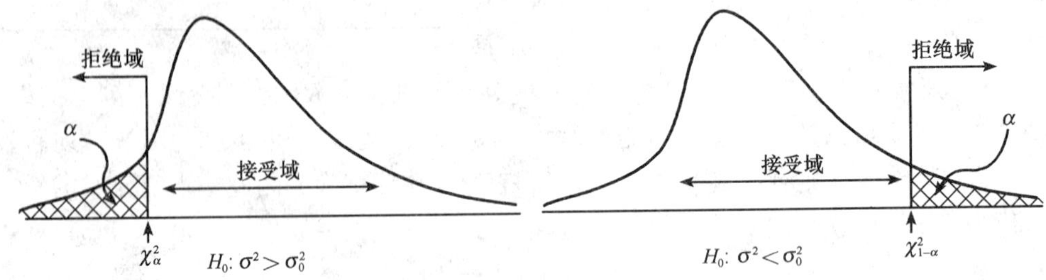

图 5-13 单侧检验的接收与拒绝区域

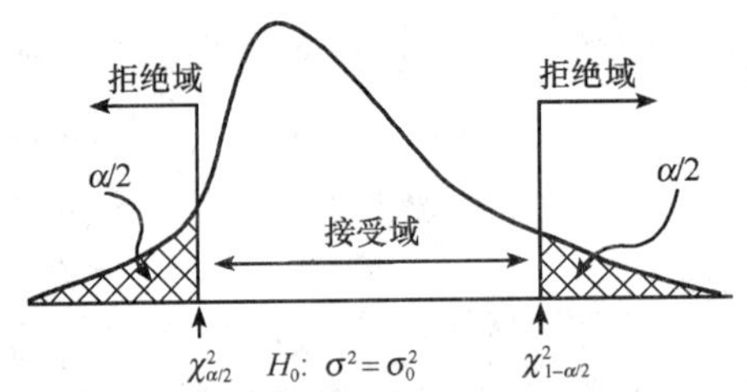

图 5-14 双侧检验的接收与拒绝区域

χ^2 统计量的计算还可以用其简化公式

$$\chi^2=n\left(\sum\frac{A^2}{n_R n_C}-1\right) \tag{5-25}$$

下面介绍行×列表的 χ^2 检验。

行×列表的 χ^2 检验用于样本率（或构成比）的比较，其中 2×2 列联表，即四格表，主要用于率的检验，进行两率的比较。

率是计数资料的统计指标之一，它是指在一定时期内某事件发生的频率或强度，如命中率、及格率、死亡率、出勤率等。对于率的检验可仿照均数的检验来研究，率的 u 检验和四格表的 χ^2 检验方法及实例请参考第 8 章。这里主要介绍多行×多列表的 χ^2 检验（即 $R\times C$ 列联表资料的 χ^2 检验）。

［例 5-11］ 利用多行×多列表的 χ^2 检验，对［例 5-10］中表 5-1 的数据资料进行检验，问该心理训练对不同专业学生的效果是否不同?

解：本例为 3×3 列联表，即 $\pi_1=\pi_2=\pi_3$ 的假设检验，采用公式（5-25）进行 χ^2 检验。

1）检验假设 H_0：$\pi_1=\pi_2=\pi_3$，即该心理训练对不同专业学生的效果是相同的。备择假设 H_1：π_1、π_2、π_3 不全相等，$\alpha=0.05$。

2）计算统计量。由公式（5-25）得

$$\chi^2=n\left(\sum\frac{A^2}{n_R n_c}-1\right)$$

$$=100\times\left(\frac{20^2}{46\times35}+\frac{10^2}{31\times35}+\frac{5^2}{23\times35}+\frac{15^2}{46\times32}+\frac{9^2}{31\times32}+\frac{8^2}{23\times32}+\frac{11^2}{46\times33}+\frac{12^2}{31\times33}+\frac{10^2}{23\times33}-1\right)$$

$$=4.536$$

即

$$\chi^2=n\left(\sum\frac{A^2}{n_R n_C}-1\right)=4.536$$

3）确定概率 P 值。根据 χ^2 值的大小进行显著性水平检验：因为 $\chi^2_{\alpha/2}[(\text{行数}-1)(\text{列数}-1)]=\chi^2_{0.05/2}[(3-1)(3-1)]=\chi^2_{0.025}(4)=0.4844<\chi^2=4.536<\chi^2_{1-\alpha/2}[(\text{行数}-1)(\text{列数}-1)]=\chi^2_{1-0.05/2}[(3-1)(3-1)]=\chi^2_{0.975}(4)=11.1433$，则 $P>0.05$（或由 SPSS 的 Crosstabs 功能，求得 $P=0.338>0.05$），按所取的 $\alpha=0.05$ 检验水准，接受 H_0，拒绝 H_1，差别无统计学意义，认为该心理训练对不同专业学生的效果是一致的。

行×列表的 χ^2 检验还可以用于多个构成比的检验、行与列因素是否独立的检验、吻合程度的检验等，方法与［例 5-17］相同，在此不再讨论。

行×列表的 χ^2 检验的注意事项如下。

1）在行×列表中，如果有 $\frac{1}{5}$ 以上的格子的理论数小于 5，或有一个格子的理论数小于 1 时，应该使理论数小于 5 的格子与邻格组合并以增大理论数，但要考虑并组的合理性。

2）行×列表的检验中，当 $P\leqslant0.05$ 时，则拒绝检验假设，说明被比较的几个样本率之间有统计意义，但这个结论是就各个率之间总的差别来说的，不能据此作出任何两组间差别都有统计意义。要想了解各组之间是否存在差异，可对每两组之间进一步作 χ^2 检验。

5.7 参数估计和假设检验 SPSS 例解

5.7.1 确定置信区间的 SPSS 例解

［例 5-12］ 从某市高一年级随机抽取 32 名男生的铅球成绩（单位：m），数据如下：

7.82	7.92	7.86	8.23	8.20	7.78	9.10	8.12
8.13	7.56	8.45	8.26	7.86	7.43	8.22	8.06
7.83	8.05	8.12	8.14	8.17	7.96	7.96	8.36
7.65	8.32	9.07	8.32	8.23	7.63	7.92	8.05

试估计其抽样误差和总体均数的 95%置信区间?

解: 1) 建立数据文件,定义变量,录入数据。

2) 选择操作选项。单击“Analyze→Descriptive Statistics→Explore...”命令,如图 5-15 所示。

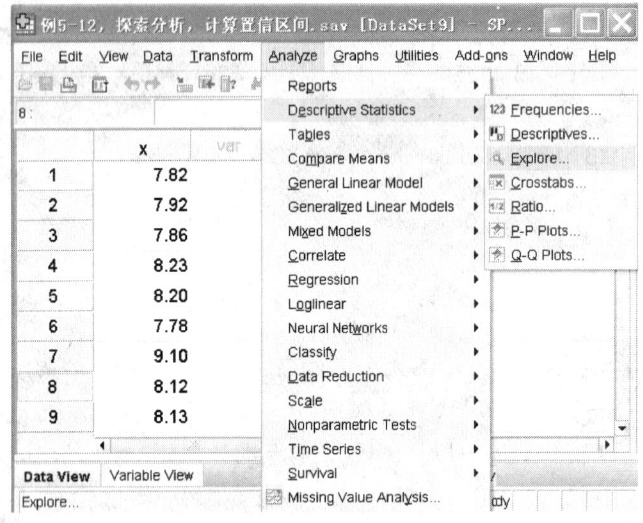

图 5-15 菜单选择

3) 选择分析变量。在打开的变量选择对话框中单击变量 x 添入 Dependent List 的变量列表框,如图 5-16 所示。单击“Statistics”按钮,在打开的对话框中选择“Descriptives”复选框,如图 5-17 所示。

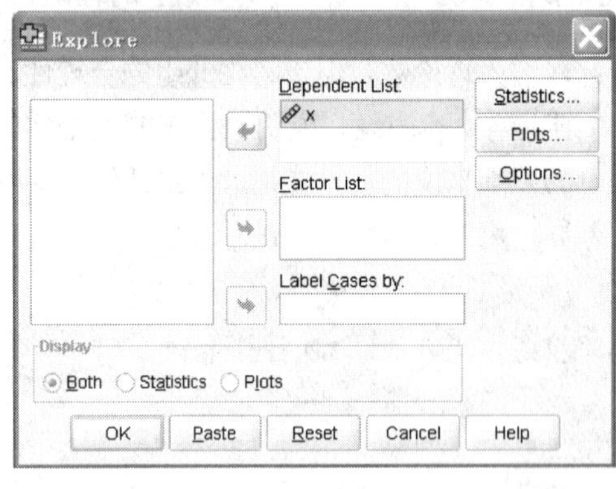

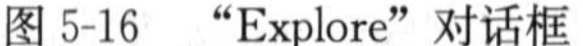
图 5-16 “Explore”对话框

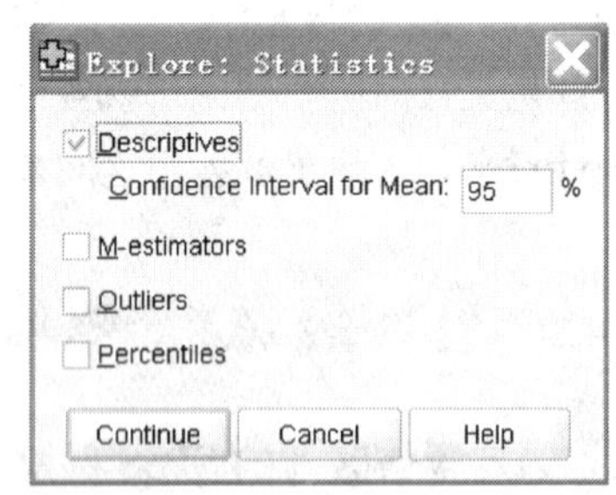

图 5-17 “Statistics”对话框

4) 提交运行,单击“OK”按钮运行程序。

如表 5-2 所示为描述性(Descriptives)统计指标。表 5-2 中第一列为分组变量名 x,第二列为统计指标,第三列为统计结果,第四列为标准误。

表 5-2 描述统计结果（Descriptives）

变量	统计量		统计值 Statistic	标准误 Std. Error
x	Mean		8.0869	.06316
	95% Confidence Interval for Mean	Lower Bound	7.9581	
		Upper Bound	8.2157	
	5% Trimmed Mean		8.0650	
	Median		8.0900	
	Variance		.128	
	Std. Deviation		.35731	
	Minimum		7.43	
	Maximum		9.10	
	Range		1.67	
	Interquartile Range		.37	
	Skewness		1.048	.414
	Kurtosis		2.422	.809

5.7.2 t 检验的 SPSS 例解

1. 单样本均数 t 检验的 SPSS 例解

[例 5-13] 以［例 5-5］为例，采用 SPSS 进行单样本均数 t 检验。

解： 1）建立数据文件，定义变量，录入数据，如图 5-18、图 5-19 所示。

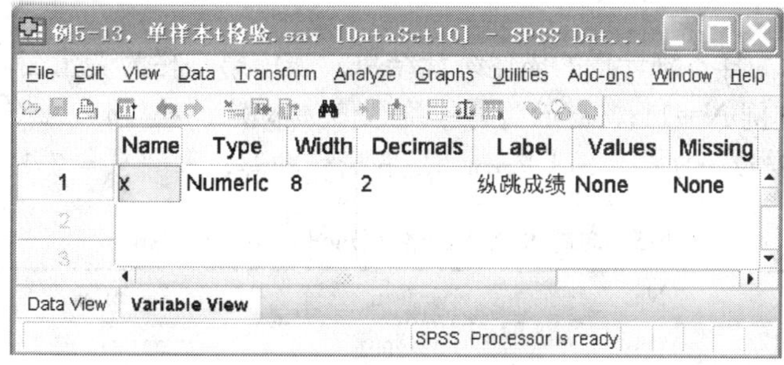

图 5-18 定义变量

2）选择操作选项。本例为 $\mu=\mu_0$ 的假设检验，总体服从正态分布，σ 未知，采用 SPSS 单样本均数的 t 检验。单击“Analyze→Compare Means→One−Sample T Test...”命令。

3）选择分析变量。在打开的变量选择对话框中单击变量“纵跳成绩”添入检验（Test Variable（s））的变量列表框中，在 Test Value 文本框中键入所要检验总体均数 μ_0 的值，如图 5-20 所示。本例是 60。

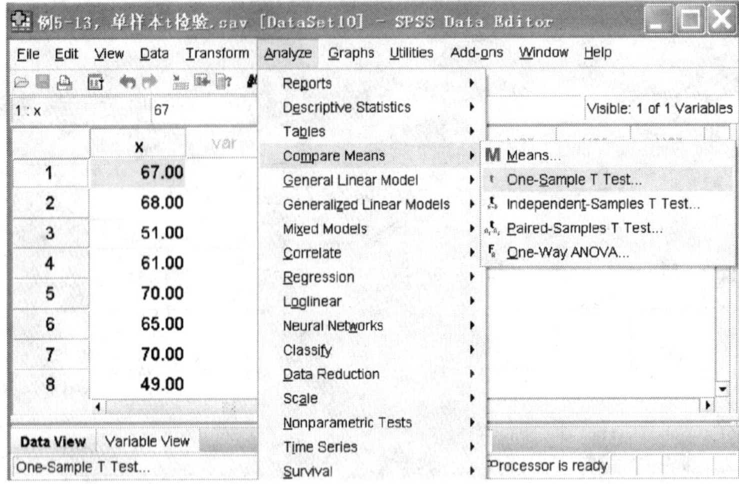

图 5-19 单样本 t 检验的菜单选择

4）提交运行。单击“OK”按钮运行程序。

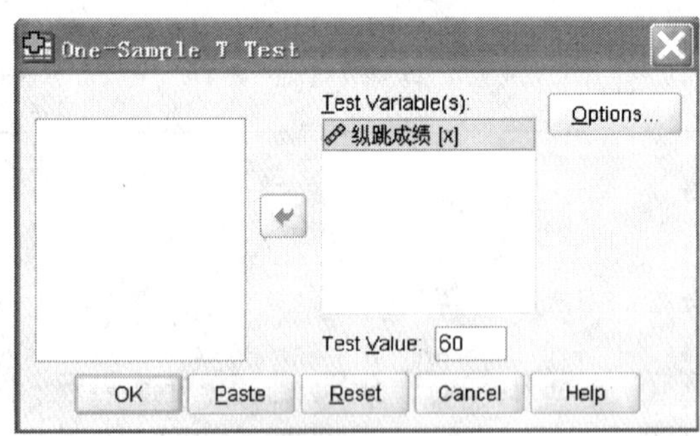

图 5-20 “One-Sample T Test”对话框

如表 5-3 所示为样本统计量的描述统计结果。表中第一栏为变量名，纵跳成绩［x］；N 为样本含量，本例 $N=11$；Mean 为样本均数值，本例 $\bar{x}=61.9091$；Std. Deviation 为样本标准差，本例 $S=7.09161$；Std. Error Mean 为标准误，本例 $S_{\bar{x}}=2.1382$。

表 5-3 单样本统计结果（One-Sample Statistics）

变　量	N	Mean	Std. Deviation	Std. Error Mean
纵跳成绩	11	61.9091	7.091 61	2.1382

如表 5-4 所示为单样本均数 t 检验结果。Test Value 为要检验的已知总体均数值，本例 $\mu_0=60$；t 为检验统计量，本例 $t=0.893$；df 为自由度，本例 $df=n-1=10$；Sig.(2-tailed) 为双侧检验 $t=0.893$ 时的概率 $P(|t|\leqslant 0.893)$ 值，本例 $P=0.393>0.05$，因此，其结论为差别无统计意义；Mean Difference 为 $\bar{x}-\mu_0$ 的差值，本例 $\bar{x}-\mu_0=61.9091-60=1.9091$。

表 5-4 单样本检验结果（One-Sample Test）

（Test Value=60）

变 量	t	df	Sig.（2−tailed）	Mean Difference
纵跳成绩	.893	10	.393	1.9091

2. 两独立样本均数 t 检验的 SPSS 例解

（1）$\sigma_1^2=\sigma_2^2$ 方差齐性时，两独立样本均数 t 检验

[例 5-14] 以［例 5-6］为例，采用 SPSS 进行两独立样本均数 t 检验。

解： 1）建立数据文件，定义变量，录入数据，如图 5-21 所示。

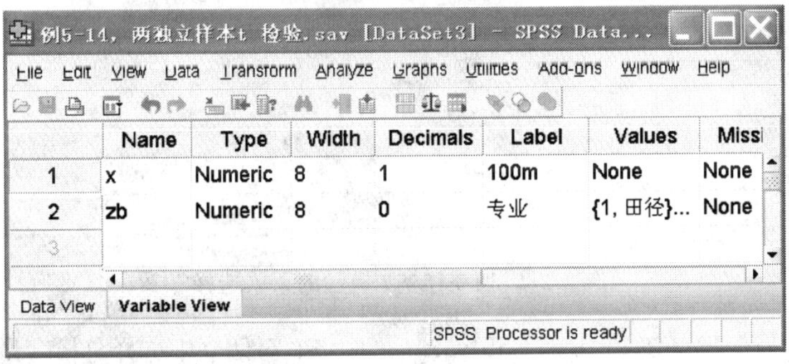

例5-14，两独立样本t 检验.sav [DataSet3] - SPSS Data...

File Edit View Data Transform Analyze Graphs Utilities Add-ons Window Help

	Name	Type	Width	Decimals	Label	Values	Missi
1	x	Numeric	8	1	100m	None	None
2	zb	Numeric	8	0	专业	{1, 田径}...	None
3							

Data View　Variable View

SPSS Processor is ready

（a） 变量定义

	x	zb		x	zb
1	13.2	1	24	14.9	2
2	13.5	1	25	14.0	2
3	14.5	1	26	14.8	2
4	13.6	1	27	15.6	2
5	15.0	1	28	14.3	2
6	13.8	1	29	13.9	2
7	12.8	1	30	13.5	2
8	12.9	1	31	13.8	2
9	13.0	1	32	14.0	2
10	13.1	1	33	14.2	2
11	13.2	1	34	15.9	2
12	13.5	1	35	15.6	2
13	13.6	1	36	15.4	2
14	14.0	1	37	15.8	2
15	14.5	1	38	13.8	2
16	14.2	1	39	13.7	2
17	15.0	1	40	14.2	2
18	15.1	1	41	14.1	2
19	14.8	1	42	14.6	2
20	14.0	1	43	15.0	2
21	13.9	1	44	13.9	2
22	13.4	1	45	15.2	2
23	15.0	2	46		

（b） 数据录入

图 5-21 定义与录入数据

2）选择操作选项。本例为 $\mu_1=\mu_2$ 的假设检验，总体服从正态分布，σ_1、σ_2 未知且 $\sigma_1^2=\sigma_2^2$（方差齐性），$n_1, n_2<30$，进行 t 检验。采用 SPSS 独立两样本均数的 t 检验。单击“Analyze→Compare Means→Independent-Samplest T Test…”命令，如图 5-22 所示。

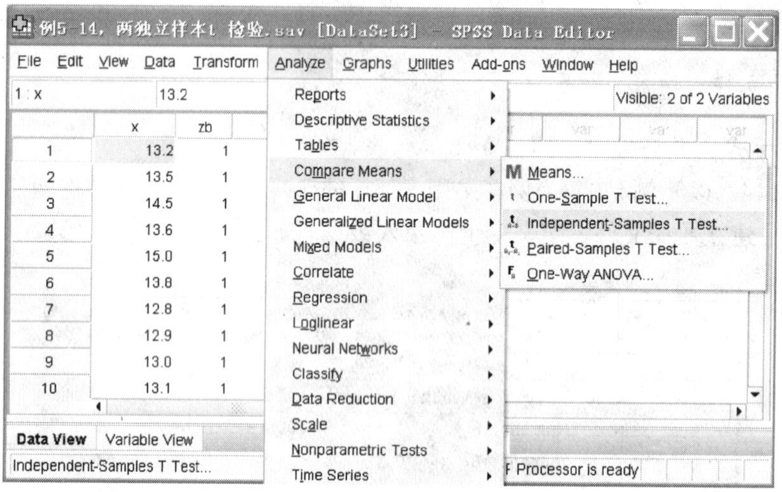

图 5-22　独立样本 t 检验的菜单选择

3）选择分析变量。在 Independent-Samples T Test 对话框中选择分析变量。变量选择对话框如图 5-23 所示，选择变量 100m［x］，单击箭头，将 100m［x］添入检验“Test Variable（s）”的变量框，选择变量专业［zb］（分组变量），单击箭头，zb（?,?）进入检验“Grouping Variable（s）”的文本框中，如图 5-24 所示。单击“Define Groups”按钮，打开确定分组的对话框，在 Groups1 框中输入 1，在 Groups2 框中输入 2，单击“Continue”按钮。

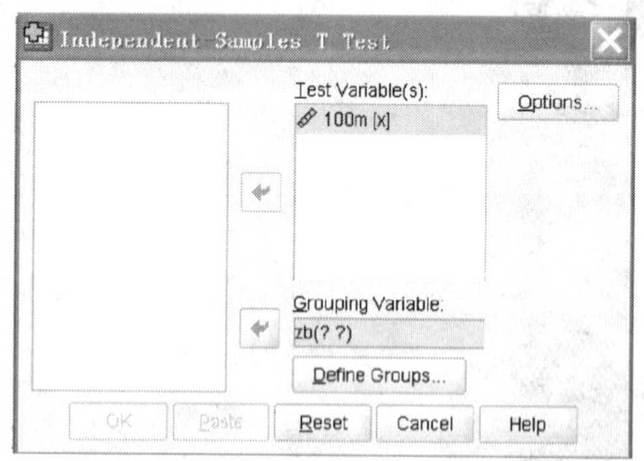

图 5-23　“Independent-Samples T Test”对话框

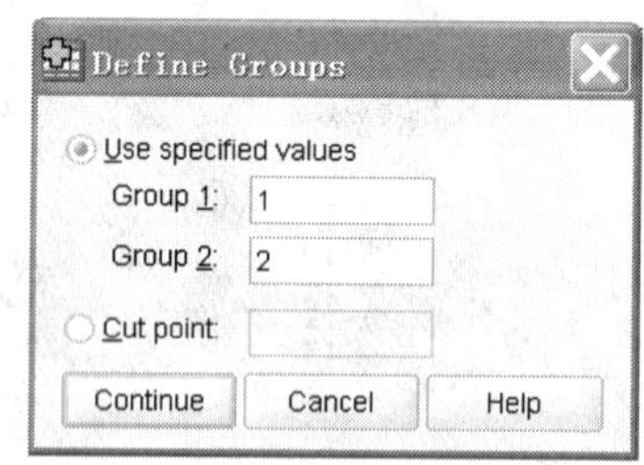

图 5-24　“Define Groups”对话框

4）提交运行。单击“OK”按钮运行程序。

表 5-5 所示为样本统计量的描述统计结果。表中第一栏为分组变量名，100m；专业包括田径（1 组）、足球（2 组）；N 为样本含量，本例 $n_1=22$，$n_2=23$；Mean 为样本均数值，本例 $\bar{x}_1=13.845$，$\bar{x}_2=14.574$；Std. Deviation 为样本标准差，本例 $S_1=0.7183$，$S_2=0.7454$；Std. Error Mean 为标准误，本例 $S_{\bar{x}_1}=0.1531$，$S_{\bar{x}_2}=0.1554$。

表 5-5 分组统计量（Group Statistics）

变 量	专 业	N	Mean	Std. Deviation	Std. Error Mean
100m	田径	22	13.845	.7183	.1531
	足球	23	14.574	.7454	.1554

如表 5-6 所示为两个总体均数 t 检验结果。

表 5-6 独立样本检验（Independent Samples Test）

		F	Sig.	t	df	Sig. 2-tailed)	Mean Difference	Std. Error Difference
100m	Equal variances assumed	.275	.603	−3.336	43	.002	−.7285	.2184
	Equal variances not assumed			−3.339	42.997	.002	−.7285	.2182

注意：方差齐性检验，SPSS 采用 Levene F 方法检验两总体方差是否相同。首先计算两个样本的均值，计算每个样本和本组均值的差，并对差取绝对值，得到两组绝对值差值序列。然后利用单因素分析方法，判断这两组绝对值差值序列是否存在显著差异，即判断平均离差是否存在显著差异，从而间接判断两组方差是否相同。

两个总体均数 t 检验时，先判断方差是否齐性。本例 $F=0.275$，P（Sig.）$=0.603>0.05$，因此两组方差齐性。

t 检验时，由于方差齐性，本例应取 Equal variances assumed 行的值，本例 $t=-3.336$；df 为自由度，本例 $df=n_1+n_2-2=43$；Sig.(2-tailed)为双侧检验，$t=-3.336$时的概率 $P(|t|\geqslant 3.336)$值，本例 $P=0.002<0.05$，因此，其结论为差别有统计意义；Mean Difference 为 $\bar{x}_1-\bar{x}_2$ 的差值，本例 $\bar{x}_1-\bar{x}_2=-0.7285$；Std. Error Difference 为差值的标准误，本例 $S_{(\bar{x}_1-\bar{x}_2)}=0.2184$。

(2)$\sigma_1^2\neq\sigma_2^2$ 方差不齐时，两独立样本均数 t 检验

[例 5-15] 以［例 5-7］为例，进行两独立样本均数的 t 检验。

解：本例的 SPSS 的操作过程与［例 5-14］相同。

如表 5-7 所示为样本统计量的描述统计结果。表中第一栏为分组变量名，大卡量；分组包括总体 1、总体 2；N 为样本含量，本例 $n_1=15$，$n_2=20$；Mean 为样本均数值，本例 $\bar{x}_1=565.87$，$\bar{x}_2=630.75$；Std. Deviation 为样本标准差，本例 $S_1=84.319$，$S_2=45.98$；Std. Error Mean 为标准误，本例 $S_{\bar{x}_1}=21.771$，$S_{\bar{x}_2}=10.282$。

表 5-7 分组统计量（Group Statistics）

变 量	分 组	N	Mean	Std. Deviation	Std. Error Mean
大卡量	总体 1	15	565.87	84.319	21.771
	总体 2	20	630.75	45.980	10.282

如表 5-8 所示为两个总体均数 t 检验结果。

表 5-8 独立样本检验（Independent Samples Test）

		F	Sig.	t	df	Sig. (2-tailed)	Mean Difference	Std. Error Difference
大卡量	Equal variances assumed	4.511	.041	−2.920	33	.006	−64.883	22.224
	Equal variances not assumed			−2.695	20.201	.014	−64.883	24.077

两个总体均数 t 检验结果分析：方差齐性检验，本例 $F=4.511$，P（Sig.）$=0.041<0.05$，因此两组方差不齐性；t 检验时，由于方差不齐性，本例应取 Equal variances not assumed 行的值，本例 $t=-2.695$；df 为自由度，本例 df 由公式（5-19）计算 $df'=20.201\approx20$；Sig.（2-tailed）为双侧检验，$t=-2.695$ 时的概率 P（$t\leqslant-2.695$）值，本例因采用单侧检验，所以 $P=0.014/2=0.007<0.05$，因此，其结论为差别有统计意义；Mean Difference 为 $\bar{x}_1-\bar{x}_2$ 的差值，本例 $\bar{x}_1-\bar{x}_2=-64.883$；Std. Error Difference 为差值的标准误，本例 $S_{(\bar{x}_1-\bar{x}_2)}=24.077$。

3. 配对样本 t 检验的 SPSS 例解

［例 5-16］ 以［例 5-8］为例，进行配对样本 t 检验。

解： 1）建立数据文件，定义变量，录入数据，如图 5-25、图 5-26 所示。

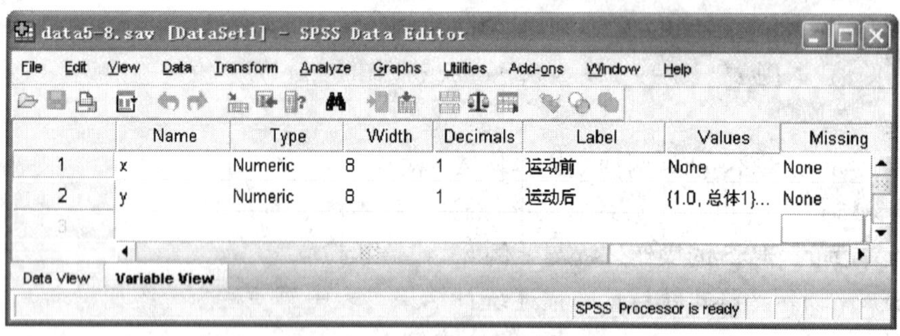

图 5-25 变量定义

2）选择操作选项。本例为同一批对象实验前后的比较，采用公式（5-21）进行 t 检验。单击“Analyze→Compare Means→Paired-Samples T Test...”命令。

3）选择分析变量。打开“Paired－Samples T Test”对话框，如图 5-27 所示，依次选择变量运动前［x］和变量运动后［y］，添入检验“Paired Variable（s）”的变量列表框。

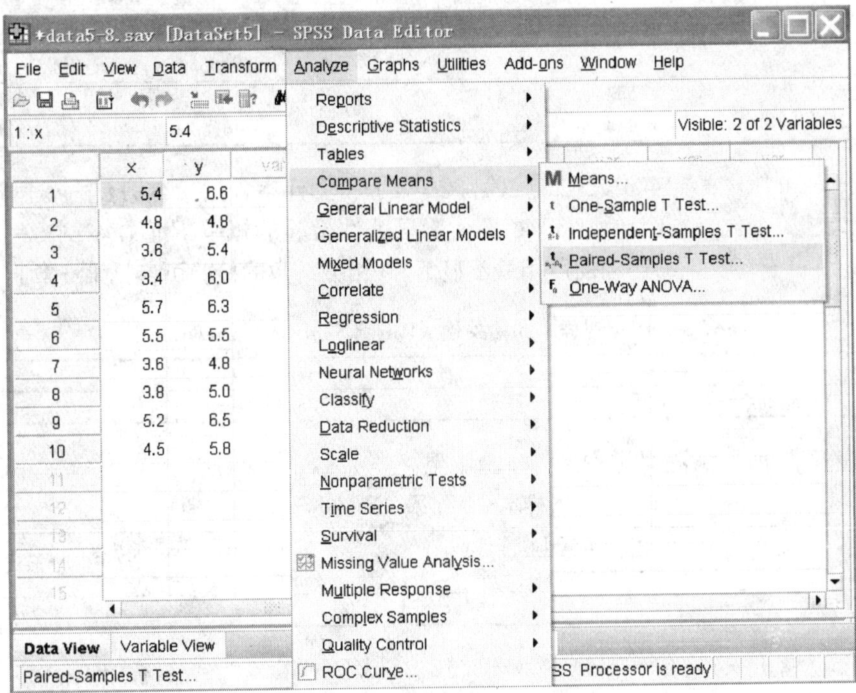

图 5-26 数据录入和配对样本 t 检验的菜单选择

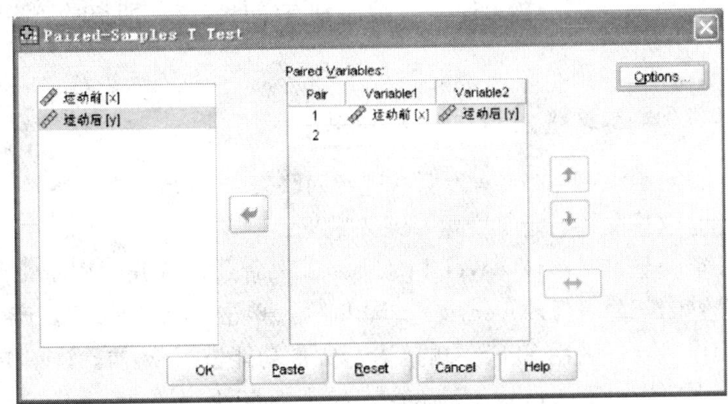

图 5-27 “Paired-Samples T Test”对话框

4）提交运行。单击“OK”按钮运行程序。

如表 5-9 所示为样本统计量的描述统计结果。表中第一栏为分组变量名，运动前、后成绩；Mean 为样本均数值，本例 $\bar{x}_1=4.55$，$\bar{x}_2=5.67$；N 为样本含量，本例 $n_1=n_2=10$；Std. Deviation 为样本标准差，本例 $S_1=0.8898$，$S_2=0.6783$；Std. Error Mean 为标准误，本例 $S_{\bar{x}_1}=0.2814$，$S_{\bar{x}_2}=0.2145$。

表 5-9 配对样本统计结果（Paired Samples Statistics）

	Mean	N	Std. Deviation	Std. Error Mean
运动前	4.550	10	.8898	.2814
运动后	5.670	10	.6783	.2145

如表 5-10 所示为样本相关性的检验。表中的 N 为样本含量，本例 $n_1=n_2=10$；Correlation 为相关系数，本例 $r=0.529$；Sig. 为显著性检验的概率 P 值，本例 $P=0.116>0.05$，无统计学意义，即运动前后相关不显著。（相关系数的检验可参见第 6 章）

表 5-10 配对样本的相关性（Paired Samples Correlations）

	N	Correlation	Sig.
运动前 & 运动后	10	.529	.116

如表 5-11 所示为配对样本的 t 检验结果。

表 5-11 配对样本检验结果（Paired Samples Test）

	Paired Differences			t	df	Sig. (2-tailed)
	Mean	Std. Deviation	Std. Error Mean			
运动前-运动后	−1.1200	.7829	.2476	−4.524	9	.001

Mean 为差值的均数，本例 $\bar{d}=-1.12$；Std. Deviation 为差值标准差，本例 $S_d=0.7829$；Std. Error Mean 为差值标准误，本例 $S_{\bar{d}}=0.2476$；t 为检验统计量，本例 $t=-4.524$；df 为自由度，本例 $df=n-1=10-1=9$；Sig.（2-tailed）为双侧检验时的概率 P 值，本例 $P(\text{Sig.})=0.001<0.05$，结论为差别有统计意义，即长时间持续运动对人体血尿酸浓度有一定影响。

5.7.3 多行×多列联表资料 χ^2 检验的 SPSS 例解

［例 5-17］ 以［例 5-11］数据为例，进行列联表 χ^2 检验。

解：1）建立数据文件，定义变量，录入数据。

2）定义权重。单击“data→Weight Cases...”命令，打开“Weight cases by”对话框，单击频数［f］添入 Frequence Variable 框，单击“OK”按钮，产生加权变量。

3）选择操作选项。采用 SPSS 中的 Crosstabs 功能进行 χ^2 检验。单击“Analyze→Descriptive Statistics→Crosstabs...”命令，如图 5-28 所示。打开 Crosstabs 对话框，单击专业［r］添入 Row（s）栏；单击反应情况［c］添入 Column（s）栏。

4）单击“Statistics...”按钮，打开“Statistics”对话框，选择 Chi-square。

5）单击“Cell...”按钮，打开“Cell Display”对话框，选择 Observed、Expected。

6）提交运行。单击“OK”按钮运行程序。

如表 5-12 所示为数据处理概况；表 5-13 所示为显示列联表资料；表 5-14 所示为卡方检验。

皮尔逊卡方值 χ^2（Pearson Chi-Square）$=4.536$，自由度 $df=4$，双侧渐近概率（Asymp. Sig（2-sided）$=0.338$。

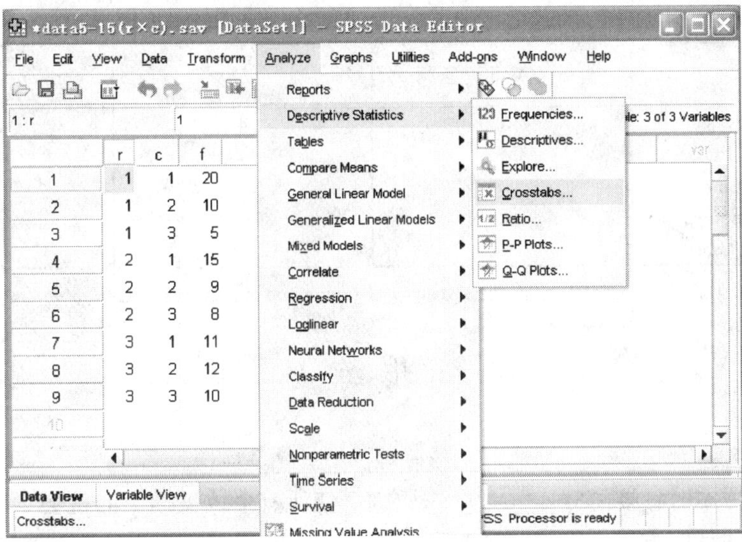

图 5-28 原始数据及菜单选项

似然比值（Likelihood Ratio）=4.689，自由度 $df=4$，双侧渐近概率（Asymp. Sig (2-sided)=0.321。

线性组合（Linear-by-Linear Association）的卡方值 $\chi^2=4.192$，自由度 $df=1$，双侧渐近概率（Asymp. Sig（2-sided)=0.041。

有效例数（N of Valid Cases）=100。

结论：有 0 个格子（0.0%）的期望频数小于 5，最小期望频数为 7.36，$N=100>40$，因此，由皮尔逊卡方值 $\chi^2=4.536$，$df=4$，$P=0.338>0.05$，差别无统计学意义，认为该心理训练对不同专业学生的效果是一致的。

表 5-12 数据处理概况（Case Processing Summary）

	Cases					
	Valid		Missing		Total	
	N	Percent/%	*N*	Percent/%	*N*	Percent/%
专业＊反应情况	100	100.0	0	.0	100	100.0

表 5-13 专业 ＊反应情况（Crosstabulation）

			反应情况			Total
			好	无变化	差	
专业	体育系	Count	20	10	5	35
		Expected Count	16.1	10.8	8.0	35.0
	医学系	Count	15	9	8	32
		Expected Count	14.7	9.9	7.4	32.0
	经管系	Count	11	12	10	33
		Expected Count	15.2	10.2	7.6	33.0
Total		Count	46	31	23	100
		Expected Count	46.0	31.0	23.0	100.0

表 5-14 卡方检验（Chi-Square Tests）

	Value	*df*	Asymp. Sig. (2-sided)
Pearson Chi-Square	4.536[a]	4	.338
Likelihood Ratio	4.689	4	.321
Linear-by-Linear Association	4.192	1	.041
N of Valid Cases	100		

a. 0 cells（.0%）have expected count less than 5. The minimum expected count is 7.36.

同 步 练 习

一、填空题

1. 抽取样本时，要遵守__________原则，使所有个体被抽中的机会__________。

2. 参数估计的方法有__________和__________。

3. 对总体参数提出的假设可分为原假设和__________。

4. 当原假设正确而被拒绝时，所犯的错误为__________；当备择假设正确而被接受时，所犯的错误为__________。

5. 假设检验所依据的基本原理是__________。

二、单项选择题

1. 在体育统计中，所谓大样本是指样本量在（　　）以上。

A. 30 个　　B. 50 个　　C. 80 个　　D. 100 个

2. 抽样误差是由（　　）引起的。

A. 计算　　B. 测量　　C. 抽样　　D. 仪器不准

3. 在抽样研究中，均数的标准误（　　）。

A. 比标准差大　　B. 比标准差小

C. 与标准差无关　　D. 与标准差相等

4. 假设检验的步骤是（　　）。

A. 建立假设，选择和计算统计量，确定 P 值和判断结果

B. 建立无效和假设，建立备择假设，确定检验水准

C. 确定单侧检验或双侧检验，t 检验或 F 检验，估计Ⅰ类错误和Ⅱ类错误

D. 计算统计量，确定 P 值，作出推断结论

5. 通常可采用（　　）方法来减少抽样误差。

A. 减少样本标准差　　B. 增大样本含量

C. 减少样本含量　　D. 增大样本标准差

6. 两样本均数比较时，经 t 检验，差别有显著性时，P 小于等于，说明（　　）。

A. 两样本均数差别越大

B. 两总体均数差别越大

C. 越有理由认为两总体均数不同

D. 越有理由认为两样本均数不同

7. 作两样本均数比较的 t 检验时，正确的理解是（　　）。

A. 统计量 t 越大，说明两总体均数差别越大

B. 统计量 t 越大，说明两总体均数差别越小

C. 统计量 t 越大，越有理由说明两总体均数不相等

D. P 值就是 α

8. 假设资料满足正态和方差齐的条件，两独立样本的 t 检验应选用（　　）公式。

A. $t=\dfrac{\overline{X}-\mu_0}{\dfrac{S}{\sqrt{n}}}$

B. $t'=\dfrac{\overline{X}_1-\overline{X}_2}{\sqrt{\dfrac{S_1^2}{n_1}+\dfrac{S_2^2}{n_2}}}$

C. $t=\dfrac{\overline{d}-0}{\dfrac{S_d}{\sqrt{n}}}$

D. $t=\dfrac{\overline{x}_1-\overline{x}_2}{\sqrt{\dfrac{(n_1-1)S_1^2+(n_2-1)S_2^2}{n_1+n_2-2}\left(\dfrac{1}{n_1}+\dfrac{1}{n_2}\right)}}$

三、应用题

1. 测得四川省 205 名 13 岁城市女生的身高平均数为 149.2cm，标准差为 7.05cm。求该省 13 岁城市女生身高总体均数的 95%和 99%可信区间。

2. 已知某省 12 岁男孩平均身高为 145.2cm，现测得某市 100 名男孩的身高 $\overline{X}=144.3$cm，标准差 $S=5.82$cm，问该市 12 岁男孩身高与全省的平均身高有无显著性差异？

3. 已知某市高一年级男生的铅球成绩服从正态分布，其平均成绩为 7.90m。某体育教师随机抽取高一年级的一个班，其中男生 28 人，作为实验班，采用铅球新教法进行教学。经过 20 学时的教学后，按照统一标准进行测试，计算得铅球成绩平均数为 8.069m，标准差为 0.378m，试问该新教法对铅球成绩是否有影响？

4. 已知两个地区考生的体育考试成绩均服从正态分布。现从两地区各抽取一个样本，容量均为 16，求得其平均数分别为 68 和 64，标准差分别为 5 和 4。假设方差齐性，试检验两地区考生成绩是否存在显著性差异？($\alpha=0.05$)

5. 对 10 名体育考生进行为期一个月的短跑训练，测得训练前后 100m 成绩如表 5-15所示。

表 5-15　短跑训练成绩

序号	1	2	3	4	5	6	7	8	9	10
训练前/s	11.97	12.25	11.95	12.82	12.17	12.54	12.41	12.33	12.54	12.1
训练后/s	11.64	12	12.02	12.1	12.13	12.09	12.13	12.42	12.23	12.02

(计算得：$\overline{d}=0.23$，$s_d=0.249$)

问：训练前后的 100m 成绩是否有所提高？

四、SPSS 操作题

1. 某研究者认为近几年某小学 10 岁男生的身高比过去有所增高。为了验证这个问题，随机抽取了该校 12 名 10 岁男生，并测量了他们的身高，数据如表 5-16 所示。

表 5-16 某小学 10 岁男生的身高

编号	1	2	3	4	5	6	7	8	9	10	11	12
身高/cm	142	147	146	130	135	138	138	138	138	141	141	144

已知 10 年前该校 10 岁男生的平均身高为 135.28cm，问现在该校 10 岁男生的身高是否与 10 年前有所不同？

2. 从 A、B 两所高校分别抽取部分女生，随机抽取 A 校 18 人、B 校 20 人，测量她们的肺活量数据如下：

A 校 2536 2713 2160 3837 3843 3350 2533 1958 2880 2003
2658 3327 2588 3456 3118 3642 2451 3069

B 校 1999 2639 2698 2392 2484 2438 2704 2573 3000 2397
3023 3284 2921 1665 3655 3449 2776 3722 3506 3521

问：两校女生的肺活量平均数是否有差异？

3. 有 12 名肥胖病人，采用体育疗法治疗前后的体重如下，问该体育疗法是否有效？

治疗前 135 128 130 110 124 108 119 124 132 98 106 114

治疗后 128 119 123 108 116 102 111 120 125 96 102 105

4. 为了提高教学水平，进行教学方法改革，某教师采用了一种新的教学方法。为了测试新教学方法的效果，该教师从某年级随机抽测 100 人，分成两个教学班，对其采取新旧两种不同的教学方法。通过一个学期的教学，期末测试成绩数据如表 5-17 所示。问新教学方法对提高教学质量是否有效？

表 5-17 期末测试成绩 （单位：人）

班 级	等级			
	不及格	及格	良	优
对照班	10	17	13	5
实验班	6	23	17	9

5. 某中学在教师课时酬金改革方案讨论中，随机抽取 67 名不同年龄教师进行问卷调查，结果如表 5-18 所示。

表 5-18 问卷调查结果 （单位：人）

年龄	赞成	无所谓	反对	合计
30 岁以下	3	11	9	23
30～45 岁	7	12	4	23
45 岁以上	7	9	5	21

问：该校不同年龄教师对该方案的态度是否存在差异？

参 考 文 献

陈及治，等. 2002. 体育统计［M］. 北京：人民体育出版社

贾俊平，等．2007．统计学［M］．北京：中国人民大学出版社
李健，谭平平．2006．体育统计学［M］．桂林：广西师范大学出版社
刘润幸．2001．医学统计方法与应用［M］．广州：广东人民出版社
卢纹岱．2001．SPSS统计分析（第3版）［M］．北京：电子工业出版社
马斌荣．2004．医学统计学［M］．北京：人民卫生出版社
马国庆．2002．管理统计［M］．北京：科学出版社
祁国鹰，等．2005．体育统计应用案例［M］．北京：北京体育大学出版社
四川省体育．2006．四川省国民体质监测报告［M］．成都：四川科技出版社
孙振球．2002．医学统计学［M］．北京：人民卫生出版社
徐天和，等．2004．中国医学统计百科全书《单变量推断统计分册》［M］．北京：人民卫生出版社
宇传华．2007．SPSS统计分析［M］．北京：电子工业出版社
周概容．2006．概率论与数理统计［M］．北京：中国商业出版社

第 6 章 相关分析

在体育科研中，经常需要分析两种现象或事物之间的关系，例如，百米跑成绩与跳远成绩间有无关系？如果有，其关系如何？百米跑成绩提高 0.01s，跳远成绩将会受到何种影响呢？对于这类变量间关系的研究就属于相关与回归问题。

6.1 线性相关分析

6.1.1 变量间的两种关系

在统计学中，事物或现象之间的关系是通过变量间的关系反映出来的。变量间的关系分为确定性关系和非确定性关系两类。确定性关系即函数关系，非确定性关系即相关关系。

1. 函数关系

函数关系反映现象之间存在着严格的依存关系，在这种关系中，对于变量 X 的每一个数值，都可以通过对应法则 $Y=f(X)$ 使变量 Y 有一个确定的值与 X 相对应（反之亦然），此时称变量 X 和 Y 有函数关系。例如，圆面积 S 对于圆半径 r 的依存关系可用一个确定的对应法则（函数式）$S=\pi r^2$ 反映出来。

两个变量如果有函数关系，知道其中一个变量的值，另外一个变量的值就会被确定。

2. 相关关系

当研究的两个事物或现象之间，既存在着相互影响、相互制约的数量关系，又不像函数关系那样，能由一个变量的数值精确地求出另一个变量的数值来，这类变量间的关系称为相关关系，简称相关。

在体育运动中，存在着许多相关关系，如身高与体重之间的关系、百米跑成绩与跳远成绩之间的关系、现代五项运动中的游泳成绩与越野跑成绩之间的关系，等等。

在实际中，由于测量误差的存在，变量间的函数关系往往以相关关系表现出来，相关又可分为线性相关与非线性相关。

6.1.2 线性相关系数的意义

1. 散点图

为了考察两个连续型随机变量 X 和 Y 之间是否存在某种程度的线性关系，可以对同一观察单位同时测量 X 和 Y 的数值，从而得到一对观察值。从总体中随机抽取 n 对观察值，记为（x_1，y_1），（x_2，y_2），…，（x_n，y_n）这就是讨论两个连续型变量线性相关的样本。

考察相关性最简单而直观的办法是在 XOY 直角坐标系上画出散点图，通过散点图可以看出两个变量间是否存在线性关系。（x_1，y_1），（x_2，y_2），…，（x_n，y_n）这 n 对观察值分别代表 n 个点，在直角坐标系 XOY 上将其画出，便构成了一幅散点图，如图 6-1 所示。

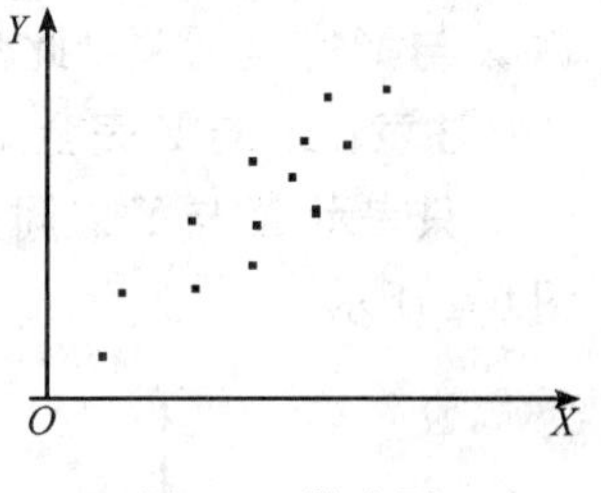

图 6-1 散点图

2. 线性相关系数的意义

对于两个连续型变量来说，描述两个变量之间直线关系的密切程度和相关方向的统计指标叫相关系数，统计上也称为 Pearson 积矩相关系数。

样本线性相关系数一般用 r 表示、总体相关系数一般用 ρ 表示。相关系数没有单位，其取值范围为 $-1\leqslant r\leqslant 1$，若变量间的直线关系越密切，则 $|r|$ 越接近于 1；当变量之间的直线关系越不密切，$|r|$ 越接近 0。

（1）正相关

若两个变量同时趋于同一方向变化，即当 X 增加（或减少）时，Y 也相应具有增加（或减少）的趋势时，则称为正相关，此时 $0<r<1$；若此时所有点都在同一条直线上，$r=1$，称为完全正相关，如图 6-2 所示。

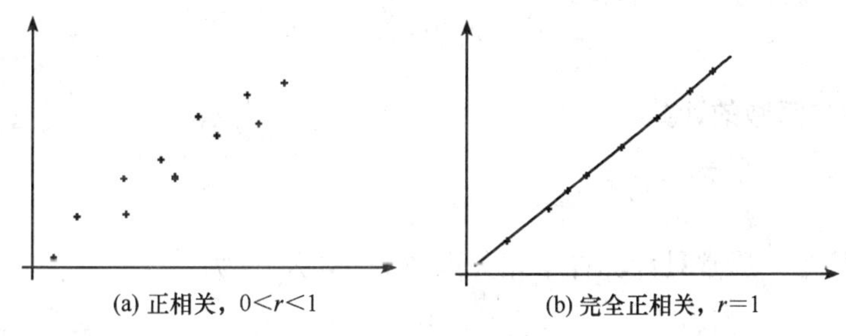
(a) 正相关，$0<r<1$　　(b) 完全正相关，$r=1$

图 6-2 正相关

（2）负相关

若两个变量间，当 X 增加（或减少）时，Y 却具有减少（或增加）的趋势时，称为负相关，此时，$-1<r<0$；若此时所有点都在同一条直线上，$r=-1$，称为完全负相关，如图 6-3 所示。

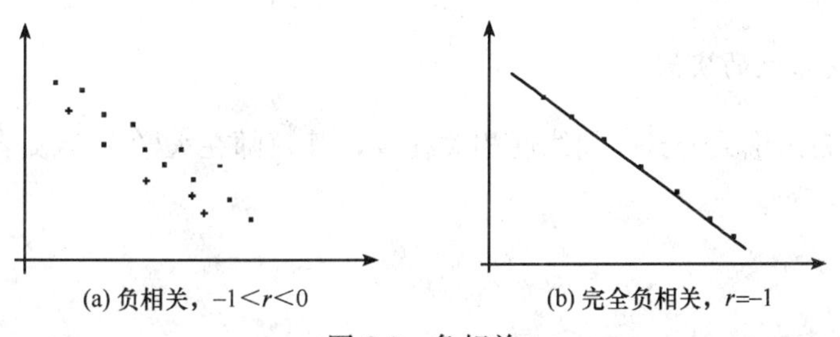
(a) 负相关，$-1<r<0$　　(b) 完全负相关，$r=-1$

图 6-3 负相关

(3) 完全无关

当两个变量 X 与 Y 之间，Y 值的变化不受 X 值变化的影响时（反之亦然），我们称 X 与 Y 完全无关，此时必有 $r=0$。

注意：X 与 Y 完全无关（零相关）时，两个变量无任何关系，必定有 $r=0$；反之，$r=0$ 只表示 X 与 Y 之间无直线相关关系，并不能保证两变量间无其他非线性关系，如图 6-4 所示。

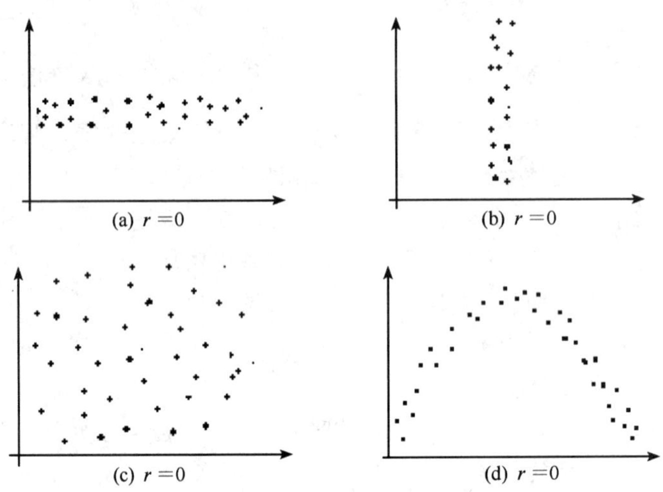

图 6-4　无直线相关 $r=0$

6.1.3　线性相关系数的计算

1. 公式

在实际工作中，通常只计算样本相关系数 r。其公式为

$$r=\frac{L_{xy}}{\sqrt{L_{xx}\cdot L_{yy}}}\ ^{①} \tag{6-1}$$

式中，$L_{xx}=\sum(x-\bar{x})^2=\sum x^2-(\sum x)^2/n$，是变量 X 的离均差平方和；$L_{yy}=\sum(y-\bar{y})^2=\sum y^2-(\sum y)^2/n$，是变量 Y 的离均差平方和；$L_{xy}=\sum(x-\bar{x})(y-\bar{y})=\sum xy-\sum x\cdot\sum y/n$，是变量 X、Y 的离均差积和。

2. 计算相关系数的实例

［例 6-1］　为讨论父子身高间线性相关程度，某教师在大学一年级学生中随机抽取

① 为方便，本章中凡有求和符号 $\sum$，若无特殊标明均表示 $\sum_{i=1}^{n}$。

了16名男生，分别调查了他们及他们父亲的身高数据（单位：cm），如表6-1所示，计算父子间身高的相关系数。

表 6-1 16 名男生的身高与父亲身高数据

编号	1	2	3	4	5	6	7	8	9	10	11	12	13	14	15	16
父高 x/cm	165	170	172	168	169	175	172	170	176	181	175	172	180	174	175	169
子高 y/cm	173	180	178	173	176	185	183	181	174	182	185	180	173	180	182	178

解：用Excel软件计算，如表6-2所示。

表 6-2 相关系数计算表

编　号	x	y	x^2	y^2	$x \cdot y$
1	165	173	27 225	29 929	28 545
2	170	180	28 900	32 400	30 600
3	172	178	29 584	31 684	30 616
4	168	173	28 224	29 929	29 064
5	169	176	28 561	30 976	29 744
6	175	185	30 625	34 225	32 375
7	172	183	29 584	33 489	31 476
8	170	181	28 900	32 761	30 770
9	176	174	30 976	30 276	30 624
10	181	182	32 761	33 124	32 942
11	175	185	30 625	34 225	32 375
12	172	180	29 584	32 400	30 960
13	180	173	32 400	29 929	31 140
14	174	180	30 276	32 400	31 320
15	175	182	30 625	33 124	31 850
16	169	178	28 561	31 684	30 082
$\sum$	2763	2863	477 411	512 555	494 483

由上表知：

$$\sum x = 2763, \sum x^2 = 477\,411, \sum y = 2863, \sum y^2 = 512\,555$$

$$\sum x \cdot y = 494\,483, n = 16$$

$$L_{xy} = \sum xy - \sum x \cdot \sum y/n = 494\,483 - 2763 \times 2863/16 \approx 78.68$$

$$L_{xx} = \sum x^2 - (\sum x)^2/n = 477\,411 - 2763^2/16 \approx 275.44$$

$$L_{yy} = \sum y^2 - (\sum y)^2/n = 512\,555 - 2863^2/16 \approx 256.94$$

$$r = \frac{L_{xy}}{\sqrt{L_{xx} \cdot L_{yy}}} = \frac{78.68}{\sqrt{275.44 \times 256.94}} \approx 0.30$$

[例 6-2] 32 名大学女生的身高（单位：cm）与体重（单位：kg）数据如表 6-3 所示，求身高与体重的相关系数。

解：用 Excel 软件计算，结果如表 6-3 所示。

$$\sum x = 5252.90, \sum x^2 = 862\,810.77, \sum y = 1691.40$$

$$\sum y^2 = 89\,860.38, \sum x \cdot y = 277\,942.28, n = 32$$

$$L_{xy} = \sum xy - \sum x \cdot \sum y/n \approx 293.68$$

$$L_{xx} = \sum x^2 - (\sum x)^2/n \approx 530.82$$

$$L_{yy} = \sum y^2 - (\sum y)^2/n \approx 459.32$$

$$r = \frac{L_{xy}}{\sqrt{L_{xx} \cdot L_{yy}}} = \frac{293.68}{\sqrt{530.82 \times 459.32}} \approx 0.595$$

表 6-3 32 名大学女生身高与体重的相关系数计算表

编号	身高 x/cm	体重 y/kg	x^2	y^2	$x \cdot y$
1	171.2	58.4	29 309.44	3410.56	9998.08
2	161.5	58.6	26 082.25	3433.96	9463.90
3	164.8	50.4	27 159.04	2540.16	8305.92
4	169.7	59.8	28 798.09	3576.04	10 148.06
5	169.4	56.2	28 696.36	3158.44	9520.28
6	160.6	48.6	25 792.36	2361.96	7805.16
7	166.2	55	27 622.44	3025.00	9141.00
8	159.7	48.8	25 504.09	2381.44	7793.36
9	167.7	51.6	28 123.29	2662.56	8653.32
10	160.5	51.4	25 760.25	2641.96	8249.70
11	166	49.7	27 556.00	2470.09	8250.20
12	160.9	50.3	25 888.81	2530.09	8093.27
13	158.7	46.4	25 185.69	2152.96	7363.68
14	167.9	59.8	28 190.41	3576.04	10 040.42
15	166.4	53.8	27 688.96	2894.44	8952.32
16	167.2	51.1	27 955.84	2611.21	8543.92
17	162.7	55.9	26 471.29	3124.81	9094.93
18	163.5	48.6	26 732.25	2361.96	7946.10
19	157.3	48.3	24 743.29	2332.89	7597.59
20	164.1	54.3	26 928.81	2948.49	8910.63
21	162.3	57.3	26 341.29	3283.29	9299.79
22	158.2	52.5	25 027.24	2756.25	8305.50

续表

编　号	身高 x/cm	体重 y/kg	x^2	y^2	$x \cdot y$
23	164.2	52.9	26 961.64	2798.41	8686.18
24	157.8	49.8	24 900.84	2480.04	7858.44
25	167.5	53.6	28 056.25	2872.96	8978.00
26	166.2	50.5	27 622.44	2550.25	8393.10
27	165.9	53.7	27 522.81	2883.69	8908.83
28	157.3	49.2	24 743.29	2420.64	7739.16
29	161.6	51.7	26 114.56	2672.89	8354.72
30	168.6	49.5	28 425.96	2450.25	8345.70
31	165.5	52.8	27 390.25	2787.84	8738.40
32	171.8	60.9	29 515.24	3708.81	10 462.62
$\sum$	5252.90	1691.40	862 810.77	89 860.38	277 942.28

6.1.4 线性相关系数的假设检验

1. 检验的基本原理

在实际工作中，不能简单地由 $|r|$ 的大小对两个变量间的关系做出判断。因为 $r\neq0$ 存在着两种可能：第一，样本是由 $\rho=0$（零相关）的总体抽出的，$r\neq0$ 是由抽样误差所致，此时，即使 $|r|$ 值较大，也不能认为两变量是相关的；第二，样本是由 $\rho\neq0$（线性相关）的总体中抽出的，$r\neq0$ 是由条件误差所致，此时，即使 $|r|$ 较小，也应认为两变量存在线性相关关系。

因此，由样本数据计算得到的样本相关系数 r 只能作为总体相关系数 ρ 的一个估计值，从同一总体中抽出不同的样本会得到不同的样本相关系数。为弄清样本信息所反映的相关是抽样误差所致还是两总体确有相关（条件误差所致），必须对样本相关系数进行显著性检验。

检验的无效假设 H_0：$\rho=0$（即两总体不存在线性相关关系）；H_1：$\rho\neq0$（两总体存在线性相关关系）。若检验结果得到 $p(H_0)>\alpha$（即 H_0 成立条件下的概率大于选定的显著性水平 α），认为 r 与 $\rho=0$ 的差别无显著性意义，两变量间不存在线性相关关系；若检验结果得到 $p(H_0)\leqslant\alpha$（即 H_0 成立条件下的概率小于等于选定的显著性水平 α），认为 r 与 $\rho=0$ 的差别有显著性意义，两变量间存在线性相关关系。

2. 检验方法

相关系数的显著性检验有 t-检验和查 r 界值表两种方法。

（1）t-检验法

在 H_0：$\rho=0$ 成立条件下，检验统计量 $t\sim t(n-2)$，其中

$$t=\frac{r\sqrt{n-2}}{\sqrt{1-r^2}} \tag{6-2}$$

选定显著性水平 α，查附表 2 的 t 值表得到双侧临界值 $t_{\alpha/2}$ $(n-2)$，若 $|t| \geqslant t_{\alpha/2}$，则拒绝 H_0，表明两变量间存在线性相关关系；若 $|t| < t_{\alpha/2}$，则接受 H_0，表明两变量间不存在线性相关关系。

［例 6-3］ 试对［例 6-1］计算得到的相关系数 r 进行显著性检验。$(\alpha=0.05)$

解：$r=0.30$，$n=16$

$$H_0:\rho = 0;\quad H_1:\rho \neq 0$$

$$t = \frac{r\sqrt{n-2}}{\sqrt{1-r^2}} = \frac{0.30 \times \sqrt{16-2}}{\sqrt{1-0.30^2}} \approx 1.18$$

$\alpha=0.05$，查 t 值表得 $t_{\alpha/2}$ $(14)=2.145$，$|t| < t_{\alpha/2}$，接受 H_0，认为两总体间不存在线性相关关系。

［例 6-4］ 试对［例 6-2］计算得到的相关系数 r 进行显著性检验。$(\alpha=0.05)$

解：$r=0.595$，$n=32$

$$H_0:\rho = 0;\quad H_1:\rho \neq 0$$

$$t = \frac{r\sqrt{n-2}}{\sqrt{1-r^2}} = \frac{0.595 \times \sqrt{32-2}}{\sqrt{1-0.595^2}} \approx 4.055$$

$\alpha=0.05$，查 t 值表得 $t_{\alpha/2}$ $(30)=2.042$，$|t| > t_{\alpha/2}$，拒绝 H_0，认为两总体间存在线性相关关系。

（2）查表法

为了给使用者提供方便，统计学家根据 t 分布表求出 r 的不同显著性水平下的临界值，列成相关系数界值表（附表 7），使用者对相关系数进行显著性检验时，只须根据选定的显著性水平，在相应自由度下直接查表获得临界值 r_α，通过 r 与 r_α 的比较获得检验结果。判断方法如下。

若 $|r| < r_\alpha$，p $(H_0) > \alpha$，表明两变量间不存在线性相关关系。

若 $|r| \geqslant r_\alpha$，p $(H_0) \leqslant \alpha$，表明两变量间存在线性相关关系。

用查表法对［例 6-3］相关系数 r 进行检验时，自由度 $n'=n-2=14$，查附表 7 得 $r_{0.05}=0.497$，$|r|=0.30 < r_{0.05}$，两变量不存在线性相关关系。

用查表法对［例 6-4］相关系数 r 进行检验时，自由度 $n'=32-2=30$，查附表 7 得 $r_{0.05}=0.349$，$|r|=0.595 > r_{0.05}$，两变量存在线性相关关系。

3. 相关程度

进行相关系数的显著性检验时，若相关显著，则说明两变量之间存在显著的线性关系。在说明变量之间的相关程度时，通常根据经验可分为高度相关、中度相关、低度相关和弱相关 4 种情况，如表 6-4 所示。

表 6-4 相关程度表

r 的取值	$\|r\| \geqslant 0.8$	$0.5 \leqslant \|r\| < 0.8$	$0.3 \leqslant \|r\| < 0.5$	$\|r\| < 0.3$
相关程度	高度相关	中度相关	低度相关	弱相关

6.2 等级相关分析

上述线性相关系数又称 Pearson 积矩相关系数，它是用来度量两个连续型随机变量的线性关系的，而在体育科学研究中，有些变量并不连续，甚至是只能用定序尺度来度量，但仍需讨论它们之间的关系，Spearman 秩相关系数 r_s（等级相关系数）和 Kendall τ 和谐系数可以解决这方面的问题。严格地说，传统的 Pearson 积矩相关系数度量的是两个变量 X 和 Y 间的线性关系，而 r_s 和 τ 和谐系数则度量更广义的单调（不一定线性）关系。本章主要介绍 Spearman 等级相关。

6.2.1 公式

设 X 和 Y 至少是两个用定序尺度度量的变量，要研究它们所代表的二元变量 X 和 Y 是否存在关联关系，从总体中随机抽取 n 对观察值，记为 $(x_1, y_1), (x_2, y_2), \cdots, (x_n, y_n)$。将 n 对观察值中所有 x_i 在 X 样本中由小到大编秩（首先将 n 对观察值由小到大排序，每一序号即为相应的秩次），所有 y_i 在 Y 样本中由小到大编秩；如果数值相同时取平均秩次。记 x_i 的秩为 R_i $(i=1, 2, \cdots, n)$、y_i 的秩为 S_i $(i=1, 2, \cdots, n)$，$d_i^2=(R_i-S_i)^2, \bar{R}=\frac{1}{n}\sum_{i=1}^{n}R_i, \bar{S}=\frac{1}{n}\sum_{i=1}^{n}S_i$，则 Spearman 等级相关系数定义为

$$r_s=\frac{\sum_{i=1}^{n}(R_i-\bar{R})(S_i-\bar{S})}{\sqrt{\sum_{i=1}^{n}(R_i-\bar{R})^2\cdot\sum_{i=1}^{n}(S_i-\bar{S})^2}} \tag{6-3}$$

在没有打结时（x_i 或 y_i 中出现秩次相同时叫打结），r_s 也可用下面公式计算

$$r_s=1-\frac{6\sum_{i=1}^{n}d_i^2}{n(n^2-1)} \tag{6-4}$$

注意： $-1\leqslant r_s\leqslant 1$。

Spearman 秩相关系数的基本思想是利用两变量秩次排列的一致性来描述其关联程度，如果 $r_s=1$ 表示两变量秩次排列完全一致，即完全正关联（正相关）；如果 $r_s=-1$ 表示两变量的秩次排列完全相反，即完全负关联（负相关）。

6.2.2 Spearman 等级相关系数的检验

在抽样过程中由于存在抽样误差，计算出的 Spearman 秩相关系数也需要进行检验，其原理同 Pearson 积矩相关系数。

H_0：X 和 Y 不存在关联关系；H_1：X 和 Y 存在关联关系。

对于 $n\leqslant 100$，在 H_0 成立条件下可查附表 8 的等级相关系数界值表（Spearman 秩相关系数界值表）进行判断。

若$|r_s| \geq r_{\alpha/2}$，则拒绝H_0，认为两个等级变量存在关联关系；若$|r_s| < r_{\alpha/2}$，则接受H_0，认为两个等级变量不存在关联关系。

注意：查表时，n为样本量。

当$n>100$时，可利用r_s的极限分布进行检验，$u=r_s \cdot \sqrt{n-1} \sim N(0,1)$进行判断。

6.2.3 Spearman 秩相关系数的实例

[例 6-5] 如表 6-5 所示为某次男子篮球比赛前 10 名的名次和平均投篮命中率，试检验它们之间的关联关系。($\alpha=0.05$)

表 6-5 男子篮球比赛前 10 名的名次与投篮命中率数据

编　号	001	002	003	004	005	006	007	008	009	010
名次	3	1	10	7	5	6	2	8	9	4
命中率/%	54.5	53.6	42.1	41.9	47.4	46.6	52.8	42.4	45.3	54.1

解：分别将篮球比赛名次和投篮命中率数据列出秩次，并计算，如表 6-6 所示。

表 6-6 等级相关系数计算表

编　号	名次 (x)	命中率 (y)/%	R_i (x)	S_i (y)	$d_i=R_i-S_i$	d_i^2
001	3	54.5	3	1	2	4
002	1	53.6	1	3	−2	4
003	10	42.1	10	9	1	1
004	7	41.9	7	10	−3	9
005	5	47.4	5	5	0	0
006	6	46.6	6	6	0	0
007	2	52.8	2	4	−2	4
008	8	42.4	8	8	0	0
009	9	45.3	9	7	2	4
010	4	54.1	4	2	4	4
$\sum$						30

$$\sum_{i=1}^{8} d_i^2 = 30, n = 10$$

$$r_s = 1 - \frac{6\sum_{i=1}^{n} d_i^2}{n(n^2-1)} = 1 - \frac{6 \times 30}{10 \times (10^2 - 1)} \approx 0.818$$

$\alpha=0.05$，自由度$n'=n=10$，查附表 8 的 Spearman 等级相关系数界值表得$r_{0.05/2}=0.648$，则$|r_s|>r_{0.05/2}$，拒绝H_0，表明名次与投篮命中率之间存在秩关联（等级相关）关系。

6.3 多个连续型变量间的相关分析

在体育科学研究中，研究两个连续变量间的线性相关关系，可用 Pearson 相关系数法；研究一个连续型变量与多个连续型变量间的线性相关关系，可用复相关系数或偏相关系数；

研究多个连续型随机变量与多个连续型随机变量之间的相关关系，可用典型相关分析（典型相关分析法已超出本书范围，不再详述。有兴趣的读者可查阅相关的参考书）。

1. 复相关系数

复相关系数是用来表示因变量 y 与自变量 x_1、x_2、…、x_k 之间线性关系密切程度的指标，用 R 表示，$0 \leqslant R \leqslant 1$，$R^2$ 也称为判定系数或决定系数。

2. 偏相关系数

在多变量的情况下，变量间的相关关系是很复杂的，这是因为任意两个变量之间都可能存在着相关关系。这时，用 Pearson 简单相关系数往往不能正确地说明两个变量之间的真正关系。如果需要真正表示两个变量之间的相关关系，那么必须在消除其他变量影响的情况下，计算这两个变量间的相关系数，这种相关系数称为偏相关系数。例如，有 3 个变量 x_1、x_2、x_3 彼此存在着相关关系，消除 x_3 的影响后，可计算 x_1、x_2 对 x_3 的偏相关系数，记作 $r_{12,3}$，它可以由 x_1、x_2、x_3 的简单相关系数 r_{12}、r_{13}、r_{23} 按下面公式计算而得

$$r_{12,3} = \frac{r_{12} - r_{13} \cdot r_{23}}{\sqrt{(1 - r_{13}^2)(1 - r_{23}^2)}} \tag{6-5}$$

类似地，x_1、x_2 在消除 x_3、x_4 的影响后的偏相关系数 $r_{12,34}$ 可用下式计算

$$r_{12,34} = \frac{r_{12,3} - r_{14,3} \cdot r_{24,3}}{\sqrt{(1 - r_{14,3}^2)(1 - r_{24,3}^2)}} \tag{6-6}$$

偏相关系数的数值和简单相关系数的数值常常是不同的，在计算简单相关系数时，所有其他自变量不予考虑，在计算偏相关系数时，要考虑其他自变量对因变量的影响，只是把其他自变量当作常数处理了。

[例 6-6] 测得 10 名 10 岁男生的足长 x_1（单位：cm）、小腿长 x_2（单位：cm）和身高 y（单位：cm），如表 6-7 所示，求分别消除足长、小腿长及身高的影响后，小腿长与身高、足长与身高及足长与小腿长之间的偏相关系数。

表 6-7 偏相关系数计算表

编号	x_1/cm	x_2/cm	y/cm	x_1^2	x_2^2	y^2	$x_1 \cdot x_2$	$x_1 \cdot y$	$x_2 \cdot y$
1	21	33	140	441	1089	19 600	693	2940	4620
2	20	32	133	400	1024	17 689	640	2660	4256
3	20	30	130	400	900	16 900	600	2600	3900
4	19	29	131	361	841	17 161	551	2489	3799
5	21	32	137	441	1024	18 769	672	2877	4384
6	20	31	133	400	961	17 689	620	2660	4123
7	19	32	135	361	1024	18 225	608	2565	4320
8	21	33	138	441	1089	19 044	693	2898	4554
9	20	31	139	400	961	19 321	620	2780	4309
10	21	34	141	441	1156	19 881	714	2961	4794
$\sum$	202	317	1357	4086	10 069	184 279	6411	27 430	43 059

由表 6-10 可算出 $L_{11}=5.6$，$L_{22}=20.1$

$$L_{yy}=134.1\,,\ L_{1y}=18.6\,,\ L_{2y}=42.1\,,\ L_{12}=7.6$$

$$r_{1y}=\frac{L_{1y}}{\sqrt{L_{11}\cdot L_{yy}}}=\frac{18.6}{\sqrt{5.6\times 134.1}}\approx 0.6787$$

$$r_{2y}=\frac{L_{2y}}{\sqrt{L_{22}\cdot L_{yy}}}=\frac{42.1}{\sqrt{20.1\times 134.1}}\approx 0.8109$$

$$r_{12}=r_{21}=\frac{L_{12}}{\sqrt{L_{11}\cdot L_{22}}}=\frac{7.6}{\sqrt{5.6\times 20.1}}\approx 0.7163$$

$$r_{y1,2}=\frac{r_{y1}-r_{y2}\cdot r_{12}}{\sqrt{(1-r_{y2}^2)(1-r_{12}^2)}}=\frac{0.6787-0.8109\times 0.7163}{\sqrt{(1-0.8109^2)(1-0.7163^2)}}\approx 0.24$$

$$r_{y2,1}=\frac{r_{y2}-r_{y1}\cdot r_{21}}{\sqrt{(1-r_{y1}^2)(1-r_{21}^2)}}=\frac{0.8109-0.6787\times 0.7163}{\sqrt{(1-0.6787^2)(1-0.7163^2)}}\approx 0.63$$

$$r_{12,y}=\frac{r_{12}-r_{1y}\cdot r_{2y}}{\sqrt{(1-r_{1y}^2)(1-r_{2y}^2)}}=\frac{0.7163-0.6787\times 0.8109}{\sqrt{(1-0.6787^2)(1-0.8109^2)}}\approx 0.39$$

6.4 相关分析 SPSS 例解

[例 6-7] 对[例 6-1] 数据的 SPSS 处理过程。

解：1）建立数据文件“例 6-7. sav”，定义变量名“父高”表示父亲身高，“子高”表示儿子身高，输入数据并存盘。

2）选择“Analyze→Correlate→Bivariate...”命令，打开如图 6-5 所示的对话框。

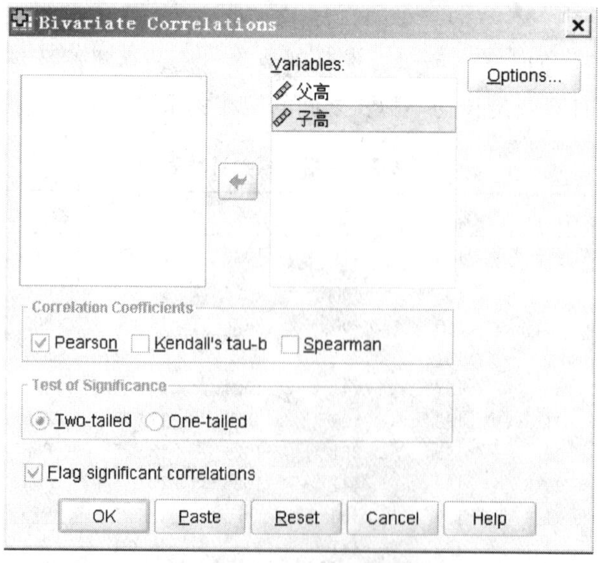

图 6-5 “Bivariate Correlations”对话框

3）将变量“父高”、“子高”放置于 Variables 列表框中，并在 Correlation Coefficients（相关系数）框架中选择“Pearson”，在 Test of Significance 框架中选择 Two-tailed（双侧检验），选择“Flag Significant Correlations”（相关系数检验有显著性差异时标记＊号），单击“OK”按钮得到如表 6-8 所示的计算结果。

表 6-8　父高与子高的相关系数矩阵表

Correlations

		父高	子高
父高	Pearson Correlation	1	.296
	Sig.（2-tailed）	.	.266
	N	16	16
子高	Pearsom Correlation	.296	1
	Sig.（2-tailed）	.266	.
	N	16	16

计算结果的统计解释与说明：表 6-8 显示父高与子高的相关系数（Pearson Correlations 相关系数）$r=0.296$，$p=$Sig（2-tailed）$=0.266>0.05$，接受 H_0，两变量不存在相关关系，$N=16$（样本含量）。

［例 6-8］　对［例 6-2］数据的 SPSS 处理过程。

解：建立数据文件“例 6-8. sav”，定义变量名“身高”表示女生身高，“体重”表示女生体重，输入数据并存盘；其余步骤同上例，结果如表 6-9 所示。

表 6-9 显示身高和体重的相关系数 $r=0.595$，$p=0.000<0.05$，拒绝 H_0，两变量存在显著相关关系。

表 6-9　身高和体重相关矩阵表

Correlations

		身高	体重
身高	Pearson Correlation	1	.595**
	Sig.（2-tailed）		.000
	N	32	32
体重	Pearson Correlation	.595**	1
	Sig.（2-tailed）	.000	
	N	32	32

**. Correlation is significant at the 0.01 level（2-tailed）.

［例 6-9］　对［例 6-5］数据的 SPSS 处理过程。

解：1）建立数据文件“例 6-9. sav”，定义变量名 x 表示篮球比赛名次，y 表示投篮命中率，输入数据并存盘。

2）选择“Analyze→Correlate→Bivariate...”命令，打开如图 6-6 所示的对话框。

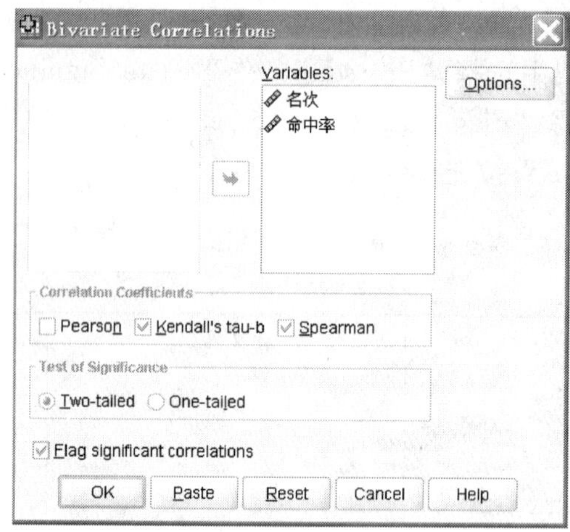

图 6-6 “Bivariate Correlations”对话框

3）将变量 x、y 放置于 Variables 框中，并在 Correlation Coefficients（相关系数）下选择 Kendall′s tau-b 及 Spearman，单击“OK”按钮得到如表 6-10 所示的计算结果。

表 6-10 等级相关计算结果

Correlations

			名次	命中率
Kendall′s tau-b	名次	Correlation Coefficient	1.000	−.644**
		Sig.（2-tailed）	.	.009
		N	10	10
	命中率	Correlation Coefficient	−.644**	1.000
		Sig.（2-tailed）	.009	.
		N	10	10
Spearman′s rho	名次	Correlation Coefficient	1.000	−.818**
		Sig.（2-tailed）	.	.004
		N	10	10
	命中率	Correlation Coefficient	−.818**	1.000
		Sig.（2-tailed）	.004	.
		N	10	10

**. Correlation is significant at the 0.01 level（2-tailed）.

计算结果的统计解释与说明：表 6-10 显示 Kendall′s tau-b（τ 值）$=-0.644$，$p=0.009<0.05$，表示两变量在 $\alpha=0.05$ 水平下存在关联关系。Spearman′s rho（r_S）$=-0.818$，$p=0.004<0.05$，表示两变量存在秩关联关系。

［例 6-10］ 对［例 6-6］数据的 SPSS 处理过程。

解： 1）建立数据文件“例 6-10. sav”，定义变量“足长”、“小腿长”、“身高”，输入数据并存盘。

2）选择“Analyze→Correlate→Partial...”命令，打开如图 6-7 所示的对话框。

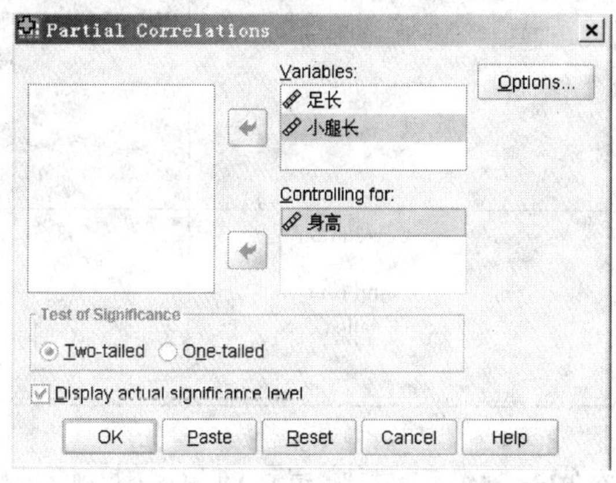

图 6-7 “Partial Correlations”对话框

3）在图 6-7 所示对话框中将变量“足长”、“小腿长”分别置于 Variables 列表框中，将变量“身高”置于 Controlling for（控制变量）列表框中，单击“OK”按钮，得到如表 6-11 所示的计算结果。

表 6-11 偏相关系数计算结果（身高为控制变量）

Correlations

Control Variables			足长	小腿长
身高	足长	Correlation	1.000	.3862
		Significance (2-tailed)	.	.305
		df	0	7
	小腿长	Correlation	.3862	1.000
		Significance (2-tailed)	.305	.
		df	7	0

计算结果的统计解释与说明：表 6-11 显示了在排除了身高的影响后（身高为控制变量）足长与小腿长的偏相关系数为 0.3862，*df* 表示自由度为 7，Significance（2-tailed）表示双尾显著性水平 $p=0.305>0.05$，表明身高与小腿长偏相关系数不显著。

重复第 3）步，分别将“足长”与“小腿长”作为控制变量，得到如表 6-12、表 6-13 所示的计算结果。

表 6-12 偏相关系数计算结果（足长为控制变量）

Correlations

Control Variables			小腿长	身高
足长	小腿长	Correlation	1.000	.6337
		Significance (2-tailed)	.	.067
		df	0	7
	身高	Correlation	.634	1.000
		Significance (2-tailed)	.067	.
		df	7	0

表 6-13 偏相关系数计算结果（小腿长为控制变量）

Correlations

Control Variables			身高	足长
小腿长	身高	Correlation	1.000	.2397
		Significance (2-tailed)	.	.535
		df	0	7
	足长	Correlation	.240	1.000
		Significance (2-tailed)	.535	.
		df	7	0

同步练习

一、判断题

1. 相关系数 $r>0$，说明两类变量之间一定存在直线相关关系。（　　）

2. 当 $r=0.00$ 时，表明两变量不存在相关关系。（　　）

3. 当两变量间的相关系数达到显著性水平时，说明两变量间的存在显著的相关关系。（　　）

4. 当 $r\neq 0$ 时，说明两变量之间存在着线性相关关系。（　　）

5. 相关系数为负值时，说明相关关系不密切，反之，相关关系密切。（　　）

6. 样本的含量愈大，计算得到的相关系数也会愈大。（　　）

二、单项选择题

1. 在相关分析中，若变量 x 的值增加时，变量 y 的值随之减少，则两个变量间的关系是（　　）。

A. 正相关　　B. 负相关　　C. 复相关　　D. 不相关

2. 相关系数的取值范围是（　　）。

A. $0 \leqslant r \leqslant 1$　　B. $-1 \leqslant r \leqslant 1$　　C. $-1 < r < 1$　　D. $-1 \leqslant r \leqslant 0$

3. 当变量 x 的值增加时，变量 y 的值随之增加，则 x 和 y 之间存在着（　　）。

A. 正相关关系　B. 负相关关系　C. 曲线相关关系　D. 函数关系

4. 下面现象间的关系属于相关关系的是（　　）。

A. 圆的周长和它的半径之间的关系

B. 价格不变条件下，足球比赛门票销售额与销售量之间的关系

C. 家庭收入愈多，其体育消费支出也有增长的趋势

D. 正方形面积和它的边长之间的关系

三、名词解释

1. 相关关系

2. 线性相关系数

3. 正相关、负相关、完全无关

四、填空题

1. 变量间的关系包括__________、__________。

2. 相关系数 r 的取值范围是__________。

3. 广义上说变量间可能存在的相关关系包括__________、__________、__________、__________等。

五、SPSS 操作题

1. 测得某年级 30 名小学生的引体向上和 30s 俯卧撑成绩如表 6-14 所示，分别求 Pearson 积矩相关系数、Spearman 秩相关系数，并进行检验。($\alpha=0.05$)

表 6-14　引体向上和俯卧撑的成绩

编　号	引体向上 x/个	俯卧撑 y/个	编　号	引体向上 x/个	俯卧撑 y/个
1	8	7	13	10	8
2	11	11	14	11	9
3	8	10	15	9	6
4	7	7	16	7	5
5	10	14	17	10	8
6	11	9	18	6	6
7	11	14	19	11	10
8	12	7	20	12	9
9	9	6	21	12	11
10	7	5	22	10	8
11	15	8	23	11	9
12	12	11	24	9	6

续表

编号	引体向上 x/个	俯卧撑 y/个	编号	引体向上 x/个	俯卧撑 y/个
25	7	5	28	13	15
26	10	8	29	10	11
27	12	11	30	11	9

2. 已知24名成年男子身高（cm）、体重（kg）、胸围（cm）、腰围（cm）数据如表6-15所示，分别求身高、体重、胸围、腰围间的相关系数，并求排除了胸围与腰围的影响后身高与体重间的偏相关系数，并进行显著性检验。($\alpha=0.05$)

表6-15 男子的身高、体重、胸围和腰围数据

序号	身高/cm	体重/kg	胸围/cm	腰围/cm	序号	身高/cm	体重/kg	胸围/cm	腰围/cm
1	168.2	68	89	79	13	175.2	70.3	92	92.3
2	175.8	75.3	93.9	87.6	14	176.2	98.4	99.5	106.4
3	172.7	70.3	92	92.3	15	177.2	96.2	103.2	105.1
4	173.5	74.8	96.9	90	16	165	62.8	90	81.8
5	162.2	72	97.5	92.3	17	168.3	68	89	75
6	173.7	62.4	84.6	72.3	18	162.3	71	88	76
7	164.2	63.5	89.5	81.8	19	177	97.6	108.1	99.3
8	181.8	89.9	103	98	20	182	79.1	93.8	86
9	177.3	98.4	108.1	106.4	21	169.8	68.5	86.2	72.5
10	181.1	79.1	95	86	22	172.6	72	90	83
11	169.2	67	89.8	77.6	23	180.2	76.3	93	86
12	175.1	86.8	103.1	102.9	24	174.3	75	96.9	90

参考文献

吴喜之. 1999. 非参数统计［M］. 北京：中国统计出版社

薛薇. 2004. SPSS统计分析方法及应用［M］. 北京：电子工业出版社

张明立. 1990. 常用体育统计方法［M］. 北京：北京体育大学出版社

张彦. 1998. 社会统计学：原理与方法［M］. 南京：南京大学出版社

［美］T. P. 海特曼斯波格. 1995. 基于秩的统计推断［M］. 杨永信译. 长春：东北师范大学出版社

第 7 章　回 归 分 析

线性相关用于描述两个连续型随机变量 X 与 Y 之间线性相关的程度，结论所反映的是它们相互之间的关系，两变量并无主次之分。而客观事物之间常存在着某种因果关系，如田径项目中跳远成绩的提高常导致百米成绩的提高；居民收入水平的提高会导致其体育消费额的提高；现代五项运动中游泳成绩的提高会带来越野跑成绩的下降，等等。随着所研究问题的进一步深入，研究者通常更感兴趣于其中一个变量如何定量地影响另一个变量的取值，而上述的因果关系往往无法用精确的数学表达式描述，只有通过对大量观察数据的统计处理，才能找到它们之间的关系和规律。这种分析两个以上连续型变量在数值上线性依存关系的统计方法称为线性回归。这里两变量的地位是不同的，其中 X 为自变量（independent variable），也称为解释变量，可随机取值；而 Y 被视为依赖于 X 而变化的量，称为反应变量，或称为因变量（dependent variable）。在实际研究中，只有一个因变量及一个自变量的线性回归称为一元线性回归；只有一个因变量但有多个自变量的线性回归称为多元线性回归；而存在多个因变量及多个自变量的线性回归称为多对多线性回归。

为什么叫回归分析呢？很早以前，英国统计学家高尔顿（Sir Francis Galton，1822—1911）与其弟子卡尔·皮尔逊（Karl Pearson，1857—1936）和 A. Lee 注意到一个有趣的现象，即父亲高，儿子也高；父亲矮，儿子也矮，但儿子离平均水平更近些，即子代身高向均数回归。这是很自然的，否则，一代比一代无限制地远离平均值而导致身高两极分化，当时高尔顿称上述现象为“普遍回归法则”，以后统计学中就沿用了“回归”一词。

线性回归主要解决下面几个问题。

1）分析所得到的统计数据，找出变量间的数学表达式，即建立回归模型。

2）对回归模型及其参数进行估计和检验，确定回归方程的效果。

3）利用确定的回归模型分析影响因素对预测对象的影响程度，进行预测并分析预测结果的误差范围及精度。

本章仅讨论只有一个因变量的线性回归问题。

7.1　一元线性回归分析

在研究两个变量之间的关系时，一般是先将两个变量的 n 对观察值所对应的 n 点在直角坐标系中做出散点图，当散点图呈直线趋势时，也就是两变量具有直线相关关系时，从专业知识角度分析两个变量间存在因果关系，常把其中的原因变量叫自变量，用 X 表示，而把结果变量（依赖于 X 而变化的量）叫因变量，用 Y 表示，这时可采用一元线性回归分析法。

7.1.1 模型的求法

1. 理论回归模型

从理论上讲，因变量 Y 与自变量 X 的线性关系可用下式表示

$$Y=\alpha+\beta X+\varepsilon \tag{7-1}$$

式中，α 和 β 是固定但未知的参数；α 是常数项；β 是理论回归系数；ε 是随机误差项，它可由多种因素引起。对于每一组可以观察到的自变量、因变量数值（X_i，Y_i），式（7-1)可以表示为

$$Y_i=\alpha+\beta X_i+\varepsilon_i \tag{7-2}$$

式中，假定各个 ε_i 是互不相关的，其总体均值为 0，总体方差为 σ^2。

2. 实际回归模型

通过有限的样本数据得到式（7-1）中参数 α 和 β 的精确值是不可能的，只能得到 α 和 β 的估计值 a 和 b，而依照不同的准则或方法，可以得到不同的估计值 a 和 b。常用的估计方法是最小二乘法，其准则是，选择参数 α 和 β 的估计值 a 和 b 要满足使因变量 Y 的观测值 Y_i 与估计值 $\hat{Y}_i$ 之间的离差平方和最小，即。

$$\sum_{i=1}^{n}(Y_i-\hat{Y}_i)^2=\sum_{i=1}^{n}e_i^2=\min \tag{7-3}$$

式中，$\hat{Y}_i=a+bX_i$（或 $\hat{Y}=a+bX$）称为回归直线模型，a 称为截距，b 称为回归系数；$e_i=Y_i-\hat{Y}_i$ 是因变量的实际观测值与估计值间的残差，也称为回归余项，它是由于用 $a+bX$ 估计因变量 Y 的数值造成的。

采用最小二乘法得到的计算公式为

$$\begin{cases}b=\dfrac{L_{xy}}{L_{xx}}\\ a=\bar{y}-b\cdot\bar{x}\end{cases} \tag{7-4}$$

式中，$L_{xx}=\sum_{i=1}^{n}(x_i-\bar{x})^2, L_{xy}=\sum_{i=1}^{n}(x_i-\bar{x})(y_i-\bar{y})$。

［**例 7-1**］ 如表 7-1 所示为 15 个家庭人均月收入与家庭年体育消费额的数据，试求由人均月收入推测年家庭体育消费额的回归方程。

表 7-1 家庭人均月收入与家庭年体育消费额回归模型计算表 （单位：元）

人均月收入 x	体育消费额 y	x^2	y^2	$x\cdot y$
1600	1900	2 560 000	3 610 000	3 040 000
1668	2700	2 782 224	7 290 000	4 503 600
2100	3970	4 410 000	15 760 900	8 337 000
2000	1050	4 000 000	1 102 500	2 100 000

续表

人均月收入 x	体育消费额 y	x^2	y^2	$x \cdot y$
1850	2120	3 422 500	4 494 400	3 922 000
1800	2330	3 240 000	5 428 900	4 194 000
5000	5400	25 000 000	29 160 000	27 000 000
1720	1200	2 958 400	1 440 000	2 064 000
1750	2590	3 062 500	6 708 100	4 532 500
1650	2980	2 722 500	8 880 400	4 917 000
1600	1200	2 560 000	1 440 000	1 920 000
1800	1420	3 240 000	2 016 400	2 556 000
1700	2200	2 890 000	4 840 000	3 740 000
5000	4590	25 000 000	21 068 100	22 950 000
1900	1550	3 610 000	2 402 500	2 945 000
求和 33 138	37 200	91 458 124	115 642 200	98 721 100

解：列计算表 7-1，由表中数据得到

$$\sum x = 33\,138, \sum y = 37\,200, \sum x^2 = 91\,458\,124$$

$$\sum y^2 = 115\,642\,200, \sum xy = 98\,721\,100, n = 15$$

$$L_{xy} = \sum xy - \sum x \cdot \sum y / n = 98\,721\,100 - 33\,138 \times 37\,200/15 = 16\,538\,860$$

$$L_{xx} = \sum x^2 - (\sum x)^2 / n = 91\,458\,124 - 33\,138^2/15 = 18\,249\,654.4$$

$$L_{yy} = \sum y^2 - (\sum y)^2 / n = 115\,642\,200 - 37\,200^2/15 = 23\,386\,200$$

$$r = \frac{L_{xy}}{\sqrt{L_{xx} \cdot L_{yy}}} = \frac{16\,538\,860}{\sqrt{18\,249\,654.4 \times 23\,386\,200}} \approx 0.801$$

取 $\alpha = 0.05$，查附表 7 的相关系数界值表，得 $r_{0.05}$ (13)$=0.514$，$|r| > r_{0.05}$，人均月收入与年家庭体育消费额之间确实存在相关关系。由消费常识知道，人均月收入的增加，会导致家庭体育消费额的增加，现求其回归方程为

$$b = \frac{L_{xy}}{L_{xx}} = \frac{16\,538\,860}{18\,249\,654.4} \approx 0.906$$

$$a = \bar{y} - b \cdot \bar{x} = \frac{\sum y}{n} - b \times \frac{\sum x}{n} = \frac{37\,200}{15} - 0.906 \times \frac{33\,138}{15} \approx 478.46$$

所以，由人均月收入推测家庭体育消费额的回归方程为：$\hat{y} = 478.46 + 0.906x$。

这个模型表明，对这个 15 个家庭来说，每个家庭人均月收入每增加 1 元钱，平均每年就有 0.906 元用于体育消费。

7.1.2 回归模型的检验

统计理论表明，利用样本数据建立回归模型时，实际上做了以下几种假定。

1）变量 X 与 Y 存在线性关系。

2）回归余项线性独立。

3）回归余项服从正态分布，即 $e_i \sim N(0, \sigma^2)$，$i=1, 2, \cdots, n$。

在这种条件下得到的估计值 a、b 是参数 α、β 的最小方差无偏估计，尽管这些估计值是较理想和实用的，但此回归模型是否合理，以及回归模型的优劣需要被评价，而回归模型的检验就是用各种统计检验方法来判别模型的实用性。

1. 回归方程的检验（方差分析）

其基本思路是，若不做回归，因变量 Y 的总变差（反映 Y 值的波动性）就是它的总离均差平方和

$$L_{yy} = \sum_{i=1}^{n}(y_i - \bar{y})^2 \tag{7-5}$$

L_{yy} 可以看作是由于随机误差引起的。引入回归以后，由于给定 X 的数值，可用 $\hat{Y}=a+bX$ 来估计与 X 值相对应 Y 的平均水平，这时，Y 的总变差中有一部分是由 X 值的不同导致 $\hat{Y}$ 的不同而引起的，这部分称为回归平方和，用 U 表示

$$U = \sum_{i=1}^{n}(\hat{y}_i - \bar{y})^2, \quad \text{自由度为 } 1 \tag{7-6}$$

U 可看作为由于 X 对 Y 的线性影响（回归关系）对 Y 的总变差所产生的贡献；其余 X 的回归（X 对 Y 的线性影响）所不能解释的那部分变差称为残差平方和或剩余平方和，用 Q 表示

$$Q = \sum_{i=1}^{n}(y_i - \bar{y})^2, \quad \text{自由度为 } n-2 \tag{7-7}$$

Q 可看作排除了 X 对 Y 的线性影响以后，其他一切随机因素对 Y 的总变差所产生的贡献。其中 L_{yy}、U、Q 之间满足下列关系

$$L_{yy} = U + Q \tag{7-8}$$

计算如下统计量

$$F = \frac{U/1}{Q/(n-2)} = \frac{U}{Q} \cdot (n-2) \sim F(1, n-2) \tag{7-9}$$

如果两变量 X 与 Y 间存在回归关系，回归的贡献应大于随机误差的贡献，大到何种程度时可以认为有统计学意义呢？对给定的显著性水平 α，查附表 4 的 F 分布表（方差分析用）得到临界值 F_α，若 $F \geqslant F_\alpha$，则认为回归方程是显著的（两变量存在回归关系）；若 $F < F_\alpha$，则认为回归方程不显著。

在计算时，常用如下公式

$$U = b \cdot L_{xy} = b^2 \cdot L_{xx} = L_{xy}^2 / L_{xx} \tag{7-10}$$

上述回归方程检验问题常总结于方差分析表（简称 ANOVA）中，如表 7-2 所示。

表 7-2 方差分析表（ANOVA）

来源	平方和（Sum of Squares）	自由度（df）	均方差（Mean Square）	F
回归（Regression）	U	1	$U/1$	$\frac{U/1}{Q/(n-2)}$
剩余（Residual）	Q	$n-2$	$Q/(n-2)$	
总（Total）	L_{yy}	$n-1$		

［例 7-2］ 对［例 7-1］中所求的回归方程效果进行检验。（$\alpha=0.05$）

解：$L_{yy}=\sum y^2-(\sum y)^2/n=115\,642\,200-37\,200^2/15=23\,386\,200$

$$U=b\cdot L_{xy}=0.906\times 16\,538\,860\approx 14\,984\,207.2$$

$$Q=L_{yy}-U=8\,401\,992.8$$

$$F=\frac{U}{Q}\cdot(n-2)=\frac{14\,984\,207.2}{8\,401\,992.8}\times 13\approx 23.2$$

查附表 4 的方差分析表得，$F_{0.05}$（1，13）=4.67，$F>F_\alpha$，方程效果显著。

2. 回归系数的检验

建立回归方程后，不仅可以用方差分析法检验回归方程的效果是否显著，还可以通过与其等价的回归系数的 t 检验方法得到判别。

$$H_0:\beta=0^{①};H_1:\beta\neq 0$$

$$t_b=\frac{b}{S_b} \tag{7-11}$$

式中，S_b 是样本回归系数 b 的标准差，$S_b=\frac{S_Y}{\sqrt{L_{xx}}}$；$S_Y=\sqrt{Q/(n-2)}$是回归的剩余标准差。

在 H_0 成立的条件下，t_b 服从 t 分布，即 $t_b\sim t$（$n-2$），给定显著性水平 α，查附表 2 可得 $t_{\alpha/2}$（$n-2$）值。若 $|t_b|\geqslant t_{\alpha/2}$，拒绝 H_0，说明回归系数是显著的（两变量存在回归关系）；若 $|t_b|<t_{\alpha/2}$，则回归系数不显著（两变量间回归关系不成立）。

注意：第 6 章对线性相关系数 ρ 的假设检验时可计算一个 t 值（参考公式（6-2））。可以证明，对于同一份资料，$t_b=t$，即线性相关系数的 t 检验与线性回归的 t 检验是等价的。

［例 7-3］ 对［例 7-1］中所求的回归方程的回归系数 b 进行检验。（$\alpha=0.05$）

解：$H_0:\beta=0$； $H_1:\beta\neq 0$

$$L_{xx}=18\,249\,654.4\,,b=0.906\,,S_Y=\sqrt{Q/(n-2)}=\sqrt{\frac{8\,401\,992.8}{13}}\approx 803.93$$

$$t_b=\frac{b}{S_b}=\frac{0.906}{803.93}\times\sqrt{18\,249\,654.4}\approx 4.81$$

① 检验回归常数 α 是否为 0 的意义不大，故通常只检验回归系数 β。

$\alpha=0.05$，查附表2的t分布表得$t_{\alpha/2}(13)=2.16$，$t_b>t_{\alpha/2}$，说明总体回归系数不为0，两变量间存在线性回归关系。

3. 回归剩余标准差的检验

（1）回归剩余标准差的检验

回归残差$e_i=Y_i-\hat{Y}_i$有助于衡量回归模型拟合样本数据的程度。应用线性回归分析，需要计算回归剩余标准差，回归剩余标准差是表示回归方程用来预测的精度标志，可用来检验模型预测的可靠程度。回归剩余标准差记作S_Y

$$S_Y=\sqrt{\frac{\sum(Y-\hat{Y}_i)^2}{n-2}}=\sqrt{\frac{Q}{n-2}} \tag{7-12}$$

S_Y越接近于0，说明模型对样本数据的偏差越小，预测的可靠程度（精度）越高；S_Y数值越大，模型偏离样本数据越大，用于预测的可靠程度越差。在实际问题中，S_Y往往较大，为评价预测模型的优劣，通常采用指标$S_Y/\bar{Y}$。当$S_Y/\bar{Y}$小于15%时，可以认为预测模型较好。

注意：在体育科研中一般都是进行微观研究，比如预测运动员的运动成绩，这时用回归方程进行预测的效果通常不能满足实际需要，回归方程的预测对于宏观研究效果会更好。

［例7-4］ 对［例7-1］所求的回归方程计算其剩余标准差并评价其优劣。

解：$S_Y=\sqrt{\frac{Q}{n-2}}\approx 803.93, \bar{y}=\frac{\sum y}{n}=\frac{37200}{15}=2480, \frac{S_Y}{\bar{y}}=\frac{803.93}{2480}\approx 32.42\%>15\%$

结果说明样本实际值与模型回归预测值之间的差异较大，预测模型的预测效果较差。

（2）回归模型预测值的置信区间

对于一个回归方程，S_Y越小，方程对Y的预测精度越高。统计理论表明，相对于每一个已知的x_0，Y的真值y_0近似服从以$\hat{y}_0$（$\hat{y}_0=a+bx_0$）为中心、以S_Y为标准差的正态分布。根据正态分布的性质，对于每一个确定的x_0，Y的真值y_0的95%的置信区间为：（$\hat{y}_0-1.96S_Y$，$\hat{y}_0+1.96S_Y$）；Y的真值y_0的99%的置信区间为：（$\hat{y}_0-2.58S_Y$，$\hat{y}_0+2.58S_Y$）。

4. 拟合优度检验

前面在回归方程检验（方差分析）中已介绍了$L_{yy}=U+Q$，其中L_{yy}表示Y的总变差，U表示回归平方和，Q表示剩余平方和。从式中可看出，回归平方和在总变差中的比重能够反映回归模型对样本数据的拟合程度。拟合优度检验是通过计算拟合优度R^2（也称判定系数）来判定回归模型对样本数据的拟合程度，从而评价预测模型的优劣。

$$R^2=\frac{U}{L_{yy}}=1-\frac{Q}{L_{yy}} \tag{7-13}$$

R 也叫复相关系数（在多元回归分析中，R 反映因变量 Y 与自变量 X_1、X_2、…、X_k 之间的相关程度），显然 $0 \leqslant R^2 \leqslant 1$。一般情况下，$R^2$ 越接近于1，表明回归平方和占总平方和的比重越大，回归模型对样本数据拟合程度越高，模型对预测越有意义。通常 R^2 在0.8以上，可以认为拟合优度较高。

在一元线性回归分析中，拟合优度 R^2 就是变量 X 与 Y 之间线性相关系数 r 的平方。

［例 7-5］ 求［例 7-1］中所求的回归方程的拟合优度。

解：

$$R^2 = \frac{U}{L_{yy}} = \frac{14\,984\,207.2}{23\,386\,200} \approx 0.641$$

7.2 多元线性回归分析

体育研究中的许多现象，往往不能只由一个影响因素加以解释。如1500m跑运动员的成绩，不仅与步频、步幅有关，还会受到力量、耐力、体力分配等多个因素的影响；居民家庭体育消费水平受家庭人均收入、消费观念、对体育活动的爱好等多个因素的影响。根据现象之间的相关关系，建立一个因变量与多个自变量的回归模型，当变量间的结构关系无大的变动时，以自变量的值（或控制值）求得因变量的预测值，称为多元线性回归分析法。其原理与一元线性回归分析法基本相同，只是由于自变量的增多，加大了计算量，且当各因素之间的关系复杂时，自变量的选择十分困难。幸好各种计算机软件在这方面为我们提供了方便，使多元线性回归分析法在体育科研中得以广泛地应用。

7.2.1 模型的求法

1. 理论回归模型

预测对象作为因变量 Y，诸影响因素为自变量 X_j（$j=1, 2, \cdots, k$），Y 与各个 X_j 之间存在的线性关系，从理论上可用下式表示

$$Y = \beta_0 + \beta_1 X_1 + \beta_2 X_2 + \cdots + \beta_k X_k + \varepsilon \tag{7-14}$$

式中，β_0 是回归常数项，也称为截距；β_j（$j=1, 2, \cdots, k$）虽未知但均为某一固定数值，称为回归系数；ε 是除 X_j（$j=1, 2, \cdots, k$）以外的、可忽略的随机因素（或无法考虑到的因素），称为随机干扰项。

式（7-14）只表示理论上诸影响因素与预测对象（因变量）之间的线性关系。β_0，β_1，β_2，…，β_k 是无法得到其精确值的，唯一可行的办法是，通过对因变量 Y 及自变量 X_j（$j=1, 2, \cdots, k$）的大量抽样观察得到样本数据（y_1，x_{11}，x_{21}，…，x_{k1}）、（y_2，x_{12}，x_{22}，…，x_{k2}），…，（y_n，x_{1n}，x_{2n}，…，x_{kn}），由此样本数据经统计学处理，得到其估计值。

2. 实际回归模型的求法

根据一定的估计准则，对因变量 Y 和诸自变量 X 的实际观察值经过统计学处理，得到 β_0，β_1，β_2，…，β_k 的估计值 b_0，b_1，b_2，…，b_k，则 Y 与诸 X_j 之间的线性关系可表示为

$$Y = b_0 + b_1 X_1 + b_2 X_2 + \cdots + b_k X_k + e \qquad (7\text{-}15)$$

式中，b_0 是实际得到的回归常数；b_j（$j=1, 2, \cdots, k$）是实际得到的回归系数；e 是回归余项，也称为残差项。若有 n 个实际观察值（样本数据），因变量 Y 的每一个观察值与相应的诸 X_j 观察值之间的线性关系表示为

$$y_i = b_0 + b_1 x_{1i} + b_2 x_{2i} + \cdots + b_k x_{ki} + e_i \qquad (i = 1,2,\cdots,n) \qquad (7\text{-}16)$$

在求回归系数时一般采用的是最小二乘法，其准则为：得到的 b_0，b_1，b_2，…，b_k 要满足使因变量 Y 的观察值 y_i 与回归估计值 $\hat{y}_i$ 之间的离差平方和达到最小，即 $\sum_{i=1}^{n} e_i^2 = \sum_{i=1}^{n} (y_i - \hat{y}_i)^2$ 达到最小。其中，$\hat{y}_i = b_0 + b_1 x_{1i} + b_2 x_{2i} + \cdots + b_k x_{ki}$ 称为回归估计值；$e_i = y_i - \hat{y}_i$ 是实际观察值 y_i 与回归估计值间的离差。

求多元回归方程的回归系数一般采用矩阵代数方法，依靠计算机软件完成。

式（7-15）写成矩阵形式为 $Y = Xb + e$，其中

$$Y = \begin{pmatrix} y_1 \\ y_2 \\ \vdots \\ y_n \end{pmatrix} \quad b = \begin{pmatrix} b_1 \\ b_2 \\ \vdots \\ b_k \end{pmatrix} \quad e = \begin{pmatrix} e_1 \\ e_2 \\ \vdots \\ e_n \end{pmatrix} \quad X = \begin{pmatrix} 1 & x_{11} & x_{21} & \cdots & x_{k1} \\ 1 & x_{12} & x_{22} & \cdots & x_{k2} \\ \vdots & \vdots & \vdots & & \vdots \\ 1 & x_{1n} & x_{2n} & \cdots & x_{kn} \end{pmatrix}$$

式中，b 是所求的估计向量；e 是残差向量，相互独立服从正态分布，$e \sim N(0, \sigma^2 I)$；I 为 $n \times n$ 阶单位阵；X 是已知的 $n \times (k+1)$ 阶常数矩阵，由自变量的样本数据构成；Y 是已知的 $n \times 1$ 阶常数矩阵，由因变量的样本数据构成。

利用最小二乘法得到的回归系数的估计值（向量）为

$$b = \begin{pmatrix} b_1 \\ b_2 \\ \vdots \\ b_k \end{pmatrix} = (X'X)^{-1} X'Y \qquad (7\text{-}17)$$

式中，X' 是矩阵 X 的转置矩阵，$(X'X)^{-1}$ 是矩阵 $(X'X)$ 的逆矩阵。

注意：在求多元回归方程的回归系数时，要求自变量 X_j（$j=1, 2, \cdots, k$）之间不能存在线性关系。

多元线性回归模型的回归系数 b_j（$j=1, 2, \cdots, k$）的含义为，当其他自变量保持不变，第 j 个自变量每变动一个单位，引起因变量的平均变动量。所求的 b_j 的符号和大小与其所代表的实际意义是否相符，是评价回归模型的一条经济准则。只有回归系数的符号和大小与客观实际基本一致，且这种结构关系在预测时不会有大的改变时，所建立的回归模型才适用于预测。如果所求的回归系数 b_j 的符号与客观实际变化相反，应考虑如下情况存在：一是某些自变量的取值范围太窄（样本量小）；二是模型中可能漏掉了某些重要因素；三是可能自变量间存在线性相关关系。

7.2.2 回归模型的检验

多元线性回归模型与一元线性回归模型一样，求出回归系数后，只有通过各种检

验，模型才可用于预测。

1. 回归方程的检验（方差分析）

其检验的无效假设 H_0 为：方程不显著（$b_1=b_2=\cdots=b_k=0$）；备择假设 H_1 为：方程是显著的（b_1，b_2，…，b_k 不全为 0），检验统计量为

$$F=\frac{U/k}{Q/(n-k-1)} \tag{7-18}$$

式中，$U=\sum_{i=1}^{n}(\hat{y}_i-\bar{y})^2$ 为回归平方和；$Q=\sum_{i=1}^{n}(y_i-\hat{y}_i)^2$ 为剩余平方和；$L_{YY}=\sum_{i=1}^{n}(y-\bar{y})^2$ 为总变差，且满足 $L_{YY}=U+Q$。

在 H_0 成立条件下，$F\sim F(k, n-k-1)$。在选定的显著性水平 α 下，查附表 4 的 F 分布表（方差分析用），得到 $F_\alpha(k, n-k-1)$，若 $F\geqslant F_\alpha$，拒绝 H_0，方程显著；若 $F<F_\alpha$，接受 H_0，线性回归方程效果不显著。

2. 回归系数的显著性检验

多元线性回归方程的回归系数 b_j（$j=1, 2, \cdots, k$）的检验是用来测定在其他变量保持不变时，自变量 X_j 与因变量 Y 之间是否存在线性关系的。若 b_j 在一定显著性水平 α 下，X_j 的变化能很好地解释 Y 的变化，变量 X_j 可以保留在回归模型中；若 b_j 不显著（与 0 无显著不同），表明 X_j 的变化无助于解释 Y 的变化，X_j 是否留在回归模型中应值得考虑。其检验方法是采用 t 检验进行的。回归系数 b_j 的 t 值为

$$t_{bj}=\frac{b_j}{S_{bj}} \qquad (j=0,1,2,\cdots,k) \tag{7-19}$$

式中，S_{bj} 是回归系数 b_j 的标准差，$S_{bj}=\sqrt{C_{jj}\cdot\frac{Q}{n-k-1}}$，其中 C_{jj} 是矩阵 $(X'X)^{-1}$ 主对角线上的元素。

在 H_0 成立（$b_j=0$）条件下，$t_{bj}\sim t(n-k-1)$，给定显著性水平 α，查 t 分布表得到 $t_{\alpha/2}(n-k-1)$，若 $|t_{bj}|\geqslant t_{\alpha/2}(n-k-1)$，则回归系数 b_j 显著的不为 0；若 $|t_{bj}|<t_{\alpha/2}$，则回归系数 b_j 不显著。

3. 拟合优度检验

与一元回归分析一样，在多元线性回归中也使用判定系数 R^2 来解释回归模型中自变量引起的变差（回归平方和 U）在因变量总变差（L_{YY}）中所占比率，即

$$R^2=\frac{U}{L_{YY}}=1-\frac{Q}{L_{YY}} \tag{7-20}$$

R 叫复相关系数，表示因变量 Y 与诸 X_j 间的线性相关关系，其值在 0～1 之间，其值越接近于 1，表示线性关系越强；其值越接近于 0，表示线性关系越差。在进行回归分析时，是用 R^2 来作为判定回归效果有效性的指标，而不是 R，R^2 值越大，回归方

程的拟合效果越好。

在多元线性回归中，判定系数 R^2 的值随着进入回归方程的自变量的个数（或样本含量 n 的大小）的增加而增大，为了消除自变量的个数及样本量的大小对判定系数的影响，采用调整的 $\overline{R}^2$，其公式为

$$\overline{R}^2 = 1 - \frac{n-1}{n-k-1}(1-R^2) \tag{7-21}$$

注意：在多元线性回归中，常将 R^2 与 $\overline{R}^2$ 结合使用，以说明回归效果的有效性，$\overline{R}^2 < R^2$，且 $\overline{R}^2$ 可能为负值。

7.2.3 异方差问题

在多元线性回归模型的基本假设中，假定随机误差项具有相同的方差，即对于所有样本点，$D(\varepsilon_i)$ 为常数，$(i=1, 2, \cdots, n)$。但在体育科研实践中，需要建立实际回归模型时，经常存在方差不等的现象，即有 $D(\varepsilon_i) \neq D(\varepsilon_j)$，当 $i \neq j$ 时。这就是多元回归分析中的异方差问题。

1. 异方差产生的原因

体育社会现象是错综复杂的，因而在建立回归模型时，经常会出现某一因素或一些因素随着解释变量（自变量）观测值的变化而对被解释变量（因变量）产生不同的影响，导致随机误差项产生不同的方差；当样本数据为时间序列数据时也会出现异方差，因为此时随机误差项会随时间而变化；异常值（离群点）会导致异方差；用样本平均数作为样本数据时也会出现异方差；等等。

2. 异方差带来的问题

如果在多元回归分析时存在异方差问题，仍用普通的最小二乘法求回归系数，将会使最小二乘法的有效性遭到破坏，得到的回归系数估计值虽是无偏的，但不满足渐近有效性，并使得参数的显著性检验失效，使得到的回归方程效果不理想。

3. 异方差的诊断方法

关于异方差的诊断，统计学家进行了大量研究，目前，已有很多种方法，但没有一种最权威的方法。常见的诊断方法有残差图分析法、数据变换法、加权最小二乘法、基于得分统计量的异方差检验法等，在此只介绍常用的残差图分析法。

残差图分析法是一种直观、方便的分析方法，它以残差 e 为纵坐标，以任何其他的量为横坐标画散点图。常用的横坐标有以拟合值为横坐标、以 x_i 为横坐标、以观测时间或序号为横坐标。一般情况下，当模型满足所有假定时，残差图上的 n 个点的散布应是随机、无任何规律的。如果回归模型存在异方差，残差图上点的散布会呈现出一定的趋势。残差图分析法缺点是凭主观判断有其随意性。

4. 异方差问题的处理方法

如果进行回归分析时诊断出存在异方差性，不宜用普通最小二乘法求回归方程，必须对原来的模型进行变换，使变换后模型的随机误差项满足同方差的假定，然后才能得到理想的回归模型。在 SPSS 软件中提供了加权最小二乘法（weighted least square，WLS)。

7.2.4 多重共线性问题

在求多元线性回归方程时，假定自变量（解释变量）之间不存在密切的线性关系，如果两个自变量或更多个自变量间具有高度线性相关，则称它们存在多重共线性(multi-collinearity)。

1. 多重共线性问题产生的原因

多重共线性问题在体育研究中常常会遇到。例如，要研究百米跑运动员的运动成绩，影响百米跑运动成绩的因素有很多，如步幅、步频、起跑时间、加速跑时间、途中跑时间、终点冲刺跑时间等，这些因素显然对运动员百米跑成绩产生重要影响，而它们之间又有很强的相关性。又如，在居民体育消费额的回归分析中，选择家庭收入、家庭储蓄、家庭人口、前期消费额等作为自变量时，这些自变量间也存在很强的相关性。

从这些例子可以看出，在研究体育运动、社会经济现象等问题时，由于问题本身的复杂性，涉及的因素很多，在建立回归方程时，往往很难在众多的因素中找到一组互不相关又对因变量有显著影响的自变量，会不可避免地出现多重共线性问题。

2. 多重共线性的影响

当多重共线性存在时，任何一个自变量的回归系数，依赖于包括在模型中的其他自变量，所以回归系数并不反映方程中任何一个具体自变量对因变量的影响，且其方差较大，使回归系数不能令人满意。

存在多重共线性时，一个自变量引起总离差平方和的减少必须看作是与包括在同一方程中的其他自变量相关联。此外，多重共线性还会影响预测值的方差，但其效果不太明显。

3. 多重共线性的识别

(1) 非正式方法

在进行多元回归分析中，如果存在下列情况，往往表明存在多重共线性。

1）模型中增加或删除一个自变量，回归系数值会发生较大变化。

2）回归模型的 F 检验通过，而有的回归系数的 t 检验未通过。

3）一些重要的自变量在回归方程中没有通过显著性检验。

4）有些自变量的回归系数值的符号与实际经验相反。

5）自变量的相关阵中，两个自变量的相关系数较大。

（2）正规识别方法

上述5种办法是直观但非正式的方法，有很大的局限性，但在实际中常被应用。识别多重共线性还有一些正式的量化方法。

1）判定系数法。设有 k 个自变量的回归模型：$\hat{y}=b_0+b_1x_1+b_2x_2+\cdots+b_kx_k$ 为诊断多重共线性，使模型中每一个自变量分别作为其他自变量的因变量构造 k 个回归方程，即

$$x_1=f(x_2,x_3,\cdots,x_k);x_2=f(x_1,x_3,\cdots,x_k);\cdots;$$
$$x_i=f(x_1,x_2,\cdots,x_{i-1},x_{i+1},\cdots,x_k);\cdots;x_k=f(x_1,x_2,\cdots,x_{k-1})$$

对上述 k 个方程进行线性回归，并计算各个方程的判定系数 R^2，若这些判定系数中的最大者接近1，比如 R_i^2，则说明该自变量 x_i 可以用其他自变量线性表示，表明存在多重共线性。

2）特征值法。设（$X'X$）的特征值为 λ_1，λ_2，…，λ_k，若有 r 个特征值近似等于0，则回归方程的自变量间有 r 个共线关系，且共线关系的系数向量就是近似为0的特征值对应的特征向量。

3）条件数。设（$X'X$）的特征值为 λ_1，λ_2，…，λ_k，则条件数 k 定义为：$k=$（最大特征值/最小特征值）$^{1/2}$，大的 k 值意味着共线性。一般认为，若条件数 k 大于15则表明可能存在多重共线性问题，若大于30则表明存在严重的多重共线性问题。

4）方差膨胀因子。设 $C=(C_{ij})=(X'X)^{-1}$，R_i 为 x_i 对其余 $k-1$ 个自变量的复相关系数，则$C_{ij}=1/(1-R_i^2)$，（$i=1$，2，…，k），C_{ij} 被称为方差膨胀因子（variance inflation factor，VIF）。VIF的大小反映了自变量间是否存在多重共线性，因此由它来度量多重共线性的严重程度。经验表明，当 VIF≥10 时，就说明自变量间有严重的多重共线性。

5）容忍度。容忍度是方差膨胀因子的倒数。$Tolerance=1-R_i^2$，其取值范围在0～1之间，越接近于0表示多重共线性越强；越接近于1表示多重共线性越弱。

4. 消除多重共线性的方法

在进行多元回归分析中，如果发现了多重共线性，可采用下面几种常用方法消除多重共线性。

删除共线性组中与因变量 r 相关系数小，而与其他自变量高度相关的变量，然后重建回归方程；增大样本含量；采用岭回归、主成分回归和偏最小二乘法一类有偏估计的方法，等等。

7.2.5 自变量的选择问题

在多元回归分析中，由于因变量会受到众多因素的共同影响，需要由多个解释变量（自变量）解释，但当所有的自变量都进入回归方程时，并不是每一个自变量对回

归方程的作用都有统计学意义（显著性意义），而我们总是希望能够找到一个“最好”的回归方程来进行分析和预报，要求这个“最好”的回归方程内的自变量对回归都有显著性意义，而未引入回归方程的自变量对回归都没有统计学意义，这就涉及自变量的选择问题。

1. 选择自变量的统计学标准

1）残差平方和最小，等价于复相关系数或判定系数最大。此标准的缺点是每增加一个自变量，残差平方和总会减少一些，复相关系数或判定系数总会增大一些。此标准倾向于选择所有的变量，此类标准的应用较为有限。

2）残差均方 $Q/(n-k-1)$ 或剩余标准差最小，等价于调整的 $\bar{R}^2$ 最大。

3）还有 C_p 准则（C_p 统计量最小）、AIC 准则等。（有兴趣的读者可查有关书籍。）

2. 自变量的选择方法

根据上述准则选择自变量的算法主要有向前选择法（forward）、向后削去法（backward）、逐步回归法（stepwise），其中逐步回归法最为常用，但其所得的回归方程不一定是“最优”的，而只是较好的。多数统计软件以偏回归平方和（partial sum of squares regression）的大小作为每一步剔选变量时的依据，它表示在原有回归方程基础上引入或剔除某一自变量之后所增加或减少的那部分回归平方和，其值达到多大时能够决定引入或剔除该变量可通过 F 检验来判定。

1）向前选择法（forward）。向前选择法的初始模型中没有变量，自变量由少到多一个一个引入回归方程。对每个自变量，将偏回归平方和最大又能使 F 检验拒绝 H_0 者入选为第一个自变量；规定一个界值 $F_{引入}$，接着将余下的变量中偏回归平方和最大又能使 F 检验拒绝 H_0 者入选为第二个自变量……如此不断引入新的变量，直到再不能拒绝 H_0 为止。

2）向后削去法（backward）。自变量由多到少一个一个从方程中剔除。首先对全部后选变量作总的回归，每次剔除一个偏回归平方和最小又能使 F 检验不拒绝 H_0 者，直到再不能剔除为止。

3）逐步回归法（stepwise）。逐步回归法是向前选择法和向后削去法策略的综合。向前选择法的策略是变量不断进入回归方程的过程，变量一旦进入回归方程就不会被剔除出去。随着变量的不断引入，由于自变量间存在一定的多重共线性，使得某些已经进入回归方程的自变量的回归系数不再显著，这样造成最终的回归方程可能包含一些不显著的自变量。逐步回归法是在向前选择法策略的基础上，结合向后削去法，在每个变量进入方程后再次判断是否存在应该剔除出方程的变量，直到方程外无可引入的变量而方程内也没有可以剔除的变量时为止。

7.3 线性回归分析 SPSS 例解

[例 7-6] [例 7-1] 数据的 SPSS 处理过程。

解：1）建立数据文件，定义变量 x 表示人均月收入（单位：元）、变量 y 表示家庭年体育消费额，输入数据并存盘。

2）选择“Analyze→Regression→Linear...”命令，打开如图 7-1 所示的对话框。

3）将变量 y 放置于 Dependent（因变量）栏下，将变量 x 放置于 Independent（自变量）栏下，单击“Statistics...”按钮，打开如图 7-2 所示的对话框。

4）在如图 7-2 所示的对话框中选择 Estimates（输出与回归系数相关的估计量，包括回归系数的估计值及其标准误、标准化回归系数、回归系数显著性检验的 t 值和双侧显著性检验的 p 值等）、Confidence Intervals（输出非标准化回归系数 95%的置信区间）、Model fit（输出判定系数、调整的判定系数、估计值的标准误及方差分析表）、R squared change（输出每个自变量进入方程后引起的 R^2 和 F 值、方差分析 p 值的变化量）、Descriptives（输出变量的均值、标准差、相关系数矩阵及单侧检验的 p 值）、Collinearity diagnostic（共线性诊断，输出各自变量的容忍度、方差膨胀因子、特征值、条件数和共线性的诊断表）；单击“Continue”按钮返回主对话框。

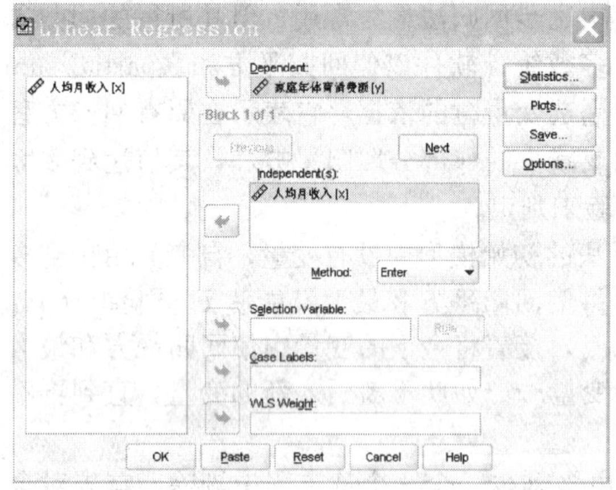

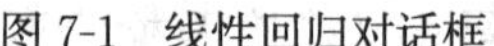

图 7-1 线性回归对话框

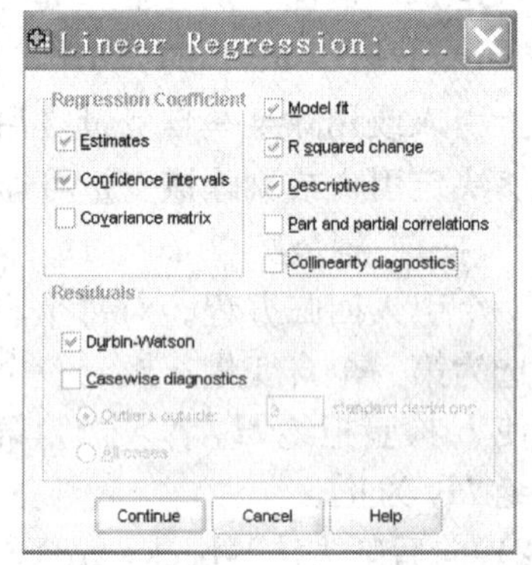

图 7-2 Statistics... 命令按钮的选项

5）单击“OK”按钮，得到如表 7-3 所示的计算结果。

表 7-3（1） 描述统计量

	均值/元	标准差/元	N
家庭年体育消费额	2480.0000	1292.45 613	15
人均月收入	2209.2000	1141.72 972	15

表 7-3（2） 相关系数矩阵

	体育消费额	人均月收入
体育消费额	1.000	.801
人均月收入	.801	1.000

表 7-3（3） 模型的拟合情况

复相关系数 R	判定系数 R^2	调整的判定系数 R^2	估计的标准误
.801	0.641	0.613	803.72 966

表 7-3（4） 方差分析表

变差来源	平方和	自由度 df	均方差	F 值	显著性
回归	14 988 442.198	1	14 988 442.198	23.203	.000
残差	8 397 757.802	13	645 981.369		
合计	23 386 200.000	14			

表 7-3（5） 回归系数表

	非标准化系数		标准化系数			B 的 95% 置信区间	
	B	标准误	Beta	t	显著性	下限	上限
（常量）	477.899	464.567		1.029	.322	−525.736	1481.535
人均月收入	.906	.188	.801	4.817	.000	.500	1.313

计算结果的统计说明与分析：

1）表 7-3（1）显示的是各个变量的平均数、标准差及样本量。

2）表 7-3（2）显示的是各变量间的相关系数及其双侧检验结果。

3）表 7-3（3）显示的是模型的拟合情况。复相关系数 $R=0.801$，判定系数 $R^2=0.641$，调整的判定系数 $\bar{R}^2=0.613$。

4）表 7-3（4）显示的是回归方程的方差分析表，$F=23.203$，$p=0.00$，说明模型（所求的回归方程）是显著的。

5）表 7-3（5）显示的是模型的回归系数、标准化的回归系数及其对应的检验值、回归系数 95%的置信区间、多重共线性统计量（此例只有一个自变量，不存在多重共线性，可以不做多重共线性诊断，方差膨胀因子和容忍度皆为 1）；回归系数是显著的，由此得出回归方程为 $\hat{y}=477.899+0.906x$。

［例 7-7］ 某人测量了 20 个中年男子的下列指标：年龄（岁）、身高（cm）、体重（kg）、胸围（cm）、腰围（cm）、臀围（cm），数据如表 7-4 所示，试建立预测体重的回归方程。

解：1）建立数据文件，定义变量性别、年龄、身高、体重、胸围、腰围、臀围，输入数据并存盘。

表 7-4 各指标原始数据

性别	年龄/岁	身高/cm	体重/kg	胸围/cm	腰围/cm	臀围/cm
男	45	179.1	68	89	79	100
男	43	175.8	75.3	93.9	87.6	94.7
男	45	172.7	70.3	92	92.3	95.2

续表

性别	年龄/岁	身高/cm	体重/kg	胸围/cm	腰围/cm	臀围/cm
男	41	173.5	74.8	96.9	90	97.5
男	48	162.2	72	97.5	92.3	94.2
男	46	173.7	62.4	84.6	72.3	91.2
男	44	164.2	63.5	89.5	81.8	92
男	47	181.8	89.9	103	98	103
男	47	177.3	98.4	108.1	106.4	110.7
男	45	181.1	79.1	95	86	104
男	48	169.2	67	89.8	77.6	92.5
男	41	175.1	86.8	103.1	102.9	103.2
男	47	180.6	86	103.5	102	98.9
男	42	177.3	83.7	100.5	94.5	98.4
男	45	171	74.6	96.7	83	95.5
男	42	166.2	72.7	91.8	94.5	93.4
男	44	174.6	73.3	95.5	84	94.1
男	41	169.8	70.9	90.5	80.3	94.5
男	43	168.1	72.6	95.9	92.5	94.3
男	48	183	79.5	96.7	89.6	90.4

2）选择“Analyze→Regression→Linear...”命令，打开如图 7-3 所示对话框。

3）将变量体重放置于 Dependent（因变量）栏下，将变量年龄、身高、胸围、腰围、臀围放置于 Independent（自变量）栏下，采用全部引入法，单击“Statistics...”按钮，打开如图 7-4 所示的对话框。

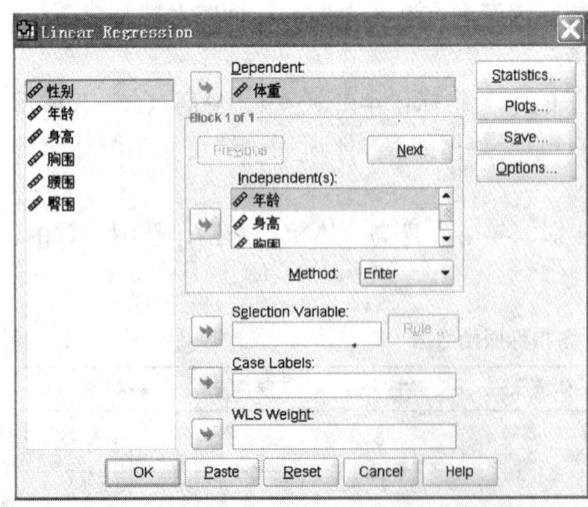

图 7-3 线性回归对话框

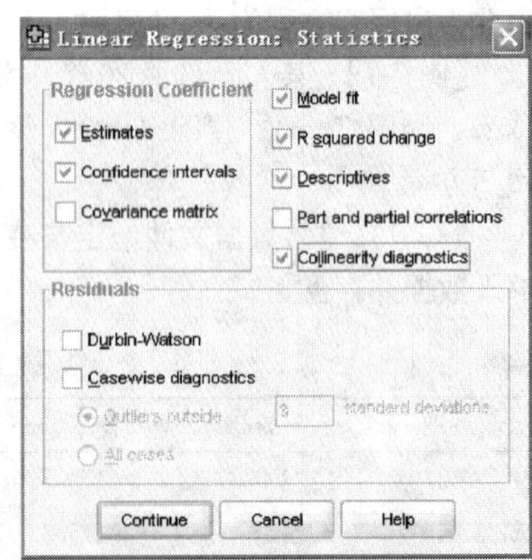

图 7-4 Statistics... 命令按钮的选项

4）在如图 7-4 所示的对话框中选择 Estimates（输出与回归系数相关的估计量，包括回归系数的估计值及其标准误、标准化回归系数、回归系数显著性检验的 t 值和双侧显著性检验的 p 值等）、Confidence Intervals（输出非标准化回归系数 95％的置信区间）、Model fit（输出判定系数、调整的判定系数、估计值的标准误及方差分析表）、R squared change（输出每个自变量进入方程后引起的 R^2 和 F 值、方差分析 p 值的变化量）、Descriptives（输出变量的均值、标准差、相关系数矩阵及单侧检验的 p 值）、Collinearity diagnostic（共线性诊断，输出各自变量的容忍度、方差膨胀因子、特征值、条件数和共线性的诊断表）。单击“Continue”按钮返回主对话框。

5）单击“OK”按钮，得到如表 7-5 所示的计算结果。

表 7-5（1） 描述统计量

指标	均值	标准差	样本量
体重	76.0400	9.139 47	20
年龄	44.6000	2.436 56	20
身高	173.8150	5.939 90	20
胸围	95.6750	5.864 51	20
腰围	89.3300	9.026 34	20
臀围	96.8850	5.138 43	20

表 7-5（2） 相关系数矩阵

指标	体重	年龄	身高	胸围	腰围	臀围
体重	1.000	.102	.574	.945	.851	.795
年龄	.102	1.000	.204	.102	−.018	.010
身高	.574	.204	1.000	.398	.249	.486
胸围	.945	.102	.398	1.000	.891	.704
腰围	.851	−.018	.249	.891	1.000	.619
臀围	.795	.010	.486	.704	.619	1.000

表 7-5（3） 模型的拟合情况

复相关系数 R	判定系数 R^2	调整的判定系数 R^2	估计的标准误
.979	0.959	0.944	2.157 49

表 7-5（4） 方差分析表[b]

变差来源	平方和	自由度 df	均方差	F 值	显著性
回归	1521.901	5	304.380	65.391	.000[a]
残差	65.167	14	4.655		
合计	1587.068	19			

a. 预测变量：（常量），臀围，年龄，身高，腰围，胸围。

b. 因变量：体重。

表 7-5（5） 回归系数表

	非标准化系数		标准化系数		
	B	标准误	Beta	*t*	显著性
（常量）	−113.926	16.14		−7.059	0
年龄	−0.006	0.214	−0.002	−0.028	0.978
身高	0.328	0.1	0.213	3.269	0.006
胸围	0.929	0.219	0.596	4.238	0.001
腰围	0.161	0.128	0.159	1.263	0.227
臀围	0.308	0.145	0.173	2.128	0.052

表 7-5（6） 共线性诊断

特征值	条件数	方差比					
		（常量）	年龄	身高	胸围	腰围	臀围
5.988	1	0	0	0	0	0	0
0.008	27.228	0.01	0.07	0.01	0	0.12	0
0.002	53.963	0.02	0.63	0.04	0	0.07	0.15
0.001	81.515	0.32	0.23	0.06	0	0.07	0.63
0.001	106.379	0.62	0	0.7	0.07	0.03	0.15
0	122.947	0.04	0.06	0.19	0.92	0.71	0.07

计算结果的统计说明与分析：

1）表 7-5（1）显示的是各个变量的平均数、标准差及样本量。

2）表 7-5（2）显示的是各变量间的相关系数及其双侧检验结果：在显著性水平 α 为 0.05 下，从中可看出除变量年龄外，其他变量与体重都有显著的相关关系；但身高与胸围、身高与臀围、胸围与腰围、胸围与臀围、腰围与臀围间也存在着显著的相关关系。

3）表 7-5（3）显示的是模型的拟合情况。复相关系数 $R=0.979$，判定系数 $R^2=0.959$，调整的判定系数 $\bar{R}^2=0.944$。

4）表 7-5（4）显示的是回归方程的方差分析表，回归平方和为 1521.901，自由度为 5，剩余平方和为 65.167，自由度为 14。均方差为 4.655，$F=65.391$，$p=0.000$，说明模型（所求的回归方程）是显著的。

5）表 7-5（5）显示的各列数据项依次是模型的回归系数、回归系数的标准误差、标准化的回归系数、回归系数显著性检验中 t 检验统计量的值及其对应的概率 p 值、自变量（解释变量）的容忍度和方差膨胀因子（多重共线性诊断统计量）。可以看到在显著性水平 α 为 0.05 下，除身高、胸围两个变量外，年龄和腰围的回归系数显著性检验的概率 p 值明显大于显著性水平 α，他们与体重的线性关系是不显著的，臀围处于临界状态，而回归方程中不应该保留年龄和腰围这两个变量，因此，目前的模型是不可用的，应重新建立模型。从容忍度和方差膨胀因子看，自变量间的多重共线性关系不太严重。

6）表 7-5（6）显示的是多重共线性诊断表，各列的含义依次是 Eigenvalue（特征值）、Condition Index（条件数）、Variance Proportions（各特征值解释和解释变量的方差比）。从特征值看，只有一个特征值较大（5.988），其他 5 个特征值都接近于 0，说明可能存在 5 个共线关系（从相关系数检验中可看出，在显著性水平 α 为 0.05 下，身高与胸围、身高与臀围、胸围与腰围、胸围与臀围、腰围与臀围间存在着显著的相关关系）；从条件数也可看到 5 个条件数大于 10（其中有两个大于 100），也说明变量间存在着严重的共线关系；从方差比来看，第 6 个特征值既能解释胸围方差的 92%，也能解释腰围方差的 71%，解释身高方差的 19%，也可说明这些变量间存在着严重的多重共线性。

通过以上分析可知，由于存在着严重的多重共线性，必须重建回归方程，可以采用逐步回归法让 SPSS 自动完成自变量的选择，从中选择最合适的模型，并通过残差分析进行异方差诊断、逐步回归和共线性分析过程（略）。

最优线性模型为：$\widehat{体重}=-113.853+1.327$ 胸围$+0.362$ 身高。

同步练习

一、单项选择题

1. 直线回归方程中，若回归系数为负，则（　　）。
   A. 表明现象正相关　　B. 表明现象负相关
   C. 表明相关程度很弱　　D. 不能说明相关的方向和程度
2. 下列属相关关系的是（　　）。
   A. 正方形的面积与边长的关系
   B. 价格不变条件下，运动服装销售额与销售量的关系
   C. 家庭收入与体育消费支出的关系
   D. 俄罗斯钢铁人口与我国粮食产量的关系
3. 对回归直线方程 $\hat{y}=100+9x$，若 x 每增加一个单位，则 y 平均增加（　　）。
   A. 100 个单位　　B. 9 个单位　　C. 109 个单位　　D. 91 个单位
4. 若两变量完全相关，则估计标准误（　　）。
   A. 为 0　　B. 为 1　　C. 为－1　　D. 为无穷大
5. 直线回归方程中，若回归系数为正，则（　　）。
   A. 表明两个变量正相关　　B. 表明两个变量负相关
   C. 表明相关程度很弱　　D. 不能说明相关的方向和程度
6. 回归系数和相关系数的符号是一致的，其符号均可用来判断现象（　　）。
   A. 线性相关还是非线性相关　　B. 正相关还是负相关
   C. 完全相关还是不完全相关　　D. 单相关还是复相关

二、填空题

1. 两个相关现象之间，当一个现象的数量由小变大，另一个现象的数量也______，这种相关称为正相关；当一个现象的数量由小变大，另一个现象的数量______，这种相关称为负相关。

2. 相关系数的取值范围是______。

3. 完全相关即是______关系，其相关系数为______。

4. 相关系数，用于反映两个______变量间______相关关系的密切程度和方向的统计指标。

5. 回归方程 $\hat{y}=a+bx$ 中的参数 a 是______，b 是______。在统计中估计待定参数的常用方法是____________。

三、计算题

1. 测得 10 名 9 岁男孩的身高（单位：cm）与体重（单位：kg）数据如表 7-6 所示。

表 7-6 身高与体重数据

编　号	1	2	3	4	5	6	7	8	9	10
身高 X/cm	123	127	129	125	138	131	127	130	128	143
体重 Y/kg	19.8	24	23	25.3	24.8	25	24.3	26.3	22.6	34.2

1）求其相关系数，并进行显著性检验。($\alpha=0.05$)

2）试求由身高推测体重的回归方程。

3）请对所求出回归方程的效果进行评价。($\alpha=0.05$)

4）若某 9 岁男孩的身高为 130cm，试推测其体重是多少？并求推测值的 95% 的置信区间。

2. 已知 12 名成年男子身高（单位：cm）、体重（单位：kg）、胸围（单位：cm）、腰围（单位：cm）数据如表 7-7 所示。

表 7-7 各指标原始数据

序号	身高/cm	体重/kg	胸围/cm	腰围/cm	序号	身高/cm	体重/kg	胸围/cm	腰围/cm
1	168.2	68	89	79	7	164.2	63.5	89.5	81.8
2	175.8	75.3	93.9	87.6	8	181.8	89.9	103	98
3	172.7	70.3	92	92.3	9	177.3	98.4	108.1	106.4
4	173.5	74.8	96.9	90	10	181.1	79.1	95	86
5	162.2	72	97.5	92.3	11	169.2	67	89.8	77.6
6	173.7	62.4	84.6	72.3	12	175.1	86.8	103.1	102.9

1）分别求身高、体重、胸围、腰围间的相关系数，并进行显著性检验。($\alpha=0.05$)

2）试求由身高推测体重的一元回归方程、由胸围推测体重的一元回归方程并对所求出的回归方程效果进行评价。($\alpha=0.05$)

3）用 SPSS 软件中多元回归的方法试建立身高、胸围预测体重的回归方程。

3. 今测得 15 名 9 岁男生足长（cm，x_1）、小腿长（cm，x_2）和身高（cm，y）的数据如表 7-8 所示，试做二元线性回归分析。（$\alpha=0.05$）

表 7-8 各指标原始数据

数据 序号 变量	1	2	3	4	5	6	7	8	9	10	11	12	13	14	15
x_1/cm	19	19	18	19	22	18	21	20	22	21	19	20	21	20	19
x_2/cm	29	28	26	27	29	27	32	33	30	33	28	28	31	30	30
y/cm	123	127	129	125	138	128	143	133	140	137	129	125	135	135	129

参 考 文 献

方积乾. 1997. 医学统计学与电脑实验［M］. 上海：上海科学技术出版社

何晓群. 2004. 多元统计分析［M］. 北京：中国人民大学出版社

王学仁，王松桂. 1990. 实用多元统计分析［M］. 上海：上海科学技术出版社

薛薇. 2004. SPSS 统计分析方法及应用［M］. 北京：电子工业出版社

易丹辉. 2001. 统计预测：方法与应用［M］. 北京：中国统计出版社

第8章　相对数及动态分析

球类比赛中不同球队、队员等技术指标比较时，绝对数无法满足统计分析的要求，需要在绝对数的基础上计算相对数。例如，排球比赛中拦网次数、扣球次数等绝对数数据远没有拦网成功率、扣球成功率等更能真实反映技术能力。这些数据的形式不是绝对数的计数资料，而是两个绝对数之比，我们把这种数据形式称为相对数。

8.1　相对数的概念及计算

相对数是两个有关的绝对数之比，也可以是两个统计指标之比。计算相对数的意义主要是在相同基数条件下，便于相互比较。例如，某场排球赛甲队拦网120次，成功78次，乙队拦网100次，成功70次，如果仅比较两队成功的绝对次数是不能得出正确结论的。若通过计算拦网成功率，即甲队拦网成功率$=\frac{78}{120}\times 100\%=65\%$，乙队拦网成功率$=\frac{70}{100}\times 100\%=70\%$，就容易看出本场排球赛乙队的拦网技术好于甲队。相对数常用的指标有率、构成比、相对比等。

1. 率

率表示在一定范围内某现象的发生数与可能发生的总数之比，说明某现象发生的频率或强度，通常以百分率%、千分率‰等表示。

$$率=\frac{某现象发生次数}{该现象可能发生总次数} \tag{8-1}$$

［例8-1］　某中学2008年初三年级学生共515人，其中体育达标人数为430人，则该中学初三年级学生体育达标率为$\frac{430}{515}\times 100\%=83.495\%$。

2. 构成比

构成比表示事物中某一部分在整体中所占的比重，用来说明各构成部分在总体中所占的比重或分布。

$$构成比=\frac{某一组成部分的观察单位数}{事物各组成部分的观察单位总数}\times 100\% \tag{8-2}$$

［例8-2］　某堂体育课的教学安排为：准备活动3min，放松总结2min，练习35min，调队、变队5min。计算出每项活动在课堂45min时间的构成比如表8-1所示。

表 8-1 体育课内容时间分配表

内容	时间/min	构成比/%
准备活动	3	6.67
放松总结	2	4.44
练习	35	77.78
调队、变队	5	11.11
合计	45	100.00

$$准备活动的构成比=\frac{3}{45}\times100\%=6.67\%$$

$$放松总结的构成比=\frac{2}{45}\times100\%=4.44\%$$

$$练习的构成比=\frac{35}{45}\times100\%=77.78\%$$

$$调队、变队的构成比=\frac{5}{45}\times100\%=11.11\%$$

在体育成绩考核、人员结构分布中，常用到构成比。如优秀、良好、及格、不及格四个等级的构成比；各等级运动员构成比等。

3. 相对比

相对比表示有联系的甲、乙两个指标之比，用于描述两者的对比水平。计算公式为

$$相对比=\frac{甲指标}{乙指标} \tag{8-3}$$

［例 8-3］ 某年某医院出生婴儿中男性婴儿为 370 人，女性婴儿为 358 人，则出生婴儿性别比例为$\frac{370}{358}\times100\%\approx103\%$，该相对数形式为相对比，说明该医院该年每出生 100 名女婴儿，就有大约 103 名男性婴儿出生，它反映了男性婴儿和女性婴儿出生的对比水平。

在评价体形与机能时，常采用相对比指数，如肺活量指数、体重指数、坐高指数等，其计算公式如下

$$肺活量指数=\frac{肺活量/\mathrm{ml}}{体重/\mathrm{kg}}$$

$$体重指数=\frac{体重/\mathrm{kg}}{身高/\mathrm{cm}}$$

$$坐高指数=\frac{坐高/\mathrm{cm}}{身高/\mathrm{cm}}$$

［例 8-4］ 5 岁儿童李佳身高 1.10m，体重 18kg，其体重指数$=\frac{18}{1.10}\approx16.36$。年

龄小于 6 岁的儿童体重指数正常范围为 16～19，所以，李佳体重正常。

8.2 应用相对数时应注意的问题

1. 构成比和率的应用不能混淆

率和构成比所说明的问题不同，构成比可以说明某事物内部各组成部分的比重或分布，而率是说明某现象发生的频率或强度，所以不能以构成比代替率。

例如，某运动队有一级运动员 50 人，其中男性 35 人（70%），女性 15 人（30%），结论：男性一级运动员率显著高于女性。该结论错误地将构成比当作率了，70%与30%只说明各自在全部人数中所占比重，可以说本组资料中男性占多数，却不能说明强度，要想知道有关该队一级运动员男女的比率，需要知道该运动队男女运动员人数。假定该运动队男性 75 人，女性 35 人，计算一级运动员率，男性 35/75＝46.67%，女性 15/35＝42.86%，其实两者一级运动员率差不多。

2. 正确计算加权平均率

对观察单位数不等的几个率，求平均率（总率或合并率 Pc）时，应计算加权平均率，而不能直接将各组的率相加除以组数，求其平均率。

例如，统计甲运动员某场地掷球比赛抛击球技术结果为：近距离抛击次数 12 次，命中 10 次，命中率为 83.3%；中距离抛击次数 10 次，命中 8 次，命中率为 80%；远距离抛击次数 4 次，命中 1 次，命中率为 25%。若求甲运动员该场比赛中抛击球的平均命中率，应计算加权平均率，即 $p_c=\frac{\text{总命中次数}}{\text{总抛击次数}}\times 100\%$，而不能直接将各命中率相加除以组数。甲运动员该场比赛中平均抛击球命中率$=\frac{10+8+1}{12+10+4}\times 100\%\approx 73.08\%$

3. 注意指标的可比性

可比性指所比较指标，除研究因素外，其他影响因素应基本相同或相近，即在相同条件下进行对比。通常应注意以下两点。

1）研究对象同质，研究方法相同，实验时间相等，以及地区、民族、性别、年龄、体能及机能等客观条件均基本一致。

2）某个对研究结果有影响的因素，在各组的内部构成是否相同。若因混杂因素干扰，使各对比组构成分布不同时，可采用标准化，平衡内部构成不同的影响后，再进行总率的比较。

4. 计算相对数时分母不宜太小

如果观察数据量小，那么比值的分母太小，相对数对事物的真实反映性就差，也就失去了计算意义。

8.3 率的抽样误差与区间估计

8.3.1 率的标准误

率同绝对数一样，也需要进行统计推断研究。来自样本的样本率 p 与来自总体的总体率 π 存在着抽样误差，这个误差的大小用率的标准误来描述，记做

$$\sigma_p = \sqrt{\frac{\pi(1-\pi)}{n}} \tag{8-4}$$

式中，π 为总体率，n 为样本量。

在一般情形下总体很难得到，总体率可以用样本率代替，率的标准误可变为

$$S_p = \sqrt{\frac{p(1-p)}{n}} \tag{8-5}$$

式中，n 为样本量，p 为样本率。

［**例 8-5**］ 2000 年从某校随机抽取 120 名学生调查体育达标情况，结果 94 人达标，求该校 2000 年体育达标率的标准误。

解： 已知 $n=120$，$x=94$，样本达标率 $p=\frac{94}{120}\times100\%\approx78.33\%$，代入公式（8-5），则 2000 年该校体育达标率的标准误 $S_p=\sqrt{\frac{78.33\%\times(1-78.33\%)}{120}}\approx3.76\%$。

8.3.2 率的区间估计

用样本率估计总体率的方法被称为率的估计。通常样本量足够大，np 和 $n(1-p)$ 均大于 5，样本率服从正态分布，当置信度为 $1-\alpha$ 时，总体率的置信区间为 $p\pm u_{\alpha/2}\cdot S_p$，常见总体率的估计区间如下。

95%置信区间　　$p\pm1.96S_p$　　(8-6)

99%置信区间　　$p\pm2.58S_p$　　(8-7)

［**例 8-6**］ 2000 年从某校随机抽取 120 名学生调查体育达标情况，结果 94 人达标，求该校 2000 年体育达标率 95%的置信区间。

解： 已知 $n=120$，$x=94$，样本达标率 $p=\frac{94}{120}\times100\%\approx78.33\%$，率的标准误 $S_p=\sqrt{\frac{78.33\%\times(1-78.33\%)}{120}}\approx3.76\%$，总体率 95%的置信区间为 $p\pm1.96S_p=78.33\%\pm1.96\times3.76\%=78.33\%\pm7.37\%$ 即（70.96%，85.70%），该校 2000 年体育达标率 95%的置信区间为 70.96%～85.70%。

8.3.3 率的差异显著性检验

与总体均数检验类似，率资料也需要进行差异显著性检验。常见的率检验有 u 检验、χ^2 检验。

1. 单样本率的 u 检验（H_0：$\pi=\pi_0$）

单样本率检验的 3 种基本形式如下。

双侧检验 H_0：$\pi=\pi_0$，H_1：$\pi\neq\pi_0$

左侧检验 H_0：$\pi\geqslant\pi_0$，H_1：$\pi<\pi_0$

右侧检验 H_0：$\pi\leqslant\pi_0$，H_1：$\pi>\pi_0$

其中，π 表示总体率，π_0 表示对总体率的某一假设值。

在构造检验统计量时，根据大样本情形计算统计量近似正态分布，统计量为

$$u=\frac{p-\pi_0}{\sqrt{\dfrac{\pi_0(1-\pi_0)}{n}}} \tag{8-8}$$

在给定显著水平 α 及单、双侧检验的条件下，总体率检验的拒绝域、接受域和临界值类似第 5 章的 t 检验。

[例 8-7] 2000 年某地区初中生体育达标率为 82.4%。随机抽取该地区一所初中 87 名中学生调查体育达标情况，其中达标 71 人，达标率为 81.61%。问该中学体育达标率是否不同于该地区？

解： 已知样本量 $n=87$，样本率 $p=81.61\%$，$\pi_0=82.4\%$，想了解该中学体育达标率 π 是否等于该地区 82.4%，因而提出的原假设和备择假设为

$$H_0:\ \pi=82.4\%,\quad H_1:\ \pi\neq 82.4\%$$

根据抽样结果，代入公式（8-8）检验统计量为

$$u=\frac{0.8161-0.824}{\sqrt{\dfrac{0.824(1-0.824)}{87}}}\approx -0.193$$

假设选择了双侧检验，根据显著水平 $\alpha=0.05$，查标准正态分布表得 $u_{0.05/2}=1.96$。由于 $|u|=0.193<u_{0.05/2}=1.96$，$p>0.05$，所以接受原假设 H_0，拒绝 H_1，认为该中学体育达标率与该地区体育达标率无显著性差异。

[例 8-8] 某报道称不低于 73%的成年男性看电视时首选体育节目。某研究机构随机调查 200 名成年男子，其中 150 人首选体育节目。试通过此调查结果对该报道是否属实做出推断。（$\alpha=0.05$）

解： 已知样本量 $n=200$，样本率 $p=\frac{150}{200}\times 100\%=75\%$，$\pi_0=73\%$，想了解 π 是否大于 73%，提出的原假设和备择假设为

$$H_0:\ \pi\geqslant 73\%,\quad H_1:\ \pi<73\%$$

代入公式（8-8）计算检验统计量为

$$u=\frac{0.75-0.73}{\sqrt{\frac{0.73(1-0.73)}{87}}}=0.42$$

假设选择了左侧检验，根据显著水平 $\alpha=0.05$，查标准正态分布表得 $u_{0.05}=1.64$。由于 $|u|=0.42<u_{0.05}=1.64$，$p>0.05$，所以接受原假设 H_0，拒绝 H_1，认为该报道属实。

2. 两样本率的 u 检验（$\pi_1=\pi_2$）

两样本率检验的 3 种基本形式如下。

双侧检验　　H_0：$\pi_1=\pi_2$，H_1：$\pi_1\neq\pi_2$

左侧检验　　H_0：$\pi_1\geqslant\pi_2$，H_1：$\pi_1<\pi_2$

右侧检验　　H_0：$\pi_1\leqslant\pi_2$，H_1：$\pi_1>\pi_2$

其中，π_1，π_2 分别表示两个总体率，它们都未知。

在构造检验统计量时，根据大样本情形计算两率差值统计量近似正态分布，统计量为

$$u=\frac{p_1-p_2}{\sqrt{p_c(1-p_c)\left(\frac{1}{n_1}+\frac{1}{n_2}\right)}} \tag{8-9}$$

其中，n_1，n_2 分别表示两个样本量；p_1，p_2 分别表示两个样本率；$p_c=\dfrac{p_1n_1+p_2n_2}{n_1+n_2}$。

在给定显著水平 α 及单、双侧检验的条件下，两样本率检验的拒绝域、接受域和临界值与单样本率检验相同。

［例 8 9］　某大学准备举办一场大型体育活动，为了解男、女学生对这一活动的看法是否存在差异，分别随机抽取 200 名男生和 200 名女生进行调查，其中的一个问题是“你是否赞成举办这场活动?”男生表示赞成的比率为 35%，女生表示赞成的比率为 27%。调查者能否认为该校女生赞成率低于男生?

解：本题已知 $n_1=200$，$p_1=35\%$，$n_2=200$，$p_2=27\%$，男、女合成“赞成率” $p_c=\dfrac{200\times35\%+200\times27\%}{200+200}=31\%$，想了解 π_1，π_2 是否不相同，提出的原假设和备择假设为

$$H_0:\pi_1\leqslant\pi_2,H_1:\pi_1>\pi_2$$

代入公式（8-9）计算检验统计量为

$$u=\frac{35\%-27\%}{\sqrt{31\%\times(1-31\%)\left(\frac{1}{200}+\frac{1}{200}\right)}}\approx1.73$$

假设选择了右侧检验，根据显著水平 $\alpha=0.05$，查标准正态分布表得 $u_{0.05}=1.64$。

由于 $|u|=1.73>u_{0.05}=1.64$，$p<0.05$，所以接受原假设 H_0，拒绝 H_1，认为该校女生赞成率低于男生。

[例 8-10] 某排球联赛中统计甲、乙两队一场比赛跳发球情况，甲队跳发 52 次，成功 21 次；乙队跳发 56 次，成功 27 次。问此排球联赛中甲乙两队跳发球成功率是否相同？

解：已知 $n_1=52$，$p_1=\frac{21}{52}\times100\%\approx40.38\%$，$n_2=56$，$p_2=\frac{27}{56}\times100\%=48.21\%$，$p_c=\frac{21+27}{52+56}\times100\%=44.44\%$，想了解 π_1，π_2 是否相同，提出的原假设和备择假设为

$$H_0:\pi_1=\pi_2, H_1:\pi_1\neq\pi_2$$

代入公式（8-9）计算检验统计量为

$$u=\frac{40.38\%-48.21\%}{\sqrt{44.44\%(1-44.44\%)\left(\frac{1}{52}+\frac{1}{56}\right)}}\approx-0.8182$$

假设选择了双侧检验，根据显著水平 $\alpha=0.05$，查标准正态分布表得 $u_{0.05/2}=1.96$。由于 $|u|=0.8182<u_{0.05/2}=1.96$，$p>0.05$，所以接受原假设 H_0，拒绝 H_1，认为甲、乙两队跳发球成功率无显著性差异。

3. 两样本率的 χ^2 检验

两样本率检验也可以用四格表资料的 χ^2 检验。

（1）χ^2 检验的基本步骤

假设 H_0：各总体的构成比分布相同。H_1：各总体的构成比分布不相同。

统计量的基本公式为

$$\chi^2=\sum\frac{(A-T)^2}{T} \tag{8-10}$$

其中，T 表示理论频数，A 表示实际频数。

自由度 $n'=$（行分类数－1）×（列分类数－1），查 χ^2 值表确定临界值 χ^2_α。

结论：当 $\chi^2<\chi^2_{0.05}$时，$p>0.05$，接受假设 H_0，认为各总体构成比分布相同；当 $\chi^2\geqslant\chi^2_{0.05}$时，$p\leqslant0.05$，拒绝假设 H_0，认为各总体构成比分布不同。

（2）两样本率四格表的 χ^2 检验

[例 8-11] 对［例 8-10］的资料数据划分为四格表形式，如表 8-2 所示。

表 8-2 甲、乙两队跳发球情况统计表

	成功/次	失败/次	合计/次
甲	21（23.11）a	31（28.89）b	52（$a+b$）
乙	27（24.89）c	29（31.81）d	56（$c+d$）
合　计	48（$a+c$）	60（$b+d$）	108

注：括号内数字为理论频率。

表 8-2 $\begin{array}{|c|c|}\hline a & b \\ \hline c & d \\ \hline\end{array}$ 内的 4 个数是该表的基本数据，其余数据可以用这 4 个基本数据推算出来，称为四格表资料。两个总体率之间有无差别可以通过四格表形式用 χ^2 检验推断。

统计量 χ^2 的计算，采用公式（8-10），式中 A 为实际频数，如例题中的 4 个基本数据 $\begin{bmatrix} 21 & 31 \\ 27 & 29 \end{bmatrix}$ ；T 为理论频数 $\begin{bmatrix} 23.11 & 28.89 \\ 24.89 & 31.11 \end{bmatrix}$ 。

求理论频数是 χ^2 检验的关键一步，已知理论频数和实际频数，χ^2 值就容易计算出来。理论频数 $=\dfrac{\text{行合计}\times\text{列合计}}{\text{总数}}$，如：甲成功次数 a=21 的理论数 $=\dfrac{(a+b)\times(a+c)}{a+b+c+d}=\dfrac{52\times48}{108}=23.11$。

原假设 H_0 为两队发球成功率相同，失败率相同，即两队总体率构成比相同。理论频数是根据检验假设 H_0：$\pi_1=\pi_2$ 确定的。甲、乙两队跳发球成功率相等，可以将两队合计成功率 44.44%$\left(\dfrac{48}{108}\times100\%\approx44.44\%\right)$作为各队的成功率。依此假设，理论上甲队 52 次跳发球中成功次数为 $52\times44.44\%\approx23.11$，失败次数为 $52\times(1-44.44\%)\approx28.89$；同理，理论上乙队 56 次发球成功次数为 $56\times44.44\%\approx24.89$，失败次数为 $56\times(1-44.44\%)\approx31.11$。

从公式（8-10）可以看出，χ^2 值反映了实际频数与理论频数的吻合程度。若检验假设 H_0 成立，实际频数与理论频数的差值会较小，则 χ^2 值也会变小；反之，若检验假设 H_0 不成立，实际频数与理论频数的差值会较大，则 χ^2 值也会变大。

χ^2 检验时，要根据自由度 n' 查 χ^2 界值表。当自由度 n' 确定后，χ^2 分布曲线下右侧尾部的面积为 α 时，横轴上相应的 χ^2 值记作 χ^2_α（n'）。当自由度为 n'，χ^2 分布的右侧尾部面积为 p 时，χ^2 值记为 χ^2_p（n'）。χ^2 值越大，p 值越小；反之 χ^2 值越小，p 值越大。χ^2 检验的临界值常常定为 $\chi^2_{0.05}$，由于 χ^2 分布是偏态，因而 χ^2 值不对称。

若检验显著水平为 α，当 $\chi^2>\chi^2_\alpha$ 时，$p<\alpha$，拒绝 H_0，接受 H_1；当时 $\chi^2<\chi^2_\alpha$ 时，$p>\alpha$，接受 H_0，拒绝 H_1。

本题检验基本步骤如下。

假设 H_0：两队跳发球成功率相同；H_1：两队跳发球成功率不同；即

$$H_0: \pi_1=\pi_2, H_1: \pi_1\neq\pi_2$$

计算统计量 $\chi^2=\dfrac{(21-23.11)^2}{23.11}+\dfrac{(31-28.89)^2}{24.89}+\dfrac{(27-24.89)^2}{24.89}+\dfrac{(29-31.11)^2}{31.11}$

$=0.669$

确定自由度 $n'=(2-1)(2-1)=1$，$\alpha=0.05$，查表 $\chi^2_{0.05}$ (1)=3.84。

由于 $\chi^2=0.669<\chi^2_{0.05}=3.84$，$p>0.05$，接受假设 H_0，认为两队跳发球成功率没有显著性差异。

（3）两样本率的比较

当 $n\geqslant40$ 且所有格子的 $T\geqslant5$ 时，计算统计量 χ^2 值的公式可以简化为常用四格表

资料 χ^2 检验的专用公式（8-11），即

$$\chi^2=\frac{(ad-bc)^2 n}{(a+b)(c+d)(a+c)(b+d)} \tag{8-11}$$

式中，a，b，c，d 为四格表的实际频数；$(a+b)$，$(c+d)$，$(a+c)$，$(b+d)$ 是周边合计；n 为总频数，且 $n=a+b+c+d$。

以［例题 8-11］为例，用公式（8-11）计算 χ^2 值，则

$$\chi^2=\frac{(21\times 29-31\times 27)^2 n}{(21+31)(27+29)(21+27)(31+29)}=0.669$$

结果与使用公式（8-10）的计算结果相同。

对于四格表资料，当 $n\geqslant 40$，$1\leqslant T<5$ 时，用四格表资料 χ^2 检验的校正公式（8-12）或公式（8-13）为

$$\chi^2=\sum\frac{(|A-T|-0.5)^2}{T} \tag{8-12}$$

$$\chi^2=\frac{(|ad-bc|-n/2)^2 n}{(a+b)(c+d)(a+c)(b+d)} \tag{8-13}$$

［例 8-12］ 某校随机抽样调查五年级和六年级学生近视眼患病情况，五年级学生近视率为 7.14%，六年级学生近视率为 35.7%，调查结果如表 8-3 所示。问该校五年级和六年级学生近视眼患病率是否不同？

表 8-3　两个年级学生近视情况统计表

年　级	近视	非近视	合计	近视率/%
五年级	2 (4.7)	26 (23.3)	28	7.14
六年级	5 (2.3)	9 (11.7)	14	35.72
合　计	7	35	42	16.67

注：括号内数字为理论频数。

解： 假设 H_0：$\pi_1=\pi_2$，H_1：$\pi_1\neq\pi_2$

计算统计量。由于存在理论频数 4.7、2.3 均小于 5，需要用四格表资料 χ^2 检验的校正公式。本题选用公式（8-13）计算校正 χ^2 值为

$$\chi^2=\frac{(|2\times 9-26\times 5|-42/2)^2\times 42}{(2+26)(5+9)(2+5)(26+9)}=3.62$$

确定自由度 $n'=(2-1)(2-1)=1$，$\alpha=0.05$，查表 $\chi^2_{0.05}(1)=3.84$。

由于 $\chi^2=3.62<\chi^2_{0.05}=3.84$，$p>0.05$，接受假设 H_0，认为该校五年级和六年级学生近视眼患病率没有显著性差异。

8.4　动 态 分 析

动态分析法是以客观现象所显现出来的数量特征为标准，判断被研究现象是否符

合正常发展趋势的要求，探求其偏离正常发展趋势的原因并对未来的发展趋势进行预测的一种统计分析方法。

随着时间记录的数据序列被称为时间序列，也称为动态数列。任何一个动态数列都具有两个基本要素：被研究现象所属的时间范围、不同时间上的统计数据。

动态分析的一个重要特点是考虑时间因素的影响，观察客观现象发展变化的过程、趋势及其规律，计算相应的动态指标用以描述现象发展变化的特征。在动态分析中，把作为比较基础的时期称为基期，相对应的发展水平称为基期水平；把所研究考察的时期称为报告期，相对应的发展水平称为报告期水平。常见的动态分析指标有定基比、环比、增长率、增长速度等。

1. 定基比

定基比是指报告期水平与某一固定时期（基期）水平之比，表明这种现象在较长时期内总的发展速度。例如，计算连续五年与第一年对比。

$$\text{定基比}=\frac{\text{报告期水平}}{\text{基期水平}}\times 100\% \tag{8-14}$$

2. 环比

环比是指报告期水平与前一时期水平之比，表明现象逐期的发展速度。如计算一年内各月与前一个月对比。

$$\text{环比}=\frac{\text{报告期水平}}{\text{前一期水平}}\times 100\% \tag{8-15}$$

3. 增长率

增长率是增长量与基期水平之比，它扣除了基数后的变动程度，表明现象增长（或下降）的相对程度。

$$\text{增长率}=\frac{\text{报告期水平}-\text{基期水平}}{\text{基期水平}}\times 100\% \tag{8-16}$$

或

$$\text{增长率}=\text{定基比}-1 \tag{8-17}$$

[例 8-13] 根据 1990～2006 年我国群众《国家体育锻炼标准》达标人数（单位：万人）统计年鉴资料，计算出的群众达标人数定基比、环比、增长率等数据资料如表 8-4 所示。

表 8-4 群众体育锻炼达标人数

年份	1990	1995	2000	2005
达标人数/万人	7478	13926	15202	12234
定基比/%		186.23	203.29	163.60
环比/%		186.23	109.16	80.48
增长率/%		86.23	103.29	63.60

资料来源：http://www.stats.gov.cn/tjsj/ndsj/中华人民共和国国家统计局网站。

可以看出，以 1990 年达标人数为基期计算的定基比都大于 100，说明 1995、2000、2005 各年达标人数皆超过 1990 年人数；1995、2000 环比大于 100，说明这两期达标人数超过前一期，而 2005 年环比小于 100，说明该期达标人数低于前一期；以 1990 年为基期的增长率皆为正值，说明 1990 年后的各期达标人数都高于 1990 年，达标人数呈增长趋势。

8.5 四格表资料 χ^2 检验的 SPSS 例解

[例 8-14] 某排球联赛中统计甲、乙两队一场比赛跳发球情况，甲队跳发 52 次，成功 21 次；乙队跳发 56 次，成功 27 次。问此排球联赛甲、乙两队跳发球成功率是否相同？

(1) 建立数据文件

设 3 个变量

t 表示队别：　　　$t=1$ 表示“甲队”，$t=2$ 表示“乙队”。

r 表示结果：　　　$r=1$ 表示“成功”，$r=2$ 表示“失败”。

f 表示频数。

建立数据文件“两样本率的卡方检验 . sav”，如图 8-1 所示。

(2) 统计分析

1) 单击“Data→Weight cases”命令，进入“Weight Cases”对话框，选择“Weight cases by”单选项，把变量 *f* 调入“Frequency Variable”文本框中，如图 8-2 所示。

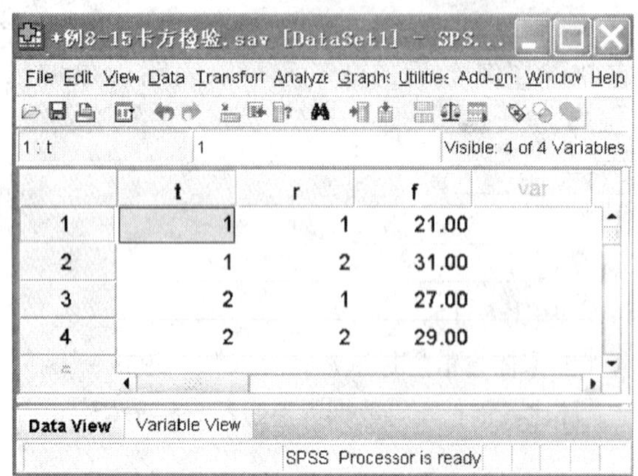

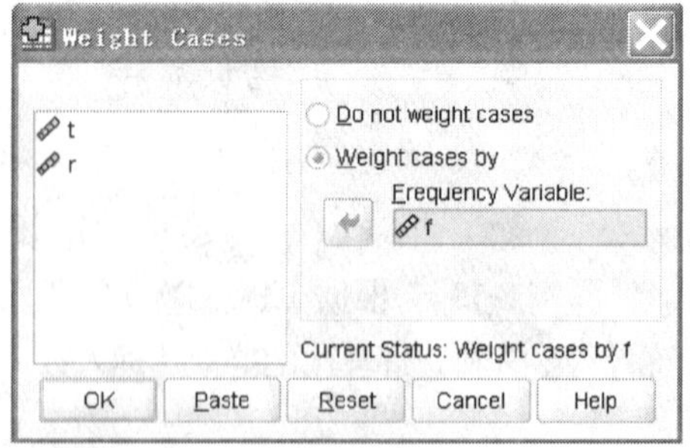

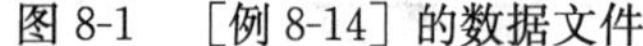

图 8-1 [例 8-14] 的数据文件　　　　图 8-2 “Weight Cases”对话框

2) 单击“Analyze→Descriptive Statistics→Crosstabs”命令，进入“Crosstabs”对话框，如图 8-3 所示。

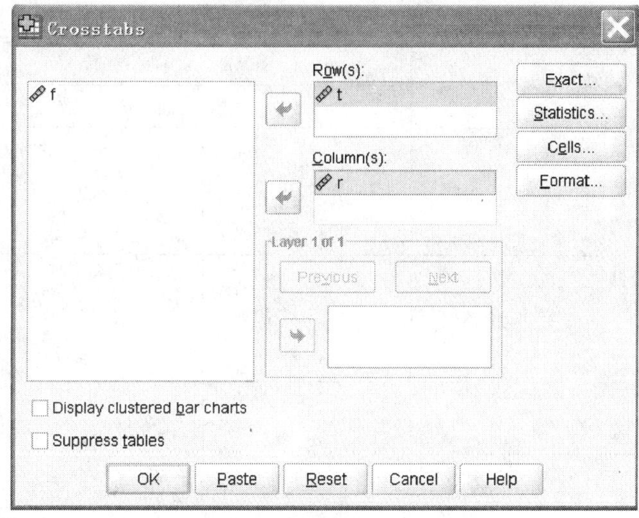

图 8-3 “Crosstabs”对话框

3）把图 8-3 中左侧源变量 t 调入“Row (s)”列表框；r 调入“Column (s)”列表框。

4）单击“Statistics”按钮，弹出“Crosstabs：Statistics”对话框，单击“Chi－square”复选框，再单击“Continue”按钮返回图 8-4。

5）单击“Cells”按钮，弹出“Crosstabs：Cell Display”对话框，如图 8-5 所示，选择“Expected”和“Row”复选框，单击“Continue”按钮返回图 8-3。

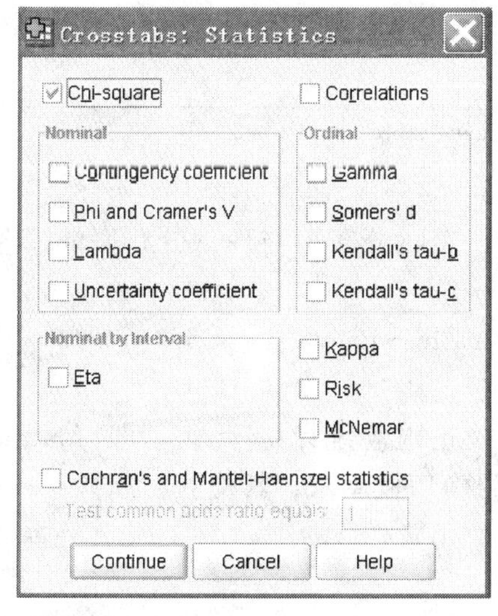

图 8-4 “Crosstabs：Statistics”对话框

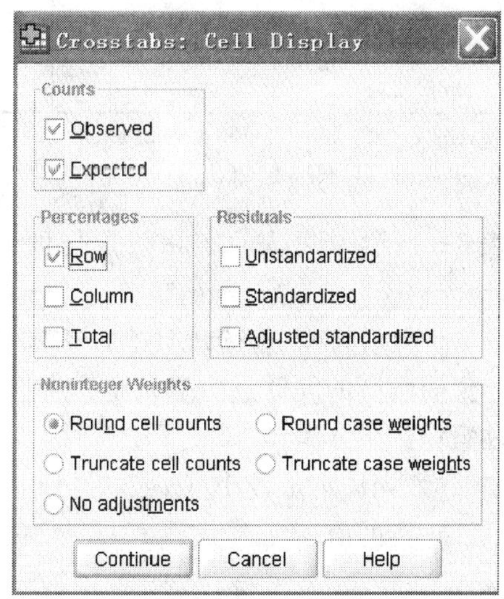

图 8-5 “Crosstabs Cell Display”对话框

6）单击“OK”按钮，显示输出结果，如表 8-5、表 8-6 所示。

表 8-5 交叉统计表

			分类		合计
			成功	失败	
对象	甲队	计数	21	31	52
		理论频数	23.1	28.9	52.0
		%	40.4	59.6	100.0
	乙队	计数	27	29	56
		理论频数	24.9	31.1	56.0
		%	48.2	51.8	100.0
合计		计数	48	60	108
		理论频数	48.0	60.0	108.0
		%	44.4	55.6	100.0

表 8-6 卡方检验结果（Chi-Square Tests）

	Value	*df*	Asymp. Sig. (2-sided)	Exact Sig. (2-sided)	Exact Sig. (1-sided)
Pearson Chi-Square	.669[a]	1	.413		
Continuity Correction[b]	.390	1	.532		
Likelihood Ratio	.670	1	.413		
Fisher's Exact Test				.444	.266
Linear-by-Linear Association	.663	1	.415		
N of Valid Cases[b]	108				

a. 0 cells (.0%) have expected count less than 5. The minimum expected count is 23.11.

b. Computed only for a 2×2 table.

表 8-5 所示为两队的实际频数与理论频数、实际分布率与理论分布率的交叉统计表。

表 8-6 所示为 χ^2 检验统计表，本题 Pearson Chi-Square $\chi^2=0.669$，$p=0.413>0.05$，说明两队的发球成功率无显著性差异。

注意：如果 $n\geqslant 40$，$1\leqslant T<5$ 时，需要用校正检验统计量 χ^2 值，即 Continuity Correction。当样本量较小（$n<40$）时，通常用确切概率法，其检验应选择 Fisher's Exact Test 栏的值。

同步练习

一、单项选择题

1. 下列不宜计算刘某发球成功率的资料为（　　）。

A. 刘某发球 43 次，成功 12 次　　B. 刘某发球 3 次，成功 2 次

C. 刘某发球33次，成功10次　　D. 刘某发球35次，成功10次

2. 下列属于相对比的是（　　）。

A. 合格率　　B. 优秀率　　C. 体重指数　　D. 命中率

3. 甲投篮80次，进球35个；乙投篮65次，进球32个。则两人平均投篮命中率等于（　　）。

A. 0.4854　　B. 0.4620　　C. 0.4375　　D. 0.5333

4. 影响总体率估计的抽样误差大小的因素是（　　）。

A. 总体率和样本含量　　B. 总体率和样本率

C. 显著水平和样本含量　　D. 置信度和样本含量

5. 研究某种体育康复仪器的效果，对100人进行试验，其显效率的95%可信区间为0.862～0.926，表示（　　）。

A. 有95%的患者显效率在此范围内

B. 有95%的总体显效率在此范围

C. 该区间包含总体显效率的可能性为95%

D. 该区间包含样本显效率的可能性为95%

6. 某体育杂志社声称其杂志45%是老读者，市场调查机构随机调查100名该杂志读者，结果48名为老读者。对调查结果进行χ^2检验，假设H_0宜为（　　）。

A. $\pi=48\%$　　B. $\pi=45\%$

C. $\pi=52\%$　　D. $\pi=55\%$

7. 对两样本率进行检验的方法有（　　）。

A. u检验　　B. t检验

C. t检验和χ^2检验　　D. u检验和χ^2检验

8. 某市随机抽取男、女初中生各1000名，调查他们的课外体育活动情况，结果42%男生没有任何课外体育活动，62%女生没有任何课外体育活动。对调查结果进行χ^2检验，假设H_0宜为（　　）。

A. $\pi_1\neq\pi_2$　　B. $\pi_1>\pi_2$　　C. $\pi_1<\pi_2$　　D. $\pi_1=\pi_2$

9. 四格表的周边合计不变时，如果实际频数有变化，则理论频数（　　）。

A. 增大　　B. 减小　　C. 不变　　D. 不确定

10. 从甲、乙两篇文章中，查到同类研究的两样本率比较的四格表资料，其中χ^2检验结果：$\chi^2_{甲}>\chi^2_{0.01}(1)$，$\chi^2_{乙}>\chi^2_{0.05}(1)$，可以认为（　　）。

A. 两文结果有矛盾　　B. 两文结果基本一致

C. 甲文结果更为可信　　D. 甲文中总统率的差值较大

二、名词解释

1. 相对数

2. 率

3. 率的标准误

4. 动态分析法

5. 定基比、环比

三、应用计算题

1. 根据2006年某单位龋齿患病情况调查表（见表8-7），试求各年龄组患病率。

表8-7 2006年某单位龋齿患病情况调查表

年龄/岁	调查例数/个	患龋齿例数/个
21～30	60	12
31～40	70	25
41～50	100	45
51～60	50	27
合　计	280	109

2. 某小学4年级3个班，每班人数分别为51、47、45人，每班体育优秀率分别为45%、38%、40%，问该小学4年级体育优秀率是多少？

3. 从某中学高中随机抽取150名男生进行调查，结果有110名关注NBA体育赛事。试求该中学高中男生关注NBA体育赛事总体率的95%置信区间。

4. 某高校宣称该校50%的男生每天课外体育活动时间至少1小时，随机抽取该校男生83人，其中至少1小时体育活动的时间为40人。通过该调查结果推断该校的宣传是否属实。

5. 根据如表8-8所示的统计资料，计算定基比、环比、增长率。

表8-8 1990～2006年我国县以上体委举办运动会次数统计表

年　份	1990	1995	2000	2005	2006
县以上体委举办运动会次数/次	30 158	24 880	26 196	45 401	40 281

资料来源：http://www.stats.gov.cn/tjsj/ndsj/中华人民共和国国家统计局网站。

四、SPSS操作题

1. 从某小学6年级随机抽取96名学生调查其体育达标情况，结果如表8-9所示。

表8-9 达标情况统计表　（单位：人）

	达标人数	未达标人数
男生	42	12
女生	32	10

问：该小学6年级男女生体育达标率是否存在差异？

2. 某单位欲举办职工运动会，随机抽取43名不同性别职工进行问卷调查，问卷结果如表8-10所示。

表 8-10 问卷调查统计表 （单位：人）

	反对	赞成	合计
男	2	17	19
女	7	17	24

问：该单位男女对举办运动会的态度是否存在差异？

参 考 文 献

曹刚，李文新. 2008. 统计学原理［M］. 上海：上海财经大学出版社
程致屏. 1999. 体育统计学［M］. 西安：西北大学出版社
戴世光. 1994. 应用经济统计学［M］. 北京：中国人民大学出版社
蒋庆琅. 1998. 实用统计分析方法［M］. 北京：北京医科大学出版社
卢淑华. 1997. 社会统计学［M］. 北京：北京大学出版社
马斌荣. 2008. 医学统计学［M］. 北京：人民卫生出版社
袁卫等. 2007. 统计学［M］. 北京：高等教育出版社
中华人民共和国国家统计局网站 http://www.stats.gov.cn/tjsj/ndsj/

第 9 章　单因素方差分析

前面章节已经介绍了两组均数比较问题的处理方法，在实际研究中，有时还需要进行三组或三组以上均数的比较。本章主要介绍用于多组均数比较的单因素分析法。

9.1　方差分析概述

在体育运动中，某项目运动员成绩及教练员训练水平的高低，往往会受到许多因素的影响。如要提高运动员的运动成绩或改进教练员的训练方法，就要对影响运动员成绩或影响教练员训练方法的众多因素进行分析，确定哪些因素的影响是主要的，以及将这些因素控制在哪个水平就能使运动成绩提高。

作为影响训练结果（运动成绩）的因素有些是可控制的，这些可控制的因素，一般可以在有控制地重复该训练所获得的数据中得到反映。方差分析就是通过对试验所获得的数据间的差异，分析推断试验中各个因素所起作用的一种统计方法。或者说，方差分析是通过分析样本数据各项差异的来源以检验两个以上总体平均数是否有显著性差异的方法。早在 20 世纪 20 年代，英国统计学费歇（R. A. Fisher，1890-1962）首先将该方法用于农业试验中，经过近百年的发展，其内容已十分丰富，目前在体育科学研究中也得到了广泛地应用。

方差分析的内容很多，但进行各种方差分析一般都需满足以下 3 个条件。

第一，被检验的样本数据来自服从正态分布的总体。

第二，各总体的方差都相等。

第三，各样本是从各总体中随机抽取且是相互独立的。

在实际使用中，前两个条件的限制并非相当严格，只要总体数据是连续型的，而且不是非常明显的非正态或各总体方差相差不是特别大时，使用方差分析法进行检验的结果一般都被认为是合理的。

1. 方差分析的基本原理

（1）方差分析的基本原理

方差分析的基本原理认为不同处理组的均数间的差别基本来源有两个：随机误差和实验条件。

1）随机误差。随机误差称为组内差异（within groups），反映了随机误差造成的差异大小。用每个样本数据与其各组平均值离差平方和表示，记作 S_E，S_E 又叫组内平方和。

2）实验条件。即不同的处理造成的差异，称为组间差异（between groups）。用各组平均值与总平均值离差的平方和表示，记作 S_R。

(2) 方差分析的检验统计量

组内均方：$MS_E=\frac{S_E}{n-k}$，$n-k$ 为组内均方的自由度。

组间均方：$MS_R=\frac{S_R}{k-1}$，$k-1$ 为组间均方的自由度。

检验统计量：$F=\frac{MS_R}{MS_E}$。 (9-1)

无效假设 H_0（处理没有作用，即各样本来自同一总体）为真时，F 统计量服从 $F(k-1,n-k)$ 分布，当检验统计量 F 大于临界值时则拒绝 H_0。

2. 方差分析的分类

在实际工作中，当分析的因变量只有一个时，采用的是单因变量方差分析，内容包括单因素方差分析、多因素方差分析及有交互作用的多因素方差分析；当分析的因变量多于一个时，采用多元方差分析。本书只介绍单因素方差分析。

9.2 单因素方差分析

9.2.1 基本概念

由于试验条件的影响，在进行试验时，可能使试验结果表现出系统误差，称可控制的试验条件为因素，因素变化的各个等级为水平。如果在试验中只有一个因素在变化，其他可控制的条件不变，称为单因素试验；若试验中变化的因素有两个，则称为双因素试验；若试验中变化的因素多于两个，称为多因素试验。单因素试验中，若只有两个水平，即是上一章中讲过的两个总体均数的比较问题。

首先看下面一个例子。

[例 9-1] 为了考察 4 种不同教法对立定跳远成绩的影响，在某学校抽取条件基本相似的 16 名学生，随机分成 4 组，每组 4 人，采用不同教法训练一个学期后，其测验成绩如表 9-1 所示，问不同的训练方法对立定跳远成绩的影响是否相同？($\alpha=0.05$)

表 9-1 不同训练方法下的立定跳远成绩 （单位：cm）

成绩 / 教法 / 被试号	A_1	A_2	A_3	A_4	总和
1	230	210	200	220	
2	190	240	180	250	
3	210	270	190	270	
4	130	200	150	260	

续表

被试号 \ 成绩 \ 教法	A_1	A_2	A_3	A_4	总和
总和	760	920	720	1000	3400
平均 $\bar{x}_i$	190	230	180	250	$\bar{x}=212.5$
样本量	4	4	4	4	$n=16$

试验中唯一的可控制因素——教法用 A 表示。用 4 种不同教法训练所得立定跳远成绩，可以认为是对该教法所对应总体的一次抽样观察。因此，对同一种教法 4 人训练的结果可看成是取自同一总体的含量为 4 的一个样本。每个训练成绩记为 x_{ij}（i，$j=1$，2，3，4）。从表 9-1 中可以看出，不同教法的立定跳远成绩是有差异的。第 2 种和第 4 种教法训练的学生成绩明显好于另两种教法训练的成绩；此外，同一种教法训练的 4 名学生成绩之间也存在着差异。造成这些差异的原因有两方面：一是由于因素 A 的不同水平所引起的差异，称这类变差为组间差异或因素 A 的变差；另一方面是由于随机因素而引起的差异，叫抽样误差或组内差异。现在的问题是如何由试验数据来判定立定跳远成绩间的差异主要是由抽样误差造成的还是由不同教法 A 的变差造成的。

一般地，如在试验中只考察一个因素 A 对试验结果的影响，其他因素相对固定，且因素 A 在试验中取 k 个不同的水平，记为 A_1，A_2，…，A_k，这类试验称为 k 个水平的单因素试验，其数据结构如表 9-2 所示。

表 9-2 单因素方差分析数据结构表

被试号 \ 观测值 \ 因素 A	水平 A_1	水平 A_2	…	水平 A_k
1	x_{11}	x_{21}	…	x_{k1}
2	x_{12}	x_{22}	…	x_{k2}
N	⋮	⋮		⋮
N	$x_{1_{n_1}}$	$x_{2_{n_2}}$	…	$x_{k_{n_k}}$
合计 T_i	T_1	T_2	…	T_k
平均 $\bar{x}_i$	$\bar{x}_1$	$\bar{x}_2$	…	$\bar{x}_k$
样本量	n_1	n_1	…	n_1

9.2.2 单因素方差分析的前提条件

为进一步讨论，我们对该问题作如下的假设。

1）对因素 A 的某一水平，比如第 i 个水平 A_i，进行试验得到的数据值 x_{i1}，x_{i2}，…，x_{ir_i} 看作是从正态总体 X_i（$X_i \sim N$（μ_i，σ^2））中取出一个含量为 r_i 的样本，且 μ_i，σ^2 未知。这里要求 k 个总体的方差都相同，可见方差的齐同性是进行方差分析的前提。

2）从不同总体中抽出的各组样本间毫无关系，即设 k 个总体相互独立。

9.2.3 单因素方差分析的检验步骤

如果要检验因素 A 的水平改变并不影响试验结果，则试验的全部结果 x_{ij} 应来自同一正态总体，即对应的 X_1，X_2，…，X_k 的总体均值 μ_1，μ_2，…，μ_k 都应相同，据此给出统计假设

H_0：$\mu_1=\mu_2=\cdots=\mu_k=\mu$；$H_1$：$\mu_1$，$\mu_2$，…，$\mu_k$ 不全相等。

检验统计量

$$F=\frac{S_A}{S_E}\times\frac{n-k}{k-1} \tag{9-2}$$

其中，因素 A 的 k 个水平为 A_1，A_2，…，A_k，各水平的试验次数分别记为 n_1，n_2，…，n_k，试验的总次数 $n=n_1+n_2+\cdots+n_k$；S_A 为组间平方和，反映了因素 A 引起的变差；S_E 为组内平方和，反映了误差的作用；S_T 为总变差，反映了全部数据的波动程度，即

$$S_T=S_A+S_E$$

其计算方法为

$$\overline{x}_i=\frac{1}{n_i}\sum_{j=1}^{n_j}x_{ij}\,,\overline{x}=\frac{1}{n}\sum_{i=1}^{k}\sum_{j=1}^{n_j}x_{ij}$$

总变差

$$S_T=\sum_{i=1}^{k}\sum_{j=1}^{n_j}X_{ij}^2-n\cdot\overline{x}^2$$

组间平方和

$$S_A=\sum_{i=1}^{k}n_i\,\overline{x}_i^2-n\cdot\overline{x}^2$$

组内平方和

$$S_E=S_T-S_A \tag{9-3}$$

当 H_0 成立时，F 服从 $F(k-1,\ n-k)$ 分布，给定显著性水平 α，查附表 4 可得 F_α；当 $F\geqslant F_\alpha$，拒绝零假设；当 $F<F_\alpha$，接受零假设。单因素方差分析表如表 9-3 所示。

表 9-3 单因素方差分析表

方差来源	平 方 和	自 由 度	均 方	F 值
因素 A	S_A	$k-1$	$S_A/(k-1)$	F_A
误差 E	S_E	$n-k$	$S_E/(n-k)$	
总 和	S_T	$n-1$		

9.2.4 多重比较

方差分析中经 F 检验判定 H_0 不真，则说明各组平均数 μ_1，μ_2，…，μ_k 不全相等，这是对所有均数的整体而言的，但总的差异显著并不意味着每两个均数之间的差异都一定显著。如果还需要进一步计算各均值 μ_i 之间的差异，就要对相应的各均值的观察值 $\overline{x}_i$ 进行比较，显然该问题可通过两独立组均数的 t 检验解决，但 k 个水平两两比较

需进行$N=C_k^2=\frac{k!}{2!\ (k-2)!}$次，必然会使弃真错误的概率增大（如两独立组$t$检验的显著性水平为$\alpha$，统计理论表明，作$N$次检验后实际的显著性水平会变为$1-(1-\alpha)^N$，它远大于$\alpha$）。多重比较可以解决这方面的问题。

多重比较的方法很多，常见的有多重显著检验（LSD）、S-N-K 检验（q检验）、TuKey 等。本书只介绍标准较为宽松的最小显著差异检验，其基本思路是在方差分析之后继续做t检验。对另外几种方法感兴趣的读者可参考其他统计书进一步了解。

LSD 法：又称最小显著差数法（least-significant difference），目的是比较不同水平下某一对或几对总体均数是否有显著性差异，其步骤为

$$H_0:\mu_i=\mu_j;H_1:\mu_i\neq\mu_j;i\neq j;i,j=1,2,\cdots,k。$$

统计量

$$T=\frac{\bar{x}_i-\bar{x}_j}{\sqrt{MS_E\cdot\left(\frac{1}{n_i}+\frac{1}{n_j}\right)}} \tag{9-4}$$

其中，$MS_E=\frac{S_E}{n-k}$，$n=n_1+n_2+\cdots+n_k$；n_i、n_j 分别为A_i、A_j 水平下的试验次数。

当H_0成立时，$T\sim t\ (n-k)$，称$LSD_\alpha=t_{\alpha/2}(n-k)\sqrt{MS_E\cdot\left(\frac{1}{n_i}+\frac{1}{n_j}\right)}$为最小显著差数，在给定显著性水平$\alpha$下，查附表 2 的$t$分布表得到双侧临界值$t_{\alpha/2}\ (n-k)$，若$|\bar{x}_i-\bar{x}_j|\geqslant LSD_\alpha$，则拒绝$H_0$，否则接受$H_0$。该方法适用于各总体方差相等的情况。

下面用［例 9-1］的解法来说明单因素方差分析的步骤。

解：1）方差分析：H_0：$\mu_1=\mu_2=\mu_3=\mu_4$；H_1：μ_1，μ_2，μ_3，μ_4不全相等

$$k=4,n=4+4+4+4=16,\bar{x}_1=190,\bar{x}_2=230,\bar{x}_3=180,\bar{x}_4=250$$

$$\bar{x}=(230+190+\cdots+260)/16=3400/16=212.5$$

$$S_T=230^2+190^2+\cdots+260^2-16\times 212.5^2=24\ 500$$

$$S_A=\sum_{i=1}^{k}r_i\bar{x}_i^2-n\cdot\bar{x}^2=4\times(190^2+230^2+180^2+250^2)-16\times 212.5^2=13\ 100$$

$$S_E=S_T-S_A=24\ 500-13\ 100=11\ 400$$

$$F=\frac{S_A}{S_E}\times\frac{n-k}{k-1}=\frac{13\ 100\times(16-4)}{11\ 400(4-1)}\approx 4.60$$

查附表 4 的F分布表（方差分析用），得$F_{0.05}$（3，12）$=3.49$，$F=4.60>F_{0.05}$（3，12），拒绝H_0，则说明不同教法对学生立定跳远成绩有显著影响。

2）使用LSD法多重比较。

$$\sqrt{MS_E\cdot\left(\frac{1}{n_i}+\frac{1}{n_j}\right)}=\sqrt{\frac{S_E}{n-k}\cdot\left(\frac{1}{n_i}+\frac{1}{n_j}\right)}=\sqrt{\frac{11\ 400}{12}\times\left(\frac{1}{4}+\frac{1}{4}\right)}\approx 21.794$$

查附表 2 的t值表，得$t_{0.05/2}(12)=2.179$，$LSD_\alpha=21.794\times 2.179\approx 47.50$，4 个均值$\bar{x}_1$、$\bar{x}_2$、$\bar{x}_3$、$\bar{x}_4$之间的比较结果如表 9-4 所示。

表 9-4 [例 9-1] 各均值比较表

水　平	$\overline{x}_i$	差　数		
		$\overline{x}_i-\overline{x}_3$	$\overline{x}_i-\overline{x}_1$	$\overline{x}_i-\overline{x}_2$
A_4	250	70	60	20
A_2	230	50	40	
A_1	190	10		
A_3	180			

由表 9-4 可看出，$\overline{x}_4-\overline{x}_3=70$，$\overline{x}_4-\overline{x}_1=60$，$\overline{x}_2-\overline{x}_3=50$ 均大于 LSD_α。可见，A_4 与 A_3，A_4 与 A_1，A_2 与 A_3 间有显著性差异。

9.3 单因素方差分析 SPSS 例解

[例 9-2] [例 9-1] 数据的 SPSS 处理过程。

解： 1）建立数据文件，定义变量 x 代表立定跳远成绩，变量 g 代表组别（$g=1$，2，3，4 分别表示水平 A_1，A_2，A_3，A_4），输入数据并存盘。

2）选择“Analyze→Compare Mean→One Way ANOVA”命令，打开“One-Way ANOVA”（单因素方差分析）主对话框，如图 9-1 所示。

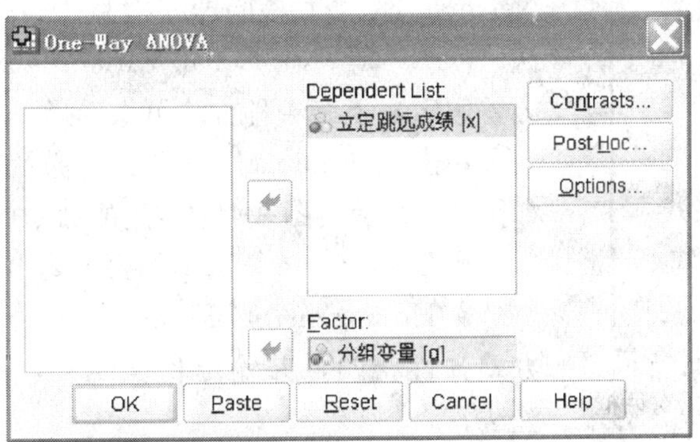

图 9-1 “One-Way ANOVA”（单因素方差分析）主对话框

3）在如图 9-1 所示的对话框中，将变量 x 放置于“Dependent List”（因变量）列表框下；将变量 g 放置于“Factor”（因素变量）列表框内。

在主对话框右侧有 3 个按钮，依次是“Contracts...”、“Post Hoc...”和“Options...”。

单击“Contracts...”按钮：将激活均值多项式比较对话框，如图 9-2 所示。（此项体育科研中一般不需要）。

单击“Post Hoc...”按钮：将激活多重比较对话框，如图 9-3 所示。在对话框中可选择均值多重比较的方法。

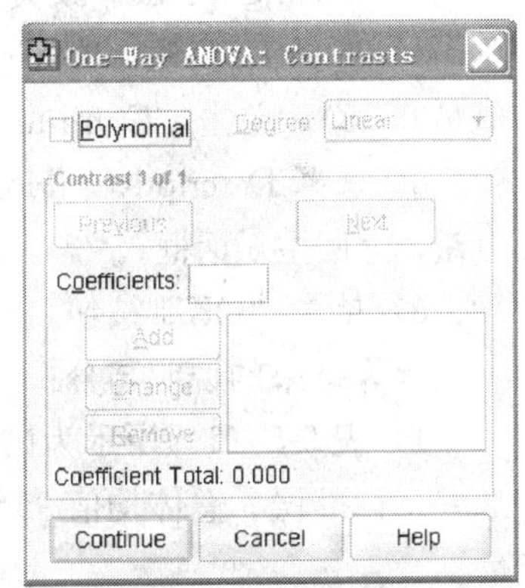

图 9-2 均值多项式比较对话框

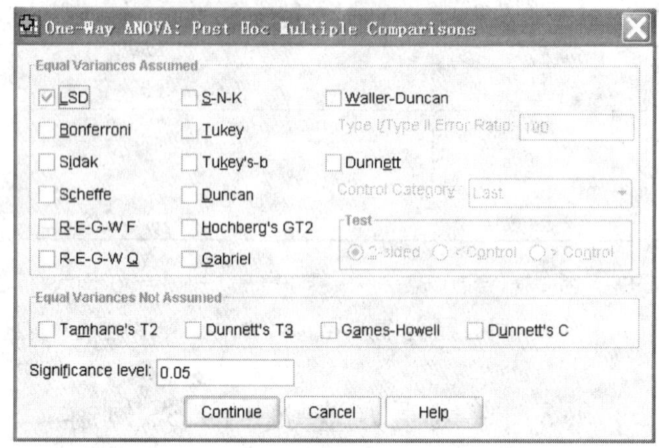

图 9-3 多重比较对话框

如图 9-3 所示的可供选择的多重比较方法分为方差齐性（等方差）和方差不等两类。

在该对话框的 Equal Variances Assumed（等方差假定）下有 14 种方法可供选择，常用的有：*LSD* 即最小显著差数法；S-N-K（Student-Newman-Keuls）检验即 *q* 检验；Tukey 即最小显著极差法（*LSR*）等。在 Equal Variances Not Assumed（不等方差假定）下有 4 种方法可供选择。

单击“Option...”按钮：将激活输出统计量对话框，如图 9-4 所示，图 9-4 中常用的命令如下。

- Descriptive 复选项。要求输出描述统计量。
- Homogeneity of Variance test 复选项。要求进行方差齐性检验，并输出检验结果，使用的是 Levene 检验法。

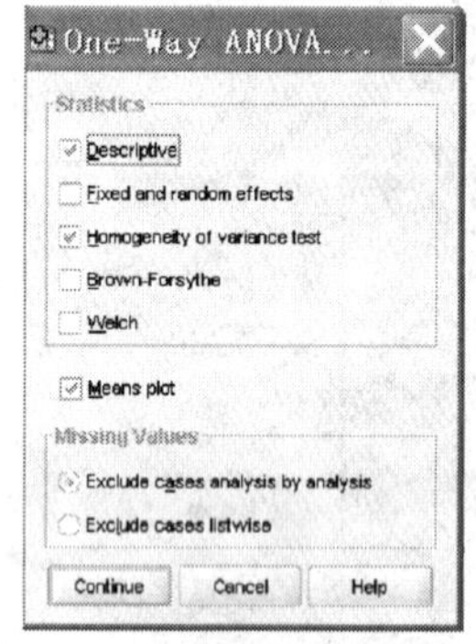

图 9-4 输出统计量对话框

- Means Plot。均值图，表现了各组均值的变化。
- Missing Value。缺失值的处理方法。

4）选择 *LSD* 法，在 Significance Level（显著性水平）框中输入 0.05（系统默认值是 0.05），单击“Continue”按钮，返回主对话框。

5）选择 Descriptive、Homogeneity of Variance test 及 Means Plot，单击“Continue”按钮，返回主对话框。

6）单击“OK”按钮，得到如表 9-5 及图 9-5 所示的计算结果。

计算结果的说明与分析：

1）表 9-5（1）所示为描述统计量，给出了 4 种水平下立定跳远成绩的平均值、标准差、标准误、总体均值 95%的置信区间、最小值、最大值。

表 9-5（1） 描述统计结果

水 平	样本量	均 值	标准差	标准误	均值的 95% 置信区间		极小值	极大值
					下 限	上 限		
1	4	190.00	43.205	21.602	121.25	258.75	130	230
2	4	230.00	31.623	15.811	179.68	280.32	200	270
3	4	180.00	21.602	10.801	145.63	214.37	150	200
4	4	250.00	21.602	10.801	215.63	284.37	220	270
总 计	16	212.50	40.415	10.104	190.96	234.04	130	270

2）表 9-5（2）所示为方差齐性检验结果，Sig. ＝0.532＞0.05，可接受方差齐性的假设。

表 9-5（2） 方差齐性检验结果

（Test of Homogeneity of Variances）

Levene 统计量	$df1$	$df2$	显著性（sig.）
.771	3	12	.532

3）表 9-5（3）所示为单因素方差分析表，组间平方和 $S_A=13\,100$，组内平方和 $S_E=11\,400$，总变差 $S_T=24\,500$，组间均方 MS_A 为 4366.667，组内均方 $MS_E=950$，$F=4.596$，Sig. ＝0.023＜0.05，拒绝 H_0，认为不同教法对学生立定跳远的成绩有显著影响。

表 9-5（3） 单因素方差分析表（ANOVA）

变差来源	平方和	df	均方	F	显著性（sig.）
组间	13 100.000	3	4366.667	4.596	.023
组内	11 400.000	12	950.000		
总数	24 500.000	15			

4）表 9-5（4）所示为多重比较检验结果。LSD 法比较结果显示：A_1 与 A_4、A_2 与 A_3、A_3 与 A_4 在 $\alpha=0.05$ 水平下有显著性差异。

表 9-5（4） 多重比较结果

LSD 法

(I) 分组变量	(J) 分组变量	均值差（I－J）	标准误	显著性	95% 置信区间	
					下限	上限
1	2	－40.000	21.794	.091	－87.49	7.49
	3	10.000	21.794	.655	－37.49	57.49
	4	－60.000*	21.794	.018	－107.49	－12.51
2	1	40.000	21.794	.091	－7.49	87.49
	3	50.000*	21.794	.041	2.51	97.49
	4	－20.000	21.794	.377	－67.49	27.49
3	1	－10.000	21.794	.655	－57.49	37.49
	2	－50.000*	21.794	.041	－97.49	－2.51

续表

LSD法

(I) 分组变量	(J) 分组变量	均值差 (I−J)	标准误	显著性	95% 置信区间	
					下限	上限
	4	−70.000*	21.794	.007	−117.49	−22.51
4	1	60.000*	21.794	.018	12.51	107.49
	2	20.000	21.794	.377	−27.49	67.49
	3	70.000*	21.794	.007	22.51	117.49

*. 均值差的显著性水平为 0.05。

5）如图 9-5 所示为各组均数的散点图，从中可以看出各组均数的分布。

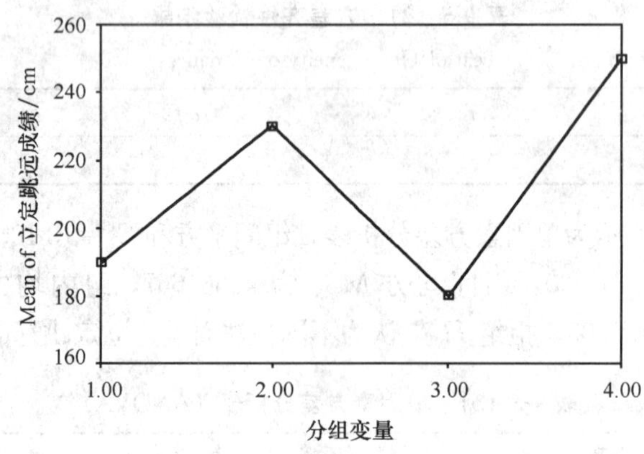

图 9-5　各组均数比较图

同 步 练 习

一、单项选择题

1. t 检验和方差分析都可以用于总体平均数的比较，下列说法正确的是（　　）。

A. t 检验和方差分析可以互相代替　　B. t 检验可以代替方差分

C. 方差分析可以代替 t 检验　　D. t 检验和方差分析不能互相代替

2. 对 k 个组进行多个样本的方差齐性检验（Bartlett 法），得 $\chi^2 > \chi^2_{0.05,v}$，$P <$ 0.05，按 $\alpha = 0.05$ 检验，可认为（　　）。

A. σ_1^2，σ_2^2，…，σ_k^2 全不相等　　B. σ_1^2，σ_2^2，…，σ_k^2 不全相等

C. S_1，S_2，…，S_k 不全相等　　D. μ_1，μ_2，…，μ_k 不全相等

3. 在方差分析中，（　　）反映的是由于随机因素而引起的差异。

A. 总变差　　B. 组间误差　　C. 系统误差　　D. 组内误差

4. 在单因素方差分析中，（　　）反映的是由于因素的不同水平而引起的差异。

A. 总变差　　B. 组间误差　　C. 抽样误差　　D. 组内误差

5. 进行单因素方差分析的数据必须是（　　）。

A. 连续型数据　B. 离散型数据　　C. 定性数据　　　D. 等级数据

二、填空题

1. 三组以上总体平均数的比较使用的方法是__________。

2. 方差分析一般需要满足的条件有______________________________、______________________________、______________________________。

3. 总变差、组间平方和、组内平方和三者之间的关系是__________。

4. 方差分析是通过对组间均值变异的分析研究判断多个______是否相等的一种统计方法。

5. 在试验设计中，把要考虑的那些可以控制的条件称为______；把因素变化的各个等级状态称为__________。

6. 组内平方和是______________________________；组间平方和是______________________________。

三、计算题

从同等条件的学生中，随机抽取 19 人，分 4 组，分别进行 4 种不同运动项目的训练，一个学期后进行握力测验，数据如表 9-6 所示，试问不同运动项目对握力是否有显著性影响？（$\alpha=0.05$）

表 9-6　不同运动项目的训练数据

握力 项目 / 重复	田 径	球 类	武 术	游 泳
1	6.5	8.3	10.3	8.4
2	7.8	7.2	11.4	6.2
3	6.1	8.6	9.2	5.3
4	8.2	6.2	8.8	7.3
5	4.1	5.2		
6	4.1			

参 考 文 献

胡良平. 2000. 现代统计学与 SAS 应用 [M]. 北京：军事医学科学出版社

王式安. 1995. 数理统计 [M]. 北京：北京理工大学出版社

王苏斌，等. 2003. SPSS 统计分析 [M]. 北京：机械工业出版社

吴喜之. 1999. 非参数统计 [M]. 北京：中国统计出版社

第 10 章　因 子 分 析

因子分析是利用降维的思想，把一些具有错综复杂关系的变量归结为少数几个不可观测的综合因子的一种多变量统计分析方法。因子分析的思想始于 1904 年查尔斯·斯皮尔曼（Charles Spearman）对学生考试成绩的研究。近年来，随着计算机技术的快速发展，因子分析方法已经被成功地应用于心理学、医学、气象、地质、经济、体育学等各个领域。本章主要介绍因子分析的基本原理，以及 SPSS 应用实例。

10.1　因子分析引例

体育科学研究涉及的变量较多，有些变量之间相关性高，而有些变量之间相关性低。因子分析的基本思想是根据相关性的大小将变量分组，使得同组内变量间的相关性较高，不同组的变量间的相关性较低。每组变量代表一个基本结构，并用一个不可观测的综合变量表示，这个基本结构称为公共因子。通常，因子分析的目的在于从一些有错综复杂关系的问题中找出少数几个主要因子，这些主要因子可以帮助我们对复杂的问题进行分析和解释。因此，因子分析就是用少数几个因子来描述许多指标或因素之间的联系，以较少几个因子反映原资料的大部分信息的统计学方法。

英国统计学家 Moser Scott 在 1961 年对英国 157 个城镇发展水平进行调查时，原始测量的变量有 57 个，而通过因子分析发现，只需要用 5 个新的综合变量（它们是原始变量的线性组合），就可以解释 95％的原始信息。对问题的研究从 57 个维度降低到 5 个维度，因此可以进行更容易的分析。

另外一个十分著名的因子分析研究，是美国统计学家 Stone 在 1947 年关于国民经济的研究，它根据美国 1927～1938 年的数据，得到 17 个反映国民收入与支出的变量要素，经过因子分析，得到了 3 个新的变量，可以解释 17 个原始变量 97.4％的信息。

下面举一个因子分析在体育中的应用案例。

例如，测试了某体院 120 名学生 8 项身体素质指标，包括 100m、背抛铅球、卧推、跳高、60m、400m、30m 和立定跳远。这 8 个变量中，100m 和 60m、400m、30m 起跑相关较高，背抛铅球、卧推之间相关较高，跳高和立定跳远之间相关较高。这样，可以将 8 个变量分成 3 组。100m、60m、400m、30m 起跑为一组，反映了学生的速度素质；背抛铅球、卧推为一组，反映了学生的上肢力量；跳高和立定跳远为一组，反映了学生的下肢爆发力。学生的素度素质、上肢力量、下肢爆发力就是因子，它们是各组变量的共同特征。

因子分析的特点如下。

1）因子变量的数量远少于原有的指标变量的数量，对因子变量的分析能够减少分析中的计算工作量。

2）因子变量不是对原有变量的取舍，而是根据原始变量的信息进行重新组合，它能够反映原有变量大部分的信息。

3）因子变量之间不存在线性相关关系，对变量的分析比较方便。

4）因子变量具有命名解释性，即该变量是对某些原始变量信息的综合和反映。

利用因子分析方法可以寻找变量间的潜在结构，也可以评价问卷的结构效度等。

10.2 因子分析基本原理

10.2.1 因子分析的基本模型

设有 p 个标准化变量 Z_1，Z_2，…，Z_p，可以是测试项目各指标的标准化值，也可以是一份问卷调查表 p 个题目的标准分，它们受 m 个公共因子 F_1，F_2，…，F_m 的影响，因子分析的数学模型可表示为如下形式

$$\begin{cases} Z_1 = a_{11}F_1 + a_{12}F_2 + \cdots + a_{1m}F_m + \varepsilon_1 \\ Z_2 = a_{21}F_1 + a_{22}F_2 + \cdots + a_{2m}F_m + \varepsilon_2 \\ \qquad \vdots \\ Z_p = a_{p1}F_1 + a_{p1}F_2 + \cdots + a_{pm}F_m + \varepsilon_p \end{cases} \tag{10-1}$$

其中，F_1，…，F_m 是公共因子（以下在不会引起混淆时简称因子），ε_i 是只和 Z_i 有关的特殊因子（也称为误差项），它们分别只对某一个原始观测变量起作用。各个公共因子和特殊因子之间、特殊因子和所有公共因子之间都相互独立的。系数 a_{ij} 称为第 i 个变量 Z_i 在第 j 个因子 F_j 上的负荷，矩阵

$$A = \begin{pmatrix} a_{11} & a_{12} & \cdots & a_{1m} \\ a_{21} & a_{22} & \cdots & a_{2m} \\ \vdots & \vdots & & \vdots \\ a_{p1} & a_{p2} & \cdots & a_{pm} \end{pmatrix}$$

称为因子负荷矩阵。

对于模型（10-1），作如下假设。

1）公共因子都是均值为 0、方差为 1 的变量。特殊因子的均值为 0。

2）各公共因子之间、特殊因子与公共因子之间、特殊因子与特殊因子之间均为零相关，即它们之间的协方差（或相关系数）等于零。特别地，当它们之间相互独立时满足这一要求。

这样的模型称为正交因子模型。

10.2.2 因子模型中指标的统计意义

为了便于对因子分析计算结果做出解释，有必要对因子分析模型中各个量加以说明。假定各个量都经过标准化处理。

1. 因子负荷

由于变量进行了标准化处理，因此，因子负荷 a_{ij} 就是变量 Z_i 与因子 F_j 的相关系数 r_{ZiFj}，它既反映了 Z_i 依赖于 F_j 的程度，也反映了 Z_i 在因子 F_j 上的相对重要性。

2. 变量共同度

变量共同度就是因子负荷矩阵 A 中各行元素的平方和。记因子负荷矩阵 A 第 i 行元素的平方和为

$$h_i^2 = \sum_{j=1}^{m} a_{ij}^2, i = 1,2,\cdots,p \tag{10-2}$$

称为变量 Z_i 的共同度，也称为公共因子方差。

由于 F_1，…，F_m，ε_1，…，ε_p 之间相互独立，则有

$$\mathrm{var}(Z_i) = a_{i1}^2\mathrm{var}(F_1) + \cdots + a_{im}^2\mathrm{var}(F_m) + \mathrm{var}(\varepsilon_i)$$

记 $\sigma_i^2 = \mathrm{var}(\varepsilon_i)$，因为 $\mathrm{var}(Z_i) = \mathrm{var}(F_1) = \mathrm{var}(F_2) = \cdots = \mathrm{var}(F_m) = 1$，则有

$$1 = \mathrm{var}(Z_i) = h_i^2 + \sigma_i^2$$

这说明变量 Z_i 的方差由两部分组成，第一部分是共同度 h_i^2，它度量了全部 m 个公共因子对变量 Z_i 方差的贡献，反映了变量 Z_i 对公共因子的依赖程度。第二部分是特殊因子的方差，称为特殊方差。

3. 公共因子 F_j 的方差贡献

在因子负荷矩阵 A 中，第 j 列元素的平方和记为 g_j^2

$$g_j^2 = \sum_{i=1}^{p} a_{ij}^2, j = 1,2,\cdots,m \tag{10-3}$$

式中，g_j^2 表示第 j 个公共因子 F_j 对所有变量 Z_1，Z_2，…，Z_p 的总影响或方差贡献，它是衡量公共因子相对重要性的指标。g_j^2 越大，表明 F_j 对所有变量 Z_1，Z_2，…，Z_p 的贡献越大。若将 g_j^2（$j=1$，2，…，m）都计算出来，并按其大小排序，就可以产生最有影响的几个公共因子。

10.2.3 因子分析结果的解释

[例 10-1] 对某体院 120 名学生 8 个项目的成绩做因子分析得出 3 个公共因子，因子负荷、共同度和方差贡献率如表 10-1 所示，试解释因子分析结果。

解： 从表 10-1 可以看出，8 个项目的成绩反映了学生 3 方面的运动素质。100m、60m、400m、30m 起跑在因子 F_1 上的负荷较大，可以将该因子解释为素质耐力因子。背抛铅球、卧推在因子 F_2 上的负荷较大，可以将因子 F_2 解释为上肢爆发力因子。在因子 F_3 上有大负荷的是跳高和立定跳远，可以将因子 F_3 解释为下肢爆发力因子。

表 10-1 8 个项目成绩在 3 个因子上的负荷

变 量	因子（F_1）	因子（F_2）	因子（F_3）	共同度（h_i^2）	特殊方差（σ_i^2）
100m（Z_1）	−0.75	−0.3542	−0.4102	0.8562	0.1438
背抛铅球（Z_2）	0.2617	0.8328	0.159	0.7873	0.2127
卧推（Z_3）	0.0055	0.9304	0.1837	0.8994	0.1006
跳高（Z_4）	0.215	0.0792	0.9409	0.9378	0.0622
60m（Z_5）	−0.8308	−0.325	−0.2008	0.8362	0.1638
400m（Z_6）	−0.8221	−0.0588	−0.2163	0.7261	0.2739
30m 起跑（Z_7）	−0.9068	0.035	−0.0645	0.8277	0.1723
立定跳远（Z_8）	0.2339	0.3653	0.8518	0.9137	0.0863
方差贡献（g_j^2）	2.9203	1.9347	1.9294	6.7844	1.2156
方差贡献率/%	36.50	24.18	24.12	84.81	15.19

Z_1与F_1的相关系数（即Z_1在F_1上的负荷）为−0.75，Z_1与F_2的相关系数为−0.3541，Z_1与F_3的相关系数为−0.4102。相关系数为负值，是因为 100m 是计时类项目，是低优指标。Z_1的共同度为

$$h_1^2=(-0.75)^2+(-0.3542)^2+(-0.4102)^2=0.8562$$

Z_1的特殊方差（即误差项方差）$\sigma_1^2=1-0.8562=0.1438$。这样，$Z_1$的方差中有 85.62%可由 3 个公共因子解释，有 14.38%是由它的特殊因子解释。同理，可以计算其余各变量的共同度和特殊方差。

将第 1 列的负荷平方和累加，可得到方差贡献

$$g_1^2=(-0.75)^2+(0.2617)^2+\cdots+(0.2339)^2=2.9203$$

它度量了公共因子F_1对 8 个项目成绩的方差贡献。因为 8 个项目的总方差为 8，所以F_1的方差贡献率为 2.9203/8=36.50%，同理可以算出，公共因子F_2对 8 个项目成绩的方差贡献为 1.9347，方差贡献率为 24.18%；公共因子F_3对 8 个项目成绩的方差贡献为 1.9294，方差贡献率为 24.12%。3 个公共因子的累积贡献率为 84.81%，说明 8 个项目成绩主要反映了学生 3 方面的运动素质：速度耐力、下肢力量和上肢力量。其中速度耐力素质相对比较重要，因为其方差贡献率较大。

10.3 因子分析过程

因子分析通常有如下步骤：①计算相关矩阵；②因子提取；③因子旋转；④计算因子得分；⑤对因子做出解释。其中前 4 步都可以由计算机软件完成。

1. 计算相关矩阵

计算所有变量之间的相关系数，得到相关矩阵 R。通过观察相关矩阵，可以大概知道对样本进行因子分析是否恰当。如果所有变量之间的相关系数都很小，它们共享

因子的可能性也很小。只有当许多相关系数的绝对值较大时，进行因子分析才有意义。

2. 因子提取

因子提取包括：按某种规则确定所需要的因子数；再用某种方法计算因子负荷矩阵。

可以用如下方法确定因子个数 m。

1）以 R 的特征根是否大于 1 为标准，特征根大于 1 的特征根个数为提取的因子数。

2）使前 m 个因子的方差贡献达到一个适当的比例，比如 80%以上。

3）根据专业知识指定因子个数。

随着 m 的增大，共同度也会增大。对于主成分解，增加新的因子时，原有因子的负荷不会改变，变化的是特殊因子。

建立因子模型时，首先要完成因子负荷的求解。目前已经有多种因子提取方法，如主成分法、极大似然法、主轴因子法、最小二乘法和广义最小二乘法等。其中比较常用的是主成分法，也是SPSS默认的方法。一个主成分其实是变量的一个线性组合。有多少个变量，就可以产生多少个彼此不相关的主成分。主成分法是将方差较大的少数几个主成分标准化作为因子。

3. 因子旋转

建立因子分析数学模型的目的不仅要找出公共因子以及对变量进行分组，更重要的是要知道每个公共因子的意义，以便对实际问题作出科学的分析，如果每个公共因子的含义不清，不便于进行实际背景的解释，此时根据因子载荷矩阵的不唯一性，可以对因子载荷矩阵实行旋转，即对初始公共因子进行线性组合，以期找到意义更为明确、实际意义更明显的公共因子。经过旋转后，公共因子对 Z_i 的贡献 h_i^2 并不改变，但由于载荷矩阵发生了变化，公共因子本身就可能发生很大的变化，每个公共因子对原始变量的贡献 g_j^2 不再与原来相同，从而经过适当的旋转可以得到比较令人满意的公共因子。

因子旋转通常分为正交旋转和斜交旋转。一般进行正交旋转，当对因子作正交旋转后，因子的意义仍不能得到满意的解释时，可考虑对因子作斜交旋转。无论正交旋转还是斜交旋转，都应使新的因子载荷系数要么尽可能接近零，要么尽可能远离零。也就是要尽量使得任一原始变量都与某些公共因子存在较强的相关关系，而与另外的公共因子之间几乎不相关。这样公共因子的实际意义就会比较容易确定。

4. 因子得分

因子模型建立完成之后，就可以用它考察每一个样品的性质和样品之间的相互关系。通过求出各个样品在各个公共因子上的取值，就能根据因子取值将样品分类，研究各个样品间的差异等。我们将样品在公共因子上的取值称为因子得分。

求得因子得分，有利于进一步的分析研究，比如样本点之间的比较分析、对样本点的聚类分析等。需要注意的是，所取的公共因子个数不同，因子得分也就不同。

5. 解释因子

解释因子是通过观察负荷矩阵，尤其是旋转后的负荷矩阵来完成的。如果一个因子的大负荷只出现在一个变量上，因子就由这个变量来表征。如果一个因子的大负荷出现在几个变量上，因子就由这几个变量来综合表征，用它们的公共内涵或共性来解释因子。解释因子带有很强的专业性、经验性。但只要解释合理，就认为是可以接受的。

10.4 因子分析的适用条件

1. 样本量

因子分析过程首先需要计算相关系数矩阵，相关系数是否可靠，对因子分析结果的可靠性有直接影响。因此，要求样本量比较充足，否则可能无法得到稳定和准确的结果。根据 Gorsuch（1983）的观点，因子分析时的样本量要求如下。

1）样本量与变量数的比例应在 5∶1 以上，实际上理想的样本量应为变量数的 10～25倍，但这很难做到。5～10 倍之间虽略显不足，但一般都能得到较好的结果。

2）总样本量不得少于 100，而且原则上越大越好。

以上是对样本量的经验要求。通过对众多实例的统计处理，并参阅大量书刊资料，学者们认为在实际应用中，若指标数为 5～6 个时，样本量不得低于 30。当指标增加时，样本含量宜相应增加，且越多越好，这样才能保证结果具有较高的可靠性。

2. 相关性

除样本量外，因子分析还有一个默认的条件，即各变量间必须有相关性，否则变量间没有共享信息，就不应当有公因子需要提取。具体在该条件的判断上，除了根据专业知识来估计外，还可以使用 KMO 统计量和 Bartlett′s 球形检验加以判定。

KMO 统计量：用于探查变量间的偏相关性，它比较的是各变量间的简单相关和偏相关的大小，取值范围在 0～1 之间。如果各变量间存在内在联系，则由于计算偏相关时控制其他因素就会同时控制潜在变量，导致偏相关系数远远小于简单相关系数，此时 KMO 统计量接近 1，做因子分析的效果好。一般认为当 KMO 大于 0.9 时效果最佳，0.8～0.9 时适合，0.7～0.8 时效果尚可，0.6～0.7 时不太适合，0.5 以下时不适宜做因子分析。

Bartlett′s 球形检验：用于检验相关阵是否是单位阵，即各变量是否各自独立。它的零假设为相关系数矩阵是一个单位阵，即相关系数矩阵对角线上的所有元素都为 1，所有非对角线上的元素都为零。如果结论拒绝零假设，则认为相关系数矩阵不可能是单位阵，即原始变量之间存在相关性，适合于作因子分析；相反，如果该统计量比较小，且其对应的相伴概率大于显著性水平，则不能拒绝零假设，认为相关系数矩阵可能是单位阵，说明这些变量可能各自独立提供一些信息，之间恐怕没什么联系，不适宜做因子分析。

［例 10-2］ 120 名体院男生 8 项身体素质指标（同［例 10-1］，原始数据略）分别是：100m、背抛铅球、卧推、跳高、60m、400m、30m 起跑和立定跳远，试写出因子分析的计算过程，并分析输出结果。

解：1）定义变量，求相关系数矩阵 $R=(r_{ij})$，如表 10-2 所示。

X_1——$100m$　　X_2——背抛铅球　　X_3——卧推　　X_4——跳高

X_5——$60m$　　X_6——$400m$　　X_7——$30m$ 起跑　　X_8——立定跳远

$$r_{ij}=\frac{\sum(X_i-\overline{X}_i)(X_j-\overline{X}_j)}{\sqrt{\sum(X_i-\overline{X}_i)^2\sum(X_j-\overline{X}_j)^2}}$$

2）求特征值 λ_i，并计算特征值的贡献率和累计贡献率，如表 10-4 所示。

$$\text{贡献率}=\frac{\lambda_i}{\text{指标数}}\times 100\%$$

3）确定公共因子数。本例指定提取的因子个数 $m=3$。

4）计算因子负荷矩阵 $A=(a_{ij})$，如表 10-5 所示。求公共因子方差 h_i^2，如表 10-3 所示。

$$h_i^2=\sum_{j=1}^{m}a_{ij}^2(i=1,2,\cdots,p)$$

本例 $p=8$。

5）求正交因子解。用方差极大法进行正交因子旋转，得到因子旋转后的负荷矩阵，如表 10-6 所示。

输出结果如下。

（1）相关系数矩阵

如表 10-2 所示为 8 个原始变量的相关矩阵。

表 10-2　相关系数矩阵（Correlation Matrix）

		100m	背抛铅球	卧推	跳高	60m	400m	30m 起跑	立定跳远
Correlation	100m	1	−0.43	−0.47	0.53	0.82	0.73	0.62	−0.65
（相关）	背抛铅球	−0.43	1	0.67	0.32	−0.5	0.24	−0.32	0.51
	卧推	−0.47	0.67	1	0.22	−0.33	−0.18	0.08	0.49
	跳高	0.53	0.32	0.22	1	−0.45	−0.38	−0.23	0.82
	60m	0.82	−0.5	−0.33	−0.45	1	0.64	0.71	−0.42
	400m	0.73	0.24	−0.18	−0.38	0.64	1	0.63	−0.36
	30m 起跑	0.62	−0.32	0.08	−0.23	0.71	0.63	1	−0.34
	立定跳远	−0.65	0.51	0.49	0.82	−0.42	−0.36	−0.34	1

(2) 公共因子方差

如表 10-3 所示为因子分析的初步结果。

第一列是 8 个原始变量名。

第二列是根据因子分析初始解计算出的变量共同度（公因子方差比）。由于每个原始变量的所有方差都能被因子解释掉，因此每个原始变量的共同度都为 1。

第三列是根据因子分析最终解计算出的变量共同度（公因子方差比）。指的是提取公因子后，各变量中的信息被提取出的比例，或者说变量的方差中由公因子决定的比例。公因子方差比在 0～1 之间取值越大，说明该变量能被因子说明的程度越高。

表 10-3 公共因子方差（Communalities）

变 量	Initial（初始）	Extraction（提取）
100m	1	0.8562
背抛铅球	1	0.7873
卧推	1	0.8994
跳高	1	0.9378
60m	1	0.8362
400m	1	0.7261
30m 起跑	1	0.8277
立定跳远	1	0.9137

(3) 特征值及旋转前后因子的方差贡献

如表 10-4 所示为方差贡献表。

表 10-4 方差贡献表

成分序号	初始特征值及方差贡献			旋转前因子的方差贡献			旋转后因子的方差贡献		
	特征值	方差/%	累积方差/%	合计	方差/%	累积方差/%	合计	方差的/%	累积方差/%
1	4.3246	54.06	54.06	4.3246	54.06	54.06	2.9203	36.504	36.50
2	1.4841	18.55	72.61	1.4841	18.55	72.61	1.9347	24.184	60.69
3	0.9758	12.20	84.81	0.9758	12.20	84.81	1.9294	24.118	84.81
4	0.5403	6.75	91.56						
5	0.3094	3.87	95.43						
6	0.2671	3.34	98.77						
7	0.0742	0.93	99.69						
8	0.0242	0.30	100.00						

提取方法：主成分分析。

(4) 因子负荷矩阵

如表 10-5 所示，某些变量中有几个因子上的负荷都比较大，比如跳高、30m 起跑、卧推等，不利于因子的解释，需要对因子进行旋转。

表 10-5 因子负荷矩阵

(Component Matrix)

变　量	因子（F_1）	因子（F_2）	因子（F_3）
100m	−0.9156	0.1286	0.0368
背抛铅球	0.6554	0.4513	−0.3924
卧推	0.5295	0.695	−0.3686
跳高	0.6814	0.1883	0.6618
60m	−0.8509	0.2633	0.2068
400m	−0.7298	0.4376	0.0452
30m 起跑	−0.6681	0.6018	0.1382
立定跳远	0.7808	0.3481	0.4276

(5) 旋转后的因子负荷矩阵

如表 10-6 所示为因子旋转后的负荷矩阵。

表 10-6 因子旋转后的负荷矩阵

(Rotated Component Matrix)

变　量	因子（F_1）	因子（F_2）	因子（F_3）
100m	−0.7500	−0.3542	−0.4102
背抛铅球	0.2617	0.8328	0.1590
卧推	0.0055	0.9304	0.1837
跳高	0.2150	0.0792	0.9409
60m	−0.8308	−0.325	−0.2008
400m	−0.8221	−0.0588	−0.2163
30m 起跑	−0.9068	0.0350	−0.0645
立定跳远	0.2339	0.3653	0.8518

(6) 解释因子

显然旋转后的负荷矩阵比较容易解释因子。第一因子有大负荷的是 100m、60m、400m 和 30m 起跑，可命名为“速度和速度耐力因子”；第二个因子有大负荷的是背抛铅球和卧推，可命名为“上肢力量因子”；第三个因子有大负荷的是跳高和立定跳远，可命名为“下肢爆发力因子”。

(7) 综合评分

因子分析还可以根据因子得分矩阵，计算出各样本的因子得分，经常用于综合评判。由专家给予本例 3 个因子变量不同的权重，利用下面的综合评判公式，即可得到综合评分。

$$\text{综合分} = a_1F_1 + a_2F_2 + a_3F_3$$

10.5 因子分析 SPSS 例解

[例 10-3] 在运动选材中，测得 42 名学生的 8 项身体形态指标：体重、身高、坐高、上肢长、胸围、腰围、肩宽、骨盆宽，数据资料如图 10-1（a）和图 10-1（b）所示，试进行因子分析。

解：1）选择“Analyze→Data Reduction→Factor...”命令，如图 10-2所示。

2）在弹出的如图 10-3 所示的“Factor Analysis”对话框中，从左侧的变量列表中选择所有的变量，添加到“Variables”列表框中。

3）单击“Descriptives...”按钮，弹出“Factor Analysis：Descriptives”对话框，如图 10-4 所示。

“Statistics”框用于选择输出相关的统计量，选项如下。

- Univariate descriptives。要求输出各变量的均数和标准差。
- Initial solution。表示输出初始分析结果。

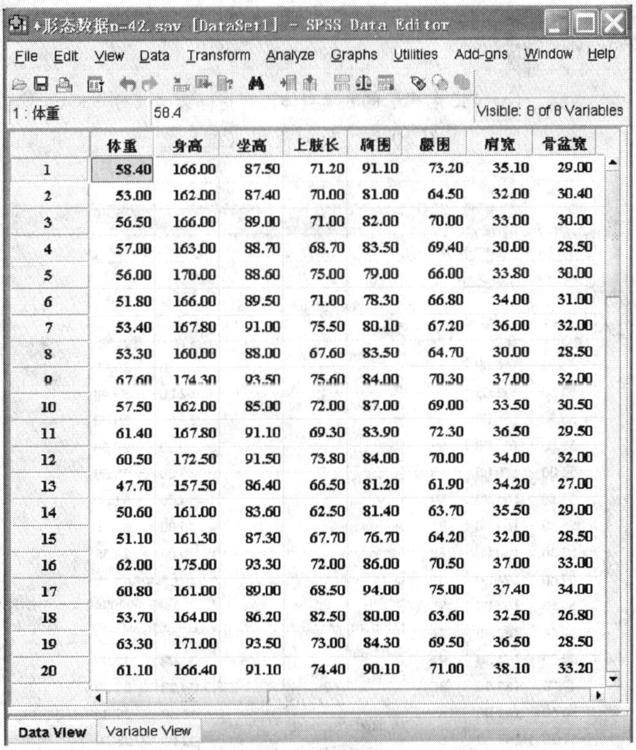

*形态数据n-42.sav [DataSet1] - SPSS Data Editor

File Edit View Data Transform Analyze Graphs Utilities Add-ons Window Help

1 : 体重 58.4 Visible: 8 of 8 Variables

	体重	身高	坐高	上肢长	胸围	腰围	肩宽	骨盆宽
1	58.40	166.00	87.50	71.20	91.10	73.20	35.10	29.00
2	53.00	162.00	87.40	70.00	81.00	64.50	32.00	30.40
3	56.50	166.00	89.00	71.00	82.00	70.00	33.00	30.00
4	57.00	163.00	88.70	68.70	83.50	69.40	30.00	28.50
5	56.00	170.00	88.60	75.00	79.00	66.00	33.80	30.00
6	51.80	166.00	89.50	71.00	78.30	66.80	34.00	31.00
7	53.40	167.80	91.00	75.50	80.10	67.20	36.00	32.00
8	53.30	160.00	88.00	67.60	83.50	64.70	30.00	28.50
9	67.60	174.30	93.50	75.60	84.00	70.30	37.00	32.00
10	57.50	162.00	85.00	72.00	87.00	69.00	33.50	30.50
11	61.40	167.80	91.10	69.30	83.90	72.30	36.50	29.50
12	60.50	172.50	91.50	73.80	84.00	70.00	34.00	32.00
13	47.70	157.50	86.40	66.50	81.20	61.90	34.20	27.00
14	50.60	161.00	83.60	62.50	81.40	63.70	35.50	29.00
15	51.10	161.30	87.30	67.70	76.70	64.20	32.00	28.50
16	62.00	175.00	93.30	72.00	86.00	70.50	37.00	33.00
17	60.80	161.00	89.00	68.50	94.00	75.00	37.40	34.00
18	53.70	164.00	86.20	82.50	80.00	63.60	32.50	26.80
19	63.30	171.00	93.50	73.00	84.30	69.50	36.50	28.50
20	61.10	166.40	91.10	74.40	90.10	71.00	38.10	33.20

Data View　Variable View

(a) 42 名男子的 8 项身体形态指标数据（1）

图 10-1 数据资料

	体重	身高	坐高	上肢长	胸围	腰围	肩宽	骨盆宽
21	47.00	159.00	85.00	66.40	79.00	61.00	35.00	26.00
22	60.00	164.00	89.50	67.00	84.50	69.20	30.80	27.80
23	53.80	166.00	85.20	65.80	80.20	67.00	36.00	30.00
24	51.10	159.50	87.80	66.90	82.40	63.60	30.00	26.50
25	55.20	164.10	87.30	70.30	81.90	66.30	33.00	28.50
26	48.00	158.40	84.30	65.00	86.50	66.50	35.00	29.50
27	55.50	160.00	87.50	67.40	88.50	71.10	35.20	26.80
28	55.10	161.50	89.20	68.50	85.20	66.80	40.80	32.40
29	56.40	166.00	89.00	71.00	82.00	70.00	33.00	30.00
30	56.00	169.00	88.60	75.00	79.00	66.00	33.80	30.00
31	53.30	164.20	88.00	67.60	83.50	64.70	30.00	28.50
32	61.50	170.20	91.10	69.30	83.90	72.30	36.50	29.50
33	50.60	161.00	83.60	62.50	81.40	63.70	35.00	30.50
34	53.70	164.00	86.20	78.50	80.00	63.60	32.50	26.80
35	48.00	160.00	85.00	66.40	79.00	61.00	35.00	26.00
36	53.80	166.00	85.20	65.80	80.10	67.00	36.00	32.10
37	51.20	159.50	87.80	66.90	82.40	63.60	30.00	26.50
38	52.90	162.00	87.40	70.00	81.00	64.50	32.00	30.40
39	53.30	165.30	88.00	67.60	83.50	64.70	30.00	28.50
40	57.30	162.00	85.20	71.90	87.00	69.00	33.50	30.50
41	48.10	158.40	86.40	66.50	81.20	62.10	34.30	27.30
42	51.20	161.40	87.30	67.70	76.70	63.20	32.00	28.50

Data View　Variable View

(b) 42名男子的8项身体形态指标数据（2）

图 10-1　数据资料（续）

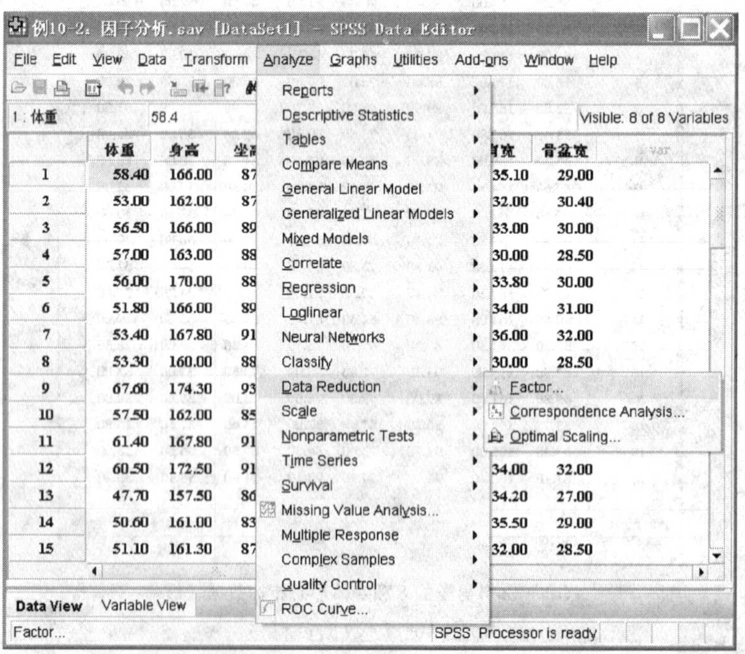

图 10-2　在子菜单中选择“Factor...”命令

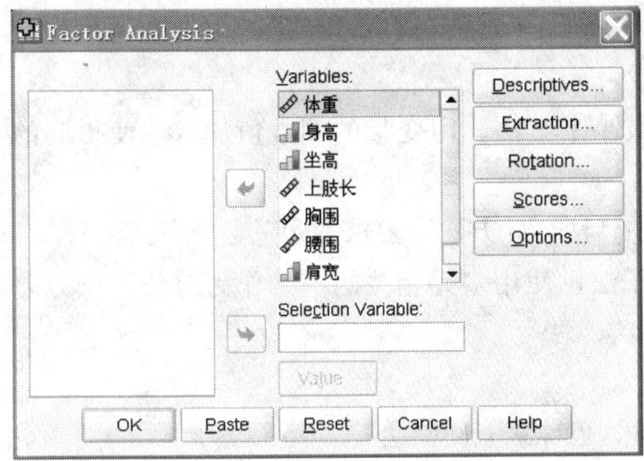

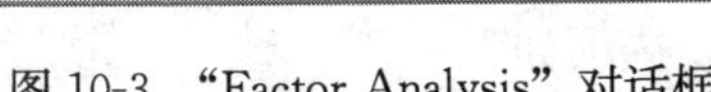
图 10-3 “Factor Analysis”对话框

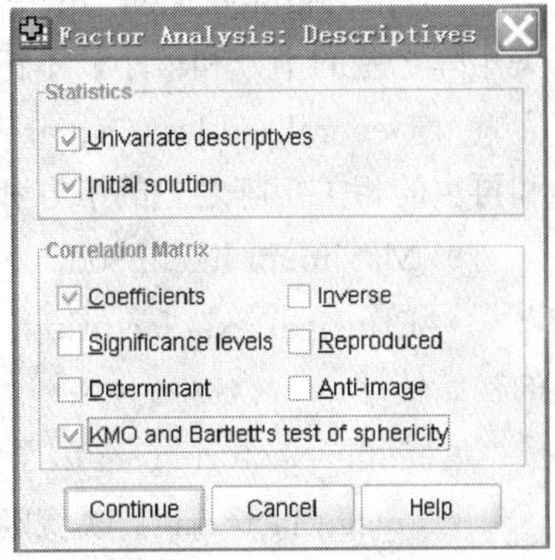

图 10-4 “Descriptives”对话框

“Correlation Matrix”框中提供了以下几种检验变量是否适合作因子分析的检验方法。

- Coefficients。要求计算相关系数矩阵。
- KMO and Bartletts test or sphericity。KMO 检验和巴特利特球形检验。KMO 检验，检验变量间的偏相关是否很小；巴特利特球形检验，检验相关阵是否是单位阵。

单击“Continue”按钮，返回“Factor Analysis”对话框。

4）单击“Extraction”按钮，弹出“Factor Analysis：Extraction”对话框，选择因子提取方法，如图 10-5 所示。因子提取方法在“Method”下拉列表框中选取。SPSS 共提供了以下 7 种方法，如图 10-5所示。

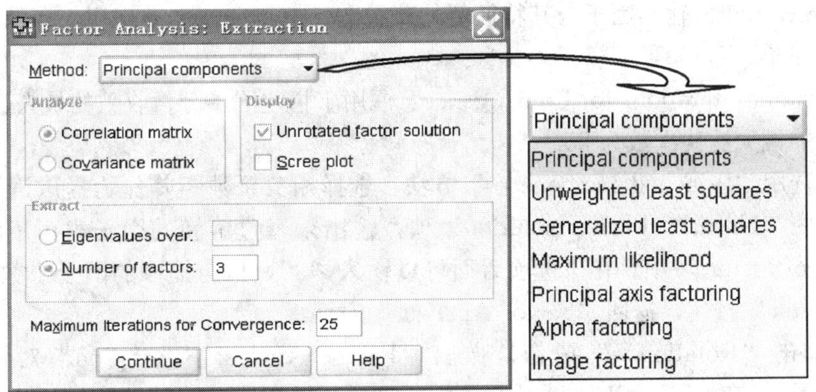

图 10-5 “Factor Analysis：Extraction”对话框

- Principal components。主成分分析法，该方法假定原变量是因子变量的线性组合。第一主成分有最大的方差，后续成分，其可解释的方差越来越少。这是使用最多的因子提取方法。

• Unweighted least squares。未加权最小平方法，该方法使得观测的和再生的相关矩阵之差的平方和最小，不记对角元素。

• Generalized least squares。综合最小平方法，用变量的倒数值加权，使得测的和再生的相关矩阵之差的平方和最小。

• Maximum likelihood。极大似然估计法，此方法不要求多元正态分布。

• Principal axis factoring。主轴因子法，使用多元相关的平方作为对公因子方差的初始估计。

• Alpha factoring。α因子法。

• Image factoring。映像因子提取法，也称多元回归法。

"Analyze"框用于选择提取因子变量的依据，选项如下。

• Correlation matrix。表示依据相关系数矩阵。

• Covariance matrix。表示依据协方差矩阵。

"Extract"框用于指定因子个数的标准，选项如下。

• Eigenvalues over。表示该选项后面可以输入一个特征值，SPSS 将提取特征值大于该值的因子，SPSS 默认为 1。指定特征值提取因子个数是 SPSS 默认的方法。

• Number of factors。表示该选项后面可以输入要提取因子的个数。SPSS 将提取指定个数的因子。理论上有多少个变量，就可以有多少个因子，因此输入的数值应为介于 0 和分析变量数之间的整数。

"Display"框用于选择输出哪些与因子提取有关的信息，选项如下。

• Unrotated factor solution。输出未经过旋转的因子载荷矩阵。

• Scree plot。输出因子与其特征值的碎石图，按特征值大小排列，有助于确定保留多少个因子。

"Maximum iterations for Convergence"框用于指定因子分析收敛的最大迭代次数，系统默认的最大迭代次数为 25。

本例选用"Principal components"方法，选择相关系数矩阵作为提取因子变量的依据，选中"Unrotated factor solution"项，输出未经过旋转的因子载荷矩阵；选择"Number of factors"项，在该选项后面可以输入"3"，指定提取的因子个数为 3。单击"Continue"按钮，返回"Factor Analysis"对话框。

5）单击"Rotation..."按钮，弹出"Factor Analysis：Rotation"对话框，如图 10-6所示。该对话框用于选择因子载荷矩阵的旋转方法。旋转的目的是为了简化结构，以帮助解释因子。SPSS 默认不进行旋转（None）。

"Method"框用于选择因子旋转方法，选项如下。

• None。不作因子旋转。

• Varimax。方差极大法旋转，又称正交旋转。它使得每个因子上具有最高载荷的变量数目最小，因此可以简化对因子的解释。

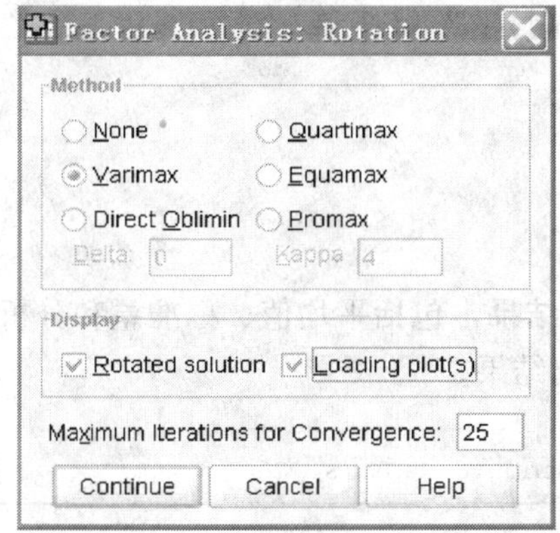

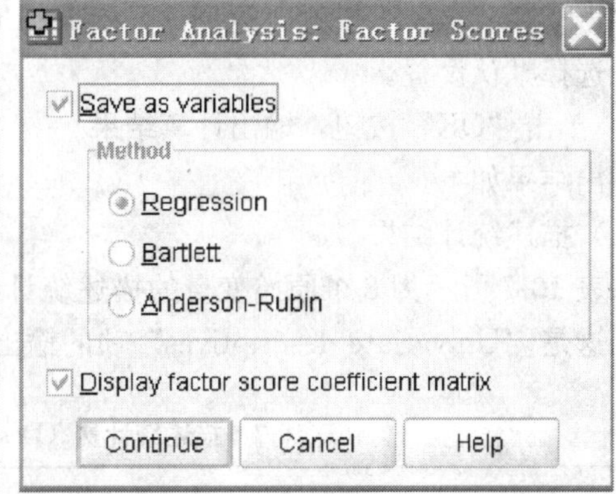

图 10-6 “Rotation”和“Factor Scores”对话框

• Direct Oblimin。直接斜交旋转，指定该项，可以在下面的矩形框中输入 Delta 值，该值在 0～1 之间。0 值产生最高的相关系数。

• Quartimax。四分最大正交旋转，对变量作旋转，该旋转方法使得每个变量中需要解释的因子数最少。

• Equamax。平均正交旋转，是 Varimax 方法和 Quartimax 方法的结合，对变量和因子均作旋转。

• Promax。斜交旋转方法，允许因子间相关。它比直接斜交旋转更快，因此适用于大数据的因子分析。

“Display”框用于选择输出哪些与因子旋转有关的信息，选项如下。

• Rotated solution。输出旋转后的因子载荷矩阵，对于正交旋转方法，给出旋转以后的因子矩阵模式和因子转换矩阵；对于斜交旋转显示旋转以后的因子矩阵模式、因子结构矩阵和因子间的相关矩阵。

• Loading plot(s)。输出载荷散点图。指定该项将给出两两因子为坐标的各个变量的载荷散点图。如果有两个因子，则给出各原始变量在因子 1 和因子 2 坐标系中的散点图。如果多于两个，则给出前 3 个因子的三维因子载荷散点图。如果只提取出了一个因子，则不会输出散点图。选择此项，给出旋转以后的因子载荷图。

本例选择方差极大法旋转“Varimax”，并选中“Rotated solution”和“Loading plot(s)”项，表示输出旋转后的因子载荷矩阵和载荷散点图。单击“Continue”按钮，返回“Factor Analysis”对话框。

6）单击“Scores...”按钮，弹出“Factor Analysis：Factor Scores”对话框，如图 10-6所示。“Save as variables”复选项将因子得分作为新变量保存在数据文件中。程序运行结束后，在数据编辑窗口中将显示出新变量。

系统提供 3 种估计因子得分系数的方法。本例选择“Regression”（回归因子得分），并选择“Display factor score coefficient matrix”复选项，即可在输出窗口显示因子得分系数矩阵。

单击“Continue”按钮，返回“Factor Analysis”对话框。在“Options...”对话框中，选择默认设置。

7）单击“OK”按钮，输出计算结果。

输出结果如下。

（1）描述统计结果

如表10-7所示为8个原始变量的描述统计结果，包括平均值、标准差和分析的个案数。这是“Univariate descriptives”项的输出结果。

表10-7 描述统计量（Descriptive Statistics）

	Mean（均值）	Std. Deviation（标准差）	Analysis *N*（分析个案数 *N*）
体重	54.9929	4.72830	42
身高	164.1929	4.38781	42
坐高	87.9952	2.54769	42
上肢长	69.8048	4.10431	42
胸围	82.8571	3.71130	42
腰围	66.8976	3.52527	42
肩宽	33.9881	2.53129	42
骨盆宽	29.4286	2.06519	42

（2）相关系数矩阵

如表10-8所示为8个原始变量的相关矩阵。

表10-8 相关矩阵（Correlation Matrix）

		体重	身高	坐高	上肢长	胸围	腰围	肩宽	骨盆宽
Correlation	体重	1.000	.768	.763	.473	.534	.840	.338	.535
（相关）	身高	.768	1.000	.748	.558	.061	.541	.310	.511
	坐高	.763	.748	1.000	.453	.240	.575	.242	.410
	上肢长	.473	.558	.453	1.000	.015	.245	.068	.197
	胸围	.534	.061	.240	.015	1.000	.725	.324	.375
	腰围	.840	.541	.575	.245	.725	1.000	.407	.582
	肩宽	.338	.310	.242	.068	.324	.407	1.000	.550
	骨盆宽	.535	.511	.410	.197	.375	.582	.550	1.000

(3) KMO 检验和 Bartlett′s 球形检验结果

如表 10-9 所示为 KMO 检验和 Bartlett′s 球形检验结果。其中 KMO 值为 0.794，根据上面给定的标准，KMO 大于 0.7，适合进行因子分析。

Bartlett′s 球形检验结果（$\chi^2=221.033$，$P=0.000$），$P<0.05$，因此，拒绝 Bartlett′s 球形检验的零假设，说明 8 个变量之间不是独立的，适合于因子分析。

表 10-9 KMO and Bartlett′s Test

Kaiser-Meyer-Olkin Measure of Sampling Adequacy.		.794
Bartlett′s Test of Sphericity	Approx. Chi-Square	221.033
	df	28
	Sig.	.000

中文对照表：

表 10-9 KMO 和 Bartlett 的检验

取样足够度的 Kaiser-Meyer-Olkin 度量		.794
Bartlett 的球形度检验	近似卡方	221.033
	df	28
	Sig.	.000

(4) 因子分析初始结果

如表 10-10 所示为因子分析的初始结果。

表 10-10 公因子方差（Communalitis）

	Initial （初始）	Extraction （提取）
体重	1.000	.924
身高	1.000	.878
坐高	1.000	.753
上肢长	1.000	.648
胸围	1.000	.914
腰围	1.000	.908
肩宽	1.000	.835
骨盆宽	1.000	.744

Extraction Method：Principal Component Analysis.

(5) 因子提取和因子旋转结果

如表 10-11 所示为因子分析后因子提取和因子旋转的结果。其中，第一列到第四列描述了因子分析初始解对原有变量总体描述情况。

表 10-11 Total Variance Explained

Component	Initial Eigenvalues			Extraction Sums of Squared Loadings			Rotation Sums of Squared Loadings		
	Total	% of Variance	Cumulative /%	Total	% of Variance	Cumulative /%	Total	% of Variance	Cumulative /%
1	4.265	53.316	53.316	4.265	53.316	53.316	2.782	34.772	34.772
2	1.442	18.031	71.347	1.442	18.031	71.347	2.115	26.436	61.208
3	.896	11.203	82.550	.896	11.203	82.550	1.707	21.342	82.550
4	.544	6.796	89.346						
5	.414	5.178	94.523						
6	.244	3.052	97.576						
7	.115	1.434	99.010						
8	.079	.990	100.000						

Extraction Method: Principal Component Analysis.

中文对照表：

表 10-11 方差贡献表

成分序号	初始特征值及方差贡献			旋转前因子的方差贡献			旋转后因子的方差贡献		
	特征值	方差/%	累积方差/%	合计	方差/%	累积方差/%	合计	方差的/%	累积方差/%
1	4.265	53.316	53.316	4.265	53.316	53.316	2.782	34.772	34.772
2	1.442	18.031	71.347	1.442	18.031	71.347	2.115	26.436	61.208
3	.896	11.203	82.550	.896	11.203	82.550	1.707	21.342	82.550
4	.544	6.796	89.346						
5	.414	5.178	94.523						
6	.244	3.052	97.576						
7	.115	1.434	99.010						
8	.079	.990	100.000						

提取方法：主成分分析。

第一列是因子分析的 8 个初始解序号。

第二列是因子变量的方差贡献（特征值），它是衡量因子重要程度的指标。例如，第一行中特征值为 4.265，表示第一个因子描述了原有变量总方差 8 中的 4.265，其后因子描述的方差依次减少。

第三列是各因子变量的方差贡献百分比，表示该因子描述的方差占原有变量总方差的比例。它的值是第二列的特征值除以总方差 8 的结果。例如，第一行中的

53.316%是 4.265 除以 8 的结果。

第四列是因子变量的累计方差贡献百分比，表示前 m 个因子描述的总方差占原有变量的总方差的比例。

第五列到第七列则是从初始解中提取了 3 个公共因子后对原变量总体的描述情况。各列数据的含义和前面第二列到第四列相同。可见提取了 3 个公共因子后，它们反映了原变量的大部分信息。

最右边三列是旋转以后得到的因子对原变量总体的刻画情况。各列的含义和第五列到第七列是一样的。

（6）因子负荷矩阵和旋转后的负荷矩阵

表 10-12 所示为旋转前 3 个因子的负荷矩阵，表 10-13 所示为旋转后 3 个因子的负荷矩阵。

表 10-12　因子负荷矩阵（Component Matrix[a]）

	Component		
	1	2	3
体　重	.935	−.071	−.213
身　高	.805	−.450	.166
坐 高	.796	−.334	−.091
上肢长	.505	−.626	−.044
胸 围	.556	.646	−.433
腰 围	.869	.296	−.256
肩 宽	.527	.407	.626
骨盆宽	.717	.250	.410

Extraction Method：Principal Component Analysis.

a. 3 components extracted.

表 10-13　旋转后的因子负荷矩阵（Rotated Component Matrix[a]）

	Component		
	1	2	3
体　重	.706	.608	.237
身　高	.872	.090	.331
坐　高	.794	.306	.169
上肢长	.802	−.051	−.043
胸　围	−.062	.940	.164
腰　围	.398	.806	.315
肩　宽	.037	.148	.901
骨盆宽	.293	.294	.757

a. Rotation converged in 4 iterations.

在表 10-12 和表 10-13 中，负荷矩阵每列数据的平方和等于该因子对所有变量的方差贡献（即特征值）。每行数据的平方和就是各变量的共同度，3 个因子在旋转前后的累计方差贡献率是一样的，见表 10-11 因子提取和因子旋转结果中的方差贡献表。因此，正交旋转不改变各变量的共同度和各因子的累计方差贡献率。

（7）因子命名

旋转后的因子矩阵比较容易解释因子。在因子 1 上负荷较大的顺序是身高、上肢长、坐高和体重，可命名为“长度因子”；在因子 2 上负荷较大的是胸围、腰围和体重，可命名为“围度因子”；在因子 3 上负荷较大的是肩宽和骨盆宽，可命名为“宽度因子”。因此，影响身体形态的因素依次是长度、围度和宽度。

（8）正交变换矩阵

如表 10-14 所示为正交变换矩阵，正交变换使因子产生正交旋转。

表 10-14 正交变换矩阵（Component Transformation Matrix）

Component	1	2	3
1	.689	.556	.465
2	−.723	.572	.388
3	−.050	−.604	.796

Extraction Method：Principal Component Analysis.

Rotation Method：Varimax with Kaiser Normalization.

（9）负荷散点图

这是 3 个因子的三维因子负荷散点图（如图 10-7 所示），以 3 个因子为坐标，给出各原始变量在该坐标中的负荷散点图，该图是旋转后因子负荷矩阵的图形化方式。如果因子负荷矩阵比较复杂，则通过该图较容易解释。

（10）因子得分矩阵

如表 10-15 所示为因子得分矩阵中的数据，是根据回归算法计算出来的因子得分函数的系数。因子得分函数是标准化变量的线性组合，即

$$\begin{cases} F_1 = 0.198x_1 + 0.346x_2 + \cdots - 0.032x_8 \\ F_2 = 0.237x_1 - 0.185x_2 + \cdots - 0.084x_8 \\ F_3 = -0.107x_1 + 0.114x_2 + \cdots + 0.509x_8 \end{cases}$$

表 10-15 因子得分系数矩阵（Component Score Coefficient Matrix）

	Component		
	1	2	3
体　重	.198	.237	−.107
身　高	.346	−.185	.114
坐　高	.301	.033	−.083
上肢长	.398	−.153	−.152
胸　围	−.209	.620	−.150
腰　围	.006	.403	−.053

续表

	Component		
	1	2	3
肩　宽	−.154	−.191	.723
骨盆宽	−.032	−.084	.509

Extraction Method：Principal Component Analysis.
Rotation Method：Varimax with Kaiser Normalization.
Component Scores.

Component Plot in Rotated Space

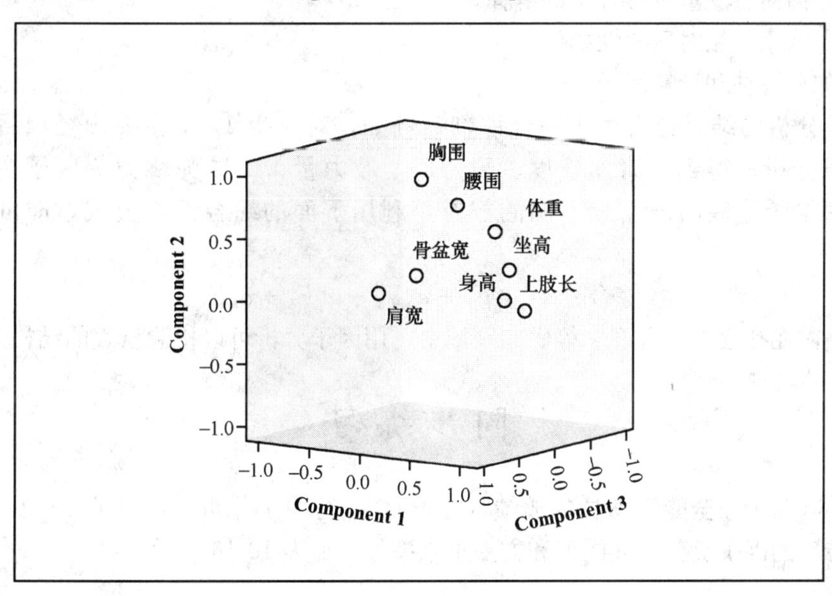

图 10-7　负荷散点图

因子旋转后的因子得分在原始变量的右侧以变量的形式输出。前 7 个受试对象的因子得分如图 10-8 所示。可以看出，第一因子（长度因子）得分最高的是 1.29354，即第 5 个受试对象；得分最低的是−0.15218，即第 1 个受试对象。

*例10-2：因子分析.sav [DataSet1] - SPSS Data Editor

File Edit View Data Transform Analyze Graphs Utilities Add-ons Window Help

14：骨盆宽　29　Visible: 11 of 11 Variables

	胸围	腰围	肩宽	骨盆宽	FAC1_1	FAC2_1	FAC3_1
1	91.10	73.20	35.10	29.00	-0.15218	2.06771	-0.28248
2	81.00	64.50	32.00	30.40	-0.10184	-0.49590	-0.21637
3	82.00	70.00	33.00	30.00	0.54548	0.23067	-0.21728
4	83.50	69.40	30.00	28.50	0.19187	0.93392	-1.48952
5	79.00	66.00	33.80	30.00	1.29354	-1.13589	0.17258
6	78.30	66.80	34.00	31.00	0.53363	-1.09924	0.60249
7	80.10	67.20	36.00	32.00	1.11764	-1.08838	1.13588

Data View　Variable View

SPSS Processor is ready

图 10-8　被试对象的因子得分

10.6 讨　论

因子分析是对现实生活中众多的相关、重叠信息进行合并和综合，它丢失的信息最少，将众多变量和指标变成较少的几个综合变量，有利于分析判定。

在科研中，因子分析能回答的问题主要有以下几项。

1）众多变量中存在多少个因素。

2）如何对各变量进行合理的解释。

3）各因素的相对重要性如何。

4）如何评估和计算因子得分。

因子分析的结果经常用于综合评判。例如，对学生10个主要田径项目的成绩进行因子分析，得到了诸如速度、耐力、上肢力量、下肢弹跳力等因子变量，然后由专家给予这些因子变量不同的权重，利用下面的综合评判公式，即可得到综合评分

$$综合分 = a_1F_1 + a_2F_2 + a_3F_3 + a_4F_4$$

另外，在社会学、心理学等研究领域中，用因子分析可以检验量表的结构效度。

同步练习

对160名十项全能运动员的成绩（分值），进行因子分析，得出了4个公共因子、正交旋转后的因子负荷、共同度和方差贡献率等，如表10-16所示。

表10-16　十个项目成绩分值的因子负荷、共同度

变　量	因子（$F1$）	因子（$F2$）	因子（$F3$）	因子（$F4$）	共同度（h_i^2）	特殊方差（σ_i^2）
100m（Z_1）	0.884	0.137	0.156	−0.113	0.837 33	0.162 67
跳　远（Z_2）	0.631	0.194	0.515	−0.0056	0.701 053	0.298 947
推铅球（Z_3）	0.245	0.825	0.223	−0.148	0.812 283	0.187 717
跳　高（Z_4）	0.239	0.15	0.75	0.076	0.647 897	0.352 103
400m（Z_5）	0.797	0.075	0.102	0.468	0.870 262	0.129 738
110m栏（Z_6）	0.404	0.153	0.635	−0.17	0.618 75	0.381 25
掷铁饼（Z_7）	0.186	0.814	0.147	−0.079	0.725 042	0.274 958
撑杆跳高（Z_8）	−0.036	0.176	0.762	0.217	0.660 005	0.339 995
掷标枪（Z_9）	−0.048	0.735	0.11	0.141	0.574 51	0.425 49
1500m（Z_{10}）	−0.045	−0.041	0.112	0.934	0.888 606	0.111 394
方差贡献（g_j^2）	2.1354	2.0240	1.9423	1.2340	7.3357	2.6643
方差贡献率/%	21.35	20.24	19.42	12.34	73.36	26.64

1. 写出跳高在4个因子上的负荷。

2. 写出跳远与 4 个因子的相关系数。

3. 写出 400m 的共同度和特殊方差。

4. 写出 4 个因子的方差贡献率和累计方差贡献率。

5. 根据负荷矩阵为因子命名，并解释因子。

参 考 文 献

李静萍，谢邦昌. 2008. 多元统计分析方法与应用 [M]. 北京：中国人民大学出版社

宋志刚，谢蕾蕾，何旭洪. 2008. SPSS 16 实用教程 [M]. 北京：人民邮电出版社

统编教材. 2002. 体育统计 [M]. 北京：人民体育出版社

温中麟. 2006. 心理与教育统计 [M]. 广州：广东高等教育出版社

余建英，何旭宏. 2003. 数据统计分析与 SPSS 应用 [M]. 北京：人民邮电出版社

张力为. 2004. 体育科研方法 [M]. 北京：高等教育出版社

张文彤. 2002. SPSS 11 统计分析教程 [M]. 北京：北京希望电子出版社

第 11 章　SPSS 应用实例

11.1　SPSS 基础知识

SPSS 是目前世界上最优秀的统计分析软件之一。SPSS 原意为 statistical package for the science，即“社会科学统计软件包”，2000 年正式更名为 statistical product and service solutions，意为“统计产品与服务方案”。SPSS 使用 Windows 的窗口方式展示各种管理和分析数据的方法，使用对话框展示各种功能选择项，其基本功能包括数据管理、统计分析、图表分析、输出管理等。迄今为止，SPSS 已广泛应用于自然科学和社会科学，其中涉及的领域包括工程技术、应用数学、经济学、商业、金融、生物学、医疗卫生、体育、心理学、农林等。

SPSS for Windows 界面友好，功能强大，主要版本有 SPSS 7.0、……、SPSS 16.0。本书以运行于 Windows 9X/NT/2000/XP 上的 SPSS 16.0 for Windows 标准版为例，介绍其应用实例，并在本书中简称为 SPSS。对于使用其他版本的用户，本书的内容也基本适用。

11.1.1　SPSS 的主界面

1. 启动与退出

SPSS 安装完毕后，系统会自动在 Windows 的“开始”菜单中创建快捷方式。选择“开始→程序→SPSS 16.0”命令，即可启动 SPSS。

完成 SPSS 的统计分析后，退出该系统的方法是：选择“File→Exit”命令，或单击标题栏上的“关闭”按钮☒，便可退出 SPSS。

2. SPSS 的数据编辑窗口

SPSS 的数据编辑窗口与微软公司的 Excel 窗口有些相似，但是 SPSS 的统计功能要比 Excel 强得多。

数据编辑窗口由标题栏、菜单栏、工具栏、编辑栏、变量名栏、内容区和状态栏组成，如图 11-1 所示。

标题栏中显示编辑的数据文件名，本图中所编辑的数据文件为“某地区 13～15 岁学生资料”。

菜单栏中列出了 SPSS 的命令菜单，每个菜单对应一组相应的功能，如表 11-1 所示。

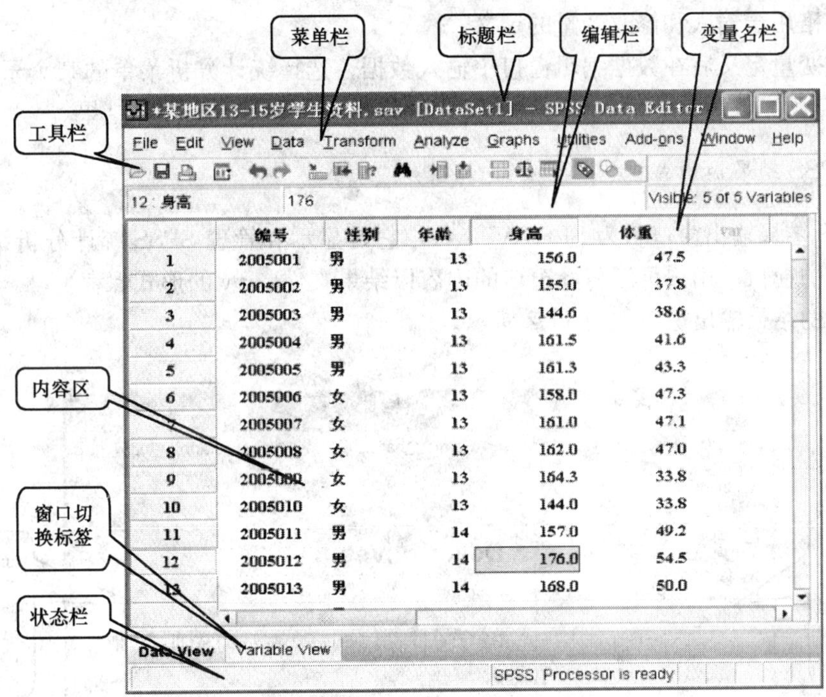

图 11-1 数据编辑窗口

表 11-1 SPSS 的命令菜单及对应功能

菜单名称	功　能
File（文件）	SPSS 文件操作菜单
Edit（编辑）	SPSS 文件编辑菜单
View（视图）	用户界面设置菜单
Data（数据）	数据文件的建立和编辑菜单
Transform（转换）	数据基本处理菜单
Analyze（分析）	统计分析菜单
Graphs（图形）	统计图形菜单
Utilities（实用程序）	相关应用和设置菜单
Add-ons（附加内容）	对各种模型的说明菜单
Windows（窗口）	SPSS 各窗口切换菜单
Help（帮助）	SPSS 帮助菜单

SPSS 自动命名变量名为 VAR00001、VAR00002、VAR00003 等。在图 11-1 中有 5 个变量：编号、性别、年龄、身高和体重。

数据编辑窗口下方有两个标签："Data View"（数据视图）和"Variable View"（变量视图）。"Data View"对应的表格用于查看、录入和修改数据；"Variable View"

对应的表格用于输入和修改变量的定义。

完成变量定义后在数据编辑窗口中输入数据，选择统计分析菜单的某个子菜单项，SPSS会自动完成统计分析，并将弹出结果输出窗口，显示数据分析结果。

3. SPSS 结果输出窗口

SPSS结果输出窗口名为 SPSS Viewer，它是显示和管理 SPSS 统计分析结果、报表及图形的窗口。用户可以将此窗口的内容以结果文件 .spv 的形式保存。

标准的结果输出窗口如图 11-2 所示。

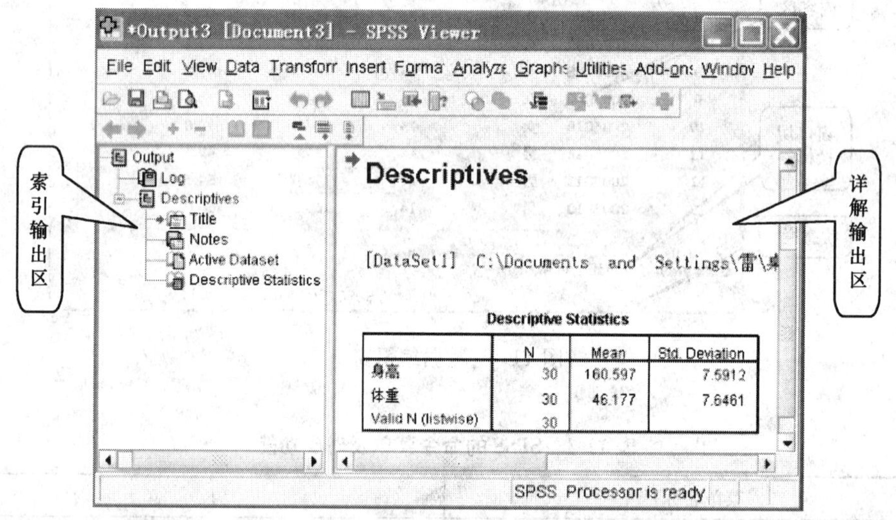

图 11-2 结果输出窗口

可以对详解输出区中的表格进行编辑等操作。选中某个表格时，相应表格的四周会出现黑色单线边框。如果要编辑某个表格，可以双击该表格，当表格四周出现黑色虚线边框时，即可对表格内的数据进行修改。

11.1.2 变量与数据文件

1. 定义变量

启动 SPSS 后，首先出现数据编辑窗口。在没有输入数据前，显示的是一个空文件，如图 11-3 所示。

输入数据之前先要定义变量。定义变量包括定义变量名、变量类型、变量长度（小数位数）、变量标签（或值标签）和变量的格式。

单击数据编辑窗口左下方的“Variable View”标签或双击列的题头（Var），进入如图 11-4 所示的变量定义窗口，在此窗口中即可定义变量。

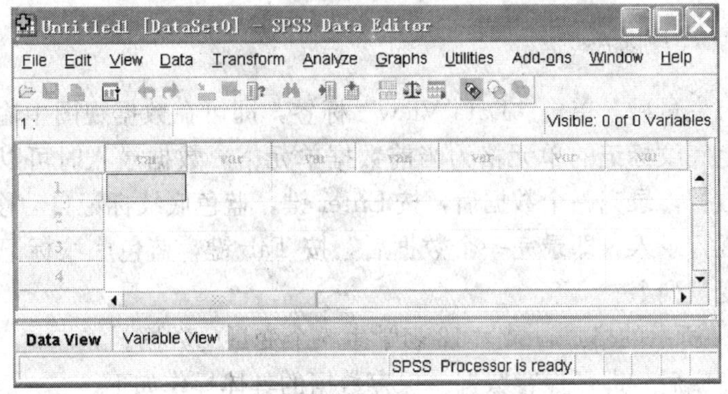

图 11-3 数据编辑窗口（空文件）

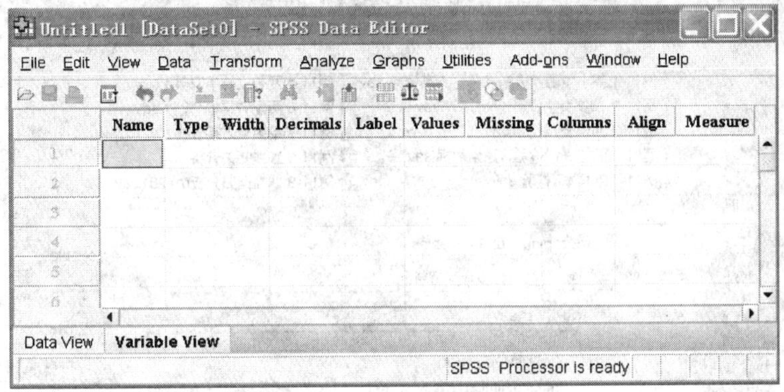

图 11-4 变量定义视图窗口

在该窗口中，每一行表示一个变量信息，包括 Name（变量名）、Type（变量类型）、Width（变量宽度）、Decimals（小数点位数）、Label（变量标签）、Values（变量值标签）、Missing（缺失值）、Columns（变量显示宽度）、Align（变量对齐方式）、Measure（变量测量尺度）。

按如图 11-5 所示的格式定义“编号”、“性别”、“年龄”、“身高”、“体重”等 5 个变量。

*某地区13-15岁学生资料.sav [DataSet1] - SPSS Data Editor

File Edit View Data Transform Analyze Graphs Utilities Add-ons Window Help

	Name	Type	Width	Decimals	Label	Values	Missing	Columns	Align	Measure
1	编号	String	8	0		None	None	8	Center	Nominal
2	性别	String	2	0		{, 男}...	None	4	Left	Nominal
3	年龄	Numeric	2	0		None	None	4	Right	Scale
4	身高	Numeric	5	1		None	None	6	Right	Scale
5	体重	Numeric	5	1		None	None	6	Right	Scale

Data View Variable View

SPSS Processor is ready

图 11-5 定义变量后的视图窗口

2. 数据的输入与保存

定义了所有变量后，单击“Data View”标签，即可在数据视图中输入数据。数据编辑窗口中蓝色底纹标记的单元格为当前数据单元格。数据录入时可以逐列录入，即按照变量录入数据，录完一个数据后，按 Enter 键，蓝色底纹标记自动移动到本列的下一行。也可以逐行录入，即录完一个数据后，按 Tab 键，蓝色底纹标记自动移动到本行的右边一个变量列上。

按照图 11-1 所示的格式，录入 12 名学生 5 个变量的数据。

数据录入完成后，即可保存数据。保存数据的具体操作如下。

选择“File→Save As”命令，弹出“Save Data As”对话框，如图 11-6 所示。

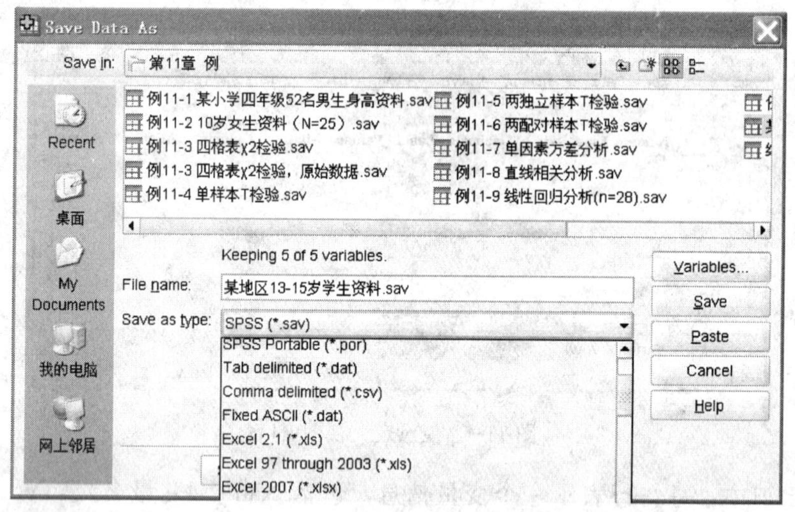

图 11-6 “Save Data As”对话框

单击保存类型下拉列表框，可以看到 SPSS 中数据可以保存的各种类型，这里将其保存为 SPSS 默认的数据格式（*.sav 文件）。在文件名框内键入“某地区 13～15 岁学生资料”并单击“Save”按钮，系统返回数据编辑窗口，标题栏上的 Untitled1 变成了“某地区 13～15 岁学生资料”，表明当前编辑的文件为“某地区 13～15 岁学生资料.sav”。

3. 数据文件的导入、整理和转换

(1) 数据文件的导入

数据文件的导入，即调用已建立的数据文件。SPSS 可以调用 SPSS（*.sav）、Excel（*.xls）、dBASE（*.dbf）、Data（*.dat）、Text（*.txt）等数据文件形式，详细过程可参阅其他参考书。

SPSS 的文件类型主要有数据文件.sav；结果文件.spv；图形文件.cht。

操作过程中的主要按钮功能有以下几种。

Open：执行已选择的操作。

Paste：将语句命令粘贴到语句命令窗口。

Cancel：取消。

Help：帮助。

（2）数据文件的整理

对数据文件进行加工处理的功能基本都集中在 Edit 和 Data 菜单上，比如，根据统计分析的要求对数据进行分组、合并、加权、筛选等操作。

1）插入变量（Insert Variable）。在数据编辑窗口中选定要插入变量位置的后一个变量，在工具条上直接单击“插入变量”按钮；或选择“Edit→Insert Variable”命令，数据编辑窗口便产生一个变量列。

2）记录插入（Insert Case）。在数据编辑窗口中选定要插入记录位置的后一个记录，在工具条上直接单击“插入记录”按钮；或选择“Edit→Insert Cases”命令，数据编辑窗口便产生一个记录行。

3）到某一记录（Go to Case...）。在工具条上单击“Go to Case”按钮，或选择“Edit→Go to Case...”命令，弹出“Go to Case”对话框，填入某一记录的编号，单击 Go 按钮，光标移到该记录。

4）变量值的排序（Sort Cases）。选择“Data→Sort Cases...”命令，弹出“Sort Cases”对话框，将排序变量选入“Sort by”列表框中，在“Sort Order”栏中选择 Ascending（升序排列），或 Descending（降序排列），单击 OK 按钮，完成对记录的排序。

5）行列转置（Transpose）。将数值型变量的行和列进行互换。选择“Data→Transpose...”命令，弹出“Transpose”对话框。

6）数据文件的合并（Merge Files）。数据文件的合并有两种方式：纵向合并和横向合并。

• 纵向合并就是将一个 SPSS 数据文件的内容追加到数据编辑窗口当前数据的后面。可选择“Data→Merge Files→Add Cases”命令实现。

• 横向合并也就是变量的合并，使用横向合并可以将多个数据文件连在一起。可选择“Data→Merge Files→Add Variables”命令实现。

7）数据文件的分组（Split File）。数据文件的分组是按某个变量进行分组，随后的统计分析将针对各个组进行。例如，想分别了解男生和女生的成绩情况，可按性别变量进行数据文件的分组。选择“Data→Split File...”命令即可。

8）数据文件的分类汇总（Aggregate）。数据文件的分类汇总就是按指定变量的数值进行归类分组汇总。选择“Data→Aggregate...”命令，可将分类变量的均值、标准差、最大值、最小值等形成一个新的数据文件。

9）选取记录子集（Select Cases）。在数据统计时，可从所有资料中选择符合条件的记录进行统计分析。例如，可对满足条件为（性别＝“男”）并且（身高＞155）的数据进行统计分析。选择“Data→Select Cases”命令即可。

10）变量加权（Weight Cases）。在实际的统计中，经常需要给某变量赋以权重，使其为频数变量，常用于计算频数分布资料、等级资料的加权平均数。在加权操作中，系统只对数值变量进行有效加权。选择“Data→Weight Cases...”命令即可。

（3）数据文件的转换

Transform（转换）菜单主要集中了一些对变量进行变换的方法。如对原始数据进行四则运算、对数据重新赋值、缺失值的替代等。它们往往在统计分析的预处理中起着非常重要的作用。其中最重要的就是Compute命令，实际应用中将频繁地使用它。

1）根据已存在的变量建立新变量（Compute...）。即根据已存在的变量，经函数计算后，建立新变量或替换原变量的值。选择“Transform→Compute Variable...”命令，弹出“Compute Variable”（计算变量）对话框，如图11-7所示。在该对话框的Target Variable（目标变量）文本框中输入新变量名；Numeric Expression（数值表达式）文本框用于输入计算目标变量的表达式；Function group（函数）列表框显示各种函数。

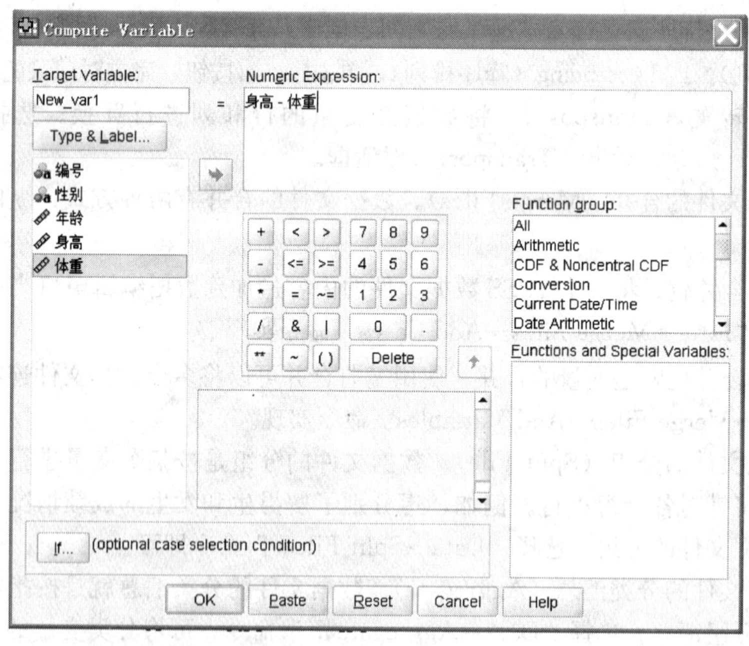

图11-7 “Compute Variable”对话框

窗口下方有一个“If”按钮，单击该按钮可打开条件表达式对话框，如图11-8所示。

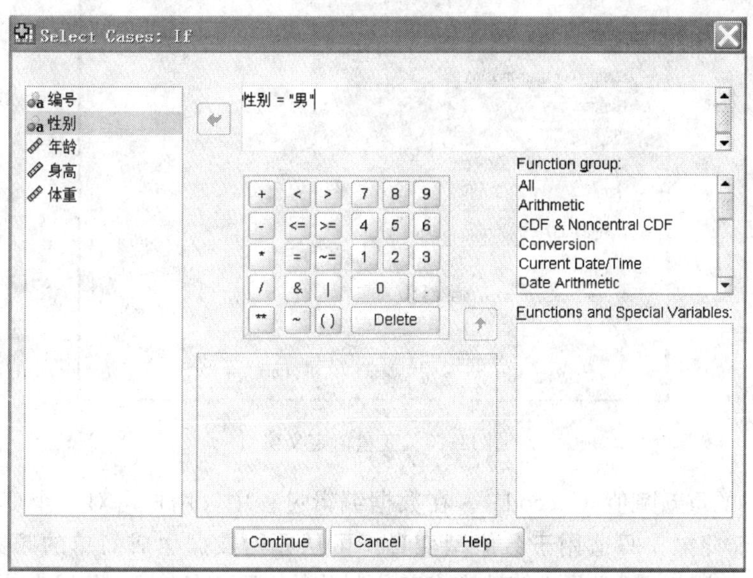

图11-8 条件表达式对话框

2）产生计数变量（Count Values within Cases...）。可产生新变量，用于表示某个值或某些值在某个变量的取值中是否出现。例如，想查看有哪些学生的体重在40～50kg之间，选择“Transform→Count Values within Cases...”命令，系统弹出“Count”对话框，如图11-9所示。单击“Define Values...”按钮，弹出“Values to Count”对话框，确定需要计数的数值，如图11-10所示。

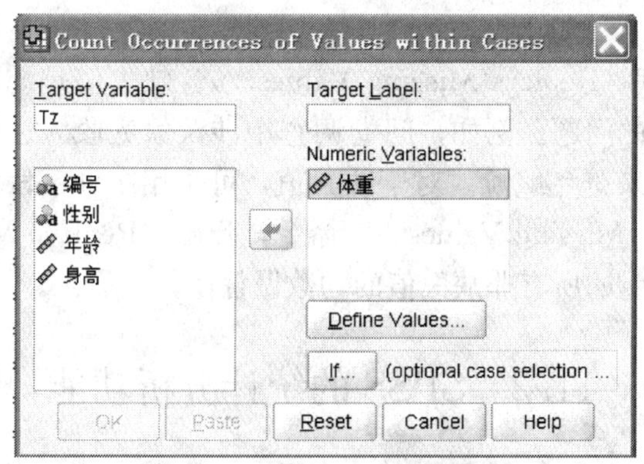

图11-9 “Count”对话框

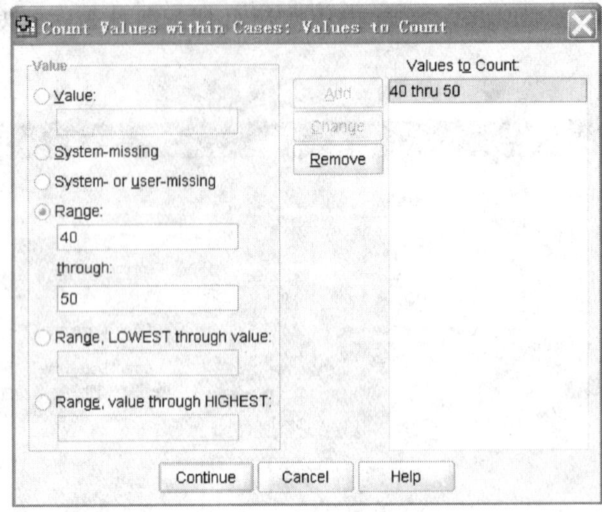

图 11-10 变量值定义窗口

3）变量的重新赋值（Recode）。在数据编辑过程中，用户可对某个变量的数值重新赋予新值。此操作只适用于数值型变量。可从原始数据生成简单的频数表，例如，对某门课程的成绩，把百分成绩转换成五分制分数，可以规定 90 分以上为 5 分，80～90 分为 4 分，70～80 分为 3 分，60～70 分为 2 分，小于 60 分的为 1 分。这时可用变量重新赋值功能来实现。选择"Transform→Recode Into Same Variables..."命令，对变量自身重新赋值，或者选择"Transform→Recode Into Different Variables..."命令，赋值到其他变量或新生成的变量。

4）数据次序的确定（Rank Cases...）。根据某变量数据值的大小，确定数据的排列次序（秩次），生成一个代表其秩次的新变量。选择"Transform→Rank Cases..."命令，弹出"Rank Cases"对话框。对于一般的数值型变量，系统默认是由小到大排列的普通次序。

5）缺失值的替代（Replace Missing Values...）。缺失值是统计分析人员和数据采集人员无法完全避免的问题。例如，问卷调查中涉及家庭收入、婚外恋等问题时，许多受访者都会以漏填来避免尴尬。对于缺失值，可采用多种手段进行科学替代。选择"Transform→Replace Missing Values..."命令，弹出"Replace Missing Values"对话框，系统默认用该变量的所有非缺失值的均数做替代。

11.2 SPSS 的统计分析功能

SPSS 的统计分析功能可在"Analyze"菜单中实现，通过"Analyze"菜单中的各个命令可对数据进行分析统计。SPSS 的基本统计功能包括描述性统计、频数分布表、t 检验、单因素方差分析、相关分析、线性回归分析、多选题分析等。

"Analyze" 菜单是 SPSS 的精华所在，它提供了强大、完备的统计方法。该菜单的统计功能如图 11-11 所示。

图 11-11 "Analyze" 菜单的统计功能

11.3 描述性统计分析

统计分析的目的是研究总体特征。但是，由于各种各样的原因，一般能够得到的往往只能是从总体中随机抽取的一部分观察对象，它们构成了样本，只有通过对样本的研究，才能对总体的实际情况做出可能的推断。描述性统计分析是统计分析的第一步，是进行正确统计推断的先决条件。

依据 SPSS 的分类方式，通常所用到的描述统计量主要有以下几类。

- 集中趋势指标。均数、众数、中位数、总和。其中均数适用于正态分布和对称分布资料，中位数则适用于所有分布类型的资料。
- 离散趋势指标。标准差、方差、全距、最小值、最大值、标准误。其中标准差、方差适用于正态分布资料，标准误则实际上反映了样本均数的波动程度。
- 百分位数指标。包括四分位数、各个百分位数等，适用于任何分布类型的资料。
- 分布指标。偏度系数、峰度系数，它们反映了数据资料偏离正态分布的程度。

描述统计量的适用条件如下。

1）平均数适用于对称分布，尤其是正态分布或近似正态分布资料。

2）中位数、众数适用于任何分布资料，尤其是非正态分布，或分布不明确的资料。

3）四分位间距适用于任何分布资料，尤其是非正态分布，或分布不明确的资料。

4）方差、标准差适用于对称分布，尤其是正态分布或近似正态分布资料。

11.3.1 频数分布表分析

频数分布表是描述性统计中最常用的方法之一，Frequencies过程就是专门为产生频数分布表而设计的。它不仅可以产生详细的频数表，还可以按要求给出某百分位点的数值，以及常用的条图、直方图等统计图。

身高			
143.0	128.0	142.7	145.6
141.5	129.5	142.5	135.7
145.0	133.4	134.0	140.0
146.3	136.2	142.5	143.8
147.0	150.5	132.4	144.3
146.0	134.6	156.0	140.0
146.0	154.8	137.0	135.5
146.5	138.0	150.0	151.5
151.5	160.0	140.2	149.0
148.0	138.4	142.5	147.3
151.0	141.0	143.4	137.0
151.7	140.7	136.6	162.5
156.5	143.5	145.7	153.0

图 11-12 某小学四年级52名男生身高资料

［例 11-1］ 某小学四年级52名男生的身高资料如图11-12所示，试计算平均数、标准差、中位数、最大值、最小值、四分位数，并绘制频数分布直方图。

解：假设数据已输入完毕，变量名为“身高”，具体操作如下。

1）选择“Analyze→Descriptive Statistics→Frequencies”命令，弹出“Frenquencies”对话框，如图11-13所示。其中，“Display frequency tables”复选框确定是否在结果中输出频数表，本例不选此项。

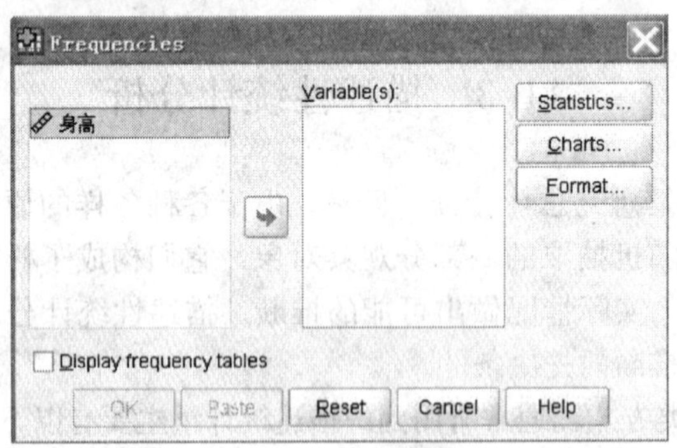

图 11-13 “Frequencies”对话框

2）在对话框左侧的变量列表中选择“身高”，单击按钮使之添加到“Variable(s):”列表框中。

3）单击“Statistics...”按钮，打开“Frenquencies: Statistics”子对话框，如图11-14所示。

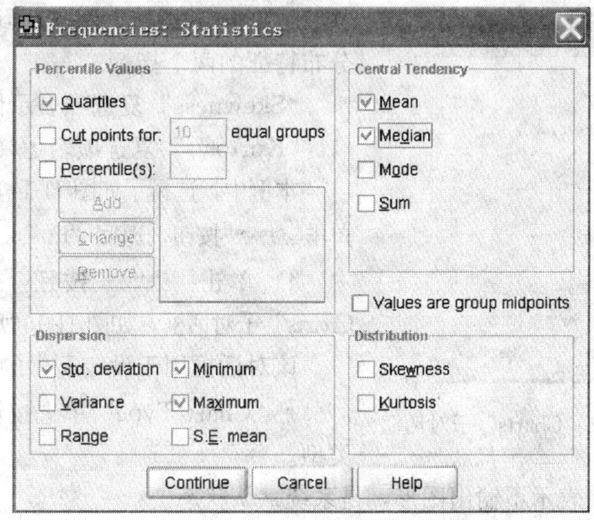

图 11-14 “Frequencies：Statistics”子对话框

该对话框的功能为定义需要计算的其他描述统计量。

• “Percentile Values”复选框组。定义需要输出的百分位数，可以选择如下选项。

“Quartiles”：四分位数，显示 25%、50%、75%的百分位数。

“Cut points for：”：将数据平分为所设定的相等等份，数值范围为 2～100 之间的整数。

“Percentile(s)”：由用户定义百分位数。键入值的范围为 0～100 之间，键入数值后，单击“Add”按钮。可以键入多个百分位数。如果要剔除某个已选入的数据，可使用“Remove”按钮。

• “Central Tendency”复选框组。用于定义描述集中趋势的一组指标。

“Mean”复选项表示算术平均数。

“Median”复选项表示中位数。

“Mode”复选项表示众数。

“Sum”复选项表示总和。

• “Dispersion”复选框组。用于定义描述离散趋势的一组指标。

“Std. deviation”复选项表示标准差。

“Variance”复选项表示方差。

“Range”复选项表示全距：最大值与最小值之差。

“Minimum”复选项表示最小值。

“Maximum”复选项表示最大值。

“S. E. mean”复选项表示均数的标准误。

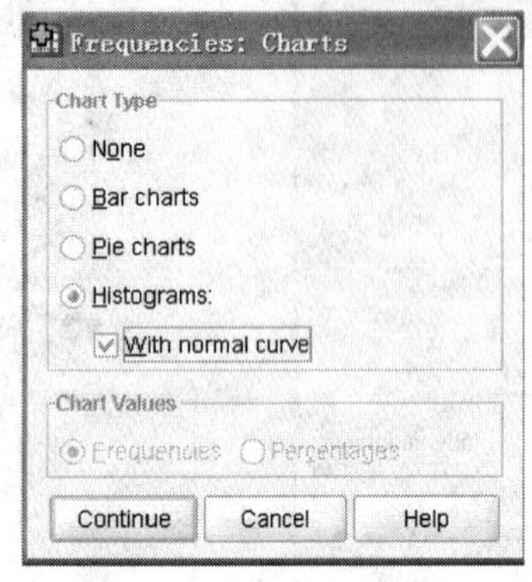

图 11-15 “Frequencies：Charts”子对话框

“Distribution”复选框组。用于定义描述分布特征的两个指标。

“Skewness”复选项表示偏度系数。

“Kurtosis”复选项表示峰度系数。

本例中，选择了如图 11-14 所示的部分统计量，单击 Continue 按钮，返回“Frequencies”对话框。

4）单击 Charts... 按钮，打开“Frequencies：Charts”子对话框，如图 11-15 所示。

该对话框用于设定所做的统计图。

- “Chart Type”单选按钮组。定义统计图类型。

“None”单选项表示不输出图形，是系统默认状态。

“Bar charts”单选项表示条形图。

“Pie charts”单选项表示饼图。

“Histograms：”单选项表示直方图。其中，“With normal curve”复选项表示可选择是否加正态分布曲线。

“Chart Values”单选按钮组。当选择条形图或饼图时，定义是按照频数还是按照百分比作图。

5）单击 Format... 按钮，弹出“Frequencies：Format”子对话框，该对话框用于定义输入频数表的格式，一般不用更改，使用默认设置即可。

在“Frequencies”对话框中，单击“OK”按钮，本例的输出结果如图 11-16 所示。

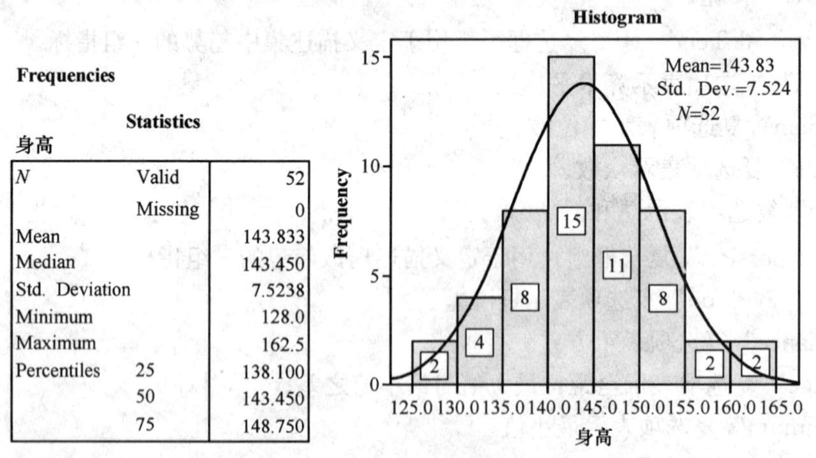
Frequencies

Statistics

身高

N	Valid	52
	Missing	0
Mean		143.833
Median		143.450
Std. Deviation		7.5238
Minimum		128.0
Maximum		162.5
Percentiles	25	138.100
	50	143.450
	75	148.750

图 11-16 ［例 11-1］的统计结果

如图 11-16（左）为描述统计结果，显示样本量 N=52；缺失值=0；52 名学生身高的均值=143.833，中位数=143.450，标准差=7.5238，最小值=128，最大值=162.5，第一四分位（25%）=138.1，第二四分位（50%）=143.45，第三四分位（75%）=148.75。

如图 11-16（右）为绘制出的直方图，右侧的图例中给出了均数和标准差。本例选择显示正态分布曲线。一般系统默认的直方图分组数较多，本例对系统产生的直方图进行了人工设置，具体方法是：用鼠标双击图例，进入“Chart Editor”窗口，双击 X 轴组限数字，在“Properties”窗口的“Scale”标签中，设置组距为 5，数据显示范围为 125～165；在工具栏上单击（“Show Data Labels”）工具，选择在直方图上显示各组的频数。由图可见资料的分布与正态曲线比较吻合。

11.3.2 计算描述统计量

Descriptive 过程主要用于对连续资料进行统计描述，计算并列出一系列相应的统计指标，还可将原始数据转换成标准正态评分值，并以变量的形式保存。

［**例 11-2**］ 计算 25 名 10 岁女生立定跳远和斜体向上成绩的平均值、标准差、方差、最大值、最小值。数据资料如图 11-17 所示。

立定跳远	140	斜体向上	23
146	137	26	20
130	125	29	16
139	130	21	33
164	158	19	36
159	145	20	24
155	128	40	36
149	140	47	40
142	145	46	44
141	160	61	25
141	120	50	39
151	140	51	44
170	170	46	47

图 11-17 10 岁女生立定跳远和斜体向上资料（$n=25$）

解：1）选择“Analyze→Descriptive Statistics→Descriptives...”命令，弹出如图 11-18所示的对话框。

本例中，在对话框左侧的列表中，选择了“立定跳远”和“斜体向上”两个变量，单击按钮，将其添加到“Variable(s):”列表框中。其中，“Save standardized values as variables”复选项表示确定是否将原始数据的标准 Z 分存入新变量，新变量自动命名为“Z+原变量名”。

2）单击图 11-18 中的 Options... 按钮，打开“Descriptives：Options”对话框，如图 11-19所示。在此对话框中，选择如图所示的统计量，单击 Continue 按钮返回“Descriptives”对话框。

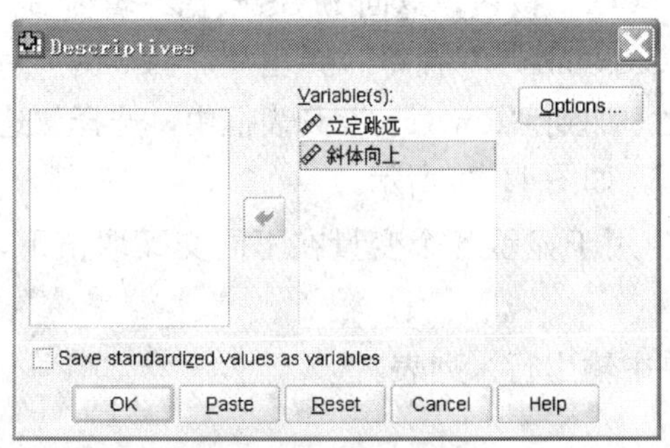

图 11-18 “Descriptives”对话框

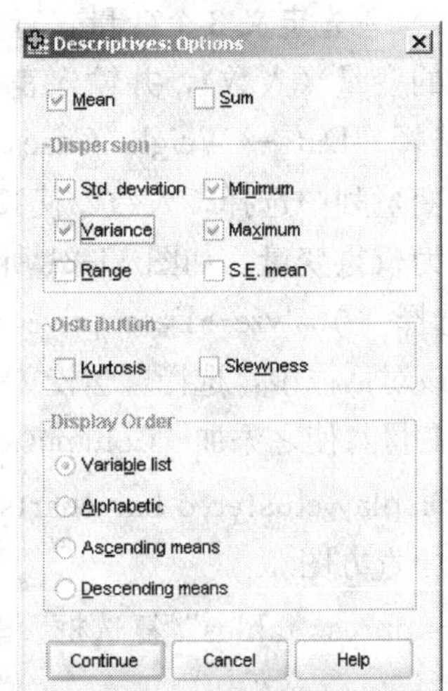

图 11-19 “Descriptives：Options”对话框

3）单击 OK 按钮，SPSS即开始计算。

程序运行结果如表11-2所示。

可以看出，10岁女生资料描述统计结果为：样本量 $N=25$，其中“立定跳远”成绩的最小值＝120，最大值＝170，平均值＝145，标准差＝13.438，方差＝180.583；“斜体向上”成绩的最小值＝16，最大值＝61，平均值＝35.32，标准差＝12.355，方差＝152.643。

表11-2 描述统计（Descriptive Statistics）

	N	Minimun	Maximum	Mean	Std. Deviation	Variance
立定跳远	25	120	170	145.00	13.438	180.583
斜体向上	25	16	61	35.32	12.355	152.643
Valid *N* (listwise)	25					

11.4 四格表 χ^2 检验

2×2表，又称四格表。四格表 χ^2 检验实际上是两率的 χ^2 检验，该方法属于列联表分析。列联表分析的主要功能是分析各事物、现象的差异性，生成二维和多维交叉表。因此，它可以分析一个行变量和一个列变量的差异性。

［例11-3］ 如表11-3所示为甲、乙两校国家体育锻炼标准的达标率资料，试用 χ^2 检验法，检验两校的达标率是否存在显著性差异？

表11-3 两校国家体育锻炼资料 （单位：人）

单位	达标人数	未达标人数
甲校	296	54
乙校	208	70

解：1）首先定义3个变量：行变量（学校）、列变量（达标情况）和记录每个格子中频数的变量（人数），并输入表中的原始数据，如图11-20所示。

2）选择“Data→Weight Cases...”命令，在弹出的“Weight Cases”对话框中，从左边的变量列中选择“人数”使其添加到“Frequency Variable:”列表框中，使得人数变量成为权重变量，如图11-21所示。单击“OK”按钮，返回SPSS数据编辑窗口。

3）选择“Analyze→Descriptive Statistics→Crosstabs...”命令，弹出“Crosstabs”对话框。在该对话框中，选择“学校”变量，使之添加到“Row(s):”列表框中，选择“达标情况”变量，使之添加“Column(s):”列表框，如图11-22所示。

- “Display clustered bar charts”复选框。用于显示各个变量在不同交叉取值下，关于频数的直方图。
- “Suppress tables”复选框。禁止在结果中输出行×列表。

学校	达标情况	人数
甲校	达标	296
甲校	未达标	54
乙校	达标	208
乙校	未达标	70

图 11-20 四格表 χ^2 检验的数据编辑格式

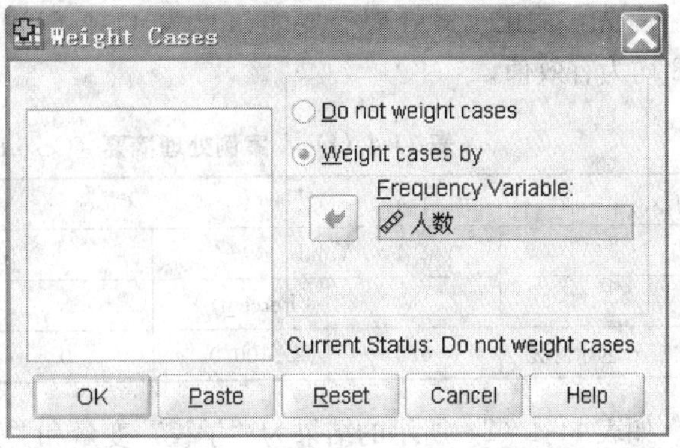

图 11-21 “Weight Cases”对话框

4）单击 Statistics... 按钮，弹出“Crosstabs：Statistics”对话框，如图 11-23 所示。

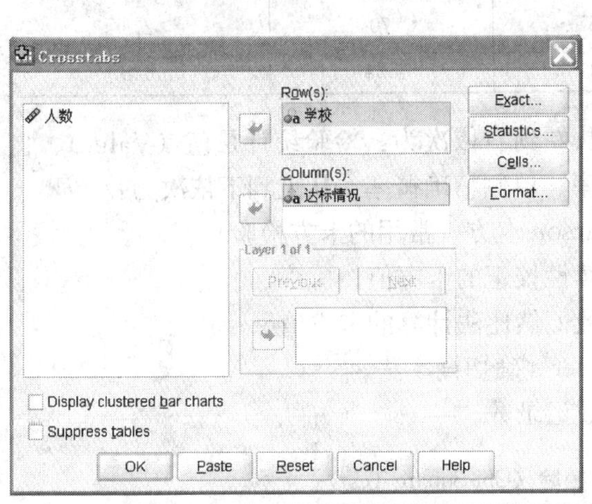

图 11-22 “Grosstabs”对话框

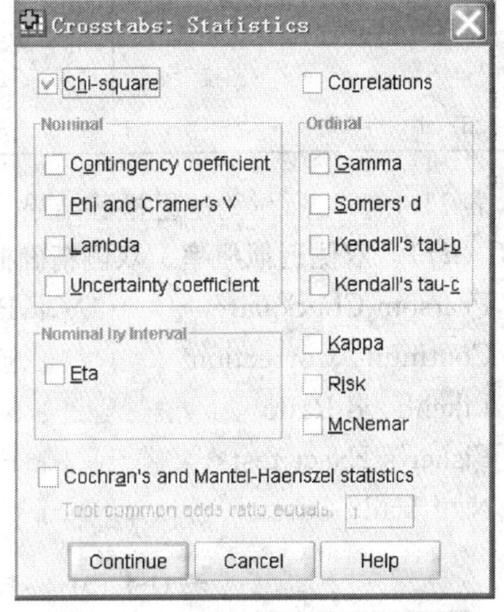

图 11-23 “Crosstabs：Statistics”对话框

该对话框中提供了多种检验方法，本例选择“Chi-square”复选框，即进行 χ^2 检验。

5）在图 11-22 中，“Cell”按钮用于定义列联表单元格中需要输出的指标；“Format”按钮用于确定表格中各行的排列顺序。本例使用默认设置，单击 OK 按钮，SPSS 即完成交叉列联表分析。

本例输出结果如表 11-4 所示。

首先，输出个案处理摘要表（见表 11-4（1）），显示记录缺失值报告，可见 $N=628$ 均为有效值。

表 11-4（1） 案例处理摘要（Case Processing Summary）

	Cases					
	Valid		Missing		Total	
	N	Percent/%	N	Percent/%	N	Percent/%
学校＊达标情况	628	100.0	0	.0	628	100.0

如表 11-4（2）所示的结果为“学校”变量和“达标情况”变量的交叉列联表结果。

表 11-4（2） 学校＊达标情况（Crosstabulation）

count

		达标情况		Total
		达标	未达标	
学校	甲校	296	54	350
	乙校	208	70	278
Total		504	124	628

表 11-4（3）所示为一组检验结果。从左到右依次为：检验统计量值（Value）、自由度（*df*）、双侧近似概率、双侧精确概率、单侧精确概率。从上到下依次为：

Pearsom Chi-Square ：Pearson 卡方（常用的卡方检验）
Continuity Correction[a] ：连续性校正的卡方值
Likelihood Ratio ：对数似然比法计算的卡方值
Fisher′s Exact test ：Fisher′s 确切概率法
N of Valid Cases ：有效记录数

表 11-4（3） 卡方检验（Chi-Square Test）

	Value	*df*	Asymp. Sig. (2-sided)	Exact Sig. (2-sided)	Exact Sig. (1-sided)
Pearson Chi-Square	9.297[a]	1	.002		
Continuity…	8.692	1	.003		
Likelihood Ratio	9.241	1	.002		
Fisher′s Exact Test				.002	.002
N of Valid Cases[b]	628				

a. 0 cells (.0%) have expected count less than 5. The minimum expected count is 54.89.
b. Computed only for a 2×2 table.

本例应该用哪一个卡方值，可用以下方法来判断。

1）当 $n\geqslant 40$ 且所 $T\geqslant 5$ 时，用 Pearson 卡方，即普通的 χ^2 检验。

2）当 $n \geqslant 40$ 但 $1 \leqslant T < 5$ 时，用校正的 χ^2 检验。

3）当 $n < 40$，或有 $T < 1$ 时，不能用 χ^2 检验，必须用确切概率法。

显然，本例符合条件①，因此无需校正，直接使用第一行的检验结果，即 $\chi^2 = 9.297$，$P = 0.002$，说明两校的达标率差异具有非常显著性意义，即甲校的达标率高于乙校。

11.5 t检验

t 检验是检验差异显著性的重要工具，是一种样本均值的比较分析方法。它包括单样本 t 检验、独立样本 t 检验、配对样本 t 检验。

11.5.1 单样本 t 检验

单样本 t 检验是进行样本均数与总体均数的差异显著性检验，可以检验单个变量的均数是否与给定的常数之间是否存在差异。该方法采用小概率原理，建立假设 H_0：$\mu = \mu_0$，假设样本均数与总体均数之间无显著性差异（差异完全是抽样误差造成的）。

[例 11-4] 根据大量调查，已知我国健康男子脉搏均数为 73.5/min，现在某山区随机调查了 20 名健康成年男子，测得其脉搏值如下，请据此推断该山区成年男子的脉搏均数是否与我国成年男子的均数有所不同？

测量值 75 74 72 74 79 78 76 69 77 76 70 73 76 71 78 77 76 74 79 77

解：20 名男子显然是从山区总体中抽得的一个样本，现在要比较的是样本所在的山区总体均数是否等于已知的 73.5/min。

1）选择“Analyze→Compare Means→One-Sample T Test...”命令，如图 11-24 所示。

2）弹出“One-Sample T Test”对话框。其中，“Test Variable(s):”列表框用于选入需要分析的变量“脉搏”；“Test Value:”文本框用于输入已知的总体均数 73.5，如图 11-25 所示。

3）“Options”按钮用于指定均数差值的可信区间范围，并定义分析中对缺失值的处理方法，如图 11-26 所示。其中，“Confidence Interval:”表示差值置信区间，默认为 95%。在“Missing Values”框中，“Exclude cases analgsis by analysis”单选项表示当分析计算涉及含有缺失值的变量时，去掉在该变量上的缺失值记录；“Exclude cases listwise”单选项表示只要相关变量有缺失值，则在所有分析中均将该记录去除。

本例使用默认值。单击 OK 按钮，完成所需要的计算。

SPSS 计算结果如表 11-5 所示。

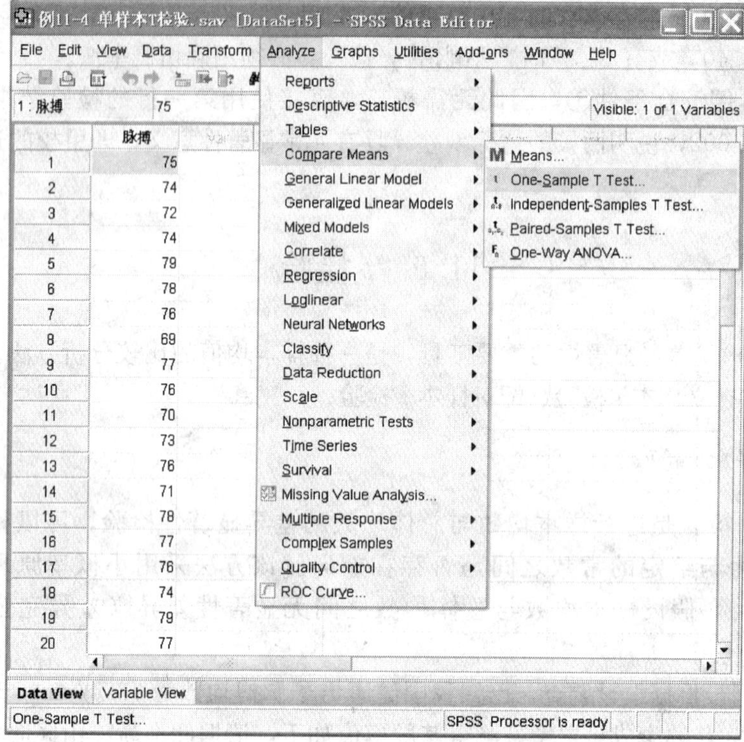

图 11-24 单样本 t 检验的选择菜单

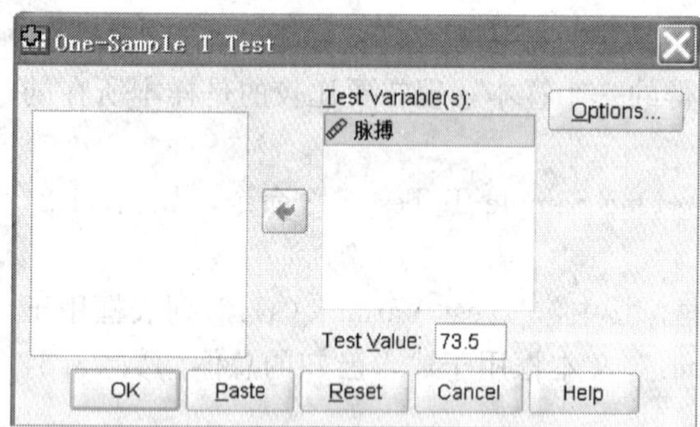

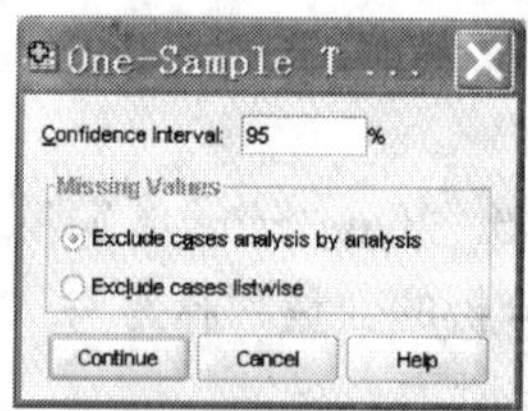

图 11-25 “One—Sample T Test”对话框　　图 11-26 “One-Sample T Test：Options”

表 11-5（1）　单样本统计量（One-Sample Statistics）

	N	Mean	Std. Deviation	Std. Error Mean
脉搏	20	75.05	2.892	.647

表 11-5（2） 单样本检验（One-Sample Test）

	Test Value=73.5					
	t	df	Sig.（2-tailed）	Mean Difference	95% Confidence Interval of the Difference	
					Lower	Upper
脉搏	2.397	19	0.027	1.55	.20	2.90

由输出结果可以看出：表 11-5（1）为分析变量的基本情况描述，有样本量、均数、标准差和标准误。表 11-5（2）为单样本 t 检验表，第一行注明了已知总体均数为 73.5，下面从左到右依次为 t 值（t）、自由度（df）、P 值（sig. 2-tailed）、两均数的差值（Mean Difference）、差值的 95%可信区间。由于 $t=2.397$，$P<0.05$，因此否定 H_0，可以认为山区健康成年男子的脉搏均数与全国健康成年男子的均数有显著性差异。结合具体的均数值，可以认为山区的较高。

11.5.2 两独立样本 t 检验

所谓独立样本是指两个样本之间彼此独立没有任何关联，即从一总体中抽取样本对从另一总体中抽取样本没有任何影响，两样本含量可以不同，且样本来自的总体应该服从正态分布。

两独立样本 t 检验的假设为 H_0：$\mu_1=\mu_2$，即两样本来自同一总体。

在统计过程中，SPSS 将自动计算 F 统计量，并根据 F 分布给出统计量对应的相伴概率 P 和显著性水平 a 进行比较，从而判断方差是否相同（齐性）。

［例 11-5］ 已知行进间 30m 跑成绩服从正态分布，测得某体育院校篮球专项 12 名队员和排球专项 10 名队员的资料如下：

篮球（n=12） 4.5 3.6 4.5 3.7 4.3 4.1 3.6 3.7 3.8 4.1 3.5 4.6

排球（n=10） 3.9 4.5 4.1 3.7 3.9 4.4 4.0 4.5 4.2 3.8

试检验该校篮球和排球专项队学生的速度素质是否存在显著性差异？

解：1）选择“Analyze→Compare Means→Independent-Samples T Test…”命令。注意，进行两独立样本 t 检验时，SPSS 要求两独立样本的数据放在一个变量中，如图 11-27 所示。

2）在弹出“Independent-Samples T Test”的对话框中，从对话框左侧的变量列表中选择“行进 30 米”变量，添加到“Test Variable(s):”列表框中；选择“组别”变量，添加到“Grouping Variable:”列表框中，如图 11-28 所示。

3）单击 **Define Groups...** 按钮，弹出“Define Groups”对话框，如图 11-29 所示。在该对话框中指定标识变量的区分方法，在 **Group 1:** 中输入 1，在 **Group 2:** 中输入 2。单击 **Continue** 按钮，返回到“Independent-Samples T Test”对话框。

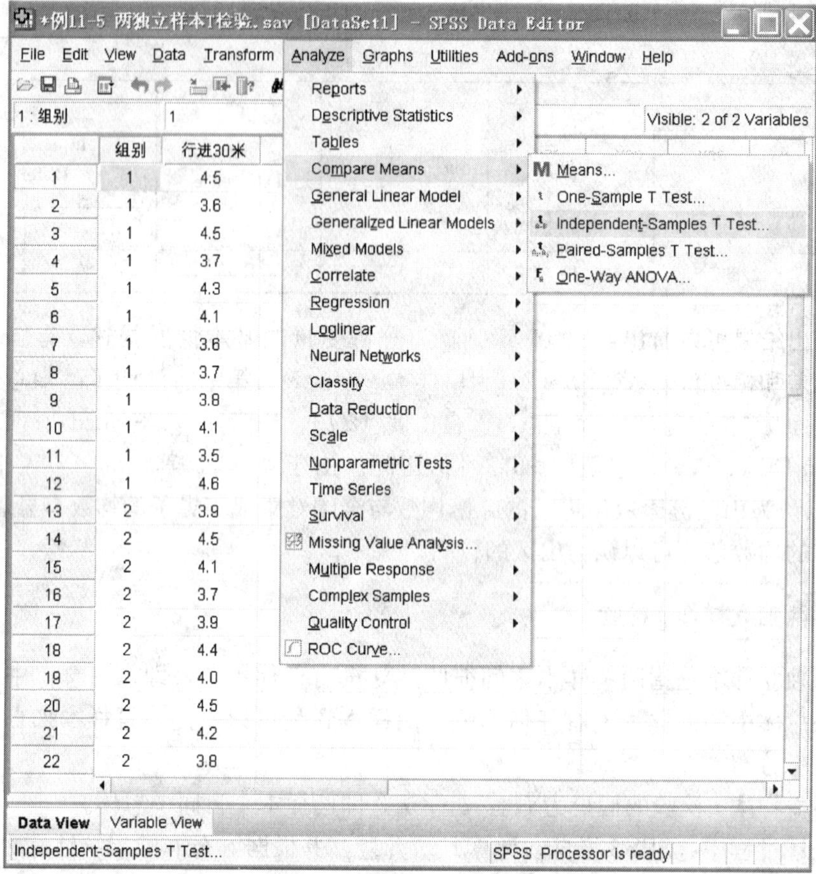

图 11-27 两独立样本 t 检验的选择菜单

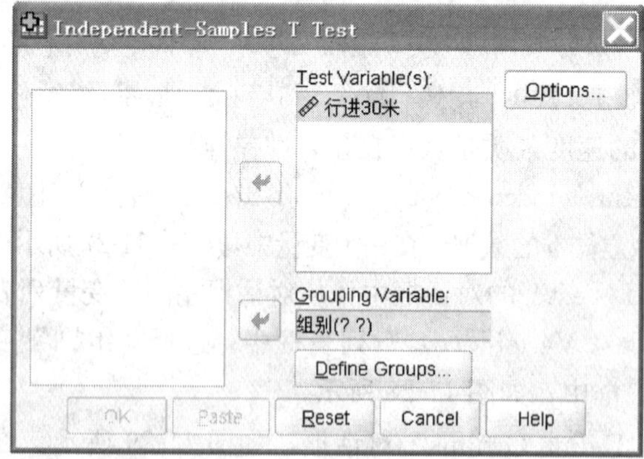

图 11-28 “Independent—Samples T Test”对话框

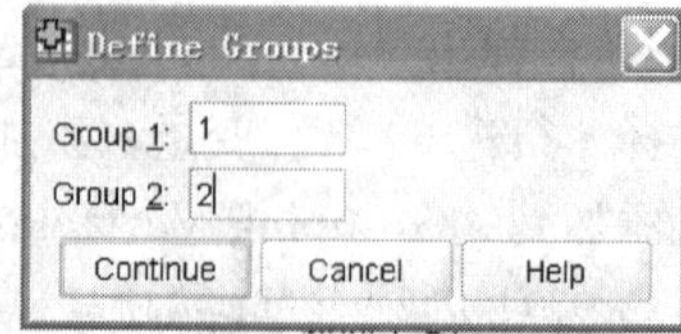

图 11-29 “Define Groups”对话框

4）单击“Options”按钮，打开“Options”子对话框，使用默认值即可。单击“OK”按钮，完成分析。

SPSS 运行结果如表 11-6 所示。

T-Test

表 11-6（1） 分组统计量（Group Statistics）

组别		N	Mean	Std. Deviation	Std. Error Mean
行进 30m	篮球队	12	4.000	.4000	.1155
	排球队	10	4.100	.2906	.0919

篮球专项和排球专项学生 30m 行进跑的平均值分别为 4.0 和 4.1，标准差分别为 0.4 和 0.2906，均误差分别为 0.1155 和 0.0919。

表 11-6（2） 独立样本检验（Independent Samples Test）

		Levene's Test for Equality of Variances		t-test for Equality of Means						
		F	Sig	t	df	Sig. (2-tailed)	Mean Difference	Std. Error Difference	95% Confidence Interval of the Difference	
									Lower	Upper
行进 30m	Equal variances assumed	2.785	.111	−.658	20	.518	−.100	.1520	−.4170	.2170
	Equal variances not assumed			−.678	19.692	.506	−.100	.1476	−.4081	.2081

表 11-6（2）所示的结果分为两部分：第一部分为 Levene's 方差齐性检验，用于判断两总体方差是否齐性。SPSS 中，对于两独立样本的 t 检验，首先要进行方差是否齐的检验，采用 Levene F 方法来判断是基于以下思路：首先对两个不同总体的样本求各自的均值；然后计算每个样本与本组均值的差，并取绝对值，即绝对离差。这样得到两个绝对值离差值的序列，再利用单因素方差分析法，判断这两组离差值的均值是否存在显著差异，从而间接判断两组样本方差是否存在显著差异。本例的检验结果为 $F=2.785$，$P=0.111$，P 值大于显著性水平 0.05，不能拒绝方差相等的假设，可以认为方差是齐性的。

第二部分则分别给出了方差齐和方差不齐时的 t 检验结果。由于本例方差齐性，所以应看第一行“Equal variances assumed”的 t 检验结果，即 $t=-0.658$，$P=0.518>0.05$，不能拒绝 H_0，说明两专项队学生 30m 行进跑成绩（反映速度素质）不存在显著性差异。结果的最右边还附有一些其他指标，如两组均数差值的可信区间等，以对差异情况有更直观的了解。

独立样本检验（Independent Samples Test）表的内容对照如下表所示。

表 11-6（2） 独立样本检验（Independent Samples Test）

		Levene′s 方差齐性检验		两均数是否相等的 t 检验						
									差值的 95% 可信区间	
		F 值	P 值	t 值	自由度	P 值（双侧）	均数差值	差值的标准误	下限	上限
行进 30m	假设方差齐	2.785	0.111	−0.658	20	0.518	−0.100	0.1520	−0.4170	0.2170
	假设方差不齐			−0.678	19.692	0.506	−0.100	0.1476	−0.4081	0.2081

11.5.3 两配对样本 t 检验

两配对样本 t 检验用于进行配对设计的差值均数与 0 均数比较的 t 检验。进行配对样本的 t 检验要求被比较的两个样本有配对关系。要求两个样本均来自正态总体。

配对样本 t 检验时，先求出每对测量值之差值，再对差值求均值。检验配对变量均值之间的差异是否显著，其实质是检验差值的均值与零均值之间的差异是否显著。如果差值均值与零均值无显著性差异，说明配对变量均值之间无显著性差异。

两配对样本 t 检验时的假设 H_0为两总体均数之间无显著性差异。

［例 11-6］ 为了分析某体育疗法是否对减肥具有显著作用，现随机抽取 12 位肥胖病人进行试验，试验前、后测得体重如下：

治疗前 133 145 100 156 127 122 142 110 136 166 138 110

治疗后 120 122 105 133 108 110 135 105 122 145 128 108

假设治疗前、后除体育疗法外，其余的一切条件都尽可能做到相同。试检验该体育疗法对减肥是否具有显著作用？

解： 1）选择“Analyze→Compare Means→Paired-Samples T Test…”命令，如图 11-30 所示。

2）在弹出的“Paired-Samples T Test”对话框中（如图 11-31），从左侧的变量列表中选中“治疗前”，单击➡按钮，将其移入“Paired Variables:”列表框内的“Variable1”中，然后从对话框左侧的变量列表中选择“治疗后”，单击➡按钮，将其变量移入“Paired Variables:”列表框内的“Variable2”中，即将这两个变量配对，如图 11-32所示。

3）单击“OK”按钮，完成分析。

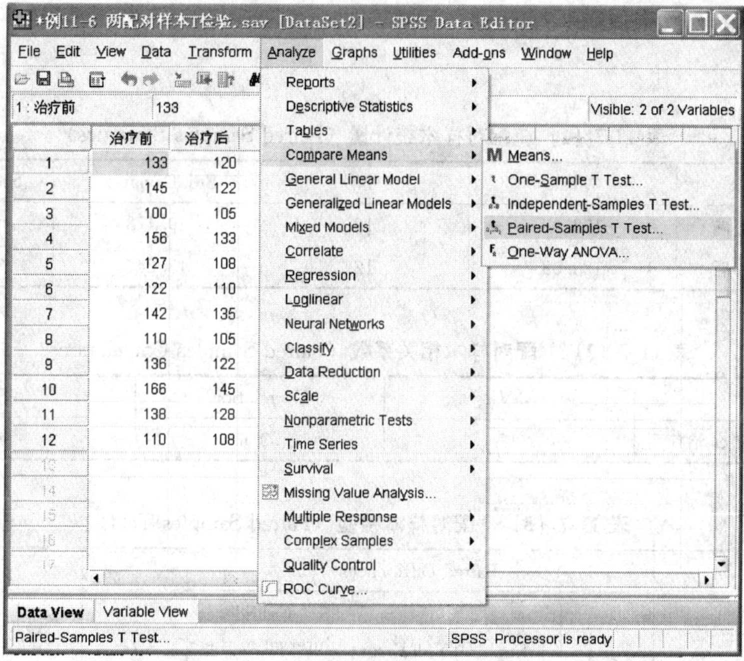

图 11-30 两配对样本 *t* 检验的选择菜单

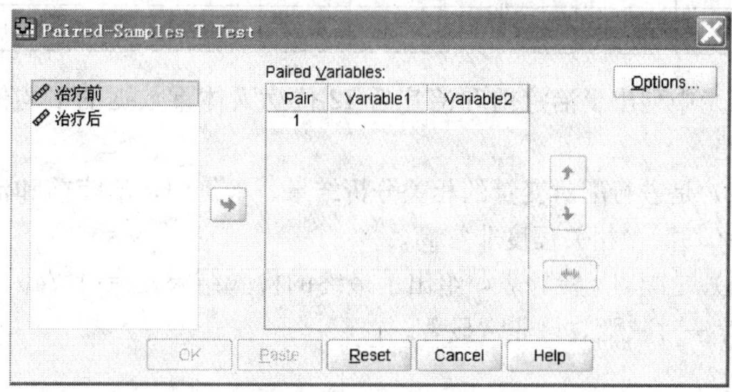

图 11-31 “Paired-Samples T Test”对话框（1）

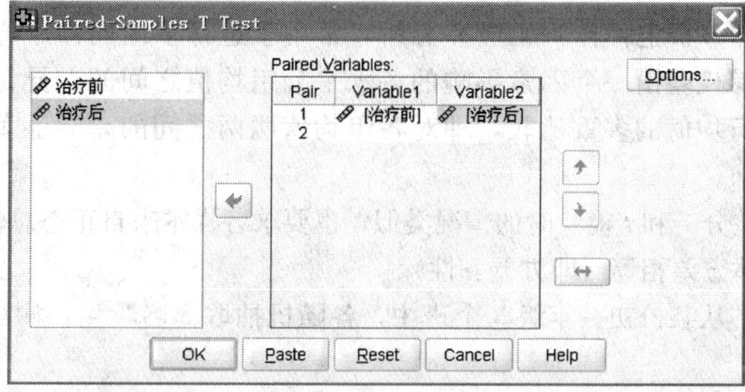

图 11-32 “Paired-Samples T Test”对话框（2）

SPSS 运行结果如表 11-7 所示。

T-Test

表 11-7（1） 配对样本统计量（Paired Samples Statistics）

		Mean	N	Std. Deviation	Std. Error Mean
Pair 1	治疗前	132.08	12	19.472	5.621
	治疗后	120.08	12	13.242	3.823

表 11-7（2） 配对样本相关系数（Paired Samples Correlations）

	N	Correlation	Sig.
Pair 1 治疗前 & 治疗后	12	.926	.000

表 11-7（3） 配对样本检验（Paired Samples Test）

	Paired Differences					t	df	Sig. (2-tailed)
	Mean	Std. Deviation	Std. Error Mean	95% Confidence Interval of the Difference				
				Lower	Upper			
Pair 1 治疗前-治疗后	12.00	8.759	2.529	6.43	17.57	4.746	11	.001

表 11-7（1）中列出了治疗前和治疗后 12 位病人体重数据的平均值、样本量、标准差和均值误差。

表 11-7（2）是进行配对变量的相关分析结果。本例中，治疗前和治疗后两组数据的相关系数 $r=0.926$，相关程度非常高。

表 11-7（3）是配对 t 检验表，给出了最终的检验结果。$t=4.746$，$P=0.001$，故可以认为体育疗法对减肥效果非常显著。

11.6 单因素方差分析

单因素方差分析也称作一维方差分析，常用于进行多组间样本均数的差异显著性检验。它能够检验由一个因素影响的各水平分组均值之间的差异是否具有统计意义，还可以进行均值的多重比较，即对各组均值两两之间的差异显著性水平进行比较分析。

单因素方差分析和 t 检验时的情况类似，也要求各样本来自正态总体，且相互比较的各样本的总体方差相等（即方差齐性）。

［例 11-7］ 从某校初一年级 3 个班中，各随机抽取 5 名学生，测得立定跳远成绩如下：

1 班　167　180　175　175　183

2 班　170　165　148　161　139

3 班　167　150　137　131　170

试比较 3 个班下肢力量水平是否具有显著性差异？

解： 1）选择“Analyze→Compare Means→One-Way ANOVA...”命令，如图 11-33 所示。

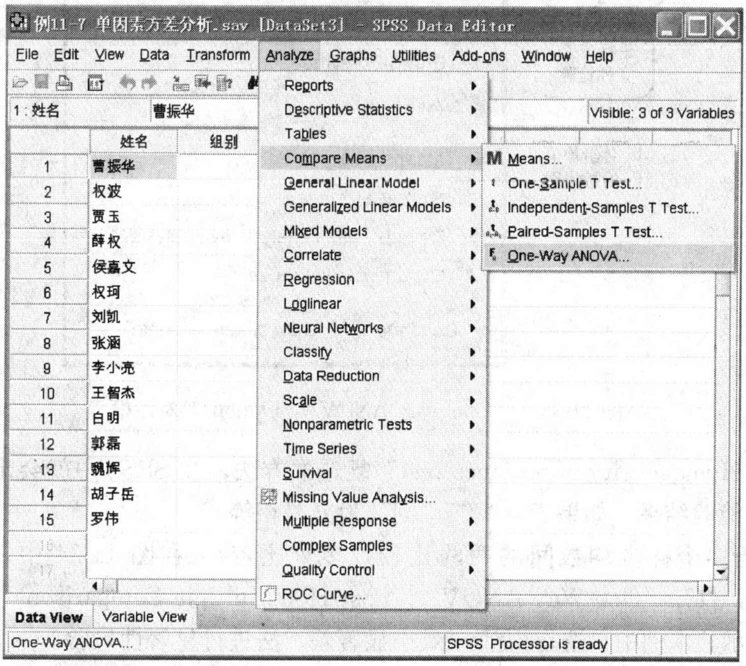

图 11-33　单因素方差分析的选择菜单

2）在弹出的“One-Way ANOVA”对话框中，从左侧的变量列表中选择“立定跳远”变量，使之添加到“Dependent List:”列表框中；选择“组别”变量，使之添加到“Factor:”列表框中，如图 11-34所示。

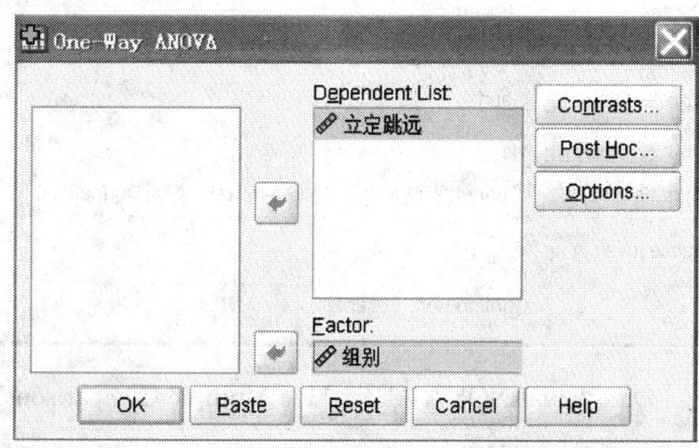

图 11-34　“One-Way ANOVA”对话框

3）在图 11-34 所示的对话框中，单击“Options”按钮，打开“One-Way ANOVA：Options”对话框，如图 11-35 所示。

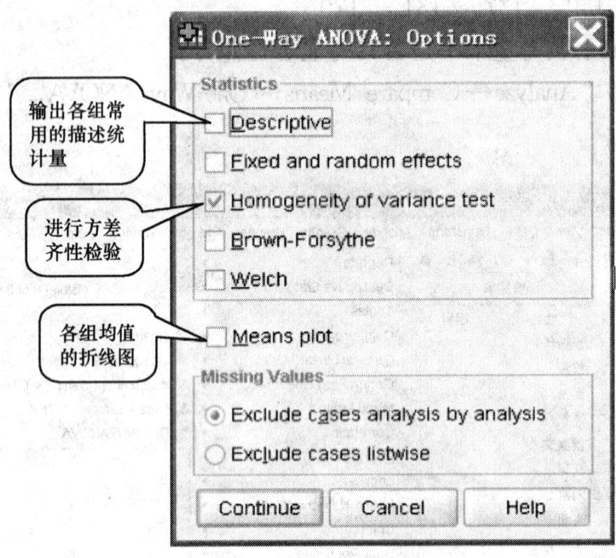

图 11-35 “One-Way ANOVA：Options”对话框

选中“Homogeneity of variance test”复选框方法，在 SPSS 中就会出现关于方差是否相等的检验结果。如果 $P>0.05$，则认为方差相等。

4）进行多个样本均数间的两两比较（多重比较）。在图 11-34 中，选择“Post Hoc”按钮，打开“One-Way ANOVA：Post Hoc Multiple Comparisons”对话框，如图 11-36 所示。本例中，选择 LSD（最小显著差）法进行显著性检验。

One-Way ANOVA: Post Hoc Multiple Comparisons
Equal Variances Assumed
LSD　S-N-K　Waller-Duncan
Type I/Type II Error Ratio: 100
Bonferroni　Tukey
Sidak　Tukey's-b　Dunnett
Scheffe　Duncan　Control Category: Last
R-E-G-W F　Hochberg's GT2　Test
R-E-G-W Q　Gabriel　2-sided　< Control　> Control
Equal Variances Not Assumed
Tamhane's T2　Dunnett's T3　Games-Howell　Dunnett's C
Significance level: 0.05
Continue　Cancel　Help

图 11-36 “One Way ANOVA：Post Hoc Multiple Comparisons”对话框

5）单因素方差分析的多项式检验。在图 11-34 中，单击“Contrasts”按钮，打开“One-Way ANOVA：Contrasts”对话框，如图 11-37 所示。

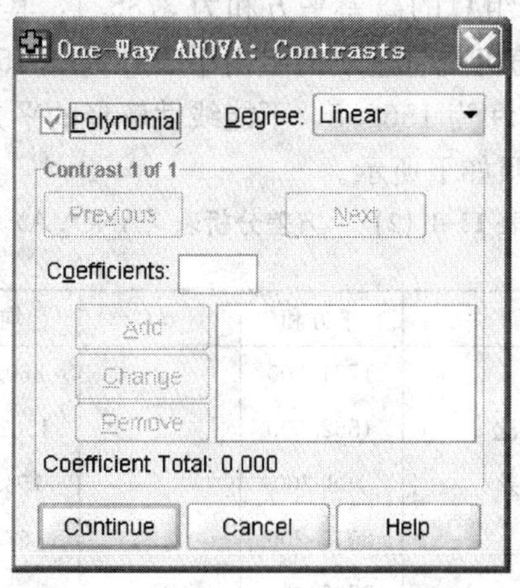

图 11-37 “One-Way ANOVA：Contrasts”对话框

选中“Polynomial”复选框，在其后的“Degree：”下拉框中指定“linear”作线性分解，也可以进行二次、三次等分解。这样在分析结果中，不仅可以输出组间平方和，还可以显示组间平方和的各个分解结果以及 F 统计量。本例不进行多项式检验。

SPSS 运行结果如表 11-8 所示。

Oneway

表 11-8（1） 方差齐性检验（Test of Homogeneity of Variances）

立定跳远

Levene Statistic	$df1$	$df2$	Sig.
3.636	2	12	.058

方差齐性检验结果，$P>0.05$，因此可以认为样本所在总体的方差齐性。

表 11-8（2） 方差分析表（ANOVA）

立定跳远

			Sum of Squares	df	Mean Square	F	Sig.
Between Groups	(Combined)		1721.200	2	860.600	5.125	.025
	Linear Term	Contrast	1562.500	1	1562.500	9.304	.010
		Deviation	158.700	1	158.700	.945	.350
Within Groups			2015.200	12	167.933		
Total			3736.400	14			

这是一个典型的方差分析表。$F=5.125$，$P<0.05$，说明3个班学生的下肢力量之间存在显著性差异。

另外，还可以看出3个组总的离差平方和为3736.4，其中控制变量不同水平造成的组间平方和为1721.2，随机变量造成的组内平方和为2015.2。而组间平方和中，能被控制变量线性解释的平方和为1562.5，不能线性解释的平方和为158.7。

表11-8（2）的内容对照如下所示。

表11-8（2） 方差分析表（ANOVA）

立定跳远

			平方和	*df*	均方	*F*	显著性
组间	（组合）		1721.200	2	860.600	5.125	.025
	线性项	对比	1562.500	1	1562.500	9.304	.010
		偏差	158.700	1	158.700	.945	.350
组内			2015.200	12	167.933		
总数			3736.400	14			

表11-9输出的是两两比较的结果。

表11-9 多重比较（Multiple Comparisons）

Dependent Variable：立定跳远

LSD

（I）组别	（J）组别	Mean Difference (I-J)	Std. Error	Sig.	95% Confidence Interval	
					Lower Bound	Upper Bound
1	2	19.40*	8.196	.036	1.54	37.26
	3	25.00*	8.196	.010	7.14	42.86
2	1	−19.40*	8.196	.036	−37.26	−1.54
	3	5.60	8.196	.507	−12.26	23.46
3	1	−25.00*	8.196	.010	−42.86	−7.14
	2	−5.60	8.196	.507	−23.46	12.26

*. The mean difference is significant at the .05 level.

这是LSD法多重比较的结果。可以看出1、2班和1、3班之间存在显著性差异，2、3班之间无显著性差异。

11.7 相关分析

11.7.1 直线相关分析

相关分析是一种研究变量间关系密切程度的一种常用统计方法，是通过计算变量间两两的相关系数r，对两个或两个以上变量之间两两相关的程度进行分析。

直线相关，又称简单相关。两变量呈线性共同增大，或者呈线性一增一减。如果

X 变量增加时 Y 变量也增加，则称为正相关；如果 X 变量增加时 Y 变量减少，则称为负相关。

相关系数 r 的适用条件如下。

1）两变量的分布应近似于正态分布。

2）原始资料应是数值型数据。

3）样本量（数据的对数）n 最好不要小于 30。

相关分析应注意的问题如下。

1）在进行相关分析时，散点图是非常重要的工具，分析前先做散点图，以初步判断两变量之间是否存在相关趋势，该趋势是否为直线趋势，以及数据中是否存在异常点。

2）进行相关分析时要有实际意义。

3）相关关系不一定是因果关系，也可能仅是表面上的伴随关系。

4）不要把相关系数有统计意义误解为两变量相关的密切程度。

［例 11-8］ 某地一年级 12 名女大学生的体重与肺活量的数据如下：试分析两者是否有直线相关关系。

体　重/kg　41.5　42.2　45.8　46　46.4　49.6　50　50.5　51.5　52　58　58.2

肺活量/L　2.52　2.23　2.75　2.41　2.79　2.81　3.41　3.12　3.48　2.85　3.52　3.32

解： 在进行分析之前必须先作散点图，以判断两变量之间有无相关趋势，以及该趋势是否呈线性。

选择“Graphs→Legacy Dialogs→Scatter/Dot”命令，弹出“Scatter/Dot”对话框，本例只想绘制出体重和肺活量两者的散布情况，因此选择“Simple Scattered”图即可。单击“Define”按钮，弹出“Simple Scatterplot”对话框，将左侧“体重”变量选入“X Axis”，“肺活量”选入“Y Axis”，其他选项不改变，保持 SPSS 默认值。单击“OK”按钮，产生散点图，如图 11-38 所示。

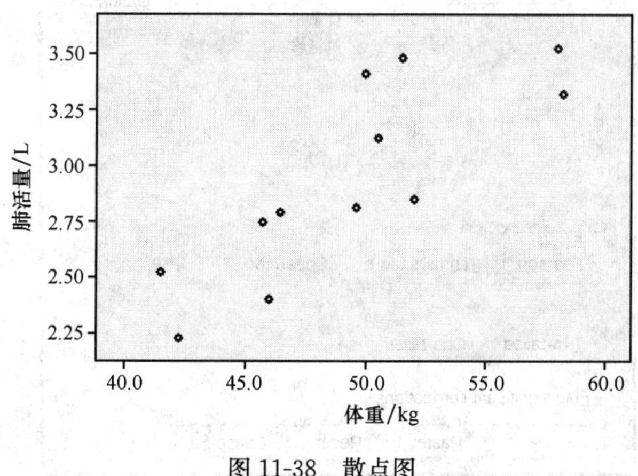

图 11-38　散点图

由图 11-38 可见，体重和肺活量有着非常明显的直线相关趋势，并且从图中也没有发现影响过强的异常点，因此可以放心地进行相关分析。

1）选择“Analyze→Correlate→Bivariate...”命令，如图 11-39 所示。

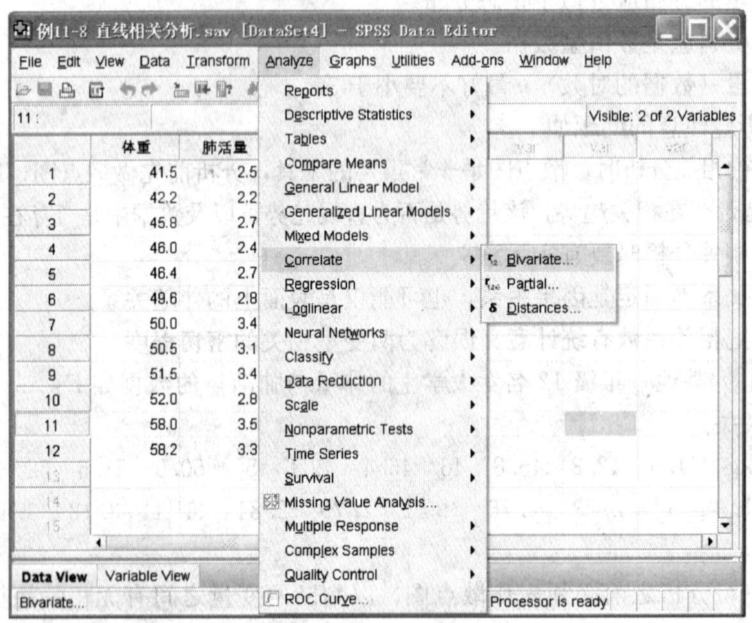

图 11-39 直线相关分析的选择菜单

2）在弹出的“Bivariate Correlations”对话框中，从左侧的变量列表中选择“体重”和“肺活量”变量，移入“Variables:”列表框中，如图 11-40 所示。

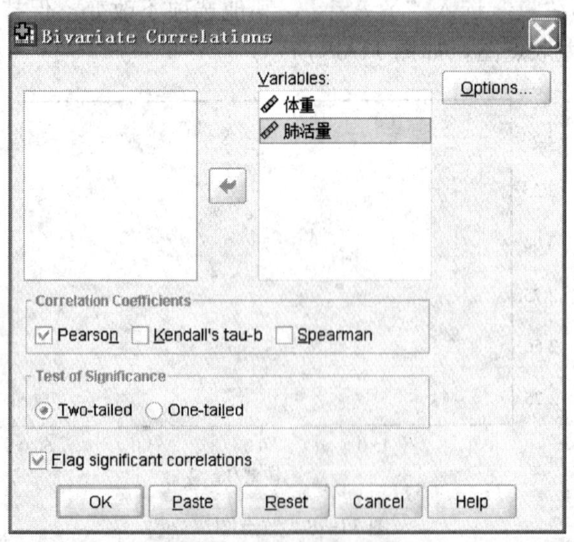

图 11-40 “Bivariate Correlations”对话框

在“Correlation Coefficients”框中选择相关系数的类型，共有 3 种：“Pearson”简单相关系数、“Kendall′s tau-b”和“Spearman”等级相关系数，本例选用“Pearson”项。

在“Test of Significance”框中，可选择相关系数的单侧（One-tailed）或双侧（Two-tailed）检验，本例选择双侧。

“Flag significant correlations”复选框要求在结果中用星号标记有统计学意义的相关系数，一般勾选。此时 $P<0.05$ 的系数值旁会标记一个星号，$P<0.01$ 时则标记两个星号。

3）单击“Options”按钮，打开“Bivariate Correlations：Options”对话框，如图 11-41 所示。

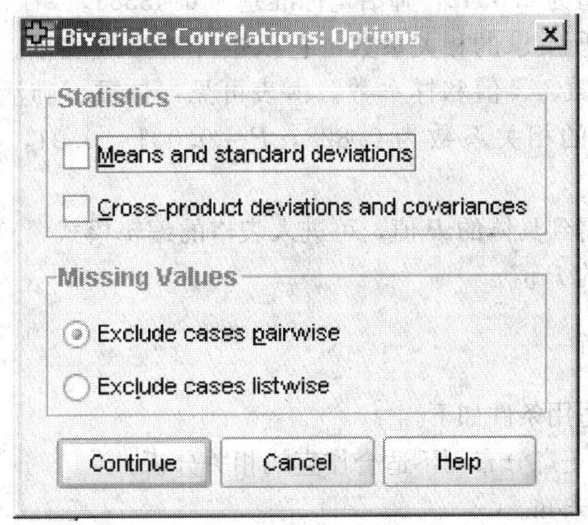

图 11-41 “Bivariate Correlations：Options”对话框

在“Statistics”复选框组中，“Means and standard deviations”表示输出每个变量的均数和标准差。“Cross-product deviations and covariances”表示输出各变量的离差平方和以及协方差阵。“Missing Values”单选框组表示定义分析中对缺失值的处理方法。

SPSS 的运行结果如表 11-10 所示。

Correlatios

表 11-10（1） 描述统计量（Descritive Statistics）

	Mean	Std. Deviation	*N*
体重	49.308	5.3245	12
肺活量	2.9342	.433 83	12

表 11-10（2） 相关系数矩阵（Correlations）

		体重	肺活量
体重	Pearson Correlation	1	.828**
	Sig.（2. tailed）		.001
	N	12	12
肺活量	Pearson Correlation	.828**	1
	Sig.（2-tailed）	.001	
	N	12	12

**. Correlation is significant at the 0.01 level（2-tailed）.

表 11-10（1）输出了所有人（$n=12$）的体重平均值为 49.308，体重标准差为 5.3245，肺活量平均值为 2.9342，肺活量标准差为 0.43383。

表 11-10（2）为所要求的相关系数，它以矩阵的形式表示。每个变量显示三行内容，分别是相关系数、*P* 值和样本数。由表可见：体重、肺活量自身的相关系数均为 1，而它们之间的相关系数为 0.828，$P=0.001<0.01$，有非常显著的统计学意义。

注意：如果需要得到具体的 *P* 值，可进入表格的编辑模式，双击 *P* 值所在的单元格，就可以看到精确的 *P* 值。

11.7.2 等级相关分析

等级相关分析的适用条件如下。

1）不服从双变量正态分布而不适合作直线相关分析。

2）总体分布类型未知。

3）原始数据是用等级表示。

在图 11-40 对话框的“Correlation Coefficients”框中，若选择“Spearman”等级相关系数，SPSS 运行结果中将出现如表 11-11 所示的内容。

Nonparametric Correlations

表 11-11 相关系数矩阵（Correlations）

			体重	肺活量
Spearman's rho	体重	Pearson Correlation	1	.828**
		Sig.（2-tailed）		.001
		N	12	12
	肺活量	Pearson Correlation	.828**	1.000
		Sig.（2-tailed）	.001	
		N	12	12

**. Correlation is significant at the 0.01 level（2-tailed）.

此处的表格内容和表 11-10（2）的结果非常相似，只是表格左侧注明为“Spearman”

等级相关。可见体重和肺活量的等级相关系数为 0.853，$P=0.000$，说明两变量显著相关，且为正相关。

11.8 多元线性回归分析

回归分析是处理两个及两个以上变量间线性依存关系的统计方法。

研究在线性相关条件下，两个或两个以上的自变量对一个因变量的数量变化关系，称为多元线性回归分析，表现这一数量关系的数学公式，称为多元线性回归模型。

回归分析应注意的问题如下。

1）进行回归分析时要有实际意义。

2）回归方程一般只适用于自变量 X 实测数据的范围内，不能随意外推。

3）回归分析时，最好先制散点图，以初步判断两变量之间是否存在直线相关趋势，以及数据中是否存在异常点。

4）一般两变量具有中度以上直线相关程度时，进行回归分析才有意义。

[例 11-9] 测得某高中 28 名男生的 200m（$x1$）、立定跳远（$x2$）、30m 起跑（$x3$）及 100m（y）成绩，试建立 100m 与其他 3 项指标关系的多元线性回归方程（原始数据如图 11-42 所示，在定义 $x1$、$x2$、$x3$ 时可使用变量定义视图窗口中的“Label”项，分别指定其中文含义为 200m、立定跳远、30m 起跑）。

解： 1）选择“Analyze→Regression→Linear”命令，如图 11-42 所示。

2）在弹出的“ Linear Regression”对话框中，从左侧的变量框中选择百米 y 进入“Dependent”列表框，表示该变量为因变量。选择 $x1$，$x2$，$x3$ 变量进入“Independent(s):”列表框，表示这 3 个变量为自变量，如图 11-43 所示。

在该对话框中，本例均选择默认设置。单击“OK”按钮，即可得到 SPSS 线性回归分析结果。

SPSS 运行结果如表 11-12 所示。

表 11-12（1） 引入/剔除的变量（Variables Entered/Removed[b]）

Model	Variables Entered	Variables Removed	Method
1	30m 起跑，200m 立定跳远[a]		Enter

a. All requested variables entered.

b. Dependent Variable：百米 y.

表 11-12（1）输出的是被引入或从回归方程中被剔除的变量。结果说明，在对模型 1（Model 1）进行线性回归分析时采用的是全部引入法——Enter。该模型引入的变量为 30m 起跑、200m 和立定跳远。

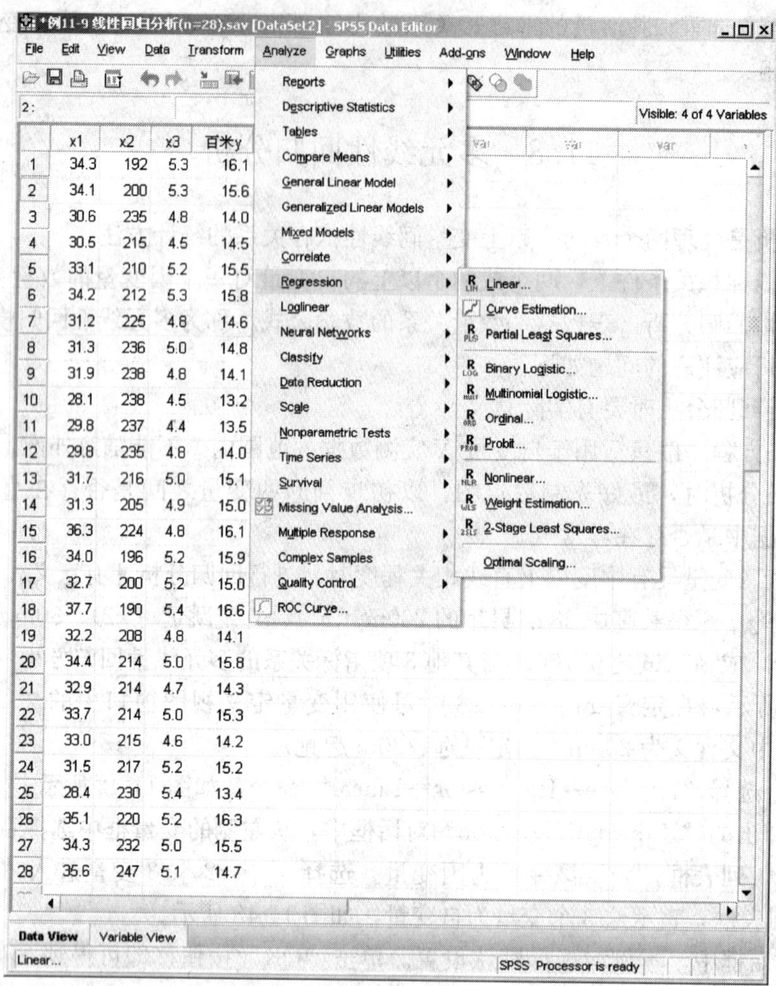

图 11-42 “多元线性回归分析”的选择菜单

表 11-12（2） 模型摘要（Model Summary）

Model	R	R Square	Adjusted R Square	Std. Error of the Estimate
1	.908[a]	.825	.803	.4096

a. Predictors：(Constant)，30m 起跑，立定跳远，200m.

表 11-12（2）为所拟合模型的拟合优度简报。在模型 1 中，复相关系数 R 为 0.908，判定系数 R 为 0.825，调整判定系数为 0.803（若作用不显著的变量引入方程，则该系数减少），回归估计值的标准误差为 0.4096。

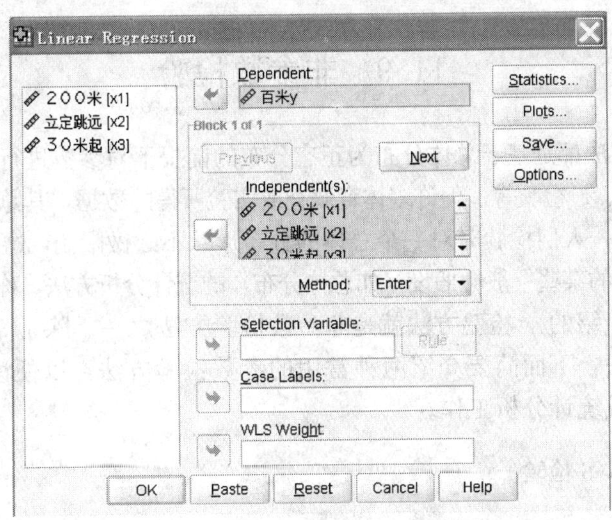

图 11-43 “Linear Regerssion”对话框

表 11-12（3） 方差分析表（ANOVA[b]）

Model		Sum of Squares	*df*	Mean Square	*F*	Sig.
1	Regression	18.957	3	6.319	37.658	.000[a]
	Residual	4.027	24	.168		
	Total	22.984	27			

a. Predictors：(Constant)，30m 起跑，立定跳远，200m.

b. Dependent Variable：百米 *y*.

表 11-12（3）显示方差分析结果。可以看出：$F=37.658$，$P<0.01$，说明自变量与因变量 Y 之间确有线性回归关系。

表 11-12（4） 回归系数（Coefficients[a]）

Model		Unstandardized Coefficients		Standardized Coefficients	*t*	Sig.
		B	Std. Error	Beta		
1	(Constant)	5.820	2.711		2.147	.042
	200m	.259	.041	.645	6.335	.000
	立定跳远	−.013	.006	−.222	−2.193	.038
	30m 起跑	.720	.338	.220	2.130	.044

a. Dependent Variable：百米 *y*.

表 11-12（4）为回归系数分析。其中，Unstandardized Coefficients 为非标准化系数，Standardized Coefficients 为标准化系数。表中显示了各模型的偏回归系数（B），标准误（Std. Error），常数（Constant），标准化偏回归系数（Beta，消除了单位的影响），回归系数假设检验的 t 值和 P 值（Sig）。模型建立的回归方程为：$\hat{Y}=5.82+0.259X1-0.013X2+0.72X3$。包括常数项在内的所有系数的检验结果均为 $P<0.05$，说明系数均有显著性意义（与 0 有显著差别）。

11.9 非参数检验

前面介绍的方法都是基于总体分布为正态分布的前提下对参数进行的检验，即参数检验方法，如 t 检验、F 检验等。但许多体育调查或实验所得的数据，其总体分布都是未知的或无法确定，因此，人们检验时对一个总体的分布形状不必做限制，这种不是针对总体参数，而是针对总体的某些一般性假设（如总体分布）的统计分析方法，称非参数检验。

其实，前面介绍的 χ^2 检验方法就是非参数检验方法之一。除了 χ^2 检验外，还有许多非参数检验方法，下面简要介绍两种常用的参数检验方法，以便读者能够选择合适的统计方法，完成统计分析工作。

11.9.1 单样本 K-S 检验

正态分布在许多统计分析中起着重要作用，往往是相应方法的前提，这也是为什么常要检验数据是否服从正态分布的原因。

单样本 K-S 检验又称单样本柯尔莫哥洛夫—斯米诺夫检验（one-sample Kolmogorov-Smirnov），是一种似合优度性检验，研究的是样本观察值的分布和指定的理论分布间符合程度的问题，通过它可以确定是否有理由认为被观察的样本来自具有理论分布的总体。

［例 11-10］ 以［例 11-1］小学四年级 52 名学生的身高资料为例，试检验该小学四年级学生的身高资料是否服从正态分布。

解： 选择“Analyze→Nonparametric Tests→1-Sample K-S”命令，打开“One-Sample Kolmogorov-Smirnov Test”对话框，如图 11-44 所示。

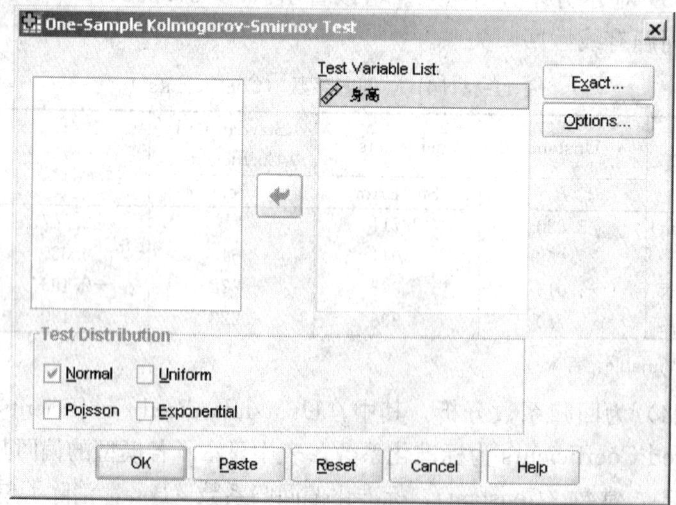

图 11-44 “One-Sample Kolmogorov-Smirnov Test”对话框

在对话框左侧的变量列表中选“身高”变量进入“Test Variable List:”列表框，在“Test Distribution”框中选“Normal”复选项，表明与正态分布相比较，单击“OK”按钮，SPSS运行结果如表11-13所示。

表11-13 单样本K-S检验（One-Sample Kolmogorov-Smirnov Test）

		身高
N		52
Normal Parameters[a]	Mean	143.833
	Std. Deviaton	7.5238
Most Extreme Differences	Absolute	.054
	Positive	.054
	Negative	—.045
Kolmogorov-Smirnov Z		.388
Asymp. Sig. (2-tailed)		.998

a. Test distribution is Normal.

K-S正态性检验结果显示，样本量为52，平均数为143.833，标准差为7.5238，Z统计量为0.388，双侧P值为0.998，远远大于显著性水平0.05，可以认为该小学四年级学生的身高资料服从正态分布。

11.9.2 多配对样本的Kendall协同系数检验

多配对样本的Kendall协同系数检验主要用于评判者的判别标准是否一致。Kendall协同系数W的公式为

$$W=\sum_{i=1}^{n}\frac{(R_i-m(n+1)/2)^2}{(m^2n(n^2-1))/12}$$

式中，m为评判人数；n为被评判人数（或样本个数）；R_i为第i个被评判者的秩和。

Kendall协同系数W在n较大时，近似服从卡方分布，它表示了各行数据之间的相关程度，其取值范围在[0，1]。W越接近于1，表示各行数据之间的相关性越强，说明评判者的评价标准越一致。

[例11-11] 7位专家对篮球运动员的速度、灵敏、柔韧、力量、弹跳、耐力六大主要身体素质按其重要程度进行排序，如表11-14所示数据（1～6）为各素质重要性排序，试判定7位专家的评定结果是否一致。

表11-14 7位专家的评判结果

	专家1	专家2	专家3	专家4	专家5	专家6	专家7
速度	1	1	1	1	1	2	2
灵敏	4	5	4	4	4	3	3
柔韧	6	6	6	5	6	5	6

续表

	专家1	专家2	专家3	专家4	专家5	专家6	专家7
力量	2	2	2	3	2	1	1
弹跳	5	4	3	2	3	4	4
耐力	3	3	5	6	5	6	5

解：1）输入原始数据，选择“Analyze→Nonparametric Tests→K Related Samples...”命令，如图11-45所示，打开“Tests for Several Related Samples”对话框，将6个变量选入“Test Variables:”列表框中，并选中“Kendall′s W”复选项，如图11-46所示。

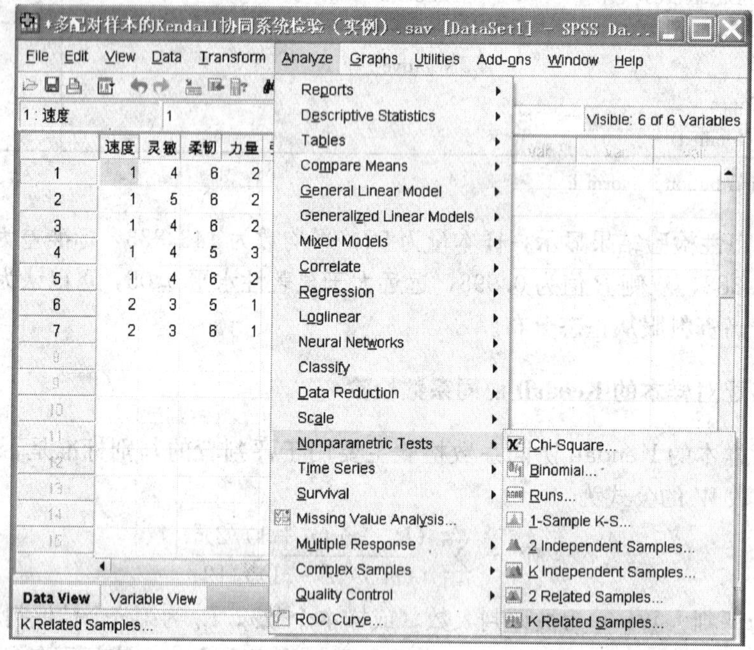

图11-45 原始数据和菜单命令

Tests for Several Related Samples
Test Variables:
速度
灵敏
柔韧
力量
弹跳
耐力
Exact...
Statistics...
Test Type
Friedman Kendall's W Cochran's Q
OK Paste Reset Cancel Help

图11-46 “Tests for Several Related Samples”对话框

2）单击“OK”按钮，输出如表 11-15 所示的运行结果。

表 11-15（1） 秩（Ranks）

	Mean Rank
速度	1.29
灵敏	3.86
柔韧	5.71
力量	1.86
弹跳	3.57
耐力	4.71

表 11-15（2） 检验统计量（Test Statistics）

N	7
Kendall′s…	.806
Chi-Square	28.224
df	5
Asymp. Sig.	.000

a. Kendall′s Coefficient of Concrdance

从 Kendall 协同系数检验的结果可以看出，速度的平均秩最小，说明专家认为速度最重要，其次是力量，柔韧的重要程序最低。另外，$W=0.806$ 接近 1，$P=0.000<0.01$，说明评判者的评价标准具有非常显著的一致性。

同步练习

1. 测得 24 名参加体育专业考试的考生成绩，3 个项目的数据资料如图 11-47 所示。

	编号	组别	百米	立定跳远	铅球		编号	组别	百米	立定跳远	铅球
1	001	A	12.94	2.63	8.46	13	013	B	13.11	2.58	10.42
2	002	A	12.63	2.48	11.26	14	014	B	13.85	2.30	7.95
3	003	A	13.03	2.48	9.48	15	015	B	13.46	2.49	8.33
4	004	A	13.30	2.40	8.80	16	016	B	12.66	2.64	10.53
5	005	A	12.51	2.59	10.58	17	017	B	13.41	2.67	9.23
6	006	A	11.70	2.56	8.96	18	018	B	13.05	2.42	9.18
7	007	A	13.21	2.56	9.44	19	019	B	12.93	2.52	9.47
8	008	A	12.59	2.62	9.08	20	020	B	12.70	2.64	10.16
9	009	A	12.54	2.62	10.65	21	021	B	12.93	2.45	11.92
10	010	A	12.54	2.60	9.84	22	022	B	13.64	2.44	8.40
11	011	A	14.63	2.24	7.15	23	023	B	12.96	2.76	9.30
12	012	A	13.28	2.40	8.61	24	024	B	13.16	2.47	9.62

图 11-47 高考体育类 24 名考生（男）的成绩资料

试进行以下统计分析。

1）对百米、立定跳远和铅球数据进行描述统计分析，要求计算出平均数、标准差、最小值、最大值、均数的标准误、偏度系数和峰度系数。

2）试比较 A、B 两组考生百米、立定跳远两个项目的平均水平是否存在显著性差异？

3）计算 3 个项目两两间的直线相关系数。

4）试建立用立定跳远推测百米的一元直线回归方程。

2. 测得两个班学生升入六年级时的视力和临毕业前的视力，观察坚持做眼保健操的效果。统计资料如表 11-16 所示。

表 11-16 视力数据资料 （单位：人）

	人数	近视人数	视力正常人数
实验前（刚升入时）	105	33	72
实验后（临毕业前）	105	16	89

用四格表的 χ^2 检验进行假设检验，试判断坚持做眼保健操对提高视力是否有显著作用?

参 考 文 献

毛炳寰. 2005. 用 Excel 和 SPSS 学习统计学［M］. 北京：中国财政经济出版社
全国统编教材. 2002. 体育统计［M］. 北京：人民体育出版社
孙振球. 2002. 医学统计学［M］. 北京：人民卫生出版社
余建英，何旭宏. 2003. 数据统计分析与 SPSS 应用［M］. 北京：人民邮电出版社
宋志刚，谢蕾蕾，何旭洪. 2008. SPSS 16 实用教程［M］. 北京：人民邮电出版社

第 12 章　Excel 数据分析案例

随着科学技术的发展，体育领域中所需统计的数据量和内容大大增加，体育统计学公式繁杂，数据庞大，难以人工统计计算。本章引入 Office Excel 软件，把体育统计学中繁难的手算变为 Excel 软件计算，有利于体育统计课程的学习，也能使读者掌握一门应用工具。

Excel 是 Office 的套件之一，个人和单位计算机上一般都有安装，且操作较为简便；另一方面，它是全中文的操作界面，比专业统计软件易学、易用、易得、易懂。本章主要介绍 Excel 的统计功能、统计过程和统计方法，为用户更好地理解体育统计学中的原理与方法提供帮助。

12.1　Excel 的统计功能简介

12.1.1　统计图表的建立

在 Office Excel 中可以处理大量数据，Excel 是一个以“表格”方式处理数据的软件，一张统计表的建立主要是构建一张统计表格，并将搜集到的统计数据输入其中，这与日常的手工处理方式非常类似，所以很容易理解和接受。

统计制图使用 Office Excel 制图引擎，只需单击几下即可创建出具有动人视觉效果和专业水准的图表。它提供的图形种类繁多，如图 12-1 所示。

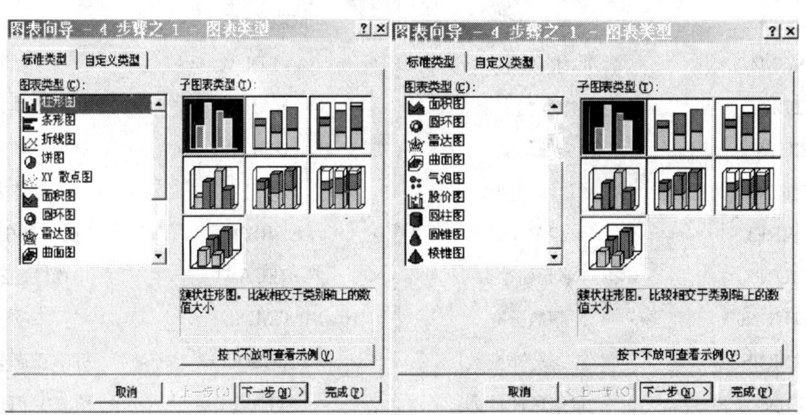

图 12-1　图形种类

包括柱形图、条形图、饼图、直方图、面积图、折线图以及三维图表在内共 100 多种基本图表类型，柔和阴影和消除锯齿效果，帮助确定关键数据趋势并创建更引人注目的图形摘要。

12.1.2　统计分析

Excel 的数据分析能力主要是通过函数运算和数据分析实现的。

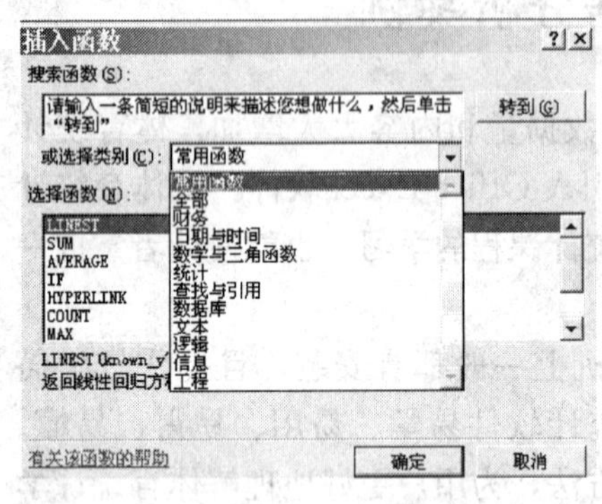

图 12-2　函数种类

1. 函数运算

Excel 函数是事先定义好的公式，其形式为：函数名（参数，参数）。Excel 函数的种类非常丰富，不仅包括常用的数学及三角函数、日期及时间计算、数据库管理，还涉及统计分析、工程计算等其他方面，如图 12-2 所示。由于函数很多，参数各异，不易记忆，因此可以单击标准工具栏中的"f_x"（函数向导）按钮，或者单击菜单栏的插入项，从中选择"f_x"函数，此时会弹出"插入函数"对话框，如图 12-2 所示。

首先从函数分类中选择所需类型，然后再从函数名中选择所需函数，该对话框的底部会显示当前所选函数的简要说明，用以帮助判断选择的正确性，常用的 Excel 统计函数如表 12-1 所示。

表 12-1　常用 Excel 统计函数一览表

函　数	意　义	函　数	意　义
MAX	求最大值函数	MIN	求最小值函数
AVERAGE	算术平均数	GEOMEAN	几何平均数
HARMEAN	调和平均数	PERCENTILE	百分位数
MODE	众数	MEDIAN	中位数
SUM	求和函数	AVEDEV	平均差
STDEV	样本标准差	VAR	样本方差
SKEW	偏斜度	KURT	峰度
STDEVP	总体标准差	VARP	总体方差
CORREL	相关系数	PEARSON	皮尔逊相关系数
COUNT	单元格个数	FORECAST	线性趋势预测
FREQUENCY	频数分布	BINOMDIST	二项分布
NORMDIST	正态分布函数	NORMSDIST	标准正态分布函数
CONFIDENCE	置信区间计算	STEYX	预测 Y 值标准误差
CHITEST	χ^2 检验	FTEST	F 检验
TTEST	t 检验	ZTEST	双侧 Z 检验

2. 数据分析

除了以上介绍的统计函数外，Excel还提供了数据分析功能，在安装加载宏之后，才可以通过Microsoft Office Excel“工具”菜单中的“数据分析”命令实现。数据分析工具的种类如图12-3所示。

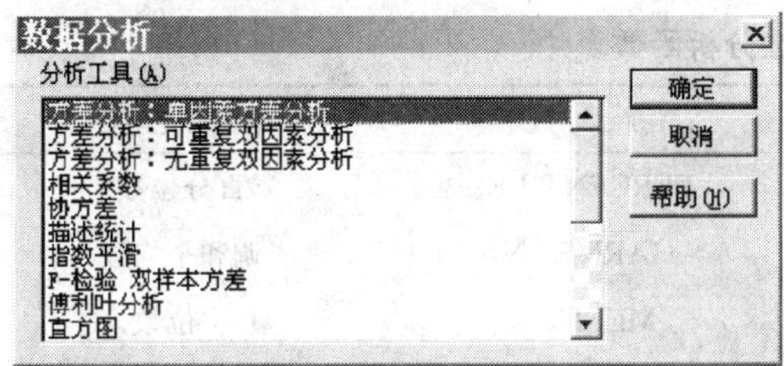

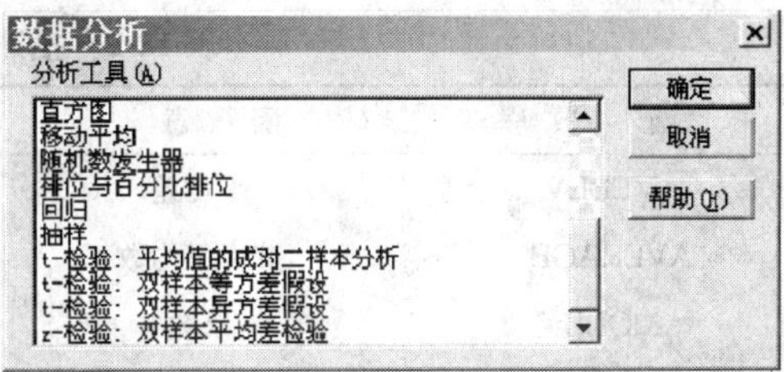

图12-3 数据分析工具种类

下面介绍安装加载宏的方法。

如图12-4所示，选择“工具→加载宏”命令，打开“加载宏”对话框。在“加载宏”对话框中选择“分析工具库”复选框，然后单击“确定”按钮，即“加载宏”安装完成。

安装完成后，在“工具”菜单中就有“数据分析”命令。

如果选择“分析工具库”复选框并单击“确定”后，Excel提示提供CD安装盘，此时，将安装盘放入光驱，即可完成“加载宏”工具库的安装。

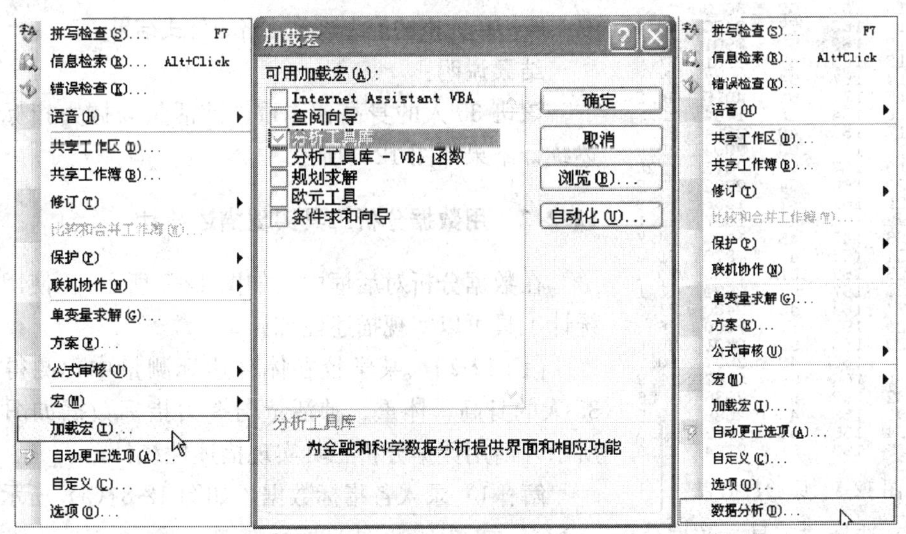

图12-4 安装加载宏

12.2 描 述 统 计

12.2.1 函数实现的描述统计

可以实现描述统计的主要函数如表 12-2 所示。

表 12-2 描述性分析函数表

函　　数	函 数 意 义	函　　数	函 数 意 义
AVEDEV	平均差	PERCENTILE	百分位数
AVERAGE	算术平均数	HARMEAN	调和平均数
MODE	众数	MEDIAN	中位数
STDEV	样本标准差	VAR	样本方差
SKEW	偏斜度	KURT	峰度
CORREL	相关系数	PEARSON	皮尔逊相关系数
TREND	趋势分析	FORECAST	线性趋势预测

	A	B	C	D	E
1	序号	身高	体重	肺活量	握力
2	1	163	64	3261	39.3
3	2	171	58	4008	31.5
4	3	170	58	2607	45.4
5	4	169	65	2839	29.3
6	5	178	72	4337	62.8
7	6	168	50	3564	36.6
8	7	160	56	3056	33.8
9	8	160	54	2592	38.4
10	9	174	58	3467	40
11	10	164	62	3673	36
12	11	168	57	3428	43.4
13	12	169	53	3901	33.2
14	13	163	46	3131	37.6
15	14	167	54	2987	37.3
16	15	171	64	4015	44.2
17	16	154	42	1684	23.3
18	17	159	49	2314	22.9
19	18	160	55	2504	27.6
20	19	157	51	2073	28
21	20	160	54	2922	27.2
22	21	161	51	1836	19.9
23	22	150	40	1937	21.1
24	23	149	45	1132	24.7
25	24	153	41	1879	21.4
26	25	162	51	1000	20.4
27	26	167	57	2529	28.1
28	27	164	48	2480	27.8
29	28	154	51	1900	26.8
30	29	160	53	2701	26.6
31	30	160	48	2637	20.2
32	31	166	56	3197	29.8
33	32	162	50	2036	26
34	33	158	48	2686	29.5
35	34	155	48	1952	19.9
36	35	163	51	2374	22.9

图 12-5 原始数据表

［例 12-1］ 某学校在体育达标测量中，测得某班 35 人的身高、体重、肺活量与握力指标数据如图 12-5 所示，请对各指标做描述性统计。

解： 1）录入各指标数据，如图 12-5 所示。

2）按如图 12-6 所示的函数，计算各描述性统计量。箭头所指单元格的值为该单元格的公式结果。

结果说明：

该班 35 人的身高、体重、肺活量与握力指标的描述统计结果如图 12-6 所示。

12.2.2 用数据分析工具实现描述统计

在数据分析对话框中（如图 12-7 所示），使用描述统计工具可以实现描述性统计。

［例 12-2］ 某学校在体育达标测量中，测得某班 35 人的身高、体重、肺活量与握力指标数据如图 12-5 所示，请用数据分析工具实现描述性统计。

解： 1）录入各指标数据，如图 12-8（a）所示。

2）选择“工具→数据分析”命令，如图 12-8（b）所示。

3）在弹出的“数据分析”对话框中，如图 12-8（c）所示，选择“描述统计”选项，单击“确定”按钮，弹出“描述统计”对话框。

	A	B	C	D	E	F	G	H	I	J	K
1	序号	身高	体重	肺活量	握力	身高的描述统计			体重的描述统计		
2	1	163	64	3261	39.3	集中位置量数			集中位置量数		
3	2	171	58	4008	31.5	算术平均数	162.5428571	←=AVERAGE(B2:B36)	算术平均数	53.14285714	←=AVERAGE(C2:C36)
4	3	170	58	2607	45.4	众数	160	←=MODE(B2:B36)	众数	51	←=MODE(C2:C36)
5	4	169	65	2839	29.3	中位数	162	←=MEDIAN(B2:B36)	中位数	53	←=MEDIAN(C2:C36)
6	5	178	72	4337	62.8	离中位置量数			离中位置量数		
7	6	168	50	3564	36.6	平均差	5.244081633	←=AVEDEV(B2:B36)	平均差	5.355102041	←=AVEDEV(C2:C36)
8	7	160	56	3056	33.8	样本标准差	6.661314378	←=STDEV(B2:B36)	样本标准差	6.987984886	←=STDEV(C2:C36)
9	8	160	54	2592	38.4	样本方差	44.37310924	←=VAR(B2:B36)	样本方差	48.83193277	←=VAR(C2:C36)
10	9	174	58	3467	40	肺活量的描述统计			握力的描述统计		
11	10	164	62	3673	36	集中位置量数			集中位置量数		
12	11	168	57	3428	43.4	算术平均数	2703.971429	←=AVERAGE(D2:D36)	算术平均数	30.94	←=AVERAGE(E2:E36)
13	12	169	53	3901	33.2	众数	#N/A	←=MODE(D2:D36)	众数	22.9	←=MODE(E2:E36)
14	13	163	46	3131	37.6	中位数	2637	←=MEDIAN(D2:D36)	中位数	28.1	←=MEDIAN(E2:E36)
15	14	167	54	2987	37.3	离中位置量数			离中位置量数		
16	15	171	64	4015	44.2	平均差	641.5102041	←-AVEDEV(D2.D36)	平均差	7.219428571	←-AVEDEV(E2.E36)
17	16	154	42	1684	23.3	样本标准差	808.2539091	←=STDEV(D2:D36)	样本标准差	9.269945111	←=STDEV(E2:E36)
18	17	159	49	2314	22.9	样本方差	653274.3815	←=VAR(D2:D36)	样本方差	85.93188235	←=VAR(E2:E36)

图 12-6 使用函数计算的结果

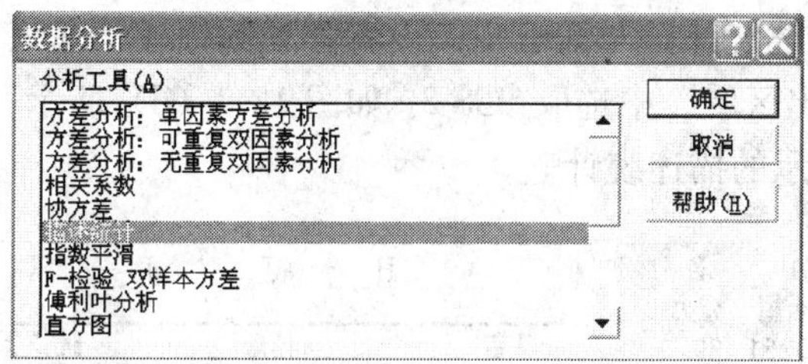

图 12-7 “数据分析”对话框

	A	B	C	D	E
1	序号	身高	体重	肺活量	握力
2	1	163	64	3261	39.3
3	2	171	58	4008	31.5
4	3	170	58	2607	45.4
5	4	169	65	2839	29.3
6	5	178	72	4337	62.8
7	6	168	50	3564	36.6
8	7	160	56	3056	33.8
9	8	160	54	2592	38.4
10	9	174	58	3467	40
11	10	164	62	3673	36
12	11	168	57	3428	43.4
13	12	169	53	3901	33.2
14	13	163	46	3131	37.6
15	14	167	54	2987	37.3
16	15	171	64	4015	44.2
17	16	154	42	1684	23.3
18	17	159	49	2314	22.9
19	18	160	55	2504	27.6
20	19	157	51	2073	28
21	20	160	54	2922	27.2
22	21	161	51	1836	19.9
23	22	150	40	1937	21.1
24	23	149	45	1132	24.7
25	24	153	41	1879	21.4
26	25	162	51	1000	20.4
27	26	167	57	2529	28.1
28	27	164	48	2480	27.8
29	28	154	51	1900	26.8
30	29	160	53	2701	26.6
31	30	160	48	2637	20.2
32	31	166	56	3197	29.8
33	32	162	50	2036	26
34	33	158	48	2686	29.5
35	34	155	48	1952	19.9
36	35	163	51	2374	22.9

(a) 数据表（步骤 1）

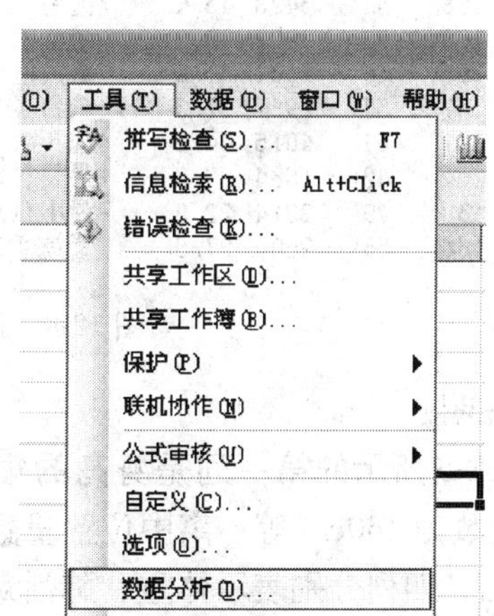

(b) 工具菜单栏（步骤 2）

图 12-8 描述性统计

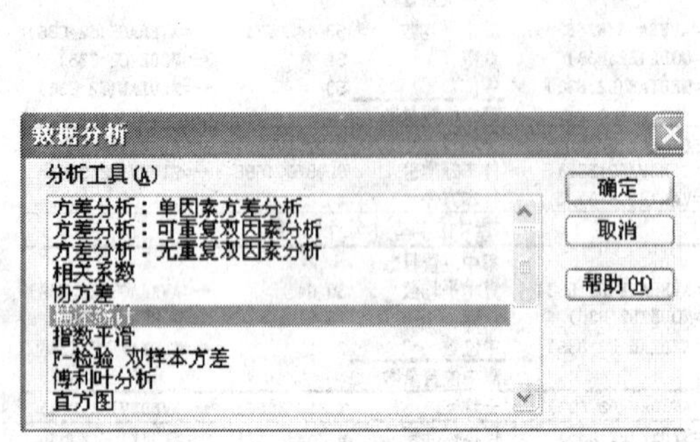

(c) 选择分析工具（步骤 3）

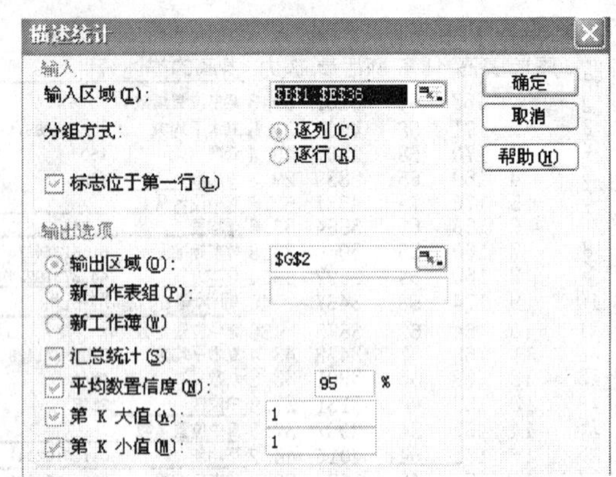

(d) “描述统计”对话框（步骤 4）

图 12-8　描述性统计

4）在弹出的“描述统计”对话框中，设置各参数，在“输入区域”中选取原始数据区域 B1:E36，“输出区域”中选取 G 2，如图 12-8（d）所示，单击“确定”按钮，即可得到如图 12-9 所示的描述统计表。

	A	B	C	D	E	F	G	H	I	J	K	L	M	N
1	序号	身高	体重	肺活量	握力									
2	1	163	64	3261	39.3		身高		体重		肺活量		握力	
3	2	171	58	4008	31.5									
4	3	170	58	2607	45.4		平均	162.54	平均	53.14	平均	2703.97	平均	30.94
5	4	169	65	2839	29.3		标准误差	1.126	标准误差	1.181	标准误差	136.62	标准误差	1.567
6	5	178	72	4337	62.8		中位数	162	中位数	53	中位数	2637	中位数	28.1
7	6	168	50	3564	36.6		众数	160	众数	51	众数	#N/A	众数	22.9
8	7	160	56	3056	33.8		标准差	6.6613	标准差	6.988	标准差	808.254	标准差	9.27
9	8	160	54	2592	38.4		方差	44.373	方差	48.83	方差	653274	方差	85.93
10	9	174	58	3467	40		峰度	-0.144	峰度	0.539	峰度	-0.3733	峰度	2.596
11	10	164	62	3673	36		偏度	0.0524	偏度	0.463	偏度	0.01089	偏度	1.299
12	11	168	57	3428	43.4		区域	29	区域	32	区域	3337	区域	42.9
13	12	169	53	3901	33.2		最小值	149	最小值	40	最小值	1000	最小值	19.9
14	13	163	46	3131	37.6		最大值	178	最大值	72	最大值	4337	最大值	62.8
15	14	167	54	2987	37.3		求和	5689	求和	1860	求和	94639	求和	1083
16	15	171	64	4015	44.2		观测数	35	观测数	35	观测数	35	观测数	35
17	16	154	42	1684	23.3		最大(1)	178	最大(1)	72	最大(1)	4337	最大(1)	62.8
18	17	159	49	2314	22.9		最小(1)	149	最小(1)	40	最小(1)	1000	最小(1)	19.9
19	18	160	55	2504	27.6		置信度(9	2.2882	置信度(9	2.4	置信度(9	277.645	置信度(9	3.184

图 12-9　描述统计分析结果

结果说明：

如图 12-9 所示的第一列是身高的集中位置量数：平均数为 162.54cm、中位数为 162cm、众数为 160cm 等；离中位置量数：标准差为 6.66cm、方差为 44.37cm 等。同样第二、三、四列分别表示体重、肺活量、握力指标的一些描述性分析报告。

12.3　Excel 统计检验

Excel 数据分析可以直接实现 t 检验、F 检验、Z 检验、方差分析，如图 12-10 所示。

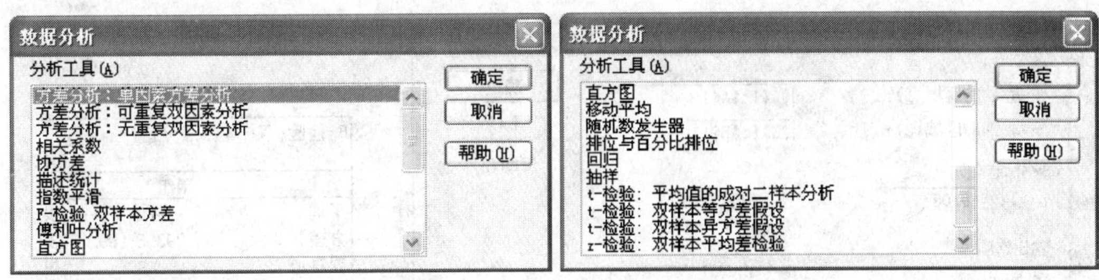

图 12-10 数据分析中的检验

12.3.1 *F* 检验

FTEST（）为统计学家费雪（Fisher，R.A.）首创，常用于检验两个总体的方差是否相等（即方差同质性的检验）

［例 12-3］ 甲、乙两组同学的跳高成绩。如图 12-11 所示数据，检验两总体方差是否相同？（$\alpha=0.05$）

解： 1）输入原始数据，如图 12-11 所示，先进行方差齐性检验。方法是：选择“工具→数据分析”命令，在出现的“数据分析”对话框中，选择“F－检验 双样本方差”选项，在出现的“F－检验 双样本方差”对话框中，选择两变量的输入区域（变量 1 的区域选择方差较大的一组，变量 2 的区域选择方差较小的一组），如图 12-12 所示。单击“确定”按钮，即得 F 检验结果，如图 12-13 所示。

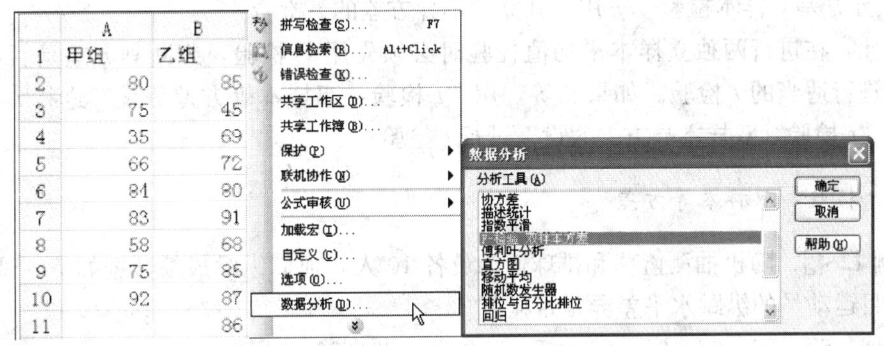

图 12-11 选择“F-检验双样本方差”

2）根据 *P* 值大小，作出方差是否有差异的统计结论。

结果说明：

如图 12-13 所示为 *F* 检验结果，甲组平均数为 72，方差为 293.5；乙组平均数为 76.8，方差为 189.733，*F* 值 1.55＜临界值 3.23，经 *F* 检验 $P=0.26>\alpha=0.05$，所以甲、乙组的方差并无显著差异。

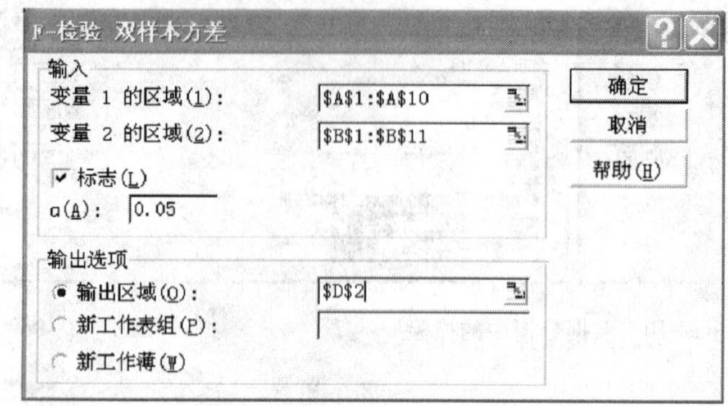

图 12-12 “F-检验 双样本方差”对话框

F-检验 双样本方差分析		
	甲组	乙组
平均	72	76.8
方差	293.5	189.7333
观测值	9	10
df	8	9
F	1.546908	
P(F<=f) 单尾	0.264224	
F 单尾临界	3.229587	

图 12-13 *F*-检验结果

12.3.2 *t* 检验

t 检验应符合下列假设，方可得到正确的分析结果。

1）每个取样必须随机（random）且独立（independent）。

2）所取样本的总群体必须为正态分布（normal distribution）。

3）*t* 检验时，根据方差相同或不同使用不同的计算方法。其类型可分为下列 3 种。

- 配对样本检验——用于相关样本的 *t*-检验。
- 等方差双样本检验——用于独立样本等方差的 *t*-检验。
- 异方差双样本检验——用于独立样本异方差的 *t*-检验。

因此，在进行两独立样本平均值检验时必须先用 *F* 检验，判断其方差是否相等。然后再进行适当的 *t* 检验。如果相等，用“*t*-检验：双样本等方差假设”进行 *t*-检验，否则用“*t*-检验：双样本异方差假设”进行 *t*-检验。

1. *t*-检验：双样本等方差

[例 12-4] 随机抽测篮球和排球运动员各 10 人，他们纵跳成绩数据如下，试分析不同项目运动员的纵跳水平差异是否显著？

篮球 67，62，68，61，70，65，70，59，63，66

排球 64，69，70，63，58，71，64，68，62，67

解：1）输入原始数据，如图 12-14 所示，先进行方差齐性检验。方法是：选择“工具→数据分析”命令，在打开的“数据分析”对话框中，选择“*F*-检验 双样本方差”选项。在打开的“*F*-检验 双样本方差”对话框中，选择两变量的输入区域和结果输出区域，单击“确定”按钮，即得 *F* 检验结果，操作过程参考［例 12-3］。

结果说明：

篮球运动员纵跳水平的方差为 14.32，排球运动员纵跳水平的方差为 16.71；*F* 检验结果如图 12-15 所示（根据 *P* 值大小作出方差是否齐性的统计结论），$P=0.41>0.05$，说明两方差没有显著性差异，即方差齐性。因此，在进行均数比较时选择等方

差 t-检验。

	A	B	C	D
1	篮球	排球	先进行**方差齐性检验**	
2	67	64	H_0:假设篮球队和排球队员的纵跳成绩方差齐性	
3	62	69		
4	68	70		
5	61	63		
6	70	58		
7	65	71		
8	70	64		
9	59	68		
10	63	62		
11	66	67		

图 12-14　输入［例 12-4］的原始数据

F-检验 双样本方差分析		
	排球	篮球
平均	65.6	65.1
方差	16.7111	14.3222
观测值	10	10
df	9	9
F	1.1668	
P(F<=f) 单尾	0.41101	
F 单尾临界	3.1789	

图 12-15　F-检验的输出结果

2）进行等方差 t-检验。方法是：选择"工具→数据分析"命令，在打开的"数据分析"对话框中，选择"t-检验：双样本等方差"选项。在打开的"t-检验：双样本等方差假设"对话框中，选择两变量的输入区域，如图 12-16 所示。单击"确定"按钮，即得 t-检验结果，如图 12-17所示。

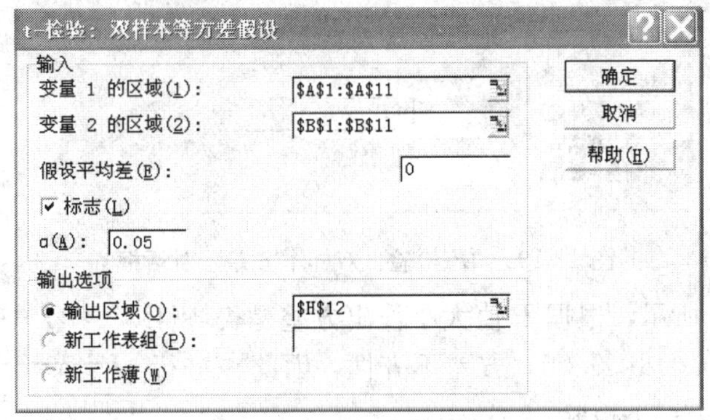

图 12-16　"t-检验：双样本等方差假设"对话框

结果说明：

如图 12-17 所示为篮球运动员与排球运动员纵跳水平的 t-检验结果表，篮球运动员纵跳平均水平为 65.1，排球运动员纵跳平均水平为 65.6，根据检验结果 $P=0.779\,781>0.05$，认为篮球运动员与排球运动员的纵跳水平差异无显著性。

t-检验：双样本等方差假设		
	篮球	排球
平均	65.1	65.6
方差	14.32222	16.71111
观测值	10	10
合并方差	15.51667	
假设平均差	0	
df	18	
t Stat	-0.28383	
P(T<=t) 单尾	0.38989	
t 单尾临界	1.734063	
P(T<=t) 双尾	0.779781	
t 双尾临界	2.100924	

图 12-17　t-检验结果

2. *t-检验：双样本异方差*

［例 12-5］　今抽测甲班学生 10 人和乙班学生 12 人的跳高成绩（单位：m）如下：

	A	B	C	D	E
1			方差齐性检验:		
2	甲班	乙班	H_0:假设甲班和乙班的跳高成绩方差齐性		
3	1.51	1.39			
4	1.48	1.65			
5	1.64	1.38			
6	1.39	1.37			
7	1.47	1.4			
8	1.55	1.36			
9	1.61	1.66			
10	1.41	1.67			
11	1.57	1.68			
12	1.54	1.65			
13		1.64			
14		1.66			

图 12-18 甲、乙两班跳高成绩

甲班 1.51，1.48，1.64，1.39，1.47，1.55，1.61，1.41，1.57，1.54

乙班 1.39，1.65，1.38，1.37，1.4，1.36，1.66，1.67，1.68，1.65，1.64，1.66

试分析甲、乙两班的跳高成绩是否有差异？

解： 1）输入原始数据，如图 12-18 所示，先进行方差齐性检验。方法是：选择“工具→数据分析”命令，在打开的“数据分析”对话框中，选择“*F*—检验：双样本方差”选项。在打开的“*F*—检验：双样本方差”对话框中，选择两变量的输入区域，如图 12-19 所示。单击“确定”按钮，即得 *F*-检验结果。

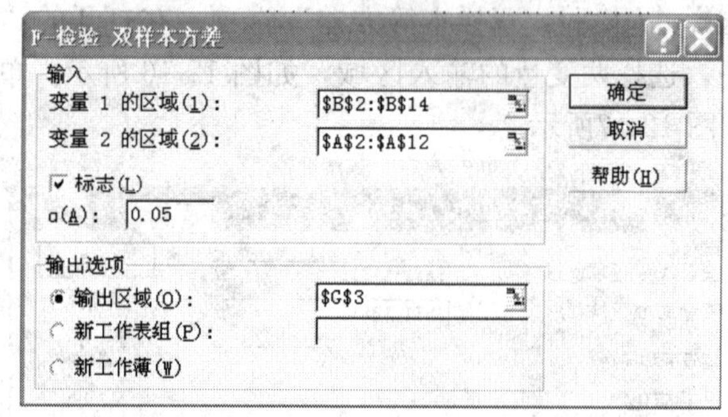

图 12-19 “*F*-检验：双样本方差”对话框

2）如图 12-20 所示，根据 *P* 值大小作出方差是否齐性的统计结论。$P=0.048<0.05$，方差不齐性，因此在进行均数比较时选择异方差 *t*-检验。

F-检验 双样本方差分析

	乙班	甲班
平均	1.5425	1.517
方差	0.020766	0.006601
观测值	12	10
df	11	9
F	3.14582	
P(F<=f) 单尾	0.048056	
F 单尾临界	3.102485	

图 12-20 *F*-检验结果

3）进行异方差 *t*-检验。方法是：选择“工具→数据分析”命令，在打开的“数据分析”对话框中，选择“*t*-检验：双样本异方差”选项。在“*t*-检验：双样本异方差”对话框中，选择两变量的输入区域，如图 12-21 所示。单击“确定”按钮，即得 *t*-检验结果，如图 12-22 所示。

结果说明：

图 12-22 是甲、乙 班的跳高 *t*-检验结果表，甲班跳高平均水平为 1.517，乙班跳高平均水平为 1.543；根据 *t*-检验结果 $P=0.608>0.05$，认为甲、乙两班跳高水平相当。

3. *t*-检验：配对样本检验

［**例 12-6**］ 将 30 名学生按身体素质、技术水平和运动成绩等因素对等的原则，配成 15 个对子。然后随机分为两组，分别进行同内容、不同手段的训练，经过 3 个月后，测得他们的综合成绩如下：

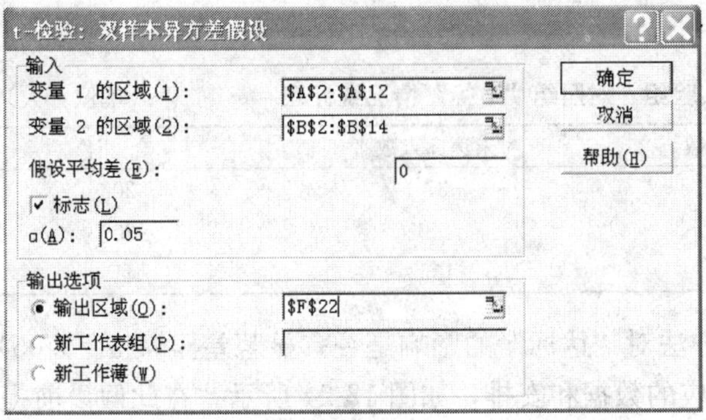

t-检验：双样本异方差假设

输入
变量 1 的区域(1)：$A$2:$A$12
变量 2 的区域(2)：$B$2:$B$14
假设平均差(E)：0
☑ 标志(L)
α(A)：0.05

输出选项
◉ 输出区域(O)：$F$22
○ 新工作表组(P)：
○ 新工作薄(W)

确定
取消
帮助(H)

图 12-21 “*t*-检验：双样本异方差”对话框

t-检验：双样本异方差假设		
	甲组	乙组
平均	1.517	1.5425
方差	0.006601	0.020766
观测值	10	12
假设平均差	0	
df	18	
t Stat	-0.52154	
P(T<=t) 单尾	0.304175	
t 单尾临界	1.734063	
P(T<=t) 双尾	0.60835	
t 双尾临界	2.100924	

图 12-22 *t*-检验结果

第一组　79，72，76，74，80，88，76，87，69，81，83，85，76，79，78

第二组　80，77，77，80，90，87，77，85，70，83，85，89，81，77，79

问不同手段的训练效果是否相同？

输入原始数据，进行假设检验，方法是：选择“工具→数据分析”命令，选择“*t*-检验：平均值的成对二样本分析”，*t*-检验结果如图 12-23 所示。

结果说明：

图 12-23 所示为第一、第二组身体素质的 *t*-检验结果表，第一组平均水平为 78.87，第二组平均水平为 81.13；根据 *t*-检验结果 $P=0.017<0.05$，认为两组训练方法差异显著，第二组的训练方法优于第一组。

	A	B	C	D	E
1	第一组	第二组	H_0：假设训练方法效果相同		
2	79	80			
3	72	77	t-检验：成对双样本均值分析		
4	76	77			
5	74	80		第一组	第二组
6	80	90	平均	78.86667	81.13333
7	88	87	方差	28.8381	29.12381
8	76	77	观测值	15	15
9	87	85	泊松相关系数	0.818939	
10	69	70	假设平均差	0	
11	81	83	df	14	
12	83	85	t Stat	-2.7098	
13	85	89	P(T<=t) 单尾	0.008464	
14	76	81	t 单尾临界	1.761309	
15	79	77	P(T<=t) 双尾	0.016929	
16	78	79	t 双尾临界	2.144789	

图 12-23 原始数据和 *t*-检验结果

12.3.3 χ^2 检验

χ^2 检验也称为卡方检验，是一种用途广泛的假设检验方法，可以推断两个（或多个）总体率以及构成比之间有无差别。

［**例 12-7**］ 比较新教学法和原教学法对“达标”的影响。设立实验班和对照班，实验班采用新教学方法，对照班采用原教学方法，经过一学期教学实验后，测试“达

标”的人数情况如表 12-3 所示。

表 12-3 实验组、对照组“达标”情况统计表　　（单位：人）

	达标人数	未达标人数	合 计
实验组	169	37	206
对照组	111	98	209
合 计	280	135	415

试比较新教学方法和原教学方法对“达标”的影响是否有显著差异？(α=0.05)

解：1）在 Excel 表中输入相应的数据和安排，如图 12-24 所示。在此假设前提下，两种教学方法应有相同的总体达标率，其理论预计值在单元格 C7 和单元格 C8 中计算分别为：总体达标率 280/415=0.675，总体未达标率 135/415=0.325。

	A	B	C	D
1	观察值			
2		达标人数	未达标人数	合 计
3	实验组	169	37	206
4	对照组	111	98	209
5	合 计	280	135	415
6				
7	假设前提下的总体达标率		0.6746988	←=b5/d5
8	假设前提下的总体未达标率		0.3253012	←=c5/d5

图 12-24 数据表格

2）依据理论的总体达标率和总体未达标率则可分别算出不同教法的理论达标人数和未达标人数，如图 12-25 所示。其中理论值按箭头所示理论值的计算式求得。

	A	B	C	D	E	F	G	H
1	观察值					理论值		
2		达标人数	未达标人数	合 计			达标人数	未达标人数
3	实验组	169	37	206		实验组	138.9879518	67.01204819
4	对照组	111	98	209		对照组	141.0120482	67.98795181
5	合 计	280	135	415				
6							⇧	
7	假设前提下的总体达标率		0.6746988	←=b5/d5		理论值的计算式		
8	假设前提下的总体未达标率		0.3253012	←=c5/d5			达标人数	未达标人数
9	直接计算的P值	3.1852E-10				实验组	=d3*c7	=D3*c8
10						对照组	=d4*c7	=D4*c8

图 12-25 结果显示

3）在单元格 B9 输入“=CHITEST（B3:C4，G3:H4）”，得 P 值为 0.0000<0.05。

结果说明：

图 12-25 结果显示，因为 P 值为 0.0000<0.05，说明两种教学方法的达标率有显著性差异，新教学方法的效果优于原教学方法，故新教学方法有推广价值。

12.4 方差分析

比较两组以上的平均值是否相等时，可使用方差分析，使用方差分析的基本假设如下。

- 各样本的总群体为正态分布（normality）。
- 各样本的总群体为独立（independence）的。
- 各组样本的总群体方差相同（homogeneity-of-variance）。

Excel 数据分析可以直接实现的方差分析有单因素方差分析、可重复双因素方差分析和无重复双因素方差分析，如图 12-26 所示。

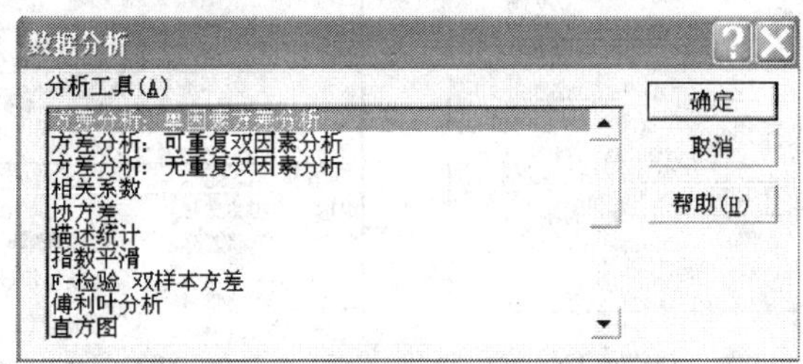

图 12-26 数据分析中的方差分析

12.4.1 单因素方差分析

［例 12-8］ 为探讨不同的训练方法对提高 100m 成绩的效果，现将 64 名初一男生随机分成 4 组，每组 16 人，进行 4 种不同方法的训练。一学期后，按统一测量方法进行测试，得到他们实验前后 100m 跑成绩的差数，问不同训练方法的效果是否存在显著性差异？

解： 1）按列输入原始数据，并作原假设 H_0，如图 12-27 所示。

	A	B	C	D	E	F
1	一组	二组	三组	四组	H_0:假设四种训练方法效果差异不显著	
2	0.3	0.4	0.2	0.1		
3	0.2	0.3	0	0.1		
4	0	0.1	0.1	-0.1		
5	0.1	0.2	0.4	0.2		
6	0.4	0.4	-0.1	-0.1		
7	0.2	0.6	0	0.2		
8	0.3	0.5	0.1	0		
9	0.5	0.2	0.2	0.3		
10	0.4	0.3	0	0.2		
11	0.3	0.4	-0.1	0.1		
12	0.1	0.6	0.1	0.1		
13	0	0.3	-0.2	-0.1		
14	-0.1	0.5	0.3	0		
15	0.4	0.2	0.1	0.2		
16	0.5	0.1	0.2	0.1		
17	0.3	0.5	0.1	-0.1		

图 12-27 输入原始数据

2）选择“工具”菜单，打开“数据分析”对话框。在“数据分析”对话框中，选择“单因素方差分析”选项，然后单击“确定”按钮，打开“方差分析：单因素方差分析”对话框。

3）在该对话框中选择“输入区域”、“分组方式”，α设定为0.05。设定输出区域，本例安排在当前工作表的F3位置，如图12-28所示。单击“确定”按钮，即可获得单因子方差分析的ANOVA表，如图12-29所示。

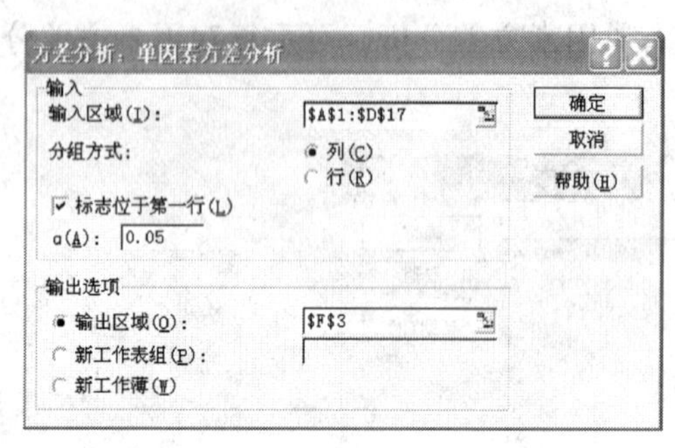

图 12-28 方差分析对话框

方差分析：单因素方差分析

SUMMARY

组	计数	求和	平均	方差
一组	16	3.9	0.24375	0.033292
二组	16	5.6	0.35	0.026667
三组	16	1.4	0.0875	0.023833
四组	16	1.2	0.075	0.016667

方差分析

差异源	SS	df	MS	F	P-value	F crit
组间	0.835469	3	0.27849	11.08876	6.88E-06	2.758078
组内	1.506875	60	0.025115			
总计	2.342344	63				

图 12-29 输出结果

结果说明：

自由度为（3，60），F=11.088 76，P=6.88E-06=0.000 006 88<α=0.05，可知4种训练方法效果有显著性差异。容易看出，第二组变化的平均值最大，训练效果最好，第四组效果最差。

12.4.2 无重复双因素方差分析

［**例 12-9**］ 对运动员在不同距离跑后和不同间歇时间进行的血乳酸的测定结果如表12-4所示，问运动员在不同距离和不同间歇时间的重复跑血乳酸是否有差异？

表 12-4 不同距离和间歇时间的重复跑后的血乳酸含量

血乳酸含量/mmol/L \ 距离/m \ 间歇时间/min	4×100	4×200	4×300	4×400
2	176	179	193	260
3	160	170	180	250
4	152	160	175	240

解： 1）输入原始数据，如图12-30所示，选择菜单“工具→数据分析”命令，打开“数据分析”对话框。

2）在对话框中，选择“方差分析：无重复双因素分析”选项，然后单击“确定”按钮，打开“方差分析：无重复双因素分析”对话框。

	A	B	C	D	E
1		4*100米	4*200米	4*300米	4*400米
2	2′	176	179	193	260
3	3′	160	170	180	250
4	4′	152	160	175	240

图 12-30 原始数据

3）在“方差分析：无重复双因素分析”对话框的“输入区域”中指定观察值的数据区域 A1：E4；由于数据单元格范围中包含了文字标记，因此勾选“标志”复选框，并设置 α 值为“0.05”，在“输出选项”中选择“输出区域”单元格的位置为 G1，放置输出结果，如图 12-31 所示，最后单击“确定”按钮。计算结果如图 12-32 所示。

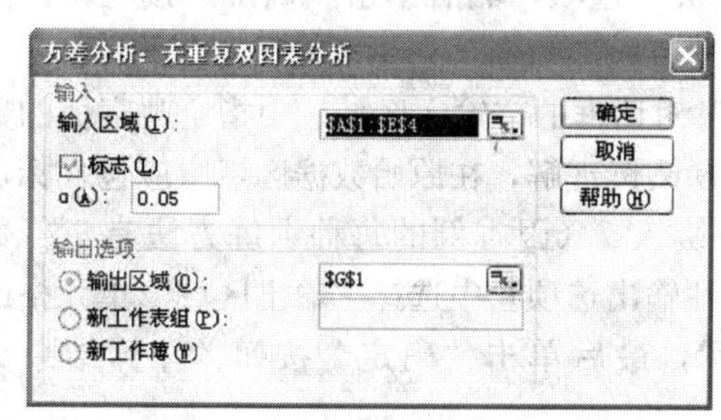

图 12-31 “方差分析：无重复双因素分析”对话框

方差分析：无重复双因素分析

SUMMARY	观测数	求和	平均	方差
2′	4	808	202	1550
3′	4	760	190	1666.667
4′	4	727	181.75	1598.917
4*100米	3	488	162.6667	149.3333
4*200米	3	509	169.6667	90.33333
4*300米	3	548	182.6667	86.33333
4*400米	3	750	250	100

方差分析

差异源	SS	df	MS	F	P-value	F crit
行	829.5	2	414.75	110.6	1.84E-05	5.143253
列	14424.25	3	4808.083	1282.156	8.26E-09	4.757063
误差	22.5	6	3.75			
总计	15276.25	11				

图 12-32 计算结果

结果说明：

间歇时间因素为行因素 $F=110.6>$F 临界值 5.14，$P=0.000\,018<0.05$，可以认为不同间歇时间对运动员的乳酸含量有显著性差异；距离因素为列因素 $F=1282.16>$ F 临界值 4.76，$P=0.0000<0.05$，可以认为不同距离对运动员的乳酸含量有显著性差异。

12.4.3 可重复双因素方差分析

［例 12-10］ 某学校为了提高女生立定跳远成绩，考察了不同的场地，选择 3 种不同的训练方法进行实验。在实验中随机抽取了 42 名女生，经过 8 周训练后，其立定跳远成绩如图 12-33 所示。试检验场地、训练方法及其交互作用对立定跳远的成绩是否有显著影响。

解：1）输入原始数据，如图 12-33 所示，选择“工具→数据分析”命令，打开“数据分析”对话框。

	A	B	C	D
1		训练方法1	训练方法2	训练方法3
2	场地A	2.19	2.13	2.08
3		2.18	2.13	2.07
4		2.15	2.11	2.07
5		2.15	2.11	2.06
6		2.15	2.1	2.06
7		2.14	2.09	2.04
8		2.14	2.09	2.04
9	场地B	2.04	1.98	1.93
10		2.04	1.97	1.89
11		2.04	1.97	1.89
12		2.04	1.95	1.87
13		2.01	1.95	1.87
14		2	1.94	1.86
15		1.99	1.93	1.86

图 12-33 原始数据

2）选择“方差分析：可重复双因素分析”选项，然后单击“确定”按钮，打开“方差分析：可重复双因素分析”对话框。

3）在“方差分析：可重复双因素分析”对话框的“输入区域”中指定观察值的数据区域 A1：D15；（通常为了使输出结果容易阅读理解，在原始数据区域中应包含标识行和列的标记信息）；在每一样本的行数中键入 7（因本例的每种训练方法有 7 行数据，）在 α 框内输入显著性水平为 0.05，在“输出选项”中选择“输出区域”单元格的位置 F1，放置输出结果，如图 12-34 所示，最后单击“确定”按钮。计算结果如图 12-35所示。

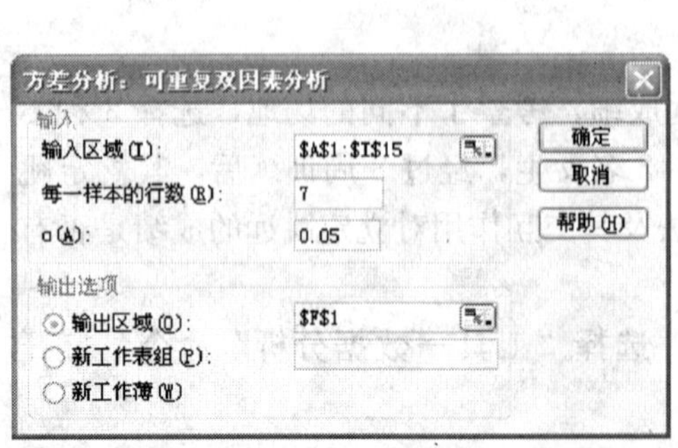

图 12-34 “方差分析：可重复双因素分析”对话框

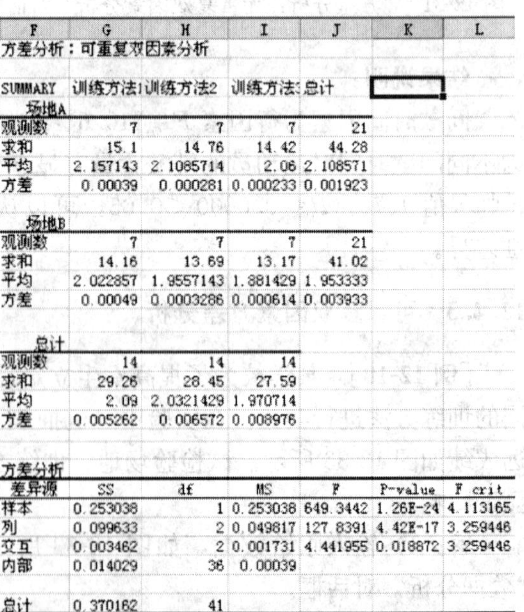

F	G	H	I	J	K	L
方差分析：可重复双因素分析						
SUMMARY	训练方法1	训练方法2	训练方法3	总计		
场地A						
观测数	7	7	7	21		
求和	15.1	14.76	14.42	44.28		
平均	2.157143	2.1085714	2.06	2.108571		
方差	0.00039	0.000281	0.000233	0.001923		
场地B						
观测数	7	7	7	21		
求和	14.16	13.69	13.17	41.02		
平均	2.022857	1.9557143	1.881429	1.953333		
方差	0.00049	0.0003286	0.000614	0.003933		
总计						
观测数	14	14	14			
求和	29.26	28.45	27.59			
平均	2.09	2.0321429	1.970714			
方差	0.005262	0.006572	0.008976			
方差分析						
差异源	SS	df	MS	F	P-value	F crit
样本	0.253038	1	0.253038	649.3442	1.26E-24	4.113165
列	0.099633	2	0.049817	127.8391	4.42E-17	3.259446
交互	0.003462	2	0.001731	4.441955	0.018872	3.259446
内部	0.014029	36	0.00039			
总计	0.370162	41				

图 12-35 计算结果

结果说明：

在如图 12-35 所示的统计结果中，场地为行因素，训练方法为列因素，交互为场地与训练方法的交互作用，内部为误差，总计为总和，差异源为方差来源，*SS* 为平方和，*df* 为自由度，*MS* 为均方，*F* 为 *F* 比，*P*-value 为接受原假设的概率，*F* crit 为拒绝域的临界值 $F\alpha\ (u,\ v)$。

根据图 12-35 所示给出的方差分析结果可知：

场地因素 649.34＞4.11，$P=0.000<0.05$，拒绝原假设。

训练方法因素 127.84＞ 3.26，$P=0.000<0.05$，拒绝原假设。

两因素的交互作用 4.44＞ 3.26，$P=0.0189<0.05$，拒绝原假设 。因此，可以得出结论：在显著性水平 0.05 下，场地和训练方法这两个因素对女生立定跳远的成绩影响都是显著的，且两者的交互作用效应是显著的。

12.5 相关与回归分析

Excel 可以用数据分析功能实现相关与回归分析。

12.5.1 直线相关分析

［**例 12-11**］ 随机抽测了某中学 10 名男生 100m 跑和跳远成绩如表 12-5 所示，试求 100m 成绩与跳远成绩的相关系数。

表 12-5 100m 跑和立定跳远成绩

学生编号	1	2	3	4	5	6	7	8	9	10
100m 跑/s	12.3	11.7	11.9	12.0	12.6	12.5	11.7	11.6	11.9	11.9
跳远/m	5.62	6.12	6.24	5.66	5.35	5.67	5.88	6.34	6.65	5.85

求相关系数的方法是：输入原始数据后，选择“工具→数据分析”命令，打开“数据分析”对话框，在“数据分析”对话框中选择“相关系数”，单击“确定”按钮，打开“相关系数”对话框，如图 12-36 所示。在“相关系数”对话框中设置输入区域和输出区域，单击“确定”按钮，得相关系数计算结果，如图 12-37 所示，相关系数为−0.78828。

结果说明：

男生 100m 跑成绩与跳远成绩之间相关系数为 $r=-0.788$，结果为显著负相关，即表明 100m 跑的时间越短（变量的值越小），跳远的成绩越好。

12.5.2 线性回归分析

［**例 12-12**］ 测得 30 名高中男生的下列指标：200m（单位：s）、立定跳远（单位：cm）、25m 行进跑（单位：s）和 100m（单位：s）成绩，如图 12-38 所示，已知

	A	B	C	D	E
1	编号	X:100米跑(s)	Y:跳远(m)		
2	1	12.3	5.62		
3	2	11.7	6.12		
4	3	11.9	6.24		
5	4	12	5.66		
6	5	12.6	5.35		
7	6	12.5	5.67		
8	7	11.7	5.88		
9	8	11.6	6.34		
10	9	11.9	6.65		
11	10	11.9	5.85		

相关系数
输入
输入区域(I): $B$1:$C$11
分组方式: 逐列(C) 逐行(R)
标志位于第一行(L)
输出选项
输出区域(O): $E$1
新工作表组(P):
新工作薄(W)
确定
取消
帮助(H)

图 12-36 “相关系数”对话框

E	F	G
	列 1	列 2
列 1	1	
列 2	-0.78828	1

图 12-37 计算结果

两两之间相关程度较高，试建立立定跳远（X_1）、200m（X_2）、25m 行进跑（X_3）推测 100m（Y）的多元线性回归方程。

解： 1）输入原始数据，如图 12-38 所示。

	A	B	C	D
1	200米x1	立定跳远x2	25米行进跑x3	百米y
2	32.7	216	4.0	15.1
3	31.3	205	3.9	15.0
4	36.3	198	4.5	16.1
5	34.0	196	4.2	15.9
6	32.7	200	4.2	15.0
7	37.7	190	4.6	16.6
8	32.2	236	3.8	14.1
9	34.4	214	4.0	15.8
10	32.9	214	3.7	14.3
11	33.7	214	4.0	15.3
12	33.0	240	3.6	14.2
13	31.5	217	4.2	15.2
14	28.4	230	4.2	13.8
15	34.1	223	4.6	16.3
16	34.3	232	4.0	15.5
17	35.6	247	4.1	14.7
18	35.1	213	4.4	16.3
19	34.3	232	4.0	15.5
20	31.2	225	3.8	14.6
21	31.3	236	4.0	14.8
22	31.9	238	3.8	14.1
23	28.1	238	3.7	13.6
24	32.5	237	3.9	13.5
25	29.8	235	3.8	14.0
26	34.3	208	4.3	16.1
27	35.8	200	4.3	15.6
28	30.6	235	3.8	14.0
29	30.5	215	3.6	14.5
30	33.1	210	4.2	15.5
31	34.2	206	4.3	15.8

图 12-38 原始数据

2）执行“工具→数据分析 ...”命令，打开“数据分析”对话框。在对话框中，选择“回归”选项，然后单击“确定”按钮。

3）如图 12-39 所示，在“回归”对话框中，“Y 值输入区域”项目中指定固变量数据为单元格 D1：D31，“X 值输入区域”项目中指定自变量数据为单元格 A1：C31。由于输入数据单元格的起始位置是项目名称，因此必须选中“标志”栏；回归直线方程式的常数项可能不是 0，在“常数为零”中保持空白；在“置信度”栏输入 95；在输出选项中选择“输出区域”为单元格 F2，最后单击“确定”按钮，即可给出所有的计算值。

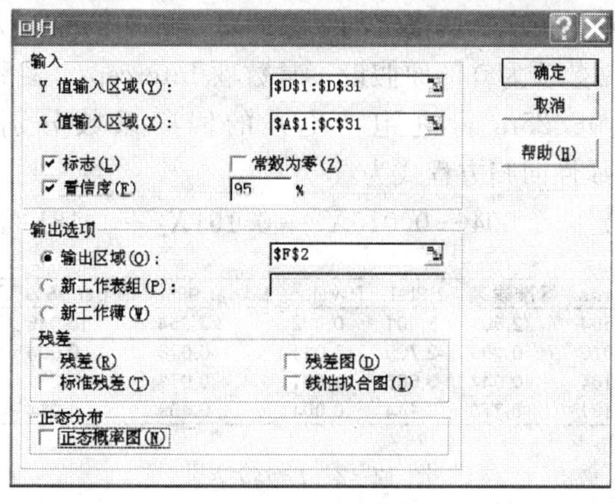

图 12-39 “回归”对话框

结果说明：

回归结果因内容较多，可将其拆分成几个部分进行说明。

如图 12-40 所示的部分为回归统计量：Multiple R（简单相关系数）＝0.905，表示相关性高；R Square（判定系数）＝0.819、Adjusted R Square（调整后判定系数）＝0.798，表示回归的相关性高，标准误差＝0.397 与观察值个数 30。

SUMMARY OUTPUT	
回归统计	
Multiple R	0.905
R Square	0.819
Adjusted R Square	0.798
标准误差	0.397
观测值	30

图 12-40 回归统计量

判定系数的公式为

$$R^2 = \frac{\sum_{i=1}^{n}(Y-\overline{Y})^2}{\sum_{i=1}^{n}(Y-\overline{Y})^2} = \frac{\text{回归平方和}}{\text{总平方和}}$$

R Square（判定系数）是回归平方和占总平方和的百分比，体现回归模型所能解释因变量变异的比例。判定系数（R^2）越大，代表可解释的部分越大。

如图 12-41 所示的部分为方差分析（ANOVA 检验），判断因变量（Y）与自变量（x）间是否有显著的回归关系存在？判断是否显著，只需看显著水平是否小于所指定的。如本例 F＝39.096＞Significance F＝0.000，α＜0.05，所以结果为放弃因变量与自变量间无回归关系存在的原假设。

方差分析

	df	SS	MS	F	Significance F
回归分析	3	18.514	6.171	39.096	0.000000000882
残差	26	4.104	0.158		
总计	29	22.619			

图 12-41　方差分析结果

如图 12-42 所示的部分为 t 检验，判断回归系数与常数项是否为 0（为 0 即无直线关系存在）？并求其置信区间。其原假设为回归系数与常数项为 0，判断是否显著，只需看显著水平（P-值）是否小于所指定的 α 值即可，如本例的 P-value 列均 $<\alpha=0.05$，所以拒绝回归系数与常数项为 0 的原假设，常数项 Intercept（截距）为 8.504，立定跳远（X_1）、200m（X_2）、25m 行进跑（X_3）的回归系数分别为 -0.016、0.161、1.181。推测 100m 的线性回归方程式为

$$\hat{Y}=8.504-0.016X_1+0.161X_2+1.181X_3$$

	Coefficients	标准误差	t Stat	P-value	Lower 95%	Upper 95%	下限 95.0%	上限 95.0%
Intercept	8.504	2.501	3.401	0.002	3.364	13.645	3.364	13.645
立定跳远x1	-0.016	0.006	-2.729	0.011	-0.028	-0.004	-0.028	-0.004
200米x2	0.161	0.044	3.685	0.001	0.071	0.251	0.071	0.251
25米行进跑x3	1.181	0.376	3.144	0.004	0.409	1.954	0.409	1.954

图 12-42　t 检验结果

同步练习

1. 某年级 120 名男生体重（单位：kg）数据如下：

58　60　69　61　64　57　66　62　58　72　59　64　67　51　65　58　61
68　65　63　61　63　57　74　62　67　69　58　64　65　63　70　65　60
66　61　67　71　59　63　75　62　66　52　68　64　60　67　61　54　82
77　48　51　70　84　90　81　82　50　78　87　96　75　75　84　70　65
70　62　72　86　71　73　64　56　76　98　89　66　68　80　75　71　80
75　71　68　78　60　58　66　85　72　83　70　65　63　77　72　62　75
80　73　55　47　65　77　89　92　60　61　74　90　68　62　58　76　69
75

1）制作频数分布表。

2）制作频数分布直方图。

2. 某体校球类班和体操班分别抽取 8 名同学测得田径成绩分别为：

球类班　88　66　62　81　72　78　78　64
体操班　62　75　84　81　72　41　60　80

问两个班学生成绩方差是否齐性？平均成绩有无显著差异？

3. 甲、乙两班各抽取 12 名学生的成绩分别如下：

甲班　70　72　69　67　71　68　59　66　70　80　85　90

乙班 46 89 72 56 80 84 51 80 42 64 48 65

问两个班学生成绩方差是否齐性？平均成绩有无显著差异？

4. 某班进行一种培训，培训前和培训后的成绩分别如下：

培训前 85 64 94 88 90 86 76

培训后 93 68 96 92 95 81 78

问培训是否有效果？

5. 5 名裁判对 7 名运动员给出的评定成绩如表 12-6 所示，问裁判员的评价是否有显著性差异。

表 12-6 运动员成绩

裁判员	运动员						
	1	2	3	4	5	6	7
A	72	60	54	68	56	52	50
B	78	79	65	55	90	84	74
C	63	68	57	61	82	77	81
D	60	72	59	55	66	78	76
E	70	71	68	79	72	71	75

6. 运动员不同距离跑和间歇时间进行的心跳次数测定结果如表 12-7 所示，分析运动员不同距离跑和不同间歇时间对心跳次数的影响。

表 12-7 心跳次数测定结果

心跳次数/次 \ 距离/m \ 间歇时间/min	4×100	4×200	4×300
2′	116	129	130
3′	110	113	115
4′	92	98	100

7. 对第 11 章中同步练习题的数据资料，使用 Excel 数据分析工具，试进行下列分析：

1）对百米、立定跳远和铅球数据进行描述统计分析，要求计算出平均数、标准差、最小值、最大值、中位数、均数的标准误、偏度系数和峰度系数。

2）试比较 A、B 两组考生百米、立定跳远两个项目的平均水平是否存在显著性差异？

3）计算 3 个项目两两间的直线相关系数。

4）试建立用立定跳远推测百米的一元直线回归方程。

参 考 文 献

陈级治. 2002. 体育统计 [M]. 北京：人民体育出版社

从湖平. 2004. 体育统计学 [M]. 北京：高等教育出版社
梁荣辉. 1989. 体育统计学 [M]. 石家庄：河北教育出版社
纳钦斯卡娅. 1980. 体育统计学 [M]. 北京：北京体育学院编译室
祁国鹰. 2004. 体育统计简明教程 [M]. 北京：北京体育大学出版社
祁国鹰. 2005. 体育统计应用案例 [M]. 北京：北京体育大学出版社
体育统计编写组. 1987. 体育统计 [M]. 北京：高等教育出版社
王鸿儒. 2004. EXCEL在统计学中的应用 [M]. 北京：中国铁道出版社
王路德. 1990. 体育统计方法及程序 [M]. 北京：人民体育出版社
王琪廷. 1992. 统计学 [M]. 北京：电子工业出版社
王晓芬. 2002. 体育统计与SPSS [M]. 北京：人民体育出版社
徐英超. 1981. 体育统计方法 [M]. 北京：北京体育大学出版社
杨世莹. 2005. EXCEL数据统计与分析范例应用 [M]. 北京：中国青年出版社
张明立. 1986. 常用体育统计方法 [M]. 北京：北京体育学院出版社
赵书祥. 2005. 实用体育统计学 [M]. 北京：北京体育大学出版社

第 13 章　合理选取样本量和统计方法

13.1　抽样方法

在样本的选择上，最重要的是样本要有代表性，愈有代表性的样本，推断总体时就愈正确。对总体而言，选取的样本是否有代表性，依据 3 个因素而定：一是样本选择时抽样的方法是否恰当；二是选择的样本大小是否足够；三是样本数据是否准确。

代表性是抽样的基本准则，也是判定受试者适当与否的依据，常用的抽样方法主要如下。

1. 简单随机抽样

从含有 N 个元素的总体中，抽取 n 个元素作为样本，使得每一个元素都有相同的机会被抽中。简单随机抽样有两种抽取样本的方法：重复抽样和不重复抽样。

2. 分层抽样

在抽样之前先将总体的元素划分为若干个层（类），然后从各个层中抽取一定数量的元素组成一个样本。

在分层时，应使层内各元素的差异尽可能小，而使层与层之间的差异尽可能大。各层的划分，可根据研究者的判断或研究的需要进行。比如，体育中研究对象为人时，可按性别、年龄、专项、地域等。

3. 等距抽样

先将总体中各元素按某种顺序排列，并按某种规则确定一个随机起点，然后，每隔一定的间隔抽取一个元素，直至抽取 n 个元素构成一个样本。

等距抽样具有简便易行、抽样误差小等特点。如抽取学生时，利用学生的花名册，比较方便操作。

4. 整群抽样

先将总体划分成若干群，然后以群作为抽样单位从中抽取部分群，再对抽中的各个群中所包含的所有元素进行观察。

整群抽取对样本进行调查比较方便，节约费用。比如，从某市中抽取部分中学，从某年级抽取几个班，从某地区的所有运动队中抽取部分运动员队等。

13.2 样本量的大小

13.2.1 样本量的大小

在科学研究中，进行研究设计时，受试者的数目要多大才算具有代表性，多大含量的样本才算“足够大”？这个问题，在科学研究领域中，似乎无一致结论。其中，学者 Sudman（1976）提出的看法可供研究者参考。Sudman 认为：

1）初学者进行与前人相类似的研究时，可参考别人样本数，作为自己抽样的参考。

2）如果是地区性的研究，平均样本人数在 500～1000 人之间较为适合；而如果是全国性研究，平均样本人数在 1500～2500 人之间较为适宜。

学者 Gay（1992）对于样本数多少，则提出以下的看法。

1）描述性研究时，样本数最少占总体的 10%，如果总体较小，则最小的样本数最好为总体的 20%。

2）相关性研究的目的在于探究变量间有无关系存在，受试者须至少在 30 人以上。

3）因果比较研究与许多实验研究，各组的人数至少要有 30 人。

4）如果实验研究设计得宜，有严密的实验控制，每组受试者至少在 15 人以上，但权威学者还是认为每组受试者最少应有 30 人，最为适宜。

另一方面，考虑研究实际情境与研究间差异，抽取样本时如局限于“绝对数量”多少，较为不宜，因为各总体性质不同，异质性很高，包含个体数差异也很大。所以可接受的受试样本数准则只是一种参考指针，因为“如果抽样方式不当，虽然选了很大的样本，代表性也会很低，还不如以适当抽样的方法，选取有代表性的小样本”。

学者 Borg 与 Gall（1983）则认为，样本数多少受到多种变量的影响，在下列几种条件或情境中，要采用较大的样本数。

1）编制的测量工具的“信度”（可靠性）较低时。

2）研究进行中有较多变量无法控制时。

3）总体的同构性很低时。

4）统计分析时，受试者须再细分为较小的各群组来分析比较时。

5）实验设计时，预期会有较多受试者中途退出时。

通常情况下，探索性研究中样本量一般较小。但在以下几种情况下，需要较大的样本量。

1）重要的决策，需要更多的信息和更准确的信息，这就需要较大的样本。

2）结论性研究，如描述性的调查，就需要较大的样本。

3）收集有关许多变量的数据，样本量就要大一些，以减少抽样误差的累积效应。

4）如果需要采用多元统计方法对数据进行复杂的高级分析，样本量就应当较大。

5）如果需要特别详细的分析，如进行许多分类等，也需要大样本。

13.2.2 样本量的确定方法

从定量方面考虑，有具体的统计学公式，不同的抽样方法有不同的公式。归纳起来，样本量的大小主要取决于以下因素。

1）研究对象的变化程度，即变异程度。

2）要求和允许的误差大小，即精度要求。

3）要求推断的置信度，一般情况下，置信度取为95%。

4）总体的大小。

5）抽样的方法。

也就是说，研究的问题越复杂，差异越大时，样本量要求越大；要求的精度、可推断性越高时，样本量也越大；同时，总体越大，样本量也相对要大，但是，增大呈现出一定对数特征，而不是线性关系。不同抽样方法，有不同的设计效应值，如果设定简单随机抽样，则设计效应的值是1。分层抽样由于抽样效率高于简单随机抽样，其设计效应的值小于1，合适恰当的分层，将使层内样本差异变小，层内差异越小，设计效应小于1的幅度越大；多阶段抽样由于效率低于简单随机抽样，设计效应的值大于1，因此抽样调查方法的复杂程度决定其样本量大小。

调查研究中，对于不同城市，如果总体不知道或很大，需要进行推断时，大城市多抽，小城市少抽，这种说法原则上是不对的。实际上，在大城市抽样太大是浪费，在小城市抽样太少没有推断价值。

如何确定样本量？基本方法很多，但是公式检验表明，当误差和置信区间一定时，不同的样本量计算公式计算出来的样本量是十分相近的。所以，我们完全可以使用简单随机抽样计算样本量的公式去近似估计其他抽样方法的样本量，这样可以更加快捷方便，然后将样本量根据一定方法分配到各个子域中去。

1. 简单随机抽样确定样本量

用简单随机抽样方法确定样本量主要有两种类型。

(1) 对于平均数类型的变量

对于已知数据为绝对数，一般根据下列公式来计算所需要的样本量。已知期望调查结果的精度（E），期望调查结果的置信度（L），以及总体的标准差估计值 σ 的具体数据，总体单位数 N。计算公式为

$$n=\frac{\sigma^2}{\frac{e^2}{Z^2}+\frac{\sigma^2}{N}} \tag{13-1}$$

特殊情况下，如果是很大的总体，计算公式变为

$$n=\frac{Z^2\sigma^2}{e^2} \tag{13-2}$$

例如，家庭年平均体育消费的误差在人民币−25～25元之间，调查结果在95%的

置信范围以内，其95%的置信度要求 Z 的统计量为1.96。根据估计总体的标准差为150元，总体单位数很大。利用公式（13-2），计算的样本量为

$$n=\frac{Z^2\sigma^2}{e^2}=\frac{1.96^2\times150^2}{25^2}\approx138$$

（2）对于百分比类型的变量

对于已知数据为百分比，一般根据下列公式计算样本量。已知调查结果的精度值百分比（E），以及置信度（L），比例估计（P）的精度，即样本变异程度，总体数为 N。则计算公式为

$$n=\frac{P(1-P)}{\dfrac{e^2}{Z^2}+\dfrac{P(1-P)}{N}} \tag{13-3}$$

同样，特殊情况下如果不考虑总体，公式为

$$n=\frac{Z^2P(1-P)}{e^2} \tag{13-4}$$

一般情况下，若不知道 P 的取值，取其样本变异程度最大时的值为0.5。

例如，家庭年平均体育消费的误差在−6%～6%之间，调查结果在95%的置信范围以内，其95%的置信度要求 Z 的统计量为1.96，估计 P 为0.5，总体单位数很大。利用公式（13-4），计算的样本量为

$$n=\frac{Z^2P(1-P)}{e^2}=\frac{1.96^2\times0.5\times(1-0.5)}{0.06^2}\approx267$$

通过以上分析，我们采用简单随机抽样公式计算得到样本量，总的样本量需要在此基础上乘以设计效应的值得到。

比如，以问卷调查为研究主体时，在全国范围内调查时，各省样本量的确定。在95%的置信度下，使城乡每个研究域比例型目标量估计的绝对误差限不超过5%，在设计效应Deff估计为2.5的前提下，可计算得样本量为960。故取1000为省内分域的样本量，而每个省分城、乡两个域，所以省内样本量设计为2000。

一般来说，抽样效率越低，设计效应越高；$P=50\%$时，$P(1-P)$值最大。

$$n=\frac{Z^2P(1-P)}{e^2}=\frac{1.96\times0.5\times(1-0.5)}{0.05^2}=384.16,$$

$$n'=n\times Deff=384.16\times2.5=960.4。$$

2. 样本量和总体大小的关系

在其他条件一定的情况下，即误差、置信度、抽样比率一定，样本量随总体的大小而变化。

总体很大时，抽样误差与样本规模对照表如表13-1所示（置信度取95%。为直观起见，样本规模取整数）。

表 13-1 抽样误差与样本规模对照表

抽样误差 e/%	样本规模 n	抽样误差 e/%	样本规模 n
1.0	9604	5.5	317
1.5	4268	6	267
2	2401	6.5	227
2.5	1537	7	196
3	1067	7.5	171
3.5	784	8	150
4	600	8.5	133
4.5	474	9	119
5	384	9.5	106
		10	96

总体较小时，变化明显。但是，总体越大，其变化越不明显。其变化趋势如图 13-1 所示。

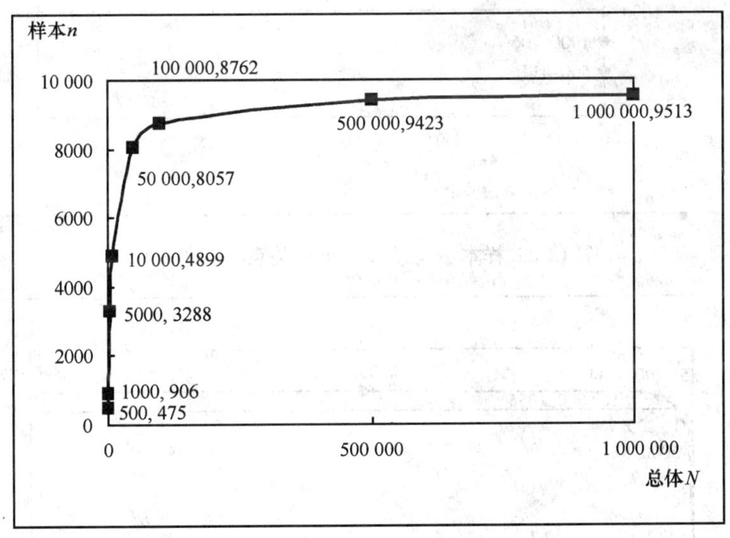

图 13-1 样本量与总体大小的关系（$e=1\%$）

两者之间的变化并非是线性关系。所以，样本量并不是越大越好，应该综合考虑，实际工作中只要达到要求就可以了。

在总体比较小时，总体对样本规模会产生较大影响，则要考虑总体对样本规模的影响，这时可以用公式 $n=\dfrac{n_1}{1+\dfrac{n_1}{N}}$ 进行转换。

在公式中，n_1 表示在总体很大时根据一定的置信度和允许误差计算所得的样本量，N 表示总体单位数。

按此公式，给出不同总体在95%的置信度下，不同抽样误差的常见样本量规模表，如表13-2、表13-3和图13-2、图13-3所示。

表13-2 总体规模与样本规模对照表（抽样误差为2%）

总体规模	500	1000	5000	10 000	50 000	100 000	500 000	1 000 000
样本规模	414	706	1622	1936	2291	2345	2390	2395

表13-3 总体规模与样本规模对照表（抽样误差为3%）

总体规模	500	1000	5000	10 000	50 000	100 000	500 000	1 000 000
样本规模	340	516	879	964	1044	1055	1064	1065

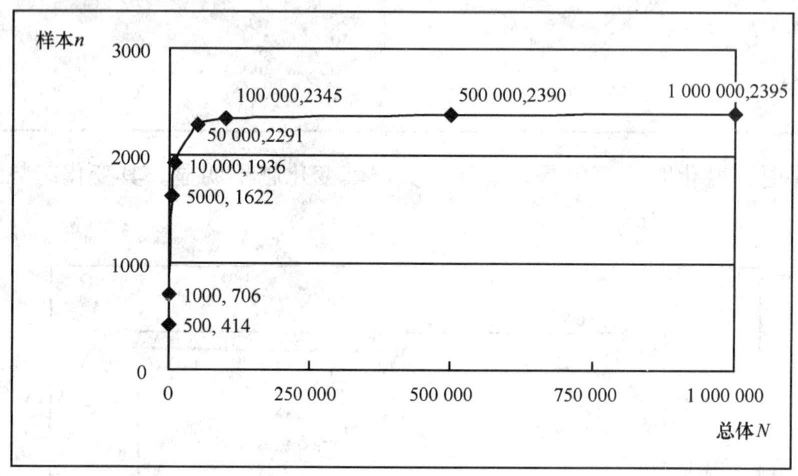

图13-2 样本量与总体大小的关系（e=2%）

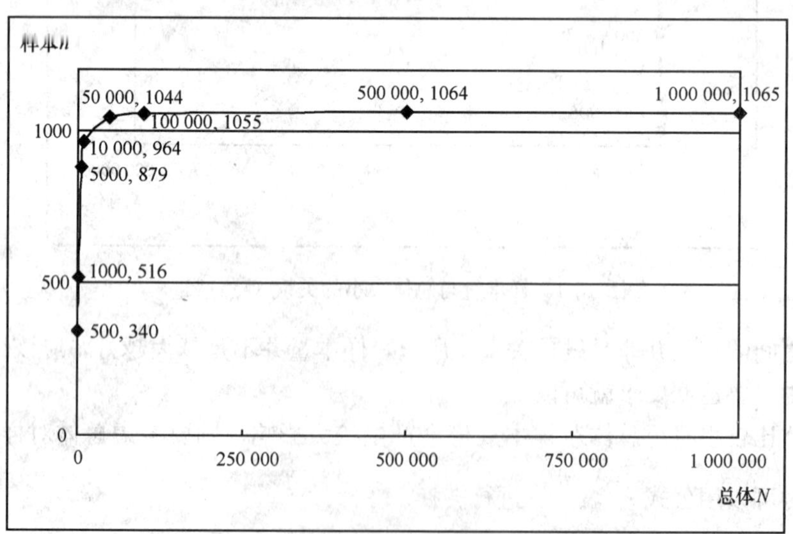

图13-3 样本量与总体大小的关系（e=3%）

13.2.3 调查研究中样本量的确定

通过对方差的估计，采用公式计算所需样本量，主要做法有以下几种。

1）用两步抽样，在调查前先抽取少量的样本，得到标准差 S 的估计，然后代入公式中，得到下一步抽样所需样本量 n。

2）如果有以前类似调查的数据，可以使用以前调查的方差作为总体方差的估计。

根据经验确定样本量，主要有以下几种方法。

1）如果以前做过类似的课题研究，可以参照前人的样本。

2）对于中、小城市，样本量在 500～1000 之间可能比较适合。

3）如果是大城市、省（市）级的地区性研究，样本数在 1000～1500 之间可能比较适合。

4）如果是多省市或者全国性的研究，则样本量在 1500～3000 之间可能比较适合。

作为常识（主要是为了显著性检验），要进行分组研究的每组样本量应该不少于 50 个（体育类应不少于 30 个）。此外，在多次的实际研究中发现，每组超过 100 个可能是一种资源浪费。

13.3 体育统计误用问题的诊断

在体育科研中，学术论文是考量体育科研工作质量好坏和水平高低的一项标准，能全面映射出科研工作者科研创新的思路、统计研究设计的能力、数据处理的质量和结论的可信程度等综合水平。然而，查阅我国体育研究领域内各类期刊中的学术论文，不难发现误用和滥用统计学的频率相当高。

1. 研究设计方面的常见问题

统计研究设计包括调查设计和实验设计，调查设计要明确调查目的、对象、范围，确定设计过程，不漏掉重要的调查项目和指标，一定要制定全面、仔细的组织计划。实验设计关键是严格遵守对照、重复、随机化等基本原则，合理选用设计类型。

研究设计方面常犯的错误有：研究设计方案不完善；对情况不明的研究工作缺乏必要的预实验；用单因素设计取代多因素设计；缺乏对照组或对照不全。

2. 收集统计资料前应注意的问题

（1）所研究的总体

推断统计是用样本推测总体的统计方法。一般情况下，统计资料仅反映样本的情况，不能简单地将其视为总体的真实写照。

（2）抽样不符合随机抽样原则或样本量过小

许多研究中，在取样的合理性问题上总会打折扣。下面两种取样的问题在研究中就会经常出现：① 样本过小；② 有偏样本的使用。

因此，在进行研究和阅读别人的研究报告时，都要考虑两个有关抽样的问题：一是样本有多大？二是样本是如何被选中的？

3. 数据处理时常犯的错误

数据处理中，对于同一个资料、同一个分析目的，由于所采用的统计分析方法不同，有时会得出不完全相同的结论，甚至会得出相反的结论。因此，正确、合理地选用统计分析方法至关重要。

(1) 平均数的误用问题

1) 误判统计资料的性质。变量包括定类变量、定序变量、定距变量和定比变量，统计方法的选择与变量类型有关。数据类型的误判，必将引起统计方法的误用。

2) 不妥当的使用算术平均数。平均指标和变异指标在应用中的常见错误是不论什么资料，不管其分布情况，一律用算术平均数表示平均水平，用标准差表示变异度的大小。

3) 误用“$\overline{X}\pm 3S$”判断“异常值”的准则。当资料呈明显的偏态分布或样本量较小时，若用平均值加、减3个标准差来判断异常值，往往会得出错误的结果。

(2) t 检验的误用问题

t 检验和方差分析时，需要考虑“正态性”和“方差齐性”两个前提条件。

t 检验时，当样本不符合正态分布时，应采用 t' 检验代替 t 检验；当两样本方差不等时，应采用秩和检验或 t' 检验。有人在使用 t 检验时未考虑到上述因素而盲目使用，经常将 t 检验作为处理定量资料的“万能工具”。

t 检验一般只适合两组计量数据比较，多组计量数据进行比较需用方差分析。F 检验的结果，如差异具有显著性，进一步作两组间的相互比较，应选用 q 检验等方法，但不宜再用 t 检验。

除忽视 t 检验和方差分析的前提条件外，在进行 t 检验和方差分析时，还有以下问题需要注意：误用 t 检验代替方差分析；不说明是单侧检验，还是双侧检验；单侧检验的根据未做说明；不考虑样本的独立性问题；t 检验时，进行了无意义的分组（如年龄、得分等）；误用 t 检验分析列联表资料；误用定量资料统计方法（如 t 检验）处理定性资料。

(3) 各种方差分析方法混用

多个样本均数比较的方差分析应用条件如下。

1) 各样本相互独立，均服从正态分布。

2) 相互比较的各样本的总体方差相等，即具有方差齐性。

由于方差分析方法较多，应用中人们常犯的错误是：其一，将多因素、多水平问题简单地看作单因素的多个水平问题，混淆了因素与水平之间的区别。其二，对单因素多水平问题仍采用多次 t 检验进行两两比较。误用这两种方法造成的后果是，无法分析因素之间交互作用的大小。而且，由于所选用的数学模型与设计不匹配，易得出错误的结论。

(4) 将 χ^2 检验作为处理定性资料的“万能工具”

χ^2 检验常出现的问题是，表中所列的数据项与分析时所用的数据不一致，资料的条件不满足公式的要求却盲目套用，对列联表中定性变量的性质（无序与有序）不加区分导致统计学分析方法的误用。

(5) 直线相关与回归分析存在的错误

体育科研论文中，回归与相关分析常见问题是：回归与相关的概念不清；根据相关系数的假设检验结果对回归方程的作用往往给予过高的评价等。

对相关系数的误用多与取样有关，如果取到的样本数据之间没有足够大的差异，就有可能产生全距限制现象；如果样本太小，较大的相关系数也可能会无显著性意义。

4. 结果分析时应注意的问题

(1) 显著性水平和差异大小

统计分析的结果是建立在概率论基础上的一种推断，只能得出两组总体参数不相等，而不能说相差很大。统计分析得不出差别的大小，因而结论不能说“有明显差异”或“有显著差异”。正确的描述应当是“差异有统计学意义”或“差异有显著意义”等。如果欲比较两组总体参数的差别如何，要对两组参数的可信区间进行观察后才能得出结论。

任何两组数目相等的数据均可计算相关系数，但计算相关系数是有条件的，应考虑到它们所属的两总体之间可能存在一定关系时才计算。

(2) 相关显著与相关程度

进行直线回归与相关分析时，有人常把假设检验的 P 值与关系密切程度混用。回归系数和相关系数的绝对值能够反映两变量关系的密切程度，而不是假设检验的 P 值，P 值越小只能说明越有理由认为变量间的直线关系存在，而不能说关系越密切或越显著。在科研论文中，许多人只关心相关系数的假设检验是否有显著性，而不关心相关系数的大小有无实际意义。

(3) 样本量过小时计算直线相关系数，且直接用 r 值下结论

有些文章对相关系数不做假设检验，凭数字大小下结论。如 $r>0.5$，即认为有相关。其实，当样本量很小时，即使 $r>0.7$，也可能无统计学意义。

(4) 以 P 作为下结论的唯一依据

也有人把统计学当成事先计划好的，为预期结果提供一个“$P<0.05$”的工具，哪种统计方法能使得研究中“$P<0.05$”出现的次数多，就选用哪种方法。

(5) 编制统计表时的问题

编制统计表时，分组标志与观测指标位置颠倒、线条过多或过少、数字的小数点位数不一致或表中数据的含义未表达清楚，令人费解。

(6) 统计图被夸大

有些人在统计指标的选择、统计图表的制作、统计方法的选用上都带有自己的个人目的，具有一定的功利性。因此，重要的是要确定差异在统计学上是否可靠，而不

是挖空心思地使差异在图中显得足够“大”。

(7) 统计图中的资料与所选用的统计图类型不匹配

绘制统计图时，坐标轴上的刻度值标得不符合数学原则、资料与所选用的统计图类型不匹配（如用条图表达连续性资料）。

(8) 构成比（百分比）与发生率（百分率）混淆

构成比是说明事物或现象内部各构成部分的比重，发生率是表示某种现象发生的频率或强度。它们都是相对数指标，用百分数表示。

结果分析时，还要防止以下问题出现：分母很小时，也计算百分比或百分率；不进行统计，妄下结论；未明确说明统计分析方法，直接得出结论；观察研究中只分析已知原因，而放弃对未知原因的探索；用样本调查结论代替总体的调查结论；数据造假。

13.4 合理选择统计方法的策略

1. 正确制定研究设计方案

研究设计是体育科研的一个重要环节，设计方案不完善或无设计方案，都会直接影响研究结果的可靠性。因此，体育科研中应重视统计研究设计。

进行科研工作，首先要将体育专业知识与统计知识有机结合，制定周密的研究设计方案，了解研究设计的内容、作用，掌握研究设计的核心内容，即对照、重复、随机化等基本原则，并能把握这些原则的要领。实验设计要对实验因素进行合理的安排，最好结合专业知识进行一定的预实验，来确定实验所需要的因素及各因素不同水平的具体取值，使实验设计工作做到有的放矢。

实验设计的类型比较多，要使体育科研工作者熟练掌握，并能辨析各种实验设计类型的确不太现实。但实际工作中有必要熟悉最常用的3种实验设计类型，即单因素多水平设计、多因素析因设计和具有重复测量的多因素设计。

“有比较才能有鉴别”，设立对照组就是为了科学地鉴别。一些科研论文科学性不强的主要原因是对照不合理，甚至有的根本不设对照组。有的虽有对照组，但缺乏可比性。体育科学研究设立对照组尤为重要，因为不通过严格的对照试验，很难作出正确判断。

2. 设计调查方案的注意事项

统计资料的收集是根据统计研究的目的和任务，运用科学的方式和方法，有计划、有组织地收集统计数据的过程。调查研究中，设计调查方案的主要内容包括：确定调查目的即确定为什么调查；确定在什么范围（总体）内向谁调查；确定调查项目、调查表格和问卷；确定在什么时间段调查什么时点或时间段的数据资料；确定调查方式和方法。其中调查方式可采用普查、抽样调查、重点调查、典型调查或统计报表制度。

任何统计分析都是建立在数据的取得是合理、正确的前提下。样本的选择要符合随机化原则，这样才能使样本客观地反映总体。随机分组的数据资料，要求对照组与实验组必须遵循均衡化的原则，也就是说对照组除了缺少实验处理因素外，其他条件应与实验组基本一致，从而排除非处理因素对结果的影响，且组间样本具有相同的属性。若为定量资料，实验之前对照组与实验组的数据进行统计检验应为“差异无显著性意义”。

3. 合理选用统计分析方法

接近对称分布的资料，一般用平均数反映资料的集中趋势，用标准差反映资料的离散趋势。若有极端数据存在或严重偏态分布的资料，可使用中位数反映资料的集中趋势，用四分差反映资料的离散趋势。用“$\overline{X}\pm 3S$”作为判断“异常值”的准则时，必须满足两个前提，即资料服从正态分布和样本非常大。

假设检验时，满足正态性和方差齐性的资料，应采用参数检验法，如 t 检验、方差分析（F 检验）等。常用的 t 检验方法有：单一样本的 t 检验、两独立样本的 t 检验和两配对样本的 t 检验。最常用的方差分析方法分为单因素方差分析和双因素方差分析，使用时应判断资料类型，合理选用方法。若资料不满足参数检验的前提条件，可选用非参数检验（如秩和检验等）进行分析。

对四格表 χ^2 检验要注意使用条件。四格表 χ^2 检验的条件为 $n>40$，且理论频数 $T>5$。四格表资料如 $n>40$，但 $1<T<5$ 时，则需用校正 χ^2 检验；当 $n<40$，或 $T<1$，则需用四格表确切概率计算法。经校正或使用确切概率法，有些 P 值会发生变化，结论也会不同。

对于单项有序的列联表资料，可选用秩和检验，而不宜使用 χ^2 检验，因为 χ^2 检验是检验频数分布是否相同，而不能得出差异是否具有统计学意义的结论。

使用相关与回归分析方法时，首先要结合体育专业知识判断所研究变量之间的相互关系。若两个变量都是定量变量，应绘制散点图，直观判断是否具有直线相关关系，应该进行直线回归还是曲线回归分析。若因变量（Y 变量）是定性的，如二项分类变量，自变量（x 变量）是定量的，可考虑选用 logistic 回归分析。进行相关分析时，对于二元定距变量，应计算 Pearson 简单相关系数；对于两个有序变量之间的相关关系，可采用 Spearman 的秩相关分析。

统计分析是以统计资料为依据，运用科学的方法，定性与定量相结合，对统计结果进行分析研究的活动。进行统计分析时，研究者要以科学的态度，客观的标准，合理解释统计结果，得出真实可靠的统计结论，保证体育科研事业的健康发展。

参 考 文 献

胡良平，李子建. 2004. 医学统计学基础与典型错误辨析［M］. 北京：军事医学科学出版社

马斌荣. 2005. 医学统计学［M］. 北京：中国人民大学出版社

吴明隆. 2003. SPSS统计应用实务［M］. 北京：科学出版社

袁卫，庞皓，曾五一，等. 2007. 统计学［M］. 北京：高等教育出版社

张力为. 2004. 体育科学研究方法［M］. 北京：高等教育出版社

同步练习参考答案

第 1 章　绪　　论

一、名词解释

1. 总体：研究同质对象的全体称为总体（质即对象的属性）。
2. 样本：从总体中抽出用以推测总体的部分同质对象称为样本。
3. 个体：总体中的每一观测对象称为个体。
4. 样本量：样本中包含的个体数量称为样本含量。
5. 统计量：由样本所得反映样本特征的统计指标都称为统计量。
6. 统计参数：代表总体特征的统计指标称为参数。

二、思考题（略）

第 2 章　统计资料的收集与整理

一、单项选择题

1. A　2. B　3. A　4. C　5. B　6. C　7. A　8. D

二、填空题

1. 典型　2. 抽样　3. 品质　4. 数量　5. 频数表

三、简答题

1. 准确、及时、全面、系统
2. 调查目的和内容、调查对象和单位、调查项目、调查表、调查时间
3. 人工审核、编码录入、数据排查、分类汇总
4. 说明总体性质与特征、刻画内部结构、分析依存关系
5. 标题、标目、线条、数字、说明或备注

四、SPSS 操作练习

1.

组	频数	频率/%	累计频率/%
1	1	2.0	2.0
2	3	6.0	8.0
3	7	14.0	22.0
4	8	16.0	38.0
5	26	52.0	90.0
6	5	10.0	100.0

2. 略。

第3章 统计描述

一、单项选择题

1. A　2. B　3. C　4. A　5. B　6. D　7. C　8. C　9. B　10. D

二、名词解释

1. 样本特征数：描述样本数据分布特征的统计指标。
2. 集中量数：是反映一组数据集中趋势的特征数。
3. 中位数：是将一组数据按大小顺序排列后，处于中间位置的数。
4. 差异（离散）量数：是反映一组数据离散趋势的特征数。
5. 偏度系数：偏度系数是反映数据分布的偏斜方向和程度的指标。
6. 峰度系数：峰度系数是反映数据分布尖峰或平峰程度的指标。

三、计算题

1. $\bar{x}\approx 64.5$（s）

   $S\approx 12.3$（s）

   $S^2\approx 150.4$（s^2）

2. 中位数 $M_e=19$

   $P_{25}=19$

   $P_{75}=20$

   众数：$M_0=19$

   四分差：$Q=25$

   极差：$R=4$

3. $CV_1>CV_2$，所以10岁女孩身高变异程度比14岁女孩大。
4. 略。

四、SPSS操作题

1. 输出结果显示：体重的平均数为47.1，中位数为47，众数为48，标准差约等于3.6，方差约等于12.6，极差为14，四分位数分别为44.75、47.00、48.25。

2. 输出结果显示：肺活量的平均数为3.626，标准差约等于0.269；方差为0.072；偏度系数为−0.849；峰度系数为1.170。

第4章 概率及其分布

1.

X	0	1	2	3	4	5
$P(X)$	0.0040	0.0992	0.3968	0.3968	0.0992	0.0040

2. 1) $P(X<1.35)=0.9115$

   2) $P(X>-1.78)=1-P(X<-1.78)=1-0.0375=0.9625$

   3) $P(-1.75<X<1.85)=P(X<1.85)-P(X<-1.75)$

$=0.9678-0.0401=0.9277$

3. 1) $a=0.54$

   2) 由 $P(X>b)=0.1515$ 得：$P(X<b)=1-0.1515=0.8485$，查表得：$b=1.03$

4. 1) $P(X<170)=P(u<-1)=0.1587$

   2) $P(X>180)=1-P(X<180)$

   $=1-P(u<1)=1-0.8413=0.1587$

   3) $P(175<X<185)=P(X<185)-P(X<175)$

   $=P(u<2)-P(u<0)$

   $=0.9773-0.5=0.4773$

5. 1) 查正态分布表知：$P(u<0.54)=0.7054$

   由标准化公式有：$\dfrac{a-100}{10}=0.54$

   得：$a=105.4$

   2) 由 $P(X>b)=0.1515$ 可知：$P(X<b)=1-0.1515=0.8485$

   查正态分布表知：$P(u<1.03)=0.8485$

   由标准化公式有：$\dfrac{b-100}{10}=1.03$

   得：$b=110.3$

6. 不及格学生的概率为：$P(X<4.5)=0.1056$

   不及格学生人数为：$280\times0.1056=29.57\approx30$（人）

7. 用 X 代表 100m 跑成绩，则 $X\sim N(14.7, 0.7^2)$

   优秀标准为 13.804s

   良好标准为 14.525s

   及格标准为 15.687s

8. 1.57m

9. 用 X 代表跳远成绩，则 $X\sim N(5, 0.2^2)$，

   1) 4.74m

   2) 成绩在 4.8～5.2m 之间的概率为：

   $P(4.8<X<5.2)=P(X<5.2)-P(X<4.8)=0.6826$

   则参加跳远的学生有：$50/0.6826\approx73$（人）

10. 跳远成绩为 3.45m 的标准百分为：$50+\dfrac{3.45-3.2}{6\times0.2}\times100=70.83$（分）

    跳远成绩为 3.12m 的标准百分为：$50+\dfrac{3.12-3.2}{6\times0.2}\times100=43.33$（分）

11. 三人成绩排序为：甲，丙，乙。

12. 略。

第5章 参数估计和假设检验

一、填空题

1. 随机；均等 2. 点估计；区间估计 3. 备择假设

4. 第一类；第二类 5. 小概率原理

二、单项选择题

1. A 2. C 3. B 4. A 5. B 6. C 7. C 8. D

三、应用题

1. 95%的置信区间为（148.23，150.17）

99%的置信区间为（147.93，150.47）

2. $t=\dfrac{\overline{X}-\mu_0}{\dfrac{S}{\sqrt{n}}}=-1.546$，查表 $t_{0.05/2}$（99）=1.984。因为 $|t|<t_{0.05/2}$（99），所以，$P>0.05$，该市12岁男孩身高与全省的平均身高有无显著性差异。

3. 采用单样本 t 检验方法。计算得：$t=2.366$，$P<0.05$，差异具有显著性意义。

4. $t=\dfrac{\bar{x}_1-\bar{x}_2}{\sqrt{\dfrac{(n_1-1)S_1^2+(n_2-1)S_2^2}{n_1+n_2-2}\left(\dfrac{1}{n_1}+\dfrac{1}{n_2}\right)}}=2.499$，查表 $t_{0.05/2}$（30）=2.042。因为 $|t|>t_{0.05/2}$（30），所以，$P>0.05$，两地区考生成绩存在显著性差异。

5. $t=\dfrac{\bar{d}-0}{\dfrac{S_d}{\sqrt{n}}}=2.92$，进行单侧检验，查表 $t_{0.01}$（9）=2.821。因为 $|t|>t_{0.01}$（9），所以，$P<0.01$，差异具有非常显著性意义，说明学生的成绩有所提高。

四、SPSS操作题

1. 利用SPSS计算得：$t=3.324$，$P=0.007<0.01$，差异具有非常显著性意义，说明该校10岁学生的身高比十年前有所提高。

2. F 检验结果：$F=0.226$，$P=0.638>0.05$，方差齐性。t 检验结果：$t=0.286$，$P=0.777>0.05$，说明两校女生的肺活量无显著性差异。

3. 计算得：治疗前体重的平均值为119，标准差为11.73；治疗后体重的平均值为112.92，标准差为10.39；$t=8.419$，$P=0.000<0.01$，差异具有非常显著性意义，说明体育疗法有效。

4. $\chi^2=2.602$，$P=0.457>0.05$，说明新教学方法对提高教学质量无效。

5. 多行×多列 χ^2 检验，$\chi^2=4.464$，$p=0.347$，无显著性差异。

第6章 相关分析

一、判断题

1. × 2. × 3. √ 4. × 5. × 6. ×

二、单项选择题

1. B　2. B　3. A　4. C

三、名词解释

1. 相关关系：变量之间存在的不确定的数量关系，称为相关关系。

2. 线性相关系数：对于两个连续型变量来说，描述两个变量之间直线关系的密切程度和相关方向的统计指标叫（线性）相关系数。

3. 正相关、负相关、完全无关

正相关：若两个变量同时趋于同一方向变化，即当 X 增加（或减少）时，Y 也相应具有增加（或减少）的趋势时；

负相关：若两个变量间，当 X 增加（或减少）时，Y 却具有减少（或增加）的趋势时；

完全无关：当两个变量 X 与 Y 之间，Y 值的变化不受 X 值变化的影响时（反之亦然）。

四、填空题

1. 函数关系；相关关系

2. $-1\leqslant r\leqslant 1$

3. 线性相关关系；Spearman；复相关关系；偏相关关系

五、SPSS 操作题

1. $r=0.589$，$p=0.001\leqslant 0.05$ 表明引体向上与 30s 俯卧撑存在相关关系。

Spearman 秩相关系数$=0.671$，其 H_0 成立的概率 $P=0.000$，表明引体向上与 30s 俯卧撑相关联。

2. 两两相关系数矩阵

	身高	体重	胸围	腰围
身高	1	0.610**	0.502*	0.491*
体重	0.610**	1	0.907**	0.871**
胸围	0.502*	0.907**	1	0.913**
腰围	0.491*	0.871**	0.913**	1

*. 表示在 0.05 水平上相关具有显著性。

**. 表示在 0.01 水平上相关具有显著性。

排除胸围和腰围的影响，身高和体重的偏相关系数为 0.417。

第 7 章　回 归 分 析

一、单项选择题

1. B　2. C　3. B　4. A　5. A　6. B

二、填空题

1. 由小变大；由大变小　2. $-1\leqslant r\leqslant 1$　3. 函数关系；1

4. 连续型；直线　5. 截距；回归系数；最小二乘法

三、计算题

1. 1）$r\approx 0.812$，查表 $r_{0.05}$（8）≈ 0.632，$r>r_{0.05}$，相关显著。

2）$b\approx 0.498$，$a=-39.86$，$\hat{y}=-39.86+0.498x$

3）$U=b\cdot L_{xy}=82.105$，$Q=L_{yy}-U=42.596$

$F=\frac{U}{Q}\cdot(n-2)=15.42$，查表 $F_a(1,8)=5.32$，$F>F_a$，回归方程显著。

4）$\hat{y}_0=39.86+0.498\times 130=24.88$

$S_Y=\sqrt{\frac{Q}{n-2}}=2.31$，推测值的 95%的置信区间为

$(\hat{y}_0-1.96\cdot S_Y,\ \hat{y}_0+1.96\cdot S_Y)=(20.35,\ 29.41)$

2. 1）

相关系数矩阵

	身高	体重	胸围	腰围
身高	1	.649*	0.446	0.379
体重	.649*	1	.955**	.891**
胸围	0.446	.955**	1	.955**
腰围	0.379	.891**	.955**	1

*. 在 0.05 水平（双侧）上显著相关。

**. 在 0.01 水平（双侧）上显著相关。

2）体重＝－129.359＋1.186 身高。回归方程效果非常显著。

体重＝－70.859＋1.539 胸围。回归方程效果非常显著。

3）体重＝－139.705＋1.339 胸围＋0.508 身高

3. 身高＝52.594＋2.969 足长＋0.685 小腿长

第 8 章　相对数及动态分析

一、单项选择题

1. B　2. C　3. B　4. A　5. C　6. B　7. D　8. D　9. C　10. C

二、名词解释（略）

三、应用计算题

1. 各年龄患病率$=\frac{\text{该年龄患病人数}}{\text{该年龄总人数}}\times 100\%$，见下表

年龄/岁	患龋齿例数/个	患病率/%
21～30	12	20.0
31～40	25	35.7
41～50	45	45.0
51～60	27	54.0
合　计	109	38.0

2. 优秀率＝41.13％

3. p＝73.33％，S_p＝0.0361，置信区间为 0.7333±1.96×0.0361

4. $p=\frac{40}{83}=0.4819$，S_p＝0.0548，

H_0：π＝50％，H_1：$\pi\neq$50％

检验统计量为 $u=\dfrac{0.4819-0.50}{\sqrt{\dfrac{0.50\ (1-0.50)}{87}}}=-0.329$

查标准正态分布表得 $u_{0.05}$＝1.96。由于$|u|=0.329<u_{0.05/2}=1.96$，$p>0.05$，所以接受原假设 H_0，拒绝 H_1，认为该校宣传属实。

5.

年　份	1990	1995	2000	2005	2006
县以上体委举办运动会次数/次	30 158	24 880	26 196	45 401	40 281
定基比/％		82.4988	86.8625	150.5438	133.5665
环比/％		82.4988	105.2894	173.3127	88.7227
增长率/％		－17.5011	－13.1375	50.5438	33.5666

四、SPSS 操作题

1. 四格表资料 χ^2 检验，$\chi^2=0.034$，$p=0.854$

2. $n\geqslant 40$，理论频数有小于 5 的，宜用四格表校正 χ^2 检验，$\chi^2=1.243$，$p=0.265$

第 9 章　单因素方差分析

一、单项选择题

1. D　2. B　3. D　4. B　5. A

二、填空题

1. 方差分析

2. 被检验的样本数据来自服从正态分布的总体；各总体的方差都相等；各样本是从各总体中随机抽取且是相互独立的。

3. 总变差＝组间平方和＋组内平方和

4. 正态总体均值

5. 因素；水平或处理

6. 组内平方和：随机误差称为组内差异，反映了随机误差造成的差异大小。用每个样本数据与其各组平均值离差平方和表示，记作 S_E，S_E 又叫组内平方和。

组间平方和：即不同的处理造成的差异，称为组间差异。用各组平均值与总平均值离差的平方和表示，记作 S_R。

三、计算题

建立数据文件，变量名为项目（值标签 1＝田径、2＝球类、3＝武术、4＝游泳）、握力，录入数据并存盘，使用单因素方差分析，结果如下：

计算结果显示了不同运动项目下的统计量；结果显示方差齐性检验的显著性水平为0.798＞0.05，表明各组总体均值可认为是齐同的；方差分析结果显示显著性水平为0.009＜0.05，表明不同运动项目对握力有显著性影响；多重比较结果给出了具体运动项目间的结果，田径与武术、武术与游泳间握力有显著性差异。

第 10 章　因 子 分 析

1. 0.239，0.15，0.75，0.076

2. 0.631，0.194，0.515，－0.0056

3. 0.870 262 和 0.129 738

4. 21.35％，20.24％，19.42％，12.34％，73.36％

5. 从表 10-16 可以看出：

*F*1 的高负荷变量有：100m、400m、跳远和 110m 栏，都与速度有关，称为速度因子。

*F*2 的高负荷变量有：推铅球、掷铁饼、掷标枪，都与投掷能力有关，称为投掷因子。

*F*3 的高负荷变量有：撑杆跳高、跳高、110m 栏和跳远，都与弹跳力有关，称为弹跳力因子。

*F*3 的高负荷变量有：1500m 和 400m，属于一般耐力和速度耐力，都与耐力有关，称为耐力因子。

因此，影响十项全能成绩的因素依次是：速度、投掷能力、弹跳力和耐力。

第 11 章　SPSS 应用实例

1. 1)

描述统计量（n＝24）

指　　标	平 均 值	标 准 差	最 小 值	最 大 值	均数的标准误	偏　　度	峰　　度
100m	13.0317	0.562 49	11.7	14.63	0.114 82	0.546	2.548
立定跳远	2.5414	0.130 13	2.24	2.76	0.026 56	－0.162	－0.107
铅球	9.4798	1.078 42	7.15	12.92	0.220 13	1.002	4.152

2)

表 11-4　A、B 两组学生两项指标 t 检验结果

指　　标	A组（n＝12）		B组（n＝12）		t 值	p
	平均值	标准差	平均值	标准差		
100m	12.9083	0.702 68	13.1550	0.366 89	－1.078	＞0.05
立定跳远	2.5388	0.156 69	2.5439	0.104 14	－0.094	＞0.05

3）

相关系数矩阵

	100m	立定跳远	铅　球
100m	1	−.463*	−.475*
立定跳远	−.463*	1	0.201
铅球	−.475*	0.201	1

*. 在 0.05 水平（双侧）上显著相关。

4）$\hat{y}=18.116-2.001x$（y——100m，x——立定跳远）

2. $\chi^2=7.693$，$P=0.006<0.05$，差异具有性，说明坚持做眼保健操对提高视力有显著作用。

第 12 章　Excel 数据分析案例

1. 略。
2. 方差齐性；平均数无显著性差异。
3. 方差不齐；平均数无显著性差异。
4. 培训效果不明显。
5. 无显著性差异。
6. 不同距离跑和不同间歇时间对心跳次数有显著影响。
7. 略。参看第 11 章同步练习 1 的答案。

附　　录

附表 1（1）　标准正态分布表

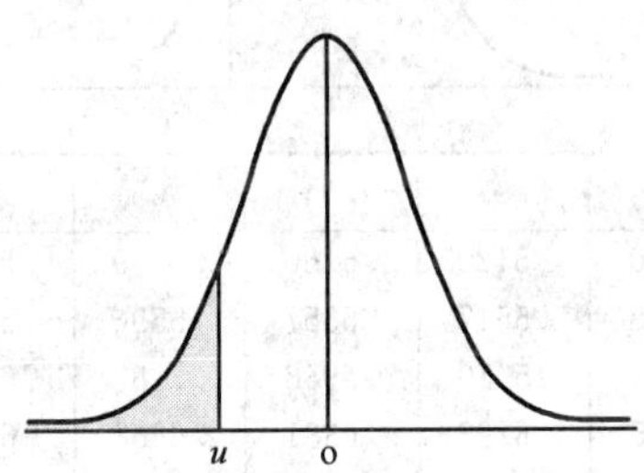

u	.00	−.01	−.02	−.03	−.04	−.05	−.06	−.07	−.08	−.09
−3.0	.0014									
−2.9	.0019	.0018	.0018	.0017	.0016	.0016	.0015	.0015	.0014	.0014
−2.8	.0026	.0025	.0024	.0023	.0023	.0022	.0021	.0021	.0020	.0019
−2.7	.0035	.0034	.0033	.0032	.0031	.0030	.0029	.0028	.0027	.0026
−2.6	.0047	.0045	.0044	.0043	.0042	.0040	.0039	.0038	.0037	.0036
−2.5	.0062	.0060	.0059	.0057	.0055	.0054	.0052	.0051	.0049	.0048
−2.4	.0082	.0080	.0078	.0076	.0073	.0071	.0070	.0068	.0066	.0064
−2.3	.0107	.0104	.0102	.0099	.0096	.0094	.0091	.0089	.0087	.0084
−2.2	.0139	.0136	.0132	.0129	.0125	.0122	.0119	.0116	.0113	.0110
−2.1	.0179	.0174	.0170	.0166	.0162	.0158	.0154	.0150	.0146	.0143
−2.0	.0228	.0222	.0217	.0212	.0207	.0202	.0197	.0192	.0188	.0183
−1.9	.0287	.0281	.0274	.0268	.0262	.0256	.0250	.0244	.0239	.0233
−1.8	.0359	.0351	.0344	.0336	.0329	.0322	.0314	.0307	.0301	.0294
−1.7	.0446	.0436	.0427	.0418	.0409	.0401	.0392	.0384	.0375	.0367
−1.6	.0548	.0537	.0526	.0516	.0505	.0495	.0485	.0475	.0465	.0455
−1.5	.0668	.0655	.0643	.0630	.0618	.0606	.0594	.0582	.0571	.0559
−1.4	.0808	.0793	.0778	.0764	.0749	.0735	.0721	.0708	.0694	.0681
−1.3	.0968	.0951	.0934	.0918	.0901	.0885	.0869	.0853	.0838	.0823
−1.2	.1151	.1131	.1112	.1093	.1075	.1056	.1038	.1020	.1003	.0985
−1.1	.1357	.1335	.1314	.1292	.1271	.1251	.1230	.1210	.1190	.1170
−1.0	.1587	.1562	.1539	.1515	.1492	.1469	.1446	.1423	.1401	.1379
−0.9	.1841	.1814	.1778	.1762	.1736	.1771	.1685	.1660	.1635	.1611
−0.8	.2119	.2090	.2061	.2033	.2005	.1977	.1949	.1922	.1894	.1867
−0.7	.2420	.2389	.2358	.2327	.2296	.2266	.2236	.2206	.2177	.2148
−0.6	.2743	.2709	.2676	.2643	.2611	.2578	.2546	.2514	.2483	.2451
−0.5	.3085	.3050	.3015	.2981	.2946	.2912	.2877	.2843	.2810	.2776
−0.4	.3446	.3409	.3372	.3336	.3300	.3264	.3228	.3192	.3156	.3121
−0.3	.3821	.3783	.3745	.3707	.3669	.3632	.3594	.3557	.3520	.3483
−0.2	.4207	.4168	.4129	.4090	.4052	.4013	.3974	.3936	.3897	.3859
−0.1	.4602	.4562	.4522	.4483	.4443	.4404	.4364	.4325	.4286	.4247
0.0	.5000	.4960	.4920	.4880	.4840	.4801	.4761	.4721	.4681	.4641

附表 1（2） 标准正态分布表

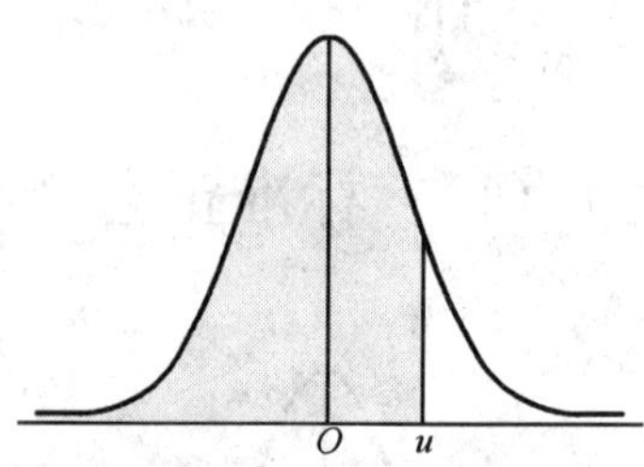

u	.00	.01	.02	.03	.04	.05	.06	.07	.08	.09
0.0	.5000	.5040	.5080	.5120	.5160	.5199	.5239	.5279	.5319	.5359
0.1	.5398	.5438	.5478	.5517	.5557	.5596	.5636	.5675	.5714	.5753
0.2	.5793	.5832	.5871	.5910	.5948	.5987	.6026	.6064	.6103	.6141
0.3	.6179	.6217	.6255	.6293	.6331	.6368	.6406	.6443	.6480	.6517
0.4	.6554	.6591	.6628	.6664	.6700	.6736	.6772	.6808	.6844	.6879
0.5	.6915	0.695	.6985	.7019	.7054	.7088	.7123	.7157	.7190	.7224
0.6	.7257	.7291	.7324	.7357	.7389	.7422	.7454	.7486	.7517	.7549
0.7	.7580	.7611	.7642	.7673	.7703	.7734	.7764	.7794	.7823	.7852
0.8	.7881	.7910	.7939	.7967	.7995	.8023	.8051	.8078	.8106	.8133
0.9	.8159	.8186	.8212	.8238	.8264	.8289	.8315	.8340	.8365	.8389
1.0	.8413	.8438	.8461	.8485	.8508	.8531	.8554	.8577	.8599	.8621
1.1	.8643	.8665	.8686	.8708	.8729	.8749	.8770	.8790	.8810	.8830
1.2	.8849	.8869	.8888	.8907	.8925	.8944	.8962	.8980	.8997	.9015
1.3	.9032	.9049	.9066	.9082	.9099	.9115	.9131	.9147	.9162	.9177
1.4	.9192	.9207	.9222	.9236	.9251	.9265	.9278	.9292	.9306	.9319
1.5	.9332	.9345	.9357	.9370	.9382	.9394	.9406	.9418	.9430	.9441
1.6	.9452	.9463	.9474	.9484	.9495	.9505	.9515	.9525	.9535	.9545
1.7	.9554	.9564	.9573	.9582	.9591	.9599	.9608	.9616	.9625	.9633
1.8	.9641	.9648	.9656	.9664	.9671	.9678	.9686	.9693	.9700	.9706
1.9	.9713	.9719	.9726	.9732	.9738	.9744	.9750	.9756	.9762	.9767
2.0	.9772	.9778	.9783	.9788	.9793	.9798	.9803	.9808	.9812	.9817
2.1	.9821	.9826	.9830	.9834	.9838	.9842	.9846	.9850	.9854	.9857
2.2	.9861	.9864	.9868	.9871	.9874	.9878	.9881	.9884	.9887	.9890
2.3	.9893	.9896	.9898	.9901	.9904	.9906	.9909	.9911	.9913	.9916
2.4	.9918	.9920	.9922	.9925	.9927	.9929	.9931	.9932	.9934	.9936
2.5	.9938	.9940	.9941	.9943	.9945	.9946	.9948	.9949	.9951	.9952
2.6	.9953	.9955	.9956	.9957	.9959	.9960	.9961	.9962	.9963	.9964
2.7	.9965	.9966	.9967	.9968	.9969	.9970	.9971	.9972	.9973	.9974
2.8	.9974	.9975	.9976	.9977	.9977	.9978	.9979	.9979	.9980	.9981
2.9	.9981	.9982	.9982	.9983	.9984	.9984	.9985	.9985	.9986	.9986
3.0	.9987	.9990	.9993	.9995	.9997	.9998	.9998	.9999	.9999	.9999

附表 2　t 值表

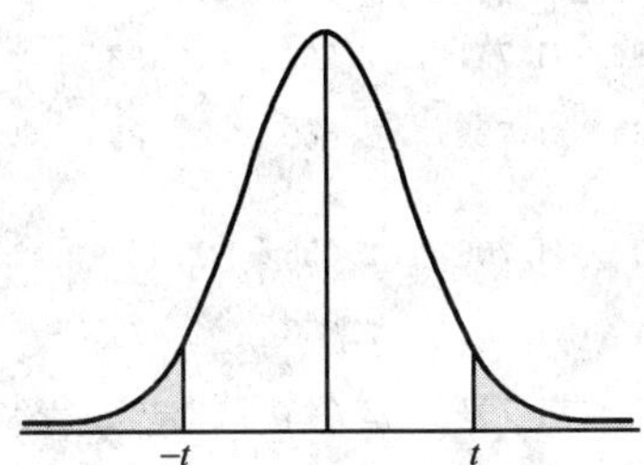

n'										
	P (2)：	0.50	0.20	0.10	0.05	0.02	0.01	0.005	0.002	0.001
	P (1)：	0.25	0.10	0.05	0.025	0.01	0.005	0.0025	0.001	0.0005
1		1.000	3.078	6.314	12.71	31.82	63.66	127.32	318.31	636.62
2		0.816	1.886	2.920	4.303	6.965	9.925	14.089	22.327	31.599
3		0.765	1.638	2.353	3.182	4.541	5.841	7.453	10.215	12.924
4		0.741	1.533	2.132	2.776	3.747	4.604	5.598	7.173	8.610
5		0.727	1.476	2.015	2.571	3.365	4.032	4.773	5.893	6.869
6		0.718	1.440	1.943	2.447	3.143	3.707	4.317	5.208	5.959
7		0.711	1.415	1.895	2.365	2.998	3.499	4.029	4.785	5.408
8		0.706	1.397	1.860	2.306	2.896	3.355	3.833	4.501	5.041
9		0.703	1.383	1.833	2.262	2.821	3.250	3.690	4.297	4.781
10		0.700	1.372	1.812	2.228	2.764	3.169	3.581	4.144	4.587
11		0.697	1.363	1.796	2.201	2.718	3.106	3.497	4.025	4.437
12		0.695	1.356	1.782	2.179	2.681	3.055	3.428	3.930	4.318
13		0.694	1.350	1.771	2.160	2.650	3.012	3.372	3.852	4.221
14		0.692	1.345	1.761	2.145	2.624	2.977	3.326	3.787	4.140
15		0.691	1.341	1.753	2.131	2.602	2.947	3.286	3.733	4.073
16		0.690	1.337	1.746	2.120	2.583	2.921	3.252	3.686	4.015
17		0.689	1.333	1.740	2.110	2.567	2.898	3.222	3.646	3.965
18		0.688	1.330	1.734	2.101	2.552	2.878	3.197	3.610	3.922
19		0.688	1.328	1.729	2.093	2.539	2.861	3.174	3.579	3.883
20		0.687	1.325	1.725	2.086	2.528	2.845	3.153	3.552	3.850
21		0.686	1.323	1.721	2.080	2.518	2.831	3.135	3.527	3.819
22		0.686	1.321	1.717	2.074	2.508	2.819	3.119	3.505	3.792

续表

n′	P (2)： P (1)：	0.50 0.25	0.20 0.10	0.10 0.05	0.05 0.025	0.02 0.01	0.01 0.005	0.005 0.0025	0.002 0.001	0.001 0.0005
23		0.685	1.319	1.714	2.069	2.500	2.807	3.104	3.485	3.768
24		0.685	1.318	1.711	2.064	2.492	2.797	3.091	3.467	3.745
25		0.684	1.316	1.708	2.060	2.485	2.787	3.078	3.450	3.725
26		0.684	1.315	1.706	2.056	2.479	2.779	3.067	3.435	3.707
27		0.684	1.314	1.703	2.052	2.473	2.771	3.057	3.421	3.69
28		0.683	1.313	1.701	2.048	2.467	2.763	3.047	3.408	3.674
29		0.683	1.311	1.699	2.045	2.462	2.756	3.038	3.396	3.659
30		0.683	1.310	1.697	2.042	2.457	2.750	3.030	3.385	3.646
31		0.682	1.309	1.696	2.040	2.453	2.744	3.022	3.375	3.633
32		0.682	1.309	1.694	2.037	2.449	2.738	3.015	3.365	3.622
33		0.682	1.308	1.692	2.035	2.445	2.733	3.008	3.356	3.611
34		0.682	1.307	1.091	2.032	2.441	2.728	3.002	3.348	3.601
35		0.682	1.306	1.690	2.030	2.438	2.724	2.996	3.340	3.591
36		0.681	1.306	1.688	2.028	2.434	2.719	2.990	3.333	3.582
37		0.681	1.305	1.687	2.026	2.431	2.715	2.985	3.326	3.574
38		0.681	1.304	1.686	2.024	2.429	2.712	2.980	3.319	3.566
39		0.681	1.304	1.685	2.023	2.426	2.708	2.976	3.313	3.558
40		0.681	1.303	1.684	2.021	2.423	2.704	2.971	3.307	3.551
50		0.679	1.299	1.676	2.009	2.403	2.678	2.937	3.261	3.496
60		0.679	1.296	1.671	2.000	2.390	2.660	2.915	3.232	3.46
70		0.678	1.294	1.667	1.994	2.381	2.648	2.899	3.211	3.436
80		0.678	1.292	1.664	1.990	2.374	2.639	2.887	3.195	3.416
90		0.677	1.291	1.662	1.987	2.368	2.632	2.878	3.183	3.402
100		0.677	1.290	1.660	1.984	2.364	2.626	2.871	3.174	3.390
200		0.676	1.286	1.653	1.972	2.345	2.601	2.839	3.131	3.340
500		0.675	1.283	1.648	1.965	2.334	2.586	2.820	3.107	3.310
1000		0.675	1.282	1.646	1.962	2.330	2.581	2.813	3.098	3.300
∞		0.6745	1.2816	1.6449	1.9600	2.3263	2.5758	2.8070	3.0902	3.2905

注：表上右上角图中的阴影部分表示概率 P，P（2）是双侧的概率，P（1）是单侧的概率，n'是自由度。

附表3　F 值表（方差齐性检验用）

P=0.05（双侧）

n'_2	n'_1（较大均方的自由度）															n'_2
	2	3	4	5	6	7	8	9	10	12	15	20	30	60	∞	
1	799	364	899	922	937	948	957	963	969	977	985	993	1001	1010	1018	1
2	39.0	39.2	39.2	39.3	39.3	39.3	39.4	39.4	39.4	39.4	39.4	39.4	39.5	39.5	39.5	2
3	10.0	15.4	15.1	14.9	14.7	14.6	14.5	14.5	14.4	14.3	14.2	14.2	14.1	14.0	13.9	3
4	10.60	9.98	960	9.36	9.20	9.07	8.98	8.90	8.84	8.75	8.66	8.56	8.46	8.36	8.26	4
5	8.43	7.76	7.39	7.16	6.98	6.85	6.76	6.68	6.62	6.52	6.43	6.33	6.23	6.12	6.01	5
6	7.26	6.60	5.23	5.99	5.82	5.69	5.60	5.52	5.46	5.37	5.27	5.17	5.06	4.96	4.85	6
7	6.54	5.89	5.52	5.28	5.12	4.99	4.90	4.82	4.76	4.67	4.57	4.47	4.36	4.25	4.14	7
8	6.06	5.42	5.05	4.82	4.65	4.53	4.43	4.36	4.29	4.20	4.10	4.00	3.89	3.78	3.67	8
9	5.71	5.08	4.72	4.48	4.32	4.20	4.10	4.03	3.96	3.87	3.77	3.67	3.56	3.45	3.33	9
10	5.46	4.83	4.47	4.24	4.07	3.95	3.85	3.78	3.72	3.62	3.52	3.42	3.31	3.20	3.08	10
11	5.26	4.63	4.27	4.04	3.88	3.76	3.66	3.59	3.53	3.43	3.33	3.23	3.12	3.00	2.88	11
12	5.10	4.47	4.12	3.89	3.73	3.61	3.51	3.44	3.37	3.28	3.18	3.07	2.96	2.85	2.72	12
13	4.96	4.35	4.00	3.77	3.60	3.48	3.39	3.31	3.25	3.15	3.05	2.95	2.84	2.72	2.59	13
14	4.86	4.24	3.89	3.66	3.50	3.38	3.28	3.21	3.15	3.05	2.95	2.84	2.73	2.61	2.49	14
15	4.76	4.15	3.80	3.58	3.41	3.29	3.20	3.12	3.06	2.96	2.86	2.76	2.64	2.52	2.39	15
16	4.69	4.08	3.73	3.50	3.34	3.22	3.12	3.05	2.99	2.89	2.79	2.68	2.57	2.45	2.32	16
17	4.62	4.01	3.66	3.44	3.28	3.16	3.06	2.98	2.92	2.82	2.72	2.62	2.50	2.38	2.25	17
18	4.56	3.95	3.61	3.38	3.22	3.10	3.00	2.93	2.87	2.77	2.67	2.56	2.44	2.32	2.19	18
19	4.51	3.90	3.56	3.33	3.17	3.05	2.96	2.88	2.82	2.72	2.62	2.51	2.39	2.27	2.13	19
20	4.46	3.86	3.51	3.29	3.13	3.01	2.91	2.84	2.77	2.68	2.57	2.46	2.35	2.22	2.08	20
21	4.42	3.82	3.47	3.25	3.09	2.97	2.87	2.80	2.73	2.64	2.53	2.42	2.31	2.18	2.04	21
22	4.38	3.73	3.44	3.21	3.05	2.93	2.84	2.76	2.70	2.60	2.50	2.39	2.27	2.14	2.00	22
23	4.35	3.75	3.41	3.18	3.02	2.90	2.81	2.73	2.67	2.57	2.47	2.36	2.24	2.11	1.97	23
24	4.32	3.72	3.38	3.15	2.99	2.87	2.78	2.70	2.64	2.54	2.44	2.33	2.21	2.08	1.93	24
25	4.29	3.69	3.35	3.13	2.97	2.85	2.75	2.68	2.61	2.51	2.41	2.30	2.18	2.05	1.91	25
26	4.26	3.67	3.33	3.10	2.94	2.82	2.73	2.65	2.59	2.49	2.39	2.28	2.16	2.03	1.88	26
27	4.24	3.65	3.31	3.08	2.92	2.80	2.71	2.63	2.57	2.47	2.36	2.25	2.13	2.00	1.85	27
28	4.22	3.63	3.29	3.06	2.90	2.78	2.69	2.61	2.55	2.45	2.34	2.23	2.11	1.98	1.83	28
29	4.20	3.61	3.27	3.04	2.88	2.76	2.67	2.59	2.53	2.43	2.32	2.21	2.09	1.96	1.81	29
30	4.18	3.59	3.25	3.03	2.87	2.75	2.65	2.57	2.51	2.41	2.31	2.19	2.07	1.94	1.79	30
31	4.16	3.57	3.23	3.01	2.85	2.73	2.63	2.56	2.49	2.40	2.29	2.18	2.06	1.92	1.77	31
32	4.15	3.56	3.22	2.99	2.84	2.71	2.62	2.54	2.48	2.38	2.27	2.16	2.04	1.90	1.75	32
33	4.13	3.54	3.20	2.98	2.82	2.70	2.61	2.53	2.47	2.37	2.26	2.15	2.03	1.89	1.73	33
34	4.12	3.53	3.19	2.97	2.81	2.69	2.59	2.52	2.45	2.35	2.25	2.13	2.01	1.87	1.72	34
35	4.11	3.52	3.18	2.96	2.80	2.68	2.58	2.50	2.44	2.34	2.23	2.12	2.00	1.86	1.70	35
36	4.09	3.50	3.17	2.94	2.78	2.66	2.57	2.49	2.43	2.33	2.22	2.11	1.99	1.85	1.69	36
37	4.08	3.49	3.16	2.93	2.77	2.65	2.56	2.48	2.42	2.32	2.21	2.10	1.97	1.84	1.67	37
38	4.07	3.48	3.14	2.92	2.76	2.64	2.55	2.47	2.41	2.31	2.20	2.09	1.96	1.82	1.66	38
39	4.06	3.47	3.13	2.91	2.75	2.63	2.54	2.46	2.40	2.30	2.19	2.08	1.95	1.81	1.65	39
40	4.05	3.46	3.13	2.90	2.74	2.62	2.53	2.45	2.39	2.29	2.18	2.07	1.94	1.80	1.64	40
42	4.03	3.45	3.11	2.89	2.73	2.61	2.51	2.43	2.37	2.27	2.16	2.05	1.92	1.78	1.61	42
44	4.02	3.43	3.09	2.87	2.71	2.59	2.50	2.42	2.35	2.25	2.15	2.03	1.91	1.77	1.60	44
46	4.00	3.41	3.08	2.86	2.70	2.58	2.48	2.40	2.34	2.24	2.13	2.02	1.89	1.75	1.58	46
48	3.99	3.40	3.07	2.84	2.68	2.56	2.47	2.39	2.33	2.23	2.12	2.01	1.88	1.73	1.56	48
50	3.97	3.39	3.05	2.83	2.67	2.56	2.46	2.38	2.32	2.22	2.11	1.99	1.87	1.72	1.54	50
60	3.92	3.34	3.01	2.79	2.63	2.51	2.41	2.33	2.27	2.17	2.06	1.94	1.81	1.67	1.48	60
80	3.86	3.28	2.95	2.73	2.57	2.45	2.35	2.28	2.21	2.11	2.00	1.88	1.75	1.60	1.40	80
120	3.80	3.23	2.89	2.67	2.51	2.39	2.30	2.22	2.16	2.05	1.94	1.82	1.69	1.53	1.31	120
240	3.75	3.17	2.84	2.62	2.46	2.34	2.24	2.17	2.10	2.00	1.89	1.77	1.63	1.46	1.20	240
∞	3.69	3.12	2.79	2.57	2.41	2.29	2.19	2.11	2.05	1.94	1.83	1.71	1.57	1.39	1.00	∞

附表 4（1） F 值表（方差分析用）

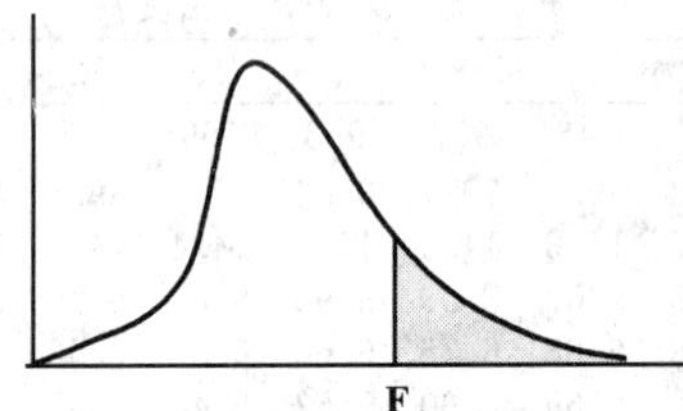

$P=0.05$

n'_2	n_1'（较大均方的自由度）															n'_2
	1	2	3	4	5	6	7	8	9	10	12	14	16	18	20	
1	161	200	216	225	230	234	237	239	241	242	244	245	246	247	248	1
2	18.5	19.0	19.2	19.2	19.3	19.3	19.4	19.4	19.4	19.4	19.4	19.4	19.4	19.4	19.4	2
3	10.1	9.55	9.28	9.12	9.01	8.94	8.89	8.85	8.81	8.79	8.74	8.71	8.69	8.67	8.66	3
4	7.71	6.94	6.59	6.39	6.26	6.16	6.09	6.04	6.00	5.96	5.91	5.87	5.84	5.82	5.80	4
5	6.61	5.79	5.41	5.19	5.05	4.95	4.88	4.82	4.77	4.74	4.68	4.64	4.60	4.58	4.56	5
6	5.99	5.14	4.76	4.53	4.39	4.28	4.21	4.15	4.10	4.06	4.00	3.96	3.92	3.90	3.87	6
7	5.59	4.74	4.35	4.12	3.97	3.87	3.79	3.73	3.68	3.64	3.57	3.53	3.49	3.47	3.44	7
8	5.32	4.46	4.07	3.84	3.69	3.58	3.50	3.44	3.39	3.35	3.28	3.24	3.20	3.17	3.15	8
9	5.12	4.26	3.86	3.63	3.48	3.37	3.29	3.23	3.18	3.14	3.07	3.03	2.99	2.96	2.94	9
10	4.96	4.10	3.71	3.48	3.33	3.22	3.14	3.07	3.02	2.98	2.91	2.86	2.83	2.80	2.77	10
11	4.84	3.98	3.59	3.36	3.20	3.09	3.01	2.95	2.90	2.85	2.79	2.74	2.70	2.67	2.65	11
12	4.75	3.89	3.49	3.26	3.11	3.00	2.91	2.85	2.80	2.75	2.69	2.64	2.60	2.57	2.54	12
13	4.67	3.81	3.41	3.18	3.03	2.92	2.83	2.77	2.71	2.67	2.60	2.55	2.51	2.48	2.46	13
14	4.60	3.74	3.34	3.11	2.96	2.85	2.76	2.70	2.65	2.60	2.53	2.48	2.44	2.41	2.39	14
15	4.54	3.68	3.29	3.06	2.90	2.79	2.71	2.64	2.59	2.54	2.48	2.42	2.38	2.35	2.33	15
16	4.49	3.63	3.24	3.01	2.85	2.74	2.66	2.59	2.54	2.49	2.42	2.37	2.33	2.30	2.28	16
17	4.45	3.59	3.20	2.96	2.81	2.70	2.61	2.55	2.49	2.45	2.38	2.33	2.29	2.26	2.23	17
18	4.41	3.55	3.16	2.93	2.77	2.66	2.58	2.51	2.46	2.41	2.34	2.29	2.25	2.22	2.19	18
19	4.38	3.52	3.13	2.90	2.74	2.63	2.54	2.48	2.42	2.38	2.31	2.26	2.21	2.18	2.16	19
20	4.35	3.49	3.10	2.87	2.71	2.60	2.51	2.45	2.39	2.35	2.28	2.22	2.18	2.15	2.12	20
21	4.32	3.47	3.07	2.84	2.68	2.57	2.49	2.42	2.37	2.32	2.25	2.20	2.16	2.12	2.10	21

续表

n'_2	n_1'（较大均方的自由度）															n'_2
	1	2	3	4	5	6	7	8	9	10	12	14	16	18	20	
22	4.30	3.44	3.05	2.82	2.66	2.55	2.46	2.40	2.34	2.30	2.23	2.17	2.13	2.10	2.07	22
23	4.28	3.42	3.03	2.80	2.64	2.53	2.44	2.37	2.32	2.27	2.20	2.15	2.11	2.07	2.05	23
24	4.26	3.40	3.01	2.78	2.62	2.51	2.42	2.36	2.30	2.25	2.18	2.13	2.09	2.05	2.03	24
25	4.24	3.39	2.99	2.76	2.60	2.49	2.40	2.34	2.28	2.24	2.16	2.11	2.07	2.04	2.01	25
26	4.23	3.37	2.98	2.74	2.59	2.47	2.39	2.32	2.27	2.22	2.15	2.09	2.05	2.02	1.99	26
27	4.21	3.35	2.96	2.73	2.57	2.46	2.37	2.31	2.25	2.20	2.13	2.08	2.04	2.00	1.97	27
28	4.20	3.34	2.95	2.71	2.56	2.45	2.36	2.29	2.24	2.19	2.12	2.06	2.02	1.99	1.96	28
29	4.18	3.33	2.93	2.70	2.55	2.43	2.35	2.28	2.22	2.18	2.10	2.05	2.01	1.97	1.94	29
30	4.17	3.32	2.92	2.69	2.53	2.42	2.33	2.27	2.21	2.16	2.09	2.04	1.99	1.96	1.93	30
32	4.15	3.29	2.90	2.67	2.51	2.40	2.31	2.24	2.19	2.14	2.07	2.01	1.97	1.94	1.91	32
34	4.13	3.28	2.88	2.65	2.49	2.38	2.29	2.23	2.17	2.12	2.05	1.99	1.95	1.92	1.89	34
36	4.11	3.26	2.87	2.63	2.48	2.36	2.28	2.21	2.15	2.11	2.03	1.98	1.93	1.90	1.87	36
38	4.10	3.24	2.85	2.62	2.46	2.35	2.26	2.19	2.14	2.09	2.02	1.96	1.92	1.88	1.85	38
40	4.08	3.23	2.84	2.61	2.45	2.34	2.25	2.18	2.12	2.08	2.00	1.95	1.90	1.87	1.84	40
42	4.07	3.22	2.83	2.59	2.44	2.32	2.24	2.17	2.11	2.06	1.99	1.93	1.89	1.86	1.83	42
44	4.06	3.21	2.82	2.58	2.43	2.31	2.23	2.16	2.10	2.05	1.98	1.92	1.88	1.84	1.81	44
46	4.05	3.20	2.81	2.57	2.42	2.30	2.22	2.15	2.09	2.04	1.97	1.91	1.87	1.83	1.80	46
48	4.04	3.19	2.80	2.57	2.41	2.29	2.21	2.14	2.08	2.03	1.96	1.90	1.86	1.82	1.79	48
50	4.03	3.18	2.79	2.56	2.40	2.29	2.20	2.13	2.07	2.03	1.95	1.89	1.85	1.81	1.78	50
60	4.00	3.15	2.76	2.53	2.37	2.25	2.17	2.10	2.04	1.99	1.92	1.86	1.82	1.78	1.75	60
80	3.96	3.11	2.72	2.49	2.33	2.21	2.13	2.06	2.00	1.95	1.88	1.82	1.77	1.73	1.70	80
100	3.94	3.09	2.70	2.46	2.31	2.19	2.10	2.03	1.97	1.93	1.85	1.79	1.75	1.71	1.68	100
125	3.92	3.07	2.68	2.44	2.29	2.17	2.08	2.01	1.96	1.91	1.83	1.77	1.72	1.69	1.65	125
150	3.90	3.06	2.66	2.43	2.27	2.16	2.07	2.00	1.94	1.89	1.82	1.76	1.71	1.67	1.64	150
200	3.89	3.04	2.65	2.42	2.26	2.14	2.06	1.98	1.93	1.88	1.80	1.74	1.69	1.66	1.62	200
300	3.87	3.03	2.63	2.40	2.24	2.13	2.04	1.97	1.91	1.86	1.78	1.72	1.68	1.64	1.61	300
500	3.86	3.01	2.62	2.39	2.23	2.12	2.03	1.96	1.90	1.85	1.77	1.71	1.66	1.62	1.59	500
1000	3.85	3.00	2.61	2.38	2.22	2.11	2.02	1.95	1.89	1.84	1.76	1.70	1.65	1.61	1.58	1000
∞	3.84	3.00	2.60	2.37	2.21	2.10	2.01	1.94	1.88	1.83	1.75	1.69	1.64	1.60	1.57	∞

附表4（2） F值表（方差分析用）

$P=0.05$

n'_2	n_1'（较大均方的自由度）															n'_2
	22	24	26	28	30	35	40	45	50	60	80	100	200	500	∞	
1	249	249	249	250	250	251	251	251	252	252	252	253	254	254	254	1
2	19.5	19.5	19.5	19.5	19.5	19.5	19.5	19.5	19.5	19.5	19.5	19.5	19.5	19.5	19.5	2
3	8.65	8.64	8.63	8.62	8.62	8.60	8.59	8.59	8.58	8.57	8.56	8.55	8.54	8.53	8.53	3
4	5.79	5.77	5.76	5.75	5.75	5.73	5.72	5.71	5.70	7.69	5.67	5.66	5.65	5.64	5.63	4
5	4.54	5.53	4.52	4.50	4.50	4.48	4.46	4.45	4.44	4.43	4.41	4.41	4.39	4.37	4.37	5
6	3.86	3.84	3.83	3.82	3.81	3.79	3.77	3.76	3.75	3.74	3.72	3.71	3.69	3.68	3.67	6
7	3.43	3.41	3.40	3.39	3.38	3.36	3.34	3.33	3.32	3.30	3.29	3.27	3.25	3.24	3.23	7
8	3.13	3.12	3.10	3.09	3.08	3.06	3.04	3.03	3.02	3.01	2.99	2.97	2.95	2.94	2.93	8
9	2.92	2.90	2.89	2.87	2.83	2.84	2.83	2.81	2.80	2.79	2.77	2.76	2.73	2.72	2.71	9
10	2.75	2.74	2.72	2.71	2.70	2.68	2.66	2.65	2.64	2.62	2.60	2.59	2.56	2.55	0.54	10
11	2.63	2.61	2.59	2.58	2.57	2.55	2.53	2.52	2.51	2.49	2.47	2.46	2.43	2.42	2.40	11
12	2.52	2.51	2.49	2.48	2.47	2.44	2.43	2.41	2.40	2.38	2.36	2.35	2.32	2.31	2.30	12
13	2.44	2.42	2.41	2.39	2.38	2.36	2.34	2.33	2.31	2.30	2.27	2.26	2.23	2.22	2.21	13
14	2.37	2.35	2.33	2.32	2.31	2.28	2.27	2.25	2.24	2.22	2.20	2.19	2.16	2.14	2.13	14
15	2.31	2.29	2.27	2.26	2.25	2.22	2.20	2.19	2.18	2.16	2.14	2.12	2.10	2.08	2.07	15
16	2.25	2.24	2.22	2.21	2.19	2.17	2.15	2.14	2.12	2.11	2.08	2.07	2.04	2.02	2.01	16
17	2.21	2.19	2.17	2.16	2.15	2.12	2.10	2.09	2.08	2.06	2.03	2.02	1.99	1.97	1.96	17
18	2.17	2.15	2.13	2.12	2.11	2.08	2.06	2.05	2.04	2.02	1.99	1.98	1.95	1.93	1.92	18
19	2.13	2.11	2.10	2.08	2.07	2.05	2.03	2.01	2.00	1.98	1.96	1.94	1.91	1.89	1.88	19
20	2.10	2.08	2.07	2.05	2.04	2.01	1.99	1.98	1.97	1.95	1.92	1.91	1.88	1.86	1.84	20
21	2.07	2.05	2.04	2.02	2.01	1.98	1.96	1.95	1.94	1.92	1.89	1.88	1.84	1.82	1.81	21
22	2.05	2.03	2.01	2.00	1.98	1.96	1.94	1.92	1.91	1.89	1.86	1.85	1.82	1.80	1.78	22
23	2.02	2.00	1.99	1.97	1.96	1.93	1.91	1.90	1.88	1.86	1.84	1.82	1.79	1.77	1.76	23
24	2.00	1.98	1.97	1.95	1.94	1.91	1.89	1.88	1.86	1.84	1.82	1.80	1.77	1.75	1.73	34
25	1.98	1.96	1.95	1.93	1.92	1.89	1.87	1.86	1.84	1.82	1.80	1.78	1.75	1.73	1.71	25
26	1.97	1.95	1.93	1.91	1.90	1.87	1.85	1.84	1.82	1.80	1.78	1.76	1.73	1.71	1.69	26
27	1.95	1.93	1.91	1.90	1.88	1.86	1.84	1.82	1.81	1.79	1.76	1.74	1.71	1.69	1.67	27
28	1.93	1.91	1.90	1.88	1.87	1.84	1.82	1.80	1.79	1.77	1.74	1.73	1.69	1.67	1.65	28
29	1.92	1.90	1.88	1.87	1.85	1.83	1.81	1.79	1.77	1.75	1.73	1.71	1.67	1.65	1.64	29
30	1.91	1.89	1.87	1.85	1.84	1.81	1.79	1.77	1.76	1.74	1.71	1.70	1.66	1.64	1.62	30
32	1.88	1.86	1.85	1.83	1.82	1.79	1.77	1.75	1.74	1.71	1.69	1.67	1.63	1.61	1.59	32
34	1.86	1.84	1.82	1.80	1.80	1.77	1.75	1.73	1.71	1.69	1.66	1.65	1.61	1.59	1.57	34
36	1.85	1.82	1.81	1.79	1.78	1.75	1.73	1.71	1.69	1.67	1.64	1.62	1.59	1.56	1.55	36
38	1.83	1.81	1.79	1.77	1.76	1.73	1.71	1.69	1.68	1.65	1.62	1.61	1.57	1.54	1.53	38
40	1.81	1.79	1.77	1.76	1.74	1.72	1.69	1.67	1.66	1.64	1.61	1.59	1.55	1.53	1.51	40
42	1.80	1.78	1.76	1.74	1.73	1.70	1.68	1.66	1.65	1.62	1.59	1.57	1.53	1.51	1.49	42
44	1.79	1.77	1.75	1.73	1.72	1.69	1.67	1.65	1.63	1.61	1.58	1.56	1.52	1.49	1.48	44
46	1.78	1.76	1.74	1.72	1.71	1.68	1.65	1.64	1.62	1.60	1.57	1.55	1.51	1.48	1.46	46
48	1.77	1.75	1.73	1.71	1.70	1.67	1.64	1.62	1.61	1.59	1.56	1.54	1.49	1.47	1.45	48
50	1.76	1.74	1.72	1.70	1.69	1.66	1.63	1.61	1.60	1.58	1.54	1.52	1.48	1.46	1.44	50
60	1.72	1.70	1.68	1.66	1.65	1.62	1.59	1.57	1.56	1.53	1.50	1.48	1.44	1.41	1.39	60
80	1.68	1.65	1.63	1.62	1.60	1.57	1.54	1.52	1.51	1.48	1.45	1.43	1.38	1.35	1.32	80
100	1.65	1.63	1.61	1.59	1.57	1.54	1.52	1.49	1.48	1.45	1.41	1.39	1.34	1.31	1.28	100
125	1.63	1.60	1.58	1.57	1.55	1.52	1.49	1.47	1.45	1.42	1.39	1.36	1.31	1.27	1.25	125
150	1.61	1.59	1.57	1.55	1.53	1.50	1.48	1.45	1.44	1.41	1.37	1.34	1.29	1.25	1.22	150
200	1.60	1.57	1.55	1.53	1.52	1.48	1.46	1.43	1.41	1.39	1.35	1.32	1.26	1.22	1.19	200
300	1.58	1.55	1.53	1.51	1.50	1.46	1.43	1.41	1.39	1.36	1.32	1.30	1.23	1.19	1.15	300
500	1.56	1.54	1.52	1.50	1.48	1.45	1.42	1.40	1.38	1.34	1.30	1.28	1.21	1.16	1.11	500
1000	1.55	1.53	1.51	1.49	1.47	1.44	1.41	1.38	1.36	1.33	1.29	1.26	1.19	1.13	1.08	1000
∞	1.54	1.52	1.50	1.48	1.46	1.42	1.39	1.37	1.35	1.32	1.27	1.24	1.17	1.11	1.00	∞

附表4（3） F 值表（方差分析用）

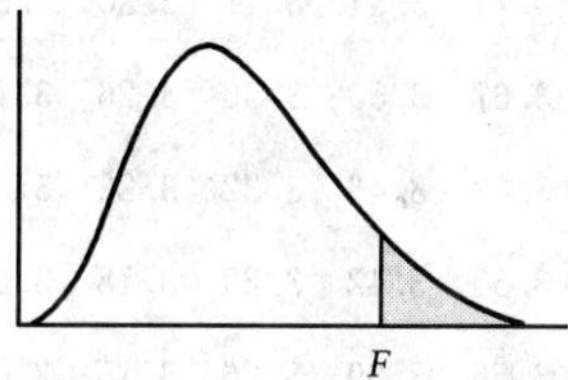

P=0.01

n'_2	n'_1（较大均方的自由度）															n'_2
	1	2	3	4	5	6	7	8	9	10	12	14	16	18	20	
1	4052	5000	5403	5625	5754	5859	5928	5981	6022	6056	6106	6142	6169	6190	6209	1
2	98.5	99.0	99.2	99.2	99.3	99.3	99.4	99.4	99.4	99.4	99.4	99.4	99.4	99.4	99.4	2
3	34.1	30.8	29.5	28.7	28.2	27.9	27.7	27.5	27.3	27.2	27.1	26.9	26.8	26.8	26.7	3
4	21.2	18.0	16.7	16.0	15.5	15.2	15.0	14.8	14.7	14.5	14.4	14.2	14.2	14.1	14.0	4
5	16.3	13.3	12.1	11.4	11.0	10.7	10.5	10.3	10.2	10.1	9.89	9.77	9.68	9.61	9.55	5
6	13.70	10.90	9.78	9.15	8.75	8.47	8.26	8.10	7.98	7.87	7.72	7.60	7.52	7.45	7.40	6
7	12.20	9.55	8.45	7.85	7.46	7.19	6.99	6.84	6.72	6.62	6.47	6.36	6.27	6.21	6.16	7
8	11.30	8.65	7.59	7.01	6.63	6.37	6.18	6.03	5.91	5.81	5.67	5.56	5.48	5.41	5.36	8
9	10.60	8.02	6.99	6.42	6.06	5.80	5.61	5.47	5.35	5.26	5.11	5.00	4.92	4.86	4.81	9
10	10.00	7.56	6.55	5.99	5.64	5.39	5.20	5.06	4.94	4.85	4.71	4.60	4.52	4.46	4.41	10
11	9.65	7.21	6.22	5.67	5.32	5.07	4.89	4.74	4.63	4.54	4.40	4.29	4.21	4.15	4.10	11
12	9.33	6.93	5.95	5.41	5.06	4.82	4.64	4.50	4.39	4.30	4.16	4.05	3.97	3.91	3.86	12
13	9.07	6.70	5.74	5.21	4.86	4.62	4.44	4.30	4.19	4.10	2.96	3.86	3.73	3.71	3.66	13
14	8.86	6.51	5.56	5.04	4.70	4.46	4.23	4.14	4.03	3.94	3.80	3.70	3.62	3.56	3.51	14
15	8.68	6.36	5.42	4.89	4.56	4.32	4.14	4.00	3.89	3.80	3.67	3.56	3.49	3.42	3.37	15
16	8.53	6.23	5.29	4.77	4.44	4.20	4.03	3.89	3.78	3.69	3.55	3.45	3.37	3.31	3.26	16
17	8.40	6.11	5.18	4.67	4.34	4.10	3.93	3.79	3.68	3.59	3.46	3.35	3.27	3.21	3.16	17
18	8.29	6.01	5.39	4.58	4.25	4.01	3.84	3.71	3.60	3.51	3.37	3.27	3.19	3.13	3.68	18
19	8.18	5.93	5.01	4.50	4.17	3.94	3.77	3.63	3.52	3.43	3.30	3.10	3.12	3.05	3.00	19
20	8.10	5.85	4.94	4.43	4.10	3.37	3.70	3.56	3.46	3.37	3.23	3.13	3.05	2.99	2.94	20
21	8.02	5.78	4.87	4.37	4.04	3.81	3.64	3.51	3.40	3.31	3.17	3.07	2.99	2.93	2.88	21

续表

n'_2	n'_1（较大均方的自由度）															n'_2
	1	2	3	4	5	6	7	8	9	10	12	14	16	18	20	
22	7.95	5.72	4.82	4.31	3.99	3.76	3.59	3.45	3.35	3.26	3.12	3.02	2.94	2.88	2.83	22
23	7.88	5.66	4.76	4.26	3.94	3.71	3.54	3.41	3.30	3.21	3.07	2.97	2.89	2.83	2.78	23
24	7.82	5.61	4.72	4.22	3.90	3.67	3.50	3.36	3.26	3.17	3.03	2.93	2.85	2.79	2.74	24
25	7.77	5.57	4.68	4.18	3.86	3.63	3.46	3.32	3.22	3.13	2.99	2.89	2.81	2.75	2.70	25
26	7.72	5.53	4.64	4.14	3.82	3.59	3.42	3.29	3.18	3.09	2.96	2.86	2.78	2.72	2.66	26
27	7.68	5.49	4.60	4.11	3.78	3.56	3.39	3.26	3.15	3.06	2.93	2.82	2.75	2.68	2.63	27
28	7.64	5.45	4.57	4.07	3.75	3.53	3.36	3.23	3.12	3.03	2.90	2.79	2.72	2.65	2.60	28
29	7.60	5.42	4.54	4.04	3.73	3.50	3.33	3.20	3.09	3.00	2.87	2.77	2.69	2.62	2.57	29
30	7.56	5.39	4.51	4.02	3.70	3.47	3.30	3.17	3.07	2.98	2.84	2.74	2.66	2.60	2.55	30
32	7.50	5.34	4.46	3.07	3.65	3.43	3.26	3.13	3.02	2.93	2.80	2.70	2.62	2.55	2.50	32
34	7.44	5.29	4.42	3.93	3.61	3.39	3.22	3.09	2.98	2.89	2.76	2.66	2.58	2.51	2.46	34
36	7.40	5.25	4.38	3.89	3.57	3.35	3.18	3.05	2.95	2.86	2.72	2.62	2.54	2.48	2.43	36
38	7.35	5.21	4.34	3.86	3.54	3.32	3.15	3.02	2.92	2.83	2.69	2.59	2.51	2.45	2.40	38
40	7.31	5.18	4.31	3.83	3.51	3.29	3.12	2.99	2.89	2.80	2.66	2.56	2.48	2.42	2.37	40
42	7.28	5.15	4.29	3.80	3.49	3.27	3.10	2.97	2.86	2.78	2.64	2.54	2.46	2.40	2.34	42
44	7.25	5.12	4.26	3.78	3.47	3.24	3.08	2.95	2.84	2.75	2.62	2.52	2.44	2.37	2.32	44
46	7.22	5.10	4.24	3.76	3.44	3.22	3.06	2.93	2.82	2.73	2.60	2.50	2.42	2.35	2.30	46
48	7.20	5.08	4.22	3.74	3.43	3.20	3.04	2.91	2.80	2.72	2.58	2.48	2.40	2.33	2.28	48
50	7.17	5.06	4.20	3.72	3.41	3.19	3.02	2.89	2.79	2.70	2.56	2.46	2.38	2.32	2.27	50
60	7.08	4.98	4.13	3.65	3.34	3.12	2.95	2.82	2.72	2.63	2.59	2.39	2.31	2.25	2.20	60
80	6.96	4.88	4.04	3.56	3.26	3.04	2.87	2.74	2.64	2.55	2.42	2.31	2.23	2.17	2.12	80
100	6.90	4.82	3.98	3.51	3.21	2.99	2.82	2.69	2.59	2.50	2.37	2.26	2.19	2.12	2.07	100
125	6.84	4.78	3.94	3.47	3.17	2.95	2.79	2.66	2.55	2.47	2.33	2.23	2.15	2.08	2.03	125
150	6.81	4.75	3.92	3.45	3.14	2.92	2.76	2.63	2.53	2.44	2.31	2.20	2.12	2.06	2.00	150
200	6.76	4.71	3.88	3.41	3.11	2.89	2.73	2.60	2.50	2.41	2.27	2.17	2.09	2.02	1.97	200
300	6.72	4.68	3.85	3.38	3.08	2.86	2.70	2.57	2.47	2.38	2.24	2.14	2.06	1.99	1.94	300
500	6.69	4.65	3.82	3.36	3.05	2.84	2.68	2.55	2.44	2.36	2.22	2.12	2.04	1.97	1.92	500
1000	6.66	4.63	3.80	3.34	3.04	2.82	2.66	2.53	2.43	2.34	2.20	2.10	2.02	1.95	1.90	1000
∞	6.63	4.61	3.78	3.32	3.02	2.80	2.64	2.51	2.41	2.32	2.18	2.08	2.00	1.93	1.88	∞

附表 4（4） F 值表（方差分析用）

$P=0.01$

n'_2	n'_1（较大均方的自由度）															n'_2
	22	24	26	28	30	35	40	45	50	60	80	100	200	500	∞	
1	6220	6234	6240	6250	6258	6280	6286	6300	6302	6310	6334	6330	6352	6361	6366	1
2	99.5	99.5	99.5	99.5	99.5	99.5	99.5	99.5	99.5	99.5	99.5	99.5	99.5	99.5	99.5	2
3	26.6	26.6	26.6	26.5	26.5	26.5	26.4	26.4	26.4	26.3	26.3	26.2	26.2	26.1	26.1	3
4	14.0	13.9	13.9	13.9	13.8	13.8	13.7	13.7	13.7	13.7	13.6	13.6	13.5	13.5	13.5	4
5	9.51	9.47	9.43	9.40	9.38	9.33	9.29	9.26	9.24	9.20	9.16	9.13	9.08	9.04	9.02	5
6	7.35	7.31	7.28	7.25	7.23	7.18	7.14	7.11	7.09	7.06	7.01	6.99	6.93	6.90	6.88	6
7	6.11	6.07	6.04	6.02	5.99	5.94	5.91	5.88	5.86	5.82	5.78	5.75	5.70	5.67	5.65	7
8	5.32	5.28	5.25	5.22	5.20	5.15	5.12	5.00	5.07	5.03	4.99	4.96	4.91	4.88	4.86	8
9	4.77	4.73	4.70	4.67	4.65	4.60	4.57	4.54	4.52	4.48	4.44	4.42	4.36	4.33	4.31	9
10	4.36	4.33	4.30	4.27	4.25	4.20	4.17	4.14	4.12	4.08	4.04	4.01	3.96	3.93	3.91	10
11	4.06	4.02	5.99	3.96	3.94	3.89	3.86	3.83	3.81	3.78	3.73	3.71	3.66	3.62	3.60	11
12	3.82	3.78	3.75	3.72	3.70	3.65	3.62	3.59	3.57	3.54	3.49	3.47	3.41	3.38	3.36	12
13	3.62	3.59	3.56	3.53	3.51	3.46	3.43	3.40	3.38	3.34	3.30	3.27	3.22	3.19	3.17	13
14	3.46	3.43	2.40	3.37	3.35	3.30	3.27	3.24	3.22	3.18	3.14	3.11	3.06	3.03	3.00	14
15	3.33	3.29	3.26	3.24	3.21	3.17	3.13	3.10	3.08	3.05	3.00	2.98	2.92	2.89	2.87	15
16	3.22	3.18	3.15	3.12	3.10	3.05	3.02	2.99	2.97	2.93	2.89	2.86	2.81	2.78	2.75	16
17	3.12	3.08	3.05	3.03	3.00	2.96	2.92	2.89	2.87	2.83	2.79	2.76	2.71	2.68	2.65	17
18	3.03	3.00	2.97	2.94	2.92	2.87	2.84	2.81	2.78	2.75	2.70	2.68	2.62	2.59	2.57	18
19	2.96	2.92	2.89	2.87	2.84	2.80	2.76	2.73	2.71	2.67	2.63	2.60	2.55	2.51	2.49	19
20	2.90	2.86	2.83	2.80	2.78	2.73	2.69	2.67	2.64	2.61	2.56	2.54	2.48	2.44	2.42	20
21	2.84	2.80	2.77	2.74	2.72	2.67	2.64	2.61	2.58	2.55	2.50	2.48	2.42	2.38	2.36	21
22	2.78	2.75	2.72	2.69	2.67	2.62	2.58	2.55	2.53	2.50	2.45	2.42	2.36	2.33	2.31	22
23	2.74	2.70	2.67	2.64	2.62	2.57	2.54	2.51	2.48	2.45	2.40	2.37	2.32	2.28	2.26	23
24	2.70	2.66	2.63	2.60	2.58	2.53	2.49	2.46	2.44	2.40	2.36	2.33	2.27	2.24	2.21	24
25	2.66	2.62	2.59	2.56	2.54	2.49	2.45	2.42	2.40	2.36	2.32	2.29	2.23	2.19	2.17	25

续表

n'_2	n'_1（较大均方的自由度）															n'_2
	22	24	26	28	30	35	40	45	50	60	80	100	200	500	∞	
26	2.62	2.58	2.55	2.53	2.50	2.45	2.42	2.39	2.36	2.33	2.28	2.25	2.19	2.16	2.13	26
27	2.59	2.55	2.52	2.49	2.47	2.42	2.38	2.35	2.33	2.29	2.25	2.22	2.16	2.12	2.10	27
28	2.56	2.52	2.49	2.46	2.44	2.39	2.35	2.32	2.30	2.26	2.22	2.19	2.13	2.09	2.06	28
29	2.53	2.49	2.46	2.44	2.41	2.36	2.33	2.30	2.27	2.23	2.19	2.16	2.10	2.06	2.03	29
30	2.51	2.47	2.44	2.41	2.39	2.34	2.30	2.27	2.25	2.21	2.16	2.13	2.07	2.03	2.01	30
32	2.46	2.42	2.39	2.36	2.34	2.29	2.25	2.22	2.20	2.16	2.11	2.08	2.02	1.98	1.96	32
34	2.42	2.38	2.35	2.32	2.30	2.25	2.21	2.18	2.16	2.12	2.07	2.04	1.98	1.94	1.91	34
36	2.38	2.35	2.32	2.29	2.26	2.21	2.17	2.14	2.12	2.08	2.03	2.00	1.94	1.90	1.87	36
38	2.35	2.32	2.28	2.26	2.23	2.18	2.14	2.11	2.09	2.05	2.00	1.97	1.90	1.86	1.84	38
40	2.33	2.29	2.26	2.23	2.20	2.15	2.11	2.08	2.06	2.02	1.97	1.94	1.87	1.83	1.80	40
42	2.30	2.26	2.23	2.20	2.18	2.13	2.09	2.06	2.03	1.99	1.94	1.91	1.85	1.80	1.78	42
44	2.28	2.24	2.21	2.18	2.15	2.10	2.06	2.03	2.01	1.97	1.92	1.89	1.82	1.78	1.75	44
46	2.26	2.22	2.19	2.16	2.13	2.08	2.04	2.01	1.99	1.95	1.90	1.86	1.80	1.75	1.73	46
48	2.24	2.20	2.17	2.14	2.12	2.06	2.02	1.99	1.97	1.93	1.88	1.84	1.78	1.73	1.70	48
50	2.22	2.18	2.15	2.12	2.10	2.05	2.01	1.97	1.95	1.91	1.86	1.82	1.76	1.71	1.68	50
60	2.15	2.12	2.08	2.05	2.03	1.98	1.94	1.90	1.88	1.84	1.78	1.75	1.68	1.63	1.60	60
80	2.07	2.03	2.00	1.97	1.94	1.89	1.85	1.81	1.79	1.75	1.69	1.66	1.58	1.53	1.49	80
100	2.02	1.98	1.94	1.92	1.89	1.84	1.80	1.76	1.73	1.69	1.63	1.60	1.52	1.47	1.43	100
125	1.98	1.94	1.91	1.88	1.85	1.80	1.76	1.72	1.69	1.65	1.59	1.55	1.47	1.41	1.37	125
150	1.96	1.92	1.88	1.85	1.83	1.77	1.73	1.69	1.66	1.62	1.56	1.52	1.43	1.38	1.33	150
200	1.93	1.89	1.85	1.82	1.79	1.74	1.69	1.66	1.63	1.58	1.52	1.48	1.39	1.33	1.28	200
300	1.89	1.85	1.82	1.79	1.76	1.71	1.66	1.62	1.59	1.55	1.48	1.44	1.35	1.28	1.22	300
500	1.87	1.83	1.79	1.76	1.74	1.68	1.63	1.60	1.56	1.52	1.45	1.41	1.31	1.23	1.16	500
1000	1.85	1.81	1.77	1.74	1.72	1.66	1.61	1.57	1.54	1.50	1.43	1.38	1.28	1.19	1.11	1000
∞	1.83	1.79	1.76	1.72	1.70	1.64	1.59	1.55	1.52	1.47	1.40	1.36	1.25	1.15	1.00	∞

附表 5　χ^2 值表

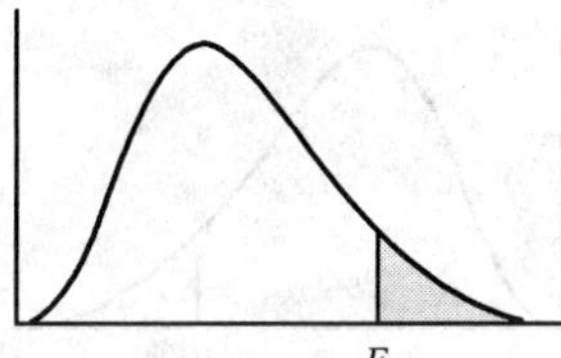

n'	概率 P												
	0.995	0.990	0.975	0.950	0.900	0.750	0.500	0.250	0.100	0.050	0.025	0.010	0.005
1					0.02	0.10	0.45	1.32	2.71	3.84	5.02	6.63	7.88
2	0.01	0.02	0.05	0.10	0.21	0.58	1.39	2.77	4.61	5.99	7.38	9.21	10.60
3	0.07	0.11	0.22	0.35	0.58	1.21	2.37	4.11	6.25	7.81	9.35	11.34	12.84
4	0.21	0.30	0.48	0.71	1.06	1.92	3.36	5.39	7.78	9.49	11.14	13.28	14.86
5	0.41	0.55	0.83	1.15	1.61	2.67	4.35	6.63	9.24	11.07	12.83	15.09	16.75
6	0.68	0.87	1.24	1.64	2.20	3.45	5.35	7.84	10.64	12.59	14.45	16.81	18.55
7	0.99	1.24	1.69	2.17	2.83	4.25	6.35	9.04	12.02	14.07	16.01	18.48	20.28
8	1.34	1.65	2.18	2.73	3.49	5.07	7.34	10.22	13.36	15.51	17.53	20.09	21.95
9	1.73	2.09	2.70	3.33	4.17	5.90	8.34	11.39	14.68	16.92	19.02	21.67	23.59
10	2.16	2.56	3.25	3.94	4.87	6.74	9.34	12.55	15.99	18.31	20.48	23.21	25.19
11	2.60	3.05	3.82	4.57	5.58	7.58	10.34	13.70	17.28	19.68	21.92	24.73	26.76
12	3.07	3.57	4.40	5.23	6.30	8.44	11.34	14.85	18.55	21.03	23.34	26.22	28.30
13	3.57	4.11	5.01	5.89	7.04	9.30	12.34	15.98	19.81	22.36	24.74	27.69	29.82
14	4.07	4.66	5.63	6.57	7.79	10.17	13.34	17.12	21.06	23.68	26.12	29.14	31.32
15	4.60	5.23	6.26	7.26	8.55	11.04	14.34	18.25	22.31	25.00	27.49	30.58	32.80
16	5.14	5.81	6.91	7.96	9.31	11.91	15.34	19.37	23.54	26.30	28.85	32.00	34.27
17	5.70	6.41	7.56	8.67	10.09	12.79	16.34	20.49	24.77	27.59	30.19	33.41	35.72
18	6.26	7.01	8.23	9.39	10.86	13.68	17.34	21.60	25.99	28.87	31.53	34.81	37.16
19	6.84	7.63	8.91	10.12	11.65	14.56	18.34	22.72	27.20	30.14	32.85	36.19	38.58
20	7.43	8.26	9.59	10.85	12.44	15.45	19.34	23.83	28.41	31.41	34.17	37.57	40.00
21	8.03	8.90	10.28	11.59	13.24	16.34	20.34	24.93	29.62	32.67	35.48	38.93	41.40
22	8.64	9.54	10.98	12.34	14.04	17.24	21.34	26.04	30.81	33.92	36.78	40.29	42.80
23	9.26	10.20	11.69	13.09	14.85	18.14	22.34	27.14	32.01	35.17	38.08	41.64	44.18
24	9.89	10.86	12.40	13.85	15.66	19.04	23.34	28.24	33.20	36.42	39.36	42.98	45.56
25	10.52	11.52	13.12	14.61	16.47	19.94	24.34	29.34	34.38	37.65	40.65	44.31	46.93
26	11.16	12.20	13.84	15.38	17.29	20.84	25.34	30.43	35.56	38.89	41.92	45.64	48.29
27	11.81	12.88	14.57	16.15	18.11	21.75	26.34	31.53	36.74	40.11	43.19	46.96	49.65
28	12.46	13.56	15.31	16.93	18.94	22.66	27.34	32.62	37.92	41.34	44.46	48.28	50.99
29	13.12	14.26	16.05	17.71	19.77	23.57	28.34	33.71	39.09	42.56	45.72	49.59	52.34
30	13.79	14.95	16.79	18.49	20.60	24.48	29.34	34.80	40.26	43.77	46.98	50.89	53.67
40	20.71	22.16	24.43	26.51	29.05	33.66	39.34	45.62	51.81	55.76	59.34	63.69	66.77
50	27.99	29.71	32.36	34.76	37.69	42.94	49.33	56.33	63.17	67.50	71.42	76.15	79.49
60	35.53	37.48	40.48	43.19	46.46	52.29	59.33	66.98	74.40	79.08	83.30	88.38	91.95
70	43.28	45.44	48.76	51.74	55.33	61.70	69.33	77.58	85.53	90.53	95.02	100.43	104.21
80	51.17	53.54	57.15	60.39	64.28	71.14	79.33	88.13	96.58	101.88	106.63	112.33	116.32
90	59.20	61.75	65.65	69.13	73.29	80.62	89.33	98.65	107.57	113.15	118.14	124.12	128.30
100	67.33	70.06	74.22	77.93	82.36	90.13	99.33	109.14	118.50	124.34	129.56	135.81	140.17

附表 6 q 值表

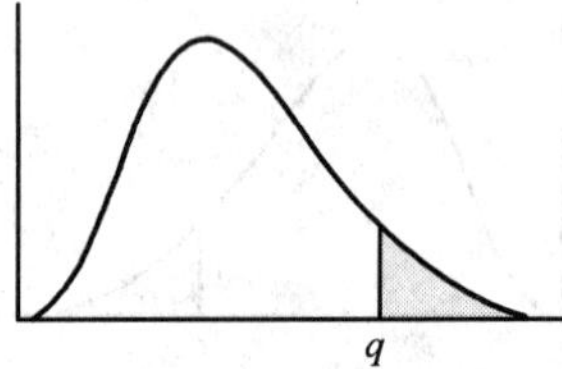

上行：P=0.05

下行：P=0.01

n'	a（组数）								
	2	3	4	5	6	7	8	9	10
5	3.64	4.60	5.22	5.67	6.03	6.33	6.58	6.80	6.99
	5.70	6.98	7.80	8.42	8.91	9.32	9.67	9.97	10.24
6	3.46	4.34	4.90	5.30	5.63	5.90	6.12	6.32	6.49
	5.24	6.33	7.03	7.56	7.97	8.32	8.61	8.87	9.10
7	3.34	4.16	4.63	5.06	5.36	5.61	5.82	6.00	6.16
	4.95	5.92	6.54	7.01	7.37	7.68	7.94	8.17	8.37
8	3.26	4.04	4.53	4.89	5.17	5.40	5.60	5.77	5.92
	4.75	5.64	6.20	6.62	6.96	7.24	7.47	7.68	7.86
9	3.20	3.95	4.41	4.76	5.02	5.24	5.43	5.59	5.74
	4.60	5.43	5.96	6.35	6.66	6.91	7.13	7.33	7.49
10	3.15	3.88	4.33	4.65	4.91	5.12	5.30	5.46	5.60
	4.48	5.27	5.77	6.14	6.43	6.67	6.87	7.05	7.21
12	3.08	3.77	4.20	4.51	4.75	4.95	5.12	5.27	5.39
	4.32	5.05	5.50	5.84	6.10	6.32	6.51	6.67	6.81
14	3.03	3.70	4.11	4.41	4.64	4.83	4.99	5.13	5.25
	4.21	4.89	5.32	5.63	5.88	6.08	6.26	6.41	6.54
16	3.00	3.65	4.05	4.33	4.56	4.74	4.90	5.03	5.15
	4.13	4.79	5.19	5.49	5.72	5.92	6.08	6.22	6.35
18	2.97	3.61	4.00	4.28	4.49	4.67	4.82	4.96	5.07
	4.07	4.70	5.09	5.38	5.60	5.79	5.94	6.08	6.20
20	2.95	3.58	3.96	4.23	4.45	4.62	4.77	4.90	5.01
	4.02	4.64	5.02	5.29	5.51	5.69	5.84	5.97	6.09
30	2.89	3.49	3.85	4.10	4.30	4.46	4.60	4.72	4.82
	3.89	4.45	4.80	5.05	5.24	5.40	5.54	5.65	5.76
40	2.86	3.44	3.79	4.04	4.23	4.39	4.52	4.63	4.73
	3.82	4.37	4.70	4.93	5.11	5.26	5.39	5.50	5.60
60	2.83	3.40	3.74	3.98	4.16	4.31	4.44	4.55	4.65
	3.76	4.28	4.59	4.82	4.99	5.13	5.25	5.36	5.45
120	2.80	3.36	3.68	3.92	4.10	4.24	4.36	4.47	4.56
	3.70	4.20	4.50	4.71	4.87	5.01	5.12	5.21	5.30
∞	2.77	3.31	3.63	3.86	4.03	4.17	4.29	4.39	4.47
	3.64	4.12	4.40	4.60	4.76	4.88	4.99	5.08	5.16

附表 7（1）　相关系数界值表

n′	P（2）：	0.50	0.20	0.10	0.05	0.02	0.01	0.005	0.002	0.001
	P（1）：	0.25	0.10	0.05	0.025	0.01	0.005	0.0025	0.001	0.0005
1		0.707	0.951	0.988	0.997	1.000	1.000	1.000	1.000	1.000
2		0.500	0.800	0.900	0.950	0.980	0.990	0.995	0.998	0.999
3		0.404	0.687	0.805	0.878	0.934	0.959	0.974	0.986	0.991
4		0.347	0.603	0.729	0.811	0.882	0.917	0.942	0.963	0.974
5		0.309	0.551	0.669	0.755	0.833	0.875	0.906	0.935	0.951
6		0.281	0.507	0.621	0.707	0.789	0.834	0.870	0.905	0.925
7		0.260	0.472	0.582	0.666	0.750	0.798	0.836	0.875	0.898
8		0.242	0.443	0.549	0.632	0.715	0.765	0.805	0.847	0.872
9		0.228	0.419	0.521	0.602	0.685	0.735	0.776	0.820	0.847
10		0.216	0.398	0.497	0.576	0.658	0.708	0.750	0.795	0.823
11		0.206	0.380	0.476	0.553	0.634	0.684	0.726	0.772	0.801
12		0.197	0.365	0.457	0.532	0.612	0.661	0.703	0.750	0.780
13		0.189	0.351	0.441	0.514	0.592	0.641	0.683	0.730	0.760
14		0.182	0.338	0.426	0.497	0.574	0.623	0.664	0.711	0.742
15		0.176	0.327	0.412	0.482	0.558	0.606	0.647	0.694	0.725
16		0.170	0.317	0.400	0.468	0.542	0.590	0.631	0.678	0.708
17		0.165	0.308	0.389	0.456	0.529	0.575	0.616	0.622	0.693
18		0.160	0.299	0.378	0.444	0.515	0.561	0.602	0.648	0.679
19		0.156	0.291	0.369	0.433	0.503	0.549	0.589	0.635	0.665
20		0.152	0.284	0.360	0.423	0.492	0.537	0.576	0.622	0.652
21		0.148	0.277	0.352	0.413	0.482	0.526	0.565	0.610	0.640
22		0.145	0.271	0.344	0.404	0.472	0.515	0.554	0.599	0.629
23		0.141	0.265	0.337	0.396	0.462	0.505	0.543	0.588	0.618
24		0.138	0.260	0.330	0.388	0.453	0.496	0.534	0.578	0.607
25		0.136	0.255	0.323	0.381	0.445	0.487	0.524	0.568	0.597
26		0.133	0.250	0.317	0.374	0.437	0.479	0.515	0.559	0.588
27		0.131	0.245	0.311	0.367	0.430	0.471	0.507	0.550	0.579

续表

n′	P (2)：	0.50	0.20	0.10	0.05	0.02	0.01	0.005	0.002	0.001
	P (1)：	0.25	0.10	0.05	0.025	0.01	0.005	0.0025	0.001	0.0005
28		0.128	0.241	0.306	0.361	0.423	0.463	0.499	0.541	0.570
29		0.126	0.237	0.301	0.355	0.416	0.456	0.491	0.533	0.562
30		0.124	0.233	0.296	0.349	0.409	0.449	0.484	0.526	0.554
31		0.122	0.229	0.291	0.344	0.403	0.442	0.477	0.518	0.546
32		0.120	0.226	0.287	0.339	0.397	0.436	0.470	0.511	0.539
33		0.118	0.222	0.283	0.334	0.392	0.430	0.464	0.504	0.532
34		0.116	0.219	0.279	0.329	0.386	0.424	0.458	0.498	0.525
35		0.115	0.216	0.275	0.325	0.381	0.418	0.452	0.492	0.519
36		0.113	0.213	0.271	0.320	0.376	0.413	0.446	0.486	0.513
37		0.111	0.210	0.267	0.316	0.371	0.408	0.441	0.480	0.507
38		0.110	0.207	0.264	0.312	0.367	0.403	0.435	0.474	0.501
39		0.108	0.204	0.261	0.308	0.362	0.398	0.430	0.469	0.495
40		0.107	0.202	0.257	0.304	0.358	0.393	0.425	0.463	0.490
41		0.106	0.199	0.254	0.301	0.354	0.389	0.420	0.458	0.484
42		0.104	0.197	0.251	0.297	0.350	0.384	0.416	0.453	0.479
43		0.103	0.195	0.248	0.294	0.346	0.380	0.411	0.449	0.474
44		0.102	0.192	0.246	0.291	0.342	0.376	0.407	0.444	0.469
45		0.101	0.190	0.243	0.288	0.338	0.372	0.403	0.439	0.465
46		0.100	0.188	0.240	0.285	0.335	0.368	0.399	0.435	0.460
47		0.099	0.186	0.238	0.282	0.331	0.365	0.395	0.431	0.456
48		0.098	0.184	0.235	0.270	0.328	0.361	0.391	0.427	0.451
49		0.097	0.182	0.233	0.276	0.325	0.358	0.387	0.423	0.447
50		0.096	0.181	0.231	0.273	0.322	0.354	0.384	0.419	0.443

附表 7（2） 相关系数界值表

n'	P (2)：0. 50 P (1)：0. 25	0. 20 0. 10	0. 10 0. 05	0. 05 0. 025	0. 02 0. 01	0. 01 0. 005	0. 005 0. 0025	0. 002 0. 001	0. 001 0. 0005
52	0. 094	0. 177	0. 226	0. 268	0. 316	0. 348	0. 377	0. 411	0. 435
54	0. 092	0. 174	0. 222	0. 263	0. 310	0. 341	0. 370	0. 404	0. 428
56	0. 090	0. 171	0. 218	0. 259	0. 305	0. 336	0. 364	0. 398	0. 421
58	0. 089	0. 168	0. 214	0. 254	0. 300	0. 330	0. 358	0. 391	0. 414
60	0. 087	0. 165	0. 211	0. 250	0. 295	0. 325	0. 352	0. 385	0. 408
62	0. 086	0. 162	0. 207	0. 246	0. 290	0. 320	0. 347	0. 379	0. 402
64	0. 081	0. 160	0. 204	0. 242	0. 286	0. 315	0. 342	0. 374	0. 396
66	0. 083	0. 157	0. 201	0. 239	0. 282	0. 310	0. 337	0. 368	0. 390
68	0. 082	0. 155	0. 198	0. 235	0. 278	0. 306	0. 332	0. 363	0. 385
70	0. 081	0. 153	0. 195	0. 232	0. 274	0. 302	0. 327	0. 358	0. 380
72	0. 080	0. 151	0. 193	0. 229	0. 270	0. 298	0. 323	0. 354	0. 375
74	0. 079	0. 149	0. 190	0. 226	0. 266	0. 294	0. 319	0. 349	0. 370
76	0. 078	0. 147	0. 188	0. 223	0. 263	0. 290	0. 315	0. 345	0. 365
78	0. 077	0. 145	0. 185	0. 220	0. 260	0. 286	0. 311	0. 340	0. 361
80	0. 076	0. 143	0. 183	0. 217	0. 257	0. 283	0. 307	0. 336	0. 357
82	0. 075	0. 141	0. 181	0. 215	0. 253	0. 280	0. 304	0. 333	0. 328
84	0. 074	0. 140	0. 179	0. 212	0. 251	0. 276	0. 300	0. 329	0. 349
86	0. 073	0. 138	0. 177	0. 210	0. 248	0. 273	0. 297	0. 325	0. 345
88	0. 072	0. 136	0. 174	0. 207	0. 245	0. 270	0. 293	0. 321	0. 341
90	0. 071	0. 135	0. 173	0. 205	0. 242	0. 267	0. 290	0. 318	0. 338
92	0. 070	0. 133	0. 171	0. 203	0. 240	0. 264	0. 287	0. 315	0. 334
94	0. 070	0. 132	0. 169	0. 201	0. 237	0. 262	0. 284	0. 312	0. 331
96	0. 069	0. 131	0. 167	0. 199	0. 235	0. 259	0. 281	0. 308	0. 327
98	0. 068	0. 129	0. 165	0. 197	0. 232	0. 256	0. 279	0. 305	0. 324
100	0. 068	0. 128	0. 164	0. 195	0. 230	0. 254	0. 276	0. 303	0. 321
105	0. 066	0. 125	0. 160	0. 190	0. 225	0. 248	0. 270	0. 296	0. 314

续表

n'	P (2)：P (1)：	0.50 0.25	0.20 0.10	0.10 0.05	0.05 0.025	0.02 0.01	0.01 0.005	0.005 0.0025	0.002 0.001	0.001 0.0005
110		0.064	0.122	0.156	0.186	0.220	0.242	0.264	0.289	0.307
115		0.063	0.119	0.153	0.182	0.215	0.237	0.258	0.283	0.300
120		0.062	0.117	0.150	0.178	0.210	0.232	0.253	0.277	0.294
125		0.060	0.114	0.147	0.174	0.206	0.228	0.248	0.272	0.289
130		0.059	0.112	0.144	0.171	0.202	0.223	0.243	0.267	0.283
135		0.058	0.110	0.141	0.168	0.199	0.219	0.239	0.262	0.278
140		0.057	0.108	0.139	0.165	0.195	0.215	0.234	0.257	0.273
145		0.056	0.106	0.136	0.162	0.192	0.212	0.230	0.253	0.269
150		0.055	0.105	0.134	0.159	0.189	0.208	0.227	0.249	0.264
160		0.053	0.101	0.130	0.154	0.183	0.202	0.220	0.241	0.256
170		0.052	0.098	0.126	0.150	0.177	0.196	0.213	0.234	0.249
180		0.050	0.095	0.122	0.145	0.172	0.190	0.207	0.228	0.242
190		0.049	0.093	0.119	0.142	0.168	0.185	0.202	0.222	0.236
200		0.048	0.091	0.116	0.138	0.164	0.181	0.197	0.216	0.230
250		0.043	0.081	0.104	0.124	0.146	0.162	0.176	0.194	0.206
300		0.039	0.074	0.095	0.113	0.134	0.148	0.161	0.177	0.188
350		0.036	0.068	0.088	0.105	0.124	0.137	0.149	0.164	0.175
400		0.034	0.064	0.082	0.098	0.116	0.128	0.140	0.154	0.164
450		0.032	0.060	0.077	0.092	0.109	0.121	0.132	0.145	0.154
500		0.030	0.057	0.074	0.088	0.104	0.115	0.125	0.138	0.146
600		0.028	0.052	0.067	0.080	0.095	0.105	0.114	0.126	0.134
700		0.026	0.048	0.062	0.074	0.088	0.097	0.106	0.116	0.124
800		0.024	0.045	0.058	0.060	0.082	0.091	0.099	0.109	0.116
900		0.022	0.043	0.055	0.065	0.077	0.086	0.093	0.103	0.100
1000		0.021	0.041	0.052	0.062	0.073	0.081	0.089	0.098	0.104

附表 8　等级相关系数界值表

n′	P (2)	0.50	0.20	0.10	0.05	0.02	0.01	0.005	0.002	0.001
	P (1)	0.25	0.10	0.05	0.025	0.01	0.005	0.0025	0.001	0.0005
4		0.600	1.000	1.000						
5		0.500	0.800	0.900	1.000	1.000				
6		0.371	0.657	0.829	0.886	0.943	1.000	1.000		
7		0.321	0.571	0.714	0.786	0.893	0.929	0.964	1.000	1.000
8		0.310	0.524	0.643	0.738	0.833	0.881	0.905	0.952	0.976
9		0.267	0.483	0.600	0.700	0.783	0.833	0.867	0.917	0.933
10		0.248	0.455	0.564	0.648	0.745	0.794	0.830	0.879	0.903
11		0.236	0.427	0.536	.0618	0.709	0.755	0.800	0.845	0.873
12		0.217	0.406	0.503	0.587	0.678	0.727	0.769	0.818	0.846
13		0.209	0.385	0.484	0.560	0.648	0.703	0.747	0.791	0.824
14		0.200	0.367	0.464	0.538	0.626	0.679	0.723	0.771	0.802
15		0.189	0.354	0.446	0.521	0.604	0.654	0.700	0.750	0.779
16		0.182	0.341	0.429	0.503	0.582	0.635	0.679	0.729	0.762
17		0.176	0.328	0.414	0.485	0.566	0.615	0.662	0.713	0.748
18		0.170	0.317	0.401	0.472	0.550	0.600	0.643	0.695	0.728
19		0.165	0.309	0.391	0.460	0.535	0.584	0.628	0.677	0.712
20		0.161	0.299	0.380	0.447	0.520	0.570	0.612	0.662	0.696
21		0.156	0.292	0.370	0.435	0.508	0.556	0.599	0.648	0.681
22		0.152	0.284	0.361	0.425	0.496	0.544	0.586	0.635	0.667
23		0.148	0.278	0.353	0.415	0.486	0.532	0.573	0.622	0.654
24		0.144	0.271	0.344	0.406	0.476	0.521	0.562	0.610	0.642
25		0.142	0.265	0.337	0.398	0.466	0.511	0.551	0.598	0.630
26		0.138	0.259	0.331	0.390	0.457	0.501	0.541	0.587	0.619
27		0.136	0.255	0.324	0.382	0.448	0.491	0.531	0.577	0.608
28		0.133	0.250	0.317	0.375	0.440	0.483	0.522	0.567	0.598

续表

n′	P (2)	0.50	0.20	0.10	0.05	0.02	0.01	0.005	0.002	0.001
	P (1)	0.25	0.10	0.05	0.025	0.01	0.005	0.0025	0.001	0.0005
29		0.130	0.245	0.312	0.368	0.433	0.475	0.513	0.558	0.589
30		0.128	0.240	0.306	0.362	0.425	0.467	0.504	0.549	0.580
31		0.126	0.236	0.301	0.365	0.418	0.459	0.496	0.541	0.571
32		0.124	0.232	0.296	0.350	0.412	0.452	0.489	0.533	0.563
33		0.121	0.229	0.291	0.345	0.405	0.446	0.482	0.525	0.554
34		0.120	0.225	0.287	0.340	0.399	0.439	0.475	0.517	0.547
35		0.118	0.222	0.283	0.335	0.394	0.433	0.468	0.510	0.539
36		0.116	0.219	0.279	0.330	0.388	0.427	0.462	0.504	0.533
37		0.114	0.216	0.275	0.325	0.383	0.421	0.456	0.497	0.526
38		0.113	0.212	0.271	0.321	0.378	0.415	0.450	0.491	0.519
39		0.111	0.210	0.267	0.317	0.373	0.410	0.444	0.485	0.513
40		0.110	0.207	0.264	0.313	0.368	0.405	0.439	0.479	0.507
41		0.108	0.204	0.261	0.309	0.364	0.400	0.433	0.473	0.501
42		0.107	0.202	0.257	0.305	0.359	0.395	0.428	0.468	0.495
43		0.105	0.199	0.254	0.301	0.355	0.391	0.423	0.463	0.490
44		0.104	0.197	0.251	0.298	0.351	0.386	0.419	0.458	0.484
45		0.103	0.194	0.248	0.294	0.347	0.382	0.414	0.453	0.479
46		0.102	0.192	0.246	0.291	0.343	0.378	0.410	0.448	0.474
47		0.101	0.190	0.243	0.288	0.340	0.374	0.405	0.443	0.469
48		0.100	0.188	0.240	0.285	0.336	0.370	0.401	0.439	0.465
49		0.098	0.186	0.238	0.282	0.333	0.366	0.397	0.434	0.460
50		0.097	0.184	0.235	0.279	0.329	0.363	0.393	0.430	0.456